教育部人文社会科学重点研究基地重大项目

社会保险立法研究

主　编　林　嘉　张世诚
撰稿人　（以撰写章节先后为序）
林　嘉　杨　飞　林海权
范　围　张　敏　袁圣韵乐
邓　娟　黄　晶　吴文芳
李　哲　王立明　黎远松

中国劳动社会保障出版社

图书在版编目(CIP)数据

社会保险立法研究/林嘉，张世诚主编．—北京：中国劳动社会保障出版社，2011

ISBN 978-7-5045-8838-8

Ⅰ.①社…　Ⅱ.①林…②张…　Ⅲ.①社会保险-保险法-立法-研究-中国
Ⅳ.①D922.182.34

中国版本图书馆 CIP 数据核字(2011)第 018962 号

中国劳动社会保障出版社出版发行

(北京市惠新东街 1 号　邮政编码：100029)

出 版 人：张梦欣

*

北京市艺辉印刷有限公司印刷装订　新华书店经销

787 毫米×1092 毫米　16 开本　22.75 印张　399 千字

2011 年 2 月第 1 版　2011 年 2 月第 1 次印刷

定价：45.00 元

读者服务部电话：010-64929211/64921644/84643933

发行部电话：010-64961894

出版社网址：http://www.class.com.cn

前　言

2010年10月28日，第十一届全国人民代表大会常务委员会第十七次会议通过了《中华人民共和国社会保险法》（以下简称《社会保险法》），该法自2011年7月1日起施行。《社会保险法》是新中国成立以来社会保险领域第一部综合性的基本法律，是我国社会保障法制建设的一个里程碑，是我国社会法部门中的一部标志性立法，是中国特色社会主义法律体系中起支架作用的重要法律。《社会保险法》的颁布实施，对加快建立覆盖城乡居民的社会保障体系，保障人民基本生活，从而实现公民的基本人权——社会保障权，促进社会公平正义，具有十分重要的意义。同时，《社会保险法》也有助于加快推进以改善民生为重点的社会建设，切实保障人民群众共享改革发展成果，促进社会主义和谐社会建设。

《社会保险法》对于完善我国的法律体系具有重要意义。我国立法机关确立的中国特色社会主义法律体系分为宪法及宪法相关法、民法商法、行政法、经济法、社会法、刑法、诉讼与非诉讼程序法等七个法律部门。其中的社会法，主要是调整劳动关系、社会保障、社会福利和特殊群体权益保障等方面关系的法律规范的总和。与其他六个法律部门相比，我国的社会法立法严重滞后，尤其是在社会保障法领域，一直缺乏法律对相关社会关系进行规范。2010年是中国特色社会主义法律体系基本形成的标志年，而《社会保险法》作为中国特色社会主义法律体系中起支架作用的重要法律，填补了社会保险领域的立法空白，其颁布实施对于社会主义法律体系的基本形成具有不可或缺的重要意义。

《社会保险法》对于完善我国的社会保险制度具有重要意义。长期以来，我国社会保险的覆盖面小，财政投入少，保障水平低，公平程度不高，监督管理上漏洞多。《社会保险法》建立了覆盖城乡全体居民的社会保险制度，确立了城乡统筹发展的方向，明确了社会保险中的国家义务尤其是财政补贴义务，提高了社会保险待遇水平，提升了社会保险制度的公平程度，强化了对社会保险基金的监督管理，在立法目的和具体制度设计中充分考虑到公民社会保险权益的实现和保护。尽管立法的规定还较为原则，许多问题还有待制定相关法律法规来规范，但《社会保险法》的颁布，为我国公民平等享有社会保险权益奠定了基础。

《社会保险法》对于促进我国经济、政治、社会的发展和维护稳定均具有重要意义。社会保险制度的运行，对国民经济总供求平衡、劳动力生产和再生产、劳动就业均具有重要影响，也是政府调控宏观经济运行的重要手段。社会保险分配是国民收入再分配的重要组成部分，在分配机制中充当了公平的调节器，有利于缓解社会分配不公。社会保险要求国家转变职能，从注重经济建设转向注重向公民提供完善的公共服务，有利于推动政治发展。社会保险之所以被称为社会的“安全网”和“稳定器”，是因为社会保险为社会成员在遭受各种风险时提供基本的生活保障，实现社会公平正义，从而维护社会稳定和政治稳定。社会保险在为社会成员提供基本生活保障时又有利于扩大国内消费需求，刺激经济增长和发展。《社会保险法》建立了我国社会保险制度的框架和基本制度，有利于发挥社会保险促进经济、政治、社会的发展和维护稳定的功能。

《社会保险法》的出台，是我国社会保险法制建设和社会保险法学研究的新起点。我们期待《社会保险法》为全中国老百姓带来福祉，期待社会保险法学研究更加繁荣和发展。

目　录

第一章 社会保险法总论

《社会保险法》是我国第一部专门的综合性社会保险基本法，体系比较完整，它的颁布确立了我国社会保险制度的框架。该法分为十二章：第一章总则；第二章基本养老保险；第三章基本医疗保险；第四章工伤保险；第五章失业保险；第六章生育保险；第七章社会保险费征缴；第八章社会保险基金；第九章社会保险经办；第十章社会保险监督；第十一章法律责任；第十二章附则。第一章总则之外的其余十一章在学理上可以统称为分则。

《社会保险法》共计98条，第一章总则虽仅有9条，但具有使整个社会保险法体系化的重要意义。总则是指在形式上位于法律首位、位于法律各分则之前的特殊篇章。一部法律的总则规定该法的一般性规范和共同性规范，是将各分则中所包含的反映法律关系普遍特征的共同性规范抽象出来。总则具有促进法律逻辑化和体系化的功能，是形式理性在立法中的体现。总则的内容具有高度的概括性，在价值上优位于分则。但由于总则规定的多为原则或一般性规则，因此在法律适用上应当优先适用分则中的具体规则。

本章将《社会保险法》第一章总则的规定概括为五个专题：(1) 社会保险法与社会保障权，研究第1条、第2条的规定，即社会保险法的立法目的和立法依据；(2) 社会保险法的基本原则，研究第3条的规定，即社会保险法的立法方针和基本原则；(3) 社会保险法律关系，研究第4条、第8条的规定，即社会保险中用人单位和个人的权利义务、社会保险经办机构的职责；(4) 社会保险中的国家义务，研究第5条、第6条、第7条、第8条的规定，即社会保险中国家、政府、行政部门和社会保险经办机构的义务和职责；(5) 社会保险中的工会参与，研究第9条的规定，即社会保险中的工会参与。本章将结合分则中的大量具体条文来阐释总则的作用和意义。

第一节 社会保险法与社会保障权

社会保险（social insurance）是指国家通过立法建立社会保险基金，在社会成员或劳动者因年老、患病、工伤、生育等原因丧失劳动能力或失业时给予必要物质帮助的制度，包括养老保险、医疗保险、失业保险、工伤保险和生育保险等险种。社会保险是社会保障（social security）制度的核心内容，其与社会救助、社会福利、社会优抚等由财政转移支付的非缴费型社会保障制度[①]的最大区别在于：社会保险运用保险的原理来分散社会成员可能遭受的风险，从而实现其保障社会成员生活的目的，即由可能遭受某种社会风险的社会成员及其所在单位按照规定缴费形成社会保险基金，在参保社会成员遭受风险时由基金支付各种社会保险待遇。也就是说，社会保险制度是一种缴费型社会保障制度。

社会保险法是调整社会保险关系的法律规范的总和。《社会保险法》第1条规定："为了规范社会保险关系，维护公民参加社会保险和享受社会保险待遇的合法权益，使公民共享发展成果，促进社会和谐稳定，根据宪法，制定本法。"第2条规定："国家建立基本养老保险、基本医疗保险、工伤保险、失业保险、生育保险等社会保险制度，保障公民在年老、疾病、工伤、失业、生育等情况下依法从国家和社会获得物质帮助的权利。"由此可见，我国立法机关已经明确规定社会保险法的立法目的是维护公民的社会保障权，立法依据是我国《宪法》第45条规定的获得物质帮助权（学理上又称社会保障权）："中华人民共和国公民在年老、疾病或者丧失劳动能力的情况下，有从国家和社会获得物质帮助的权利。"再进一步说，社会保险法的立法目的是维护公民社会保障权中的社会保险权，即第1条规定的"公民参加社会保险和享受社会保险待遇的合法权益"。

一、我国社会保险法及其立法目的的发展

（一）我国社会保险法及其立法目的的历史发展

改革开放前的30年，我国通过颁布多部法规建立了与计划经济相适应的社会保险制度。1949年新中国成立即着手建立社会保险制度。1951年2月26日政务院颁布《劳动保险条例》，标志着我国除失业保险外，包括养老、工伤、疾病、生育的职工社会保险制度初步建立。同时，国家机关工作人员的社会保险制度也以单行法规的形式逐步建立。但自1969年财政部颁发《关于国营企业财务工作中几项制度的改革意见（草案）》起，国营企业保险费由企业负担，职工不缴纳保险费，实行现收现付、实报实销，劳动保险实质上由社会保险倒退为企业保险。这既造成了行业和企业间负担的不平等，也加重了企业的负担，加重了企业办社会的责任，成为许多国营企业逐渐失去活力的一个重要原因。

改革开放后30多年来，与经济体制改革同步，我国开始了社会保险制

① 社会救助、社会福利、社会优抚均不需要社会成员缴费，资金来源主要是财政拨款。参见林嘉. 社会保障法的理念、实践与创新. 北京：中国人民大学出版社，2002.9，12

度的重构，社会保险制度逐步从边缘到被重视，其指导思想从效率优先发展到公平优先。根据立法目的与指导思想的不同，我国的社会保险法自改革开放之后主要经历了三个发展阶段。

第一，主要为国营企业改革服务的起步阶段（1983—1992 年）。经过两年试点后，1986 年国务院颁布《国营企业实行劳动合同制暂行规定》，明确规定国家对劳动合同制工人的退休养老基金实行社会统筹，拉开了中国社会保险制度改革的序幕。同年，国务院还颁布《国营企业职工待业保险暂行规定》，首次建立了失业保险制度。总体而言，这一阶段我国社会保险立法的目的主要是为国营企业改革配套、为国营企业与国营企业职工服务，与现代意义社会保险实现公民基本人权——社会保障权的目的和维护社会公平的价值理念相比存在一定差距。由于当时我国致力于经济发展，此阶段的社会保险法制建设滞后于社会发展的需要。

第二，主要为发展市场经济服务的发展阶段（1993—2004 年）。1992 年邓小平南巡讲话后，社会主义市场经济成为经济体制改革的目标。1993 年《宪法（修正案）》将“国家实行社会主义市场经济”写入宪法。1993 年中国共产党第十四届三中全会提出“效率优先，兼顾公平”原则，经济发展效率优先的观念主导了此阶段社会保障立法，社会保障制度被确认为市场经济正常运行的维系机制的五大支柱之一，是为经济体制改革服务的制度，而且主要为国有企业改革服务。① 同时，为提高社会保险制度的效率，中央政府鼓励地方开展各种社会保险的试点。这一阶段社会保险立法有很大发展。为配套国有企业改革，1995 年国务院《关于深化企业职工养老保险制度改革的通知》（国发［1995］6 号）确立了社会统筹和个人账户相结合的职工基本养老保险制度，1999 年国务院《社会保险费征缴暂行条例》《失业保险条例》也相继出台。2004 年《宪法（修正案）》将“国家建立健全同经济发展水平相适应的社会保障制度”写入宪法，但修宪建议仍强调社会保障为市场经济服务。②

第三，主要为构建和谐社会服务的发展阶段（2004 年至今）。2004 年，中国共产党第十六届四中全会通过的《中共中央关于加强党的执政能力建设

① 第十四届三中全会通过的《中共中央关于建立社会主义市场经济体制若干问题的决定》指出：“建立多层次的社会保障体系，对于深化企业和事业单位改革，保持社会稳定，顺利建立社会主义市场经济体制具有重大意义。”“重点完善企业养老和失业保险制度，强化社会服务功能以减轻企业负担，促进企业组织结构调整，提高企业经济效益和竞争能力。”

② 中共中央的修宪建议指出，建立健全社会保障制度，是深化经济改革、完善社会主义市场经济体制的重要内容，是发展社会主义市场经济的客观要求，是社会稳定和国家长治久安的重要保证。参见蔡定剑. 宪法精解（第二版）. 北京：法律出版社，2006. 207

的决定》提出要构建社会主义和谐社会，为此必须“健全社会保险、社会救助、社会福利和慈善事业相衔接的社会保障体系”。从此，社会保障制度不再仅仅为经济体制改革配套服务，也成为国家的基本社会政策，为构建和谐社会服务，立法指导思想也开始从为经济发展和经济体制改革服务的效率观向公平正义的价值观转移，政府责任得到加强，城市、农村二元结构导致的农村社会保障制度薄弱问题开始受到重视，农村的医疗保险、养老保险制度在各地有不同程度的发展，农民工被纳入 2003 年国务院《工伤保险条例》的保护范围，2005 年《国务院关于完善企业职工基本养老保险制度的决定》（国发［2005］38 号）也缩小了个人账户而扩大了社会统筹部分，体现了公平优先的指导思想。

2010 年《社会保险法》的出台，是我国社会保险立法的重大突破，开启了我国社会保险法发展的新阶段。这一阶段的突出特征就是：社会保险法的立法目的是维护公民的基本人权——社会保障权，价值目标和指导思想是促进社会公平正义。

（二）《社会保险法》的突破

在《社会保险法》出台之前，我国社会保险制度的法制化程度较低，内容也不够完善。其问题主要有以下两方面：

一方面，社会保险立法严重滞后、层次低和不统一，弱化了法律的统一性、稳定性和权威性。社会保险法是我国法律体系的社会法部门中一部十分重要的法律，应该由全国人民代表大会或其常务委员会制定关于社会保险的基本法律，但社会保险法长期没有出台，社会保险工作在许多方面只能靠政策规定和行政手段推行，有关社会保险的制度被分散规定在不同层次的法律规范文件中。由于无法可依，仲裁机构和人民法院常常无法对社会保险争议进行仲裁或审判。另外，现行社会保险立法多属于部门立法和地方立法，国务院制定的行政法规也将很多权力赋予地方①，因受部门利益和地方利益制约，各部门、地方之间立法有诸多矛盾和不协调之处，最终导致统一的社会保险制度被分割，形成碎片化局面。

另一方面，社会保险公平程度不高，未突出公民社会保险权益的平等保障，不能充分维护公民的基本人权——社会保障权。我国社会保险的覆盖面小，保障水平低，公平程度不高。与国际相比，我国社会保险覆盖面还比较小，各险种的适用范围比较狭窄，很多农村居民被排除在制度之外，许多进城务工的农村居民和灵活就业人员也没有参加社会保险，而这部分人员占从

---

① 《失业保险条例》中许多条文都规定了“由省、自治区、直辖市人民政府规定”，如第 7 条、第 8 条、第 10 条、第 18 条、第 21 条。

业人员的比例逐年增大。在城镇职工社会保险制度覆盖范围内，权利和义务的配置也不够公平合理，如医疗保险制度的公平性存在诸多不足。在社会保险具体制度的设计上，较注重行政权力的运行和管理，未突出公民社会保险权益的保障，不能充分维护公民的基本人权——社会保障权。

《社会保险法》的制定是在构建社会主义和谐社会的历史大背景下进行的，因此该法针对前述两方面问题进行了相应的改进和完善，取得了很多突破。

一方面，《社会保险法》大大缓解了我国社会保险立法滞后、层次低和不统一的问题。由全国人民代表大会常务委员会制定的《社会保险法》具有较高的层次（位阶），解决了过去社会保险立法层次低带来的合法性和权威性不足的问题。《社会保险法》在许多方面一定程度上统一了我国的社会保险制度，如第 58 条第 3 款规定，“国家建立全国统一的个人社会保障号码。个人社会保障号码为公民身份号码”。第 59 条规定“社会保险费实行统一征收，实施步骤和具体办法由国务院规定”。暂时不能统一的则设置了目标，如第 64 条规定“基本养老保险基金逐步实行全国统筹，其他社会保险基金逐步实行省级统筹，具体时间、步骤由国务院规定”。当然，由于我国社会保险制度仍处在快速发展、探索和改革的过程中，很难用法律的形式固定，《社会保险法》仅仅是确立了社会保险的原则、框架和基本制度，内容仍然不够细致，而且规定了大量的授权性条款，有 10 处“国务院规定”，19 处“国家规定”，授权国务院等制定具体的实施办法予以细化。

另一方面，《社会保险法》建立了覆盖城乡全体居民的社会保险制度，体现了统筹城乡的原则，提高了社会保险法的公平程度，注重维护公民的基本人权——社会保障权。社会保险的覆盖范围得到扩大，尤其是养老保险和医疗保险的覆盖范围从建立劳动关系的劳动者扩大到全体社会成员，尽管仍存在按照不同的人群建立不同的社会保险制度和地区分割等碎片化现象，但方向是趋于统一，这就为公民平等享有社会保险权益奠定了基础。《社会保险法》注重维护公民的基本人权——社会保障权，第 1 条明确规定立法目的是“维护公民参加社会保险和享受社会保险待遇的合法权益”。① 第 2 条明

① 《社会保险法（草案）》（公布征求意见稿）第 1 条规定：“为了规范社会保险关系，维护社会保险参加人的合法权益，使公民共享发展成果，促进社会和谐稳定，根据宪法，制定本法。”这里的“维护社会保险参加人的合法权益”与《社会保险法》第 1 条“维护公民参加社会保险和享受社会保险待遇的合法权益”是有本质不同的。有学者指出，草案的规定乍看起来似乎没有什么问题，但起草者似乎并未意识到《社会保险法》作为社会法，是一种公法与私法相融合的法律，应当追求实质公平，实行倾斜性保护，这一宗旨表述为“维护被保险人的合法权益”才是恰当的。参见郑尚元，扈春海．中国社会保险立法进路之分析——中国社会保险立法体例再分析．现代法学．2010，3

确规定："国家建立基本养老保险、基本医疗保险、工伤保险、失业保险、生育保险等社会保险制度，保障公民在年老、疾病、工伤、失业、生育等情况下依法从国家和社会获得物质帮助的权利。"这里的获得物质帮助权即公民的宪法权利——社会保障权。在具体制度设计中，《社会保险法》也较多考虑到公民社会保险权益的实现，"以保护参保人的权利、以提供政府服务为重点"①。

二、社会保险法的立法目的：维护公民的社会保障权

社会保障权是公民依法享有的在年老、疾病、伤残、失业、生育、死亡、遭遇灾害、面临生活困难时从国家和社会获得物质帮助的权利，包括社会保险权、社会救助权、社会福利权、社会优抚权等。社会保险权是社会保障权的重要组成部分。从社会保险制度的历史发展来看，社会成员享受的社会保险利益经历了从恩惠到权利的发展。② 社会保险作为一种权利，意味着该社会保险利益的获得可以通过法律的执行机制给予保障。为实现公民的社会保险权益，社会保险与人权观念必须进行结合并在宪法上确认社会保障权，还需要以维护公民的社会保障权为立法目的来制定专门的社会保险法。

（一）作为基本人权的社会保障权

社会保险法的立法目的是维护公民的基本人权——社会保障权。人权，是指人按其本质和尊严享有或应该享有的基本权利。

国际人权公约明确规定社会保障权为人权的一种，并将社会保险权规定为社会保障权的重要组成部分。1945 年联合国《世界人权宣言》第 25 条规定："人人有权享受为维持他本人和家属的健康和福利所需的生活水准，包括食物、衣着、住房、医疗和必要的社会服务；在遭到失业、疾病、残废、守寡、衰老或在其他不能控制的情况下丧失谋生能力时，有权享受保障。"一般认为，该条确立的是社会保障权。③ 1966 年联合国《经济、社会和文化

---

① 全国人大常委会法制工作委员会副主任信春鹰答记者问。参见《全国人大常委会办公厅 10 月 28 日新闻发布会》（文字直播），中国人大网，http://www.npc.gov.cn/npc/zhibo/zzzb18/node_5827.htm. 2010 年 10 月 28 日访问。

② 社会成员享有的社会保障利益是一种权利还是一种恩惠，与社会成员的利益关系极大。如果是一种权利，那么，符合获得某种社会保障待遇条件的人，就有权请求社会保障机构给予某种待遇。有权利必有救济，当社会保障机构不履行给付义务时，该公民可以向行政机关或法院提出请求，并通过法律的执行机制强制实现其权利。相反，如果它仅仅是一种恩惠（privilege），那么，就只能是由有关机构或组织酌情决定是否给予某种利益。如果它不给予这种利益，当事人就不能通过法律途径强制实现自己利益。参见种明钊主编. 社会保障法律制度研究. 北京：法律出版社，2000. 10

③ 《世界人权宣言》虽无法律约束力，但它被公认为是"国际习惯法的一部分"，国际法院甚至曾将其作为判案依据之一。参见保罗·施哈特. 人类法权——国际人权法典概论. 牛津大学出版社，1986（英文版）. 64～65. 见：杨成铭主编. 人权法学. 北京：中国方正出版社，2004. 407

权利国际公约》第9条规定："本公约缔约各国承认人人有权享受社会保障，包括社会保险。"此外，联合国还通过了专门保护弱势群体的人权公约，如1965年《消除一切形式种族歧视国际公约》、1979年《消除对妇女一切形式歧视公约》、1989年《儿童权利公约》、2006年《残疾人权利公约》等，其中都专门规定了特殊群体成员的社会保障权，如《儿童权利公约》第26条规定："缔约国应确认每个儿童有权受益于社会保障，包括社会保险，并应根据其国内法律采取必要措施充分实现这一权利。"上述人权公约我国均已批准加入，对我国均有约束力。我国《宪法》第33条规定："国家尊重和保障人权。"这宣示了对于人权理念的认同以及国家尊重和保障人权的义务。《社会保险法》的出台，意味着我国人权保障立法的一个重大进步。

（二）作为宪法权利的社会保障权

宪法权利，是指为宪法所确认或保障的权利。英美学者倾向于称其为人权，德国宪法学者习惯称其为基本权利或基本权，不少日本学者将其定名为基本人权，我国宪法学者大都依据宪法用语而称其为公民的基本权利①，名虽不同，意实一致。

虽然社会保险与人权观念都是近代西方国家的创造物，但两者之间的联系并非从其产生时就有，社会保险是随着其对公民生存的重要性的增加才逐渐与人权发生关联，并成为公民一项重要的宪法权利的。从社会发展来看，人类所遭受的社会风险以及生活保障模式是随着经济社会的发展而不断变化的。在传统的农业社会，土地为社会成员提供就业和收入的生存依托，家庭提供生活、健康、养老等生存保障，形成了一个以自然和血缘为纽带的保障网络。② 进入资本主义社会后，工业化、城市化的发展使劳动者离开土地，进入城市，工资成为劳动者生活的主要来源。如果无法获得工作，劳动者及其家庭将丧失生活来源。同时，家庭的生产职能因为工业化受到极大削弱，大家庭逐渐解体，传统的家庭失去了其对家庭成员的互助保障功能，劳动者因生病、残疾、年老丧失劳动能力时也就无法获得保障。在社会化大生产的情况下，生、老、病、死以及失业等已经不再是私人性质的风险，而是一种社会风险。弱小的个人面对这些风险无能为力时，需要国家建立社会保险制度，为社会成员提供保障。随着社会保险制度对公民的重要性越来越突出，公民的生活越来越依赖于国家提供社会给付，社会保险逐渐演变成公民的一项重要权利，并在许多国家的宪法中得到确认。截至1976年3月31日，世

① 参见林来梵．从规范宪法到宪法规范——规范宪法学的一种前言．北京：法律出版社，2001.75

② 参见覃有土，樊启荣编著．社会保障法．北京：法律出版社，1997.38

界上 142 个国家中有 62 个国家（占 43.7%）在宪法上规定了（享受）社会保险或社会救济权利，有 95 个国家在宪法上规定了国家救济和社会保险（例如就失业、疾病、丧失劳动能力、年老情况来说）。① 有的国家即使没有在宪法上明文规定社会保障权或社会保险权，也通过适用宪法上财产权条款来保护公民的社会保险权益。②

学界一般认为，我国《宪法》第 45 条规定了公民的社会保障权。③ 过去的宪法教科书一般称获得物质帮助权④，目前有的宪法教科书称其为社会保障权⑤，名虽不同，意实一致。《宪法》第 45 条第 1 款规定："中华人民共和国公民在年老、疾病或者丧失劳动能力的情况下，有从国家和社会获得物质帮助的权利。国家发展为公民享受这些权利所需要的社会保险、社会救济和医疗卫生事业。"从宪法解释的角度来看，该款至少可以有两种解释方法。第一种解释方法将两句分开来解读，第一句可以认为是对社会救济方面权利的规定，第二句是关于社会保险和社会福利的规定，这样来看的话，公民只是在社会救济方面享有权利，在社会保险和社会福利方面则不享有权利，有关社会保险和社会福利的规定更多是国家的客观义务；第二种解释方法则将两句作为一个整体来看待，第一句是从积极的方面规定公民享有的社会权，包括社会救济权、社会保险权，第二句则从消极方面进行规定，要求国家必须采取积极行为，为第一句规定的权利的实现创造条件，根据该方

① ［荷］亨利·范·马尔塞文，格尔·范·德唐. 成文宪法的比较研究. 陈云生译. 北京：华夏出版社，1987. 158～159

② 如德国基本法将有关社会权的规定浓缩在第 20 条"德意志联邦共和国是一个民主、社会、联邦国"及第 28 条"各邦之宪法秩序应符合联邦、民主、社会、法治国基本原则"的"社会"一词中，社会保险主要是通过第 14 条关于财产权的规定获得保护，即扩张财产权的保障范围，将社会保险给付的期待利益定位为财产权，而援引财产权保障条款加以保障。德国宪法指出："获得退休金的权利履行着'社会'职能，其保护属于财产保障的任务。'它们具备构成宪法财产概念的所有特征'。对今天社会的大多数公民而言，其生存保障并非通过私有财产，而是通过其工作收获以及相关的集体保险系统；在历史上，后者从来和财产权的观念相联系……就退休金的预期而言，保险利益已取代了私人保护措施之形式。"转引自张千帆. 西方宪政体系（下册·欧洲宪法）. 北京：中国政法大学出版社，2001. 332

③ 但有学者提出，《宪法》第 45 条是关于国家对企业事业组织的职工和国家机关工作人员以外的公民提供社会保障的规定，而第 44 条是对企业事业组织的职工和国家机关工作人员提供社会保障的规定。参见蔡定剑. 宪法精解（第二版）. 北京：法律出版社，2006. 273～275.《宪法》第 45 条规定："国家依照法律规定实行企业事业组织的职工和国家机关工作人员的退休制度。退休人员的生活受到国家和社会的保障。"

④ 见董和平. 宪法学. 北京：法律出版社，2004. 312；周叶中主编. 宪法学（第二版）. 北京：高等教育出版社，北京大学出版社，2005. 282

⑤ 见胡锦光，韩大元. 中国宪法. 北京：法律出版社，2004. 287；张千帆主编. 宪法学. 北京：法律出版社，2004. 218

法，公民享有社会保险权。我们赞成第二种解释，认为该条款规定的即是公民的社会保障权，其中包括公民的社会保险权。有学者认为，该条是在宪法基本权利部分规定的，不仅具有客观规范效力，而且还具有主观权利的效力。客观规范效力主要体现在对国家作为义务的强制性要求上，国家应当在客观条件允许的范围内使公民享受该条款已得到认可的利益；主观权利效力主要体现在公民通过自己的努力不能获得最低限度标准的该条款规定的利益时，可直接向国家主张的、国家又必须给予满足的效力。[①] 我们也赞成这种观点。

（三）作为社会权利的社会保障权

人权在宪法中体现为基本权利，可以大致分为自由权和社会权两类，分别相当于国际人权法上的“公民权利和政治权利”和“经济、社会和文化权利”。社会权（社会权利）又称受益权、积极权利或社会基本权利，是一种请求国家积极作为的权利而非消极的防御国家的权利。[②] 所谓受益权，即“人民为一己之利益，请求国家为某种行为之权利”[③]，“实即人民获受于国家的利益”[④]。社会保障权需要国家承担促进和提供等实现义务，需要国家通过立法、行政执法和司法等手段积极作为，因此社会保障权属于基本人权中的社会权利。

由于社会权需要国家的积极作为，而国家掌握的财政、物质等资源是有限的，社会权利在实现上具有“逐步实现”的渐进性。社会保障权的实现在很大程度上取决于物质与文化发展的程度，因此，联合国《经济、社会和文化权利国际公约》第 2 条规定：“每一缔约国家承担尽最大能力个别采取步骤或经由国际援助和合作，特别是经济和技术方面的援助和合作，采取步骤，以便用一切适当方法，尤其包括用立法方法，逐渐达到本公约中所承认的权利的充分实现。”我国《社会保险法》第 3 条也规定：“社会保险制度坚持广覆盖、保基本、多层次、可持续的方针，社会保险水平应当与经济社会发展水平相适应。”这里“社会保险水平应当与经济社会发展水平相适应”的基本原则就体现出了作为社会权的社会保障权在实现上的渐进性。

三、我国社会保险立法模式的完善

（一）世界主要国家和地区社会保险立法模式的比较

社会保险立法模式是指一个国家或地区在社会保险立法过程中，立法机

---

① 参见夏正林．社会权规范研究．济南：山东人民出版社，2007．227～228

② 参见张千帆主编．宪法学．北京：法律出版社，2004．217～218

③ 林纪东．比较宪法．台北：五南图书出版公司，1980．247

④ 王世杰，钱端升．比较宪法．北京：中国政法大学出版社，1997．127

关所采用的立法方法、结构、体例及形态的总称，以社会保险领域较完整的法律制度内容以何种形态作为表现为最直观的判断依据[①]。社会保险立法模式可分为集中立法模式和分散立法模式两种。[②]

1. 集中立法模式

集中立法模式，或称综合／统一／整体／总体立法模式，是指一个国家或地区立法机关制定一部内容全面的社会保险法，较完整地规定关于社会保险的各项制度。社会保险采取集中立法模式的国家又可分为两类，一类制定《社会保障法》，其中包括社会保险法的内容；一类制定《社会保险法》。前一类国家以德国、美国等为代表。德国《社会法典》（1975 年开始制定，分篇逐步通过）实际上就是一部社会保障法典，共 12 篇，包括总则；基本求职保障；就业促进；社会保险总则；法定医疗保险；法定养老保险；法定工伤保险；儿童和青少年救助；残疾人恢复和参与；行政程序和军人保护；社会护理保险；社会救济，包括社会保险法、社会救助法、社会补偿法、社会福利法等内容，其中以社会保险法为主体。[③] 美国 1935 年《社会保障法》第一次使用了社会保障的概念，第一次在一部法中规定了社会保险、社会福利和社会救济等内容，经修订至今仍在生效。后一类国家和地区以英国、瑞典等为代表。英国 1946 年《国民保险法》、瑞典 1962 年《国民保险法》即以社会保险为核心，泰国 1990 年《社会保险法》、蒙古 1994 年《社会保险法》也属于这一类。

2. 分散立法模式

分散立法模式，或称单项／单行／个别立法模式，是指在多部法律中分别规定社会保险各方面制度的立法模式。每部法律的内容均不够全面，一般一部法律只涉及社会保险的某一方面或几个方面制度，只有把多部法律的内容综合起来，才能够形成关于社会保险的比较完整的法律制度。社会保险立法采用分散立法模式的国家和地区以日本、中国台湾地区为代表。如中国台湾地区的社会保险法有“国民年金法”“全民健康保险法”“就业保险法”“公教人员保险法”“军人保险条例”“劳工保险条例”等。

从社会保险立法的历史发展来看，绝大多数国家是先采取分散立法模

---

① 关于立法模式的界定和分类参见竺效，杨飞．境外社会工作立法模式研究及其对我国的启示．政治与法律．2008，10

② 有学者提出社会保险立法模式分为两种：个别立法和整体立法。参见黎建飞．社会保险立法的时机、模式与难点．中国法学．2009，6．笔者提出的集中立法模式大体相当于整体立法模式，分散立法模式大体相当于个别立法模式。

③ 参见郭明政．社会法之概念、范畴与体系——以德国法制为例之比较观察．政大法律评论．1997，58：375

式，在相关法律成熟后再采取集中立法模式的。如德国在世界上最早进行了社会保险立法，1883 年颁布了《疾病保险法》，1884 年颁布了《工伤事故保险法》，1889 年颁布了《老年残疾保险法》，1911 年颁布了《孤儿寡妇保险法》，并将疾病保险、工伤保险和养老保险合并为单一的社会保险，1923 年颁布了《矿工保险法》，1927 年颁布了《职业介绍和失业保险法》，1975 年开始制定综合性的《社会法典》。

（二）我国社会保险立法模式的完善

为有效实现我国社会保险法的立法目的——维护公民社会保障权，借鉴域外立法经验，我国社会保险立法模式的完善可以采取三步走的方略。

第一步，近期，由国务院、人力资源和社会保障部等尽快制定、修改和颁布与《社会保险法》相配套的一系列行政法规、部门规章，以保证社会保险工作有法可依，进一步解决立法滞后、层次低和法律不统一等问题，同时为未来制定相关法律积累经验、准备条件、奠定基础。

第二步，中期，中央立法机关采取分散立法模式，就社会保险的各个具体险种分散单独立法，包括养老保险法、医疗保险法、工伤保险法、失业保险法、生育保险法、社会保险管理法、社会保险监督法、社会保险基金管理法等。《社会保险法》作为新中国成立以来第一部社会保险制度的综合性法律，主要确立了社会保险法的原则、框架和基本制度，与《民法通则》在民事立法中的地位类似。目前我国社会保险制度仍处在改革探索阶段，许多具体制度仍有较大的争议，理论准备也不够充分，只能先制定单行法，待条件成熟后再考虑统一为社会保险法典。而且，社会保险的各个险种在原则和目标、适用范围、权利义务设置等方面均有一定的区别，各个险种的制度完善程度也不一样，通过修订《社会保险法》的方式容易造成内容的畸轻畸重。因此，社会保险按照险种分别立法比较合适。在社会保险的众多单行立法中，根据相关法规的成熟程度和社会需要，建议由全国人民代表大会常务委员会尽快制定和颁布《工伤保险法》《失业保险法》，然后再制定和颁布《养老保险法》《医疗保险法》《生育保险法》《社会保险管理法》《社会保险监督法》《社会保险基金管理法》等法律。①

第三步，远期，中央立法机关采取集中立法模式，制定一部内容综合全

① 有学者提出，社会保险法理想的立法体例应为综合立法体例，但我国的条件尚不成熟，可以根据先急后缓、先易后难、拥有立法基础的为先与无法制基础的为后、实施的社会效果显著者为先而社会效果弱者为后等因素确定立法次序，对于《社会保险法》之外的五个社会保险项目的单项立法次序安排，应以养老保险法和工伤保险法为先，医疗保险法、失业保险法和生育保险法为后。工伤保险法的立法基础是各险种中最好的，应纳入先行立法的计划中。参见郑尚元，扈春海．中国社会保险立法进路之分析——中国社会保险立法体例再分析．现代法学．2010，3

面、规范细致严谨、逻辑安排严密的《社会保险法典》，这可以极大地避免分散单独立法可能造成的“权宜之计、内容不全，多头立法、相互冲突，重复立法、浪费资源”等缺点，从而有效规范我国的社会保险事业，有力地实现和维护公民的社会保障权。

第二节　社会保险法的基本原则

在《社会保险法》的制定过程中，关于社会保险法基本原则的争论集中在是否确立公平原则上。《社会保险法》第 3 条规定：“社会保险制度坚持广覆盖、保基本、多层次、可持续的方针，社会保险水平应当与经济社会发展水平相适应。”可以认为该条规定了社会保险法的基本原则。社会保险法的基本原则是社会保险法基本精神的体现，是全部社会保险法律规范的价值主线和灵魂所在，对社会保险立法、执法和司法均有指导功能①，值得深入研究。

一、社会保险法基本原则的含义和功能

（一）社会保险法基本原则的含义

社会保险法的基本原则，是指集中反映社会保险法的本质，贯穿社会保险法律规范始终并对整个社会保险法律规范体系起主导作用的根本准则。社会保险法的基本原则在整个社会保险法体系中根本准则的地位和属性可从以下几方面来理解：

1. 社会保险法基本原则的根本性

社会保险法的基本原则集中反映社会保险法的本质，内容上具有根本性。社会保险法的本质是保护社会成员生存权的社会法。人类生活的安全建立在一定的物质保障的基础之上。一方面，社会保险法使社会成员在因不测事故、健康不良、失业等家庭主要收入中断或减少时，或因家庭特别责任和额外需要，在收入无法应付时，能及时得到社会的帮助和支持，保证维持基本的生活需要。② 另一方面，社会保险法通过收入的再次分配调节，建立社

① 有学者提出，法律原则是指可以作为法律规则的基础或本源的综合性、稳定性原理和准则。社会保险法的基本原则在社会保险立法、执法、司法、守法、法律监督及科学研究的所有环节均具有极为重要的意义。缺少明确的基本原则，立法中难以保证法律自身的协调一致以及防止和消除社会保障法律制度内部的矛盾；难以保证正确地理解法律，进行法律解释和法律推理；难以使执法和司法活动中的自由裁量权保持在合理的范围内；难以在缺乏调整某些特定问题的规范时适用法律和补充法律的漏洞；难以确定社会保险法科学研究的出发点。参见郑尚元，扈春海. 中国社会保险立法进路之分析——中国社会保险立法体例再分析. 现代法学. 2010，3

② 覃有土，樊启荣编著. 社会保障法. 北京：法律出版社，1997.91

会连带和互助体系，矫正“市场失灵”，弥补市场机制内在的缺陷和不足，也是市场经济的稳定器。因此，社会保险法的基本原则应该充分体现出社会保险法的这一本质特征，以对全体社会成员提供生存权保障为基础，建构社会保险法的各项具体制度。

2. 社会保险法基本原则的政策性

社会保险法的基本原则能鲜明体现立法者在社会保险领域所奉行的政策。我国社会保险制度改革的目标是建立起资金来源多渠道、保障方式多层次、公平与效率相结合、权利与义务相适应的社会保险体系。一方面，由于我国是一个发展中的人口大国，目前还只能实行“广覆盖、保基本、多层次、可持续”的保障；另一方面，为预防出现“福利病”，我国的社会保险制度必须坚持公平与效率相结合、权利与义务相适应，社会保险水平应当与经济社会发展水平相适应。这些政策都成为社会保险立法方针和指导原则，社会保险法的基本原则也必然会体现出这些政策。

3. 社会保险法基本原则效力的贯彻始终性

社会保险法的基本原则是全部社会保险法律规范的价值主线和灵魂所在，对其中的全部法律规范都具有效力。社会保险法的基本原则体现着立法者认可的社会保险领域内最重要的价值，其基本性不仅体现在所负载价值理念的根本性上，还体现在生效领域的完全性上。社会保险法律规范只有在基本原则的指导下才能发挥其体系的规范功能，离开了基本原则的价值指导作用，社会保险法律规范可能出现违反立法目的的适用。所以，社会保险法的基本原则的效力须完全地贯彻于社会保险法律规范始终，才能完成其对全部社会保险法律规范的价值导向作用。如果其效力仅限于社会保险法律关系的某一领域，如工伤保险中的无过失补偿原则，就不是社会保险法的基本原则而只是工伤保险法的具体原则。

（二）社会保险法基本原则的功能

1. 立法准则的功能

社会保险法的基本原则是整个社会保险法律体系得以构建的基础，是立法者制定法律时的出发点和指导方针。立法者在制定法律之前，会将社会保险立法的理念和方针先确立下来，而这些集中地反映为社会保险法的基本原则。然后，立法者会以此为指针，制定社会保险法的各项制度和具体的规范，使其具有基本价值取向和内在体系上的一致性，发挥不矛盾的体系功能。可以说，社会保险法的基本原则产生于社会保险法的具体制度和规范之前，是社会保险法各项具体制度和规范的基础和来源。

2. 法律规范的整合功能

基本原则对法律规范具有整合功能，可以使整部法律保持服从于立法目的的一致性，并随社会生活条件的变化依靠原则自身的弹性机制与其保持适应。正如有学者指出的那样，任何一个法律概念都可作扩张或限缩两种解释，采用何种解释及如何解释，取决于法律基本原则的要求。对同一个法律事实，如果以不同的方式组合法条形成对之加以规制的法律规范，得到的法律效果将不尽相同，因此，法条必须按基本原则的价值要求加以组合，以保证法条和体系的适用。对不确定法律规范的确定化，必须根据基本原则的要求进行。① 社会保险法的基本原则具有整合所有社会保险法律规范、法律概念、法条运行的功能，将使由这些结构组成的整个社会保险法成为一个有机的系统而具有整体性，实现法律的体系化。

3. 执法和司法中的指导和制约功能

社会保险法的基本原则具有对法律适用的指导和对权力的制约功能。在社会保险法的执法和司法中，会面临因法律条文存在模糊性和语义不明而导致的适用困难，这就需要有权机关即行政机关和司法机关作出法律解释。但有权机关的法律解释不能任意而为，必须遵循社会保险法基本原则前提作出。例如在“邹和众诉金湖县港务管理处劳动福利案”中，法院即适用《劳动法》第71条规定的“社会保险水平应当与社会经济发展水平和社会承受能力相适应”原则进行裁判。在该案中，原告主张仍应适用尚未废止的1953年1月2日政务院修正公布的《劳动保险条例》。根据该条例，集体企业职工医疗费应全部由企业负担。但法院没有适用《劳动保险条例》②，而是根据当前市场经济条件下的医疗制度改革精神，根据国家、集体、个人按比例合理分担的医疗制度改革政策，遵循社会保险水平要与社会经济发展水平和社会承受能力相适应的原则，认定港务处职代会决定按比例由个人承担少部分医疗费用并无不当，并依据《劳动法》第71条规定的原则，判决原告治病的医疗费用享受本企业同类人员的医疗待遇。③

此外，司法中的指导功能还包括法律漏洞的补充功能。由于社会生活的无限纷繁复杂性和立法者认识能力的非至上性、局限性，社会保险法的条文不可避免地会存在调整的“漏洞”，即具体规则缺位，此时社会保险法的基本原则可以发挥法律漏洞补充的功能。

上述社会保险法基本原则的各项功能其实是衔接和统一的。在立法时，

---

① 参见徐国栋．民法基本原则解释——成文法局限性之克服．北京：中国政法大学出版社，1992．360～361

② 该条例颁布距裁判时已有40多年，一直未予修改以适应市场经济发展的需要，在市场经济条件下再单纯地适用40多年前制定的条例，是不切实际的。

③ 国家法官学院，中国人民大学法学院编．中国审判案例要览（1998年经济审判暨行政审判案例卷）．北京：中国人民大学出版社，1999．507～510

基本原则指导产生各项具体制度和规则，并发挥整合功能使各项制度和规则具有整体一致性；在适用法律时，基本原则发挥指导和制约功能，指导法律解释并制约有权解释机关；在具体规则缺位时，基本原则发挥法律漏洞补充功能。通过这一系列衔接功能的发挥，可以使设立了基本原则的法律保持稳定性而行之久远。法律通过司法的途径实现生长，以渐变为法律的变化形式，避免破坏性过大的突变。因之，通过设立基本原则，可以建立由立法机关和司法机关共同参与的法律发展演进模式。①

二、《社会保险法》制定过程中的相关争论

（一）学界的相关主张

学界关于社会保险法基本原则的观点不一。有学者提出，社会保险立法基本原则应包括：全面维护劳动者物质帮助权原则、统一性与多层次性相结合原则、社会保险经费三方合理负担原则、社会化原则、社会保险基金依法投资运用原则、依法确定法律责任原则。② 有学者提出，社会保险立法应遵循的基本原则包括：普遍性原则、与经济发展相适应原则、满足人们基本生活需求原则、权利与义务相一致原则、强制性原则。③ 有学者主张，社会保险立法的基本原则包括：生存权保障原则、普遍性与特殊性相结合的原则、保障水平与生产力水平相适应的原则、权利与义务相统一的原则、公平与效率兼顾的原则、保障功能与激励机制并重的原则。④ 有学者认为，社会保险法基本原则体系应当从社会保险的基本属性和实现途径两个角度进行构建。从基本属性角度，根据社会保险的社会属性可以推导出三方筹资原则和维护劳动者社会保险权利原则，根据社会保险的保险属性可以推导出基本生活保障原则。从实现途径角度，可以确立强制性原则、保险基金征用法定原则、公平原则。⑤ 有学者指出，制定《社会保险法》应遵循六项原则：全面性原则、公平性原则、安全性原则、效率性原则、可操作性原则、可持续性原则。⑥ 全国人大常委会委员郑功成在十届全国人大常委会专题讲座第三十讲《社会保险制度建设与社会保险立法》中指出，从各国的实践来看，社会保险制度普遍遵循如下基本原则：（1）强制性原则；（2）公平性原则；（3）责任分担原则；（4）权利义务相结合原则；（5）与经济发展水平相适应原则；

---

① 参见徐国栋．民法基本原则解释——成文法局限性之克服．北京：中国政法大学出版社，1992.361

② 参见张再平．社会保险立法基本原则刍议．河北法学．1989，6

③ 参见余卫明．社会保险法若干理论问题研究．中南工业大学学报：社会科学版．2001，1

④ 参见丁康．社会保险法制建设研究．武汉：武汉大学出版社，2003.42～47

⑤ 参见陈信勇，陆跃．社会保险法基本原则研究．浙江工商大学学报．2006，5

⑥ 参见宋斌文．制定《社会保险法》应遵循六原则．中国财经报，2007-08-07

(6) 自成系统、自我发展、自我平衡原则。

综上可见，学界认同较多的社会保险法基本原则主要有普遍性原则（或称全面性原则)、生存权保障原则（或称基本生活保障原则)、社会保险水平与经济社会发展水平相适应原则（或称与经济发展水平相适应原则)、强制性原则、公平性原则等。

（二）《社会保险法》制定过程中的相关争论

2007 年 12 月，《社会保险法（草案)》提交第十届全国人民代表大会常务委员会第三十一次会议初次审议，其第 2 条规定了社会保险法的基本原则："社会保险制度坚持广覆盖、保基本、多层次、可持续的方针，社会保险水平应当与经济社会发展水平相适应。"在分组审议时，许多委员对社会保险法的基本原则提出了自己的意见，其焦点集中在确立公平原则或平等原则上。如贺铿委员建议进一步强化城乡协调、公民平等这样一个立法原则。目前存在城乡差异问题，城市居民中又有事业单位、企业单位等，但在基本保险方面，应尽可能超前地考虑促进城乡统筹发展，有利于所有的公民享受平等的社会保障待遇。在扩大覆盖面方面，应该考虑得更多一些，要尽可能使农民纳入到保险的范围之内。社会保险法也应该是包括城乡人民在内的社会保险法。全国人大代表顾惠生建议在"广覆盖、保基本、多层次"后面增加"求公平"，改为"广覆盖、保基本、多层次、求公平、可持续的方针"。强调求公平，保证每个公民都有享受社会保险的权利，使每个公民逐步享受相同的各项社会保险待遇，体现了社会保险追求的目标，也体现了和谐社会的要求。农民工也应该逐步享受和城镇劳动者相同的各项社会保险待遇。①

然而，公平或平等原则并未写入《社会保险法》。2008 年 12 月，《社会保险法（草案)》提交第十一届全国人民代表大会常务委员会第六次会议进行二审，随后向社会全文公布征求意见。征求意见稿仅将一审稿第 2 条改为第 3 条，内容并无变化。此后虽又经三审、四审，2010 年 10 月 28 日通过的《社会保险法》也没有对征求意见稿中关于基本原则的规定再进行修改。

三、中国社会保险法基本原则的建构

《社会保险法》第 3 条规定："社会保险制度坚持广覆盖、保基本、多层次、可持续的方针，社会保险水平应当与经济社会发展水平相适应。"可以认为该条确立了社会保险法的五项基本原则。但是立法对社会保险法基本原

---

① 2007 年 12 月 26 日上午十届全国人大常委会第三十一次会议分组审议《中华人民共和国社会保险法（草案)》的发言，参见《社会保险法的立法原则及适用范围——分组审议社会保险法草案发言摘登（二)》，中国人大网，http://www.npc.gov.cn/npc/zt/2008-01/03/content_1388082.htm. 2010 年 6 月 2 日访问。

则的建构并非十全十美，仍有进一步完善的必要，学理上的概括也不必照搬法律上的用语。我们认为，我国社会保险法的基本原则应当包括普遍性原则、生存权保障原则、可持续原则、社会保险水平与经济社会发展水平相适应原则、强制性原则、公平和效率相结合原则。

（一）普遍性原则

普遍性原则大体相当于《社会保险法》第 3 条规定的“广覆盖”方针。普遍性原则，是指社会保险的适用（覆盖）范围包括所有社会成员，强调一切社会成员均享有社会保险权，即《社会保险法》第 1 条规定的“公民参加社会保险和享受社会保险待遇的合法权益”。公民在因年老、疾病、工伤、失业、生育等发生生活困难的情况下，享有从国家和社会获得物质帮助的权利，这是宪法上公民的一项基本权利。公民在法律面前一律平等，意味着每一个公民都平等地享有在其生活困难时从国家和社会获得这种物质帮助的权利，而不应仅一部分人享有，另一部分人却被排除在外。正是因为其保障范围的普遍性，社会保险法才有稳定社会、保障社会成员生活安全的意义。由此，普遍性原则成为社会保险法的基本原则。[①] 目前，我国处于社会转型时期，全覆盖的社会保险制度是实现经济、社会、政治稳定的一个重要前提，在我国转型期内社会空前变革和利益结构重大调整中能起到调节器的作用。

《社会保险法》以社会公平为指导思想，在多方面贯彻了普遍性原则，将我国境内所有用人单位和个人都纳入了社会保险的覆盖范围，其中基本养老保险和基本医疗保险覆盖了我国城乡全体居民，以实现“老有所养、病有所医”，工伤保险、失业保险和生育保险覆盖了所有用人单位及其职工。《社会保险法》第 10 条、第 20 条、第 22 条分别规定了职工基本养老保险、新型农村社会养老保险、城镇居民社会养老保险三项制度，无雇工的个体工商户、未在用人单位参加基本养老保险的非全日制从业人员以及其他灵活就业人员可以参加基本养老保险，实现了养老保险的全民覆盖；第 23 条、第 24 条、第 25 条分别规定了职工基本医疗保险、新型农村合作医疗保险、城镇居民基本医疗保险三项制度，无雇工的个体工商户、未在用人单位参加职工

---

① 全国人大常委会委员、全国人大法律委员会委员，全国人大常委会办公厅研究室主任沈春耀指出，社会领域立法应当遵循和体现普遍保障原则。社会领域立法应当面向全社会、覆盖全社会，保障全社会成员的生存权、发展权，保障全社会成员共享发展改革成果。坚持公民在法律面前一律平等。就基本权利而言，不因民族、种族、性别、语言、职业、家庭出身、宗教信仰、政治见解、社会地位、教育程度、财产状况、居住期限等而有不同；在一定情况下可以有差别，但这样的差别应当是合理的、非歧视性的。参见沈春耀．关于加强社会领域立法的若干问题——十一届全国人大常委会专题讲座第九讲．中国人大网，http://www.npc.gov.cn/npc/xinwen/2009-04/24/content_1499768.htm.最近浏览：2010 年 10 月 28 日。

基本医疗保险的非全日制从业人员以及其他灵活就业人员可以参加职工基本医疗保险，实现了医疗保险的全民覆盖。此外，《社会保险法》第95条、第96条、第97条将农民工（进城务工的农村居民）、被征地农民、在中国境内就业的外国人均纳入社会保险的适用范围，即使第10条第3款规定“公务员和参照公务员法管理的工作人员养老保险的办法由国务院规定”，也表明公务员和参照公务员法管理的工作人员仍要参加社会保险，只是另外专门规定而已。[①] 当然，《社会保险法》对新型农村社会养老保险、城镇居民社会养老保险、新型农村合作医疗保险、城镇居民基本医疗保险、被征地农民社会保险制度等未做具体规定，而是授权国务院等制定具体的实施办法，也未规定军人社会保险问题[②]，普遍性原则还有待进一步的立法予以落实。

（二）生存权保障原则

生存权保障原则大体相当于《社会保险法》第3条规定的“保基本”方针。生存权是为维护人的生存所必不可少的权利。求生存是人类最基本的要求，生存权思想认为国家应承担保护社会成员生存的义务。德国哲学家费希特（Fichte）认为，国民不能生存时有对国家提出生活保障要求的生存权。[③] 较早在宪法中明文规定生存权的是1919年德国的《魏玛宪法》。[④] 该宪法第151条规定，经济生活秩序必须与社会正义原则及维持人类生存目的相适应；第161条规定：“为了维持健康和劳动能力，保护母亲，防备老年、衰弱和生活的突变，国家在被保险者的协力下，设置包括各种领域的社会保险制度”；第163条规定：“德国人民应有可能的机会从事经济劳动，以维持生计。无相当劳动机会时，其必需生活应筹划及之”。由此，作为宪法中一项纲领性权利的生存权成为现代社会保险立法的起点和归宿。第二次世界大战后，生存权思想在世界范围内被普遍接受，许多国家在宪法中规定了生存权的内容。如日本宪法第25条规定：“全体国民均享有健康和文化的最低限度生活的权利。”基于此，国民健康保险法、国民年金法、民生年金保险法、雇佣保险法、老人保健法、看护保险法等各种社会保险立法以及各种社会福

---

① 2005年《公务员法》第77条第1款规定：“国家建立公务员保险制度，保障公务员在退休、患病、工伤、生育、失业等情况下获得帮助和补偿。”

② 《社会保险法（草案）》一审稿第61条规定：“军人社会保险另行规定。”但此后三次审议的草案和通过的《社会保险法》均未规定军人社会保险问题。

③ 费希特指出：“穷人，当然是签订公民契约的穷人，享有要求资助的绝对强制法权。”［德］费希特．自然法权基础．谢地坤，程志民译．北京：商务印书馆，2004.215

④ 比《魏玛宪法》更早的1793年法国宪法（《雅各宾宪法》）第21条规定，每个社会都有给予其人民工作之义务以及当人民陷于不能工作时，社会也有给予人民生活之资的义务。这是在当时盛行个人主义、自由主义中唯一肯定人民工作及生存权利之宪法条款。参见陈新民．社会基本权利．见：陈新民．德国公法学基础理论（下册）．济南：山东人民出版社，2001.688

利立法等所构成的社会保障制度得以设立。[①] 我国《宪法》第 45 条规定的获得物质帮助权（即社会保障权）也属于生存权的内容。

生存权保障是社会保险法的基本原则。现代社会中，一定的、必需的物质基础是人们生存的基础，也是个人享有人格的基础，否则个人就无以生活并展开各项社会活动，也无以成为社会的人。但是，一个社会中总是会有一些人面临物质的匮乏和生存的危机，或许是由于缺乏劳动能力，或许是由于缺乏工作机会，或许是由于意外情况造成的困难。社会保险法的目的即在于当社会成员出现这些生活困难时，国家和社会有义务对其进行物质帮助，以保障社会成员基本生存需要。因此，生存权保障是社会保险法的最基本原则。

生存权保障原则要求社会保险水平限于保障基本生存需要。社会保险的“广覆盖”并不等同于同一水平和同一层次。社会保险水平立足于经济社会发展水平，这就需要在公平的基础上考虑效率问题。目前中国的生产力发展水平仍然比较低，人口多，底子薄，历史负担重，这些基本国情决定了我们在完善社会保险体系时不能追求过高的保障水平，否则会加重企业的负担，影响经济发展和企业的竞争力，国家财政也无法承受。因此，社会保险水平必须建立在一个合理的标准上，即保障基本生存需要。这样“有利于调动和激发人们工作、创业和创新的积极性”[②]。根据生存权保障原则，《社会保险法》第 15 条第 2 款规定：“基本养老金根据个人累计缴费年限、缴费工资、当地职工平均工资、个人账户金额、城镇人口平均预期寿命等因素确定。”第 47 条规定：“失业保险金的标准，由省、自治区、直辖市人民政府确定，不得低于城市居民最低生活保障标准。”这里并没有像《失业保险条例》那样规定失业保险金标准低于当地最低工资标准。第 56 条规定：“生育津贴按照职工所在用人单位上年度职工月平均工资计发。”当然，生存权保障原则也要求社会保险水平随着经济发展水平而提高，正如《社会保险法》第 18 条规定：“国家建立基本养老金正常调整机制。根据职工平均工资增长、物价上涨情况，适时提高基本养老保险待遇水平。”

生存权保障原则还要求建立一个多层次的社会保险体系，这就是《社会

---

① ［日］芦部信喜原著，高桥和之增订．宪法（第 3 版）．林来梵，凌维慈，龙绚丽译．北京：北京大学出版社，2006．233

② 参见沈春耀．关于加强社会领域立法的若干问题——十一届全国人大常委会专题讲座第九讲．中国人大网，http://www.npc.gov.cn/npc/xinwen/2009-04/24/content_1499768.htm．最近浏览：2010 年 10 月 28 日。该文还指出，社会保障、社会福利等方面的政策，具有较强的“刚性”，待遇只能提高或者维持，除非有替代方案，一般是不能降低或取消的。因此，必须坚持保基本需要的原则。

保险法》第3条规定的“多层次”方针。一般通过三个层次的共同运作使公民获得更全面的保障。第一层次基本社会保险的覆盖面广，应当保证基本生活，但水平相对较低。补充保险作为第二层次可以弥补基本层次的不足，但应当加强国家立法的规范。[①]第三层次为商业保险，使公民个人可以获得更多的保险金来源。例如医疗保险关系到每一个社会成员的健康保障问题，医疗保险制度应当将全体社会成员都纳入到医疗保险体系中，应当建立以基本医疗保险为主、合作医疗保险并重、补充医疗保险和商业医疗保险为辅的综合性医疗保险体系。

（三）可持续原则

可持续原则即《社会保险法》第3条规定的社会保险制度坚持“可持续的方针”。可持续原则要求社会保险基金实现收支平衡，实现自我发展，要求《社会保险法》建立的各项制度应有利于社会保险的可持续发展。《社会保险法》第65条规定：“社会保险基金通过预算实现收支平衡。县级以上人民政府在社会保险基金出现支付不足时，给予补贴。”我国目前正处在由传统社会向现代社会转变的社会转型期间，即正在从计划经济向市场经济转型，从封闭、半封闭社会向开放社会转型，从农业社会、农村社会向工业社会、城市社会转型，从伦理型社会向法治型社会转型，从发展中国家向现代化国家转型。在社会转型过程中，我国面临着人口老龄化加速、人口流动加速、城市化进程加快、就业形式多样化、经济全球化加深的大环境，社会保险制度的可持续发展需要社会保险法应对这些问题。

第一，为应对人口老龄化所带来的养老压力和支付危机，《社会保险法》坚持“统账结合”的模式，明确规定了政府提供补贴的义务，并建立全国社会保障基金用于社会保障支出的补充、调剂。如《社会保险法》第11条规定：“基本养老保险实行社会统筹与个人账户相结合。基本养老保险基金由用人单位和个人缴费以及政府补贴等组成。”第13条规定：“国有企业、事业单位职工参加基本养老保险前，视同缴费年限期间应当缴纳的基本养老保险费由政府承担。基本养老保险基金出现支付不足时，政府给予补贴。”

第二，为应对医疗费用支出快速增长的压力，《社会保险法》确立了医疗机构提供合理、必要的医疗服务的义务。《社会保险法》第31条规定：“社会保险经办机构根据管理服务的需要，可以与医疗机构、药品经营单位签订服务协议，规范医疗服务行为。医疗机构应当为参保人员提供合理、必

① 《社会保险法（草案）》一审稿第62条规定：“国家鼓励单位在参加基本养老保险、基本医疗保险的基础上，自愿建立补充养老保险，自愿参加补充医疗保险。”但此后三次审议的草案和通过的《社会保险法》均未规定补充保险。

要的医疗服务。”

第三，为应对人口流动带来的社会保险转移接续问题，《社会保险法》建立了基本养老保险、基本医疗保险、失业保险关系的转移接续制度。《社会保险法》第 19 条规定：“个人跨统筹地区就业的，其基本养老保险关系随本人转移，缴费年限累计计算。个人达到法定退休年龄时，基本养老金分段计算、统一支付。具体办法由国务院规定。”第 32 条规定：“个人跨统筹地区就业的，其基本医疗保险关系随本人转移，缴费年限累计计算。”第 52 条规定：“职工跨统筹地区就业的，其失业保险关系随本人转移，缴费年限累计计算。”

第四，为应对城市化进程中农民工累计缴费达不到国家规定年限的问题，《社会保险法》采取了宽松灵活的措施。《社会保险法》第 16 条规定：“参加基本养老保险的个人，达到法定退休年龄时累计缴费满 15 年的，按月领取基本养老金。参加基本养老保险的个人，达到法定退休年龄时累计缴费不足 15 年的，可以缴费至满 15 年，按月领取基本养老金；也可以转入新型农村社会养老保险或者城镇居民社会养老保险，按照国务院规定享受相应的养老保险待遇。”第 27 条规定：“参加职工基本医疗保险的个人，达到法定退休年龄时累计缴费达到国家规定年限的，退休后不再缴纳基本医疗保险费，按照国家规定享受基本医疗保险待遇；未达到国家规定年限的，可以缴费至国家规定年限。”

第五，为应对城市化进程加快、就业形式多样化和经济全球化加深带来的大量进城务工的农村居民（即农民工）、被征地农民、灵活就业人员、在中国境内就业的外国人参加社会保险的问题，《社会保险法》采用不同的方式将其纳入社会保险的适用范围内，并以统筹城乡为方向来进行制度建构，以实现社会保险的可持续发展。

（四）社会保险水平与经济社会发展水平相适应原则

《社会保险法》第 3 条规定了“社会保险水平应当与经济社会发展水平相适应”的原则。该原则源于《宪法》第 14 条第 4 款的规定：“国家建立健全同经济发展水平相适应的社会保障制度。”《劳动法》第 71 条也规定：“社会保险水平应当与社会经济发展水平和社会承受能力相适应。”社会保险是国家用经济手段来解决特定社会问题和实施特定社会政策的一项制度，它必须与一定的经济社会发展水平相适应。高于经济社会发展水平的社会保险，势必给经济社会的发展背上沉重的包袱，阻碍经济社会的发展；而低于经济社会发展水平的社会保险，则并不能起到保障生存权的作用，还会引发一些社会矛盾。这既要求社会保险水平限于保障基本生存需要，即坚持生存权保障原则，又要求国家建立社会保险待遇的调整机制。如《社会保险法》第

18 条规定："国家建立基本养老金正常调整机制。根据职工平均工资增长、物价上涨情况，适时提高基本养老保险待遇水平。"

经济社会发展水平决定着社会保险的发展水平。因为社会保险是以经济发展创造的可供进行再分配的社会财富作为基础的，没有这个基础，就没有社会保险。同时，经济社会发展水平也决定了社会成员的生活水平，而社会成员的生活水平状况又必然要求有相应水平的社会保险待遇。国外社会保险的实践也证明了这一点，越是经济发达、国民生活水平高的国家，其基本保障的标准也越高；反之亦然。由此可见，社会保险发展水平是受经济社会发展水平制约的，而且必须适应经济发展的水平。

（五）强制性原则

强制性原则是指社会保险由国家通过立法强制实施，凡依照法律规定应当参保的劳动者和用人单位都必须参加社会保险，当事人没有任意选择的权利，也不能任意退出保险，社会保险的险种和保险费的缴纳也必须按法律规定执行，不能由当事人自由协商。因此，社会保险是由政府采用危险集中管理的方式，对可能发生损失的被保险人提供现金和医疗服务，属于政策性保险。① 社会保险以社会利益为本位，为社会大众谋求利益与安全，尽管缴纳社会保险费会减少某一部分人的所得，但基于社会整体利益，仍需采取强制性的手段，以维持社会保险制度的正常运作。我国《劳动法》第 72 条规定："用人单位和劳动者必须依法参加社会保险，缴纳社会保险费。"第 100 条规定："用人单位无故不缴纳社会保险费的，由劳动行政部门责令其限期缴纳；逾期不缴的，可以加收滞纳金。"为应对不参保和不缴费的违法情形，加大强制力度，《社会保险法》第 84 条规定："用人单位不办理社会保险登记的，由社会保险行政部门责令限期改正；逾期不改正的，对用人单位处应缴社会保险费数额 1 倍以上 3 倍以下的罚款，对其直接负责的主管人员和其他直接责任人员处 500 元以上 3 000 元以下的罚款。"第 86 条规定："用人单位未按时足额缴纳社会保险费的，由社会保险费征收机构责令限期缴纳或者补足，并自欠缴之日起，按日加收万分之五的滞纳金；逾期仍不缴纳的，由有关行政部门处欠缴数额 1 倍以上 3 倍以下的罚款。"社会保险的强制性是国家对社会经济生活实行国家干预的表现，也是社会保险制度得以存在和实施的保证。

当然，社会保险的强制性原则也有例外。社会保险立法根据权利能力资格的取得将被保险人分为两种：强制被保险人和任意被保险人（或称自愿被保险人）。强制被保险人是指依据法律规定必须参加社会保险的被保险人，

① 参见梁宪初，冉永萍．社会保险．台北：五南图书出版公司，2000.5

一般是指劳动者（《社会保险法》称职工），只要劳动者与用人单位存在劳动关系，即取得强制被保险人资格。任意被保险人是指通过自愿申请取得参加社会保险资格的被保险人，一般是指非雇佣劳动者。在任意保险中，个人的意志具有一定的作用，他可以自由决定在任何时间建立或终止社会保险。《社会保险法》第10条、第23条规定，职工“应当”参加基本养老保险、职工基本医疗保险，这意味着职工属于强制被保险人，而无雇工的个体工商户、未在用人单位参加基本养老保险的非全日制从业人员以及其他灵活就业人员“可以”参加基本养老保险、职工基本医疗保险，这意味着无雇工的个体工商户、未在用人单位参加基本养老保险的非全日制从业人员以及其他灵活就业人员属于任意被保险人。这就是社会保险强制性原则的例外情形。

（六）公平和效率相结合原则

社会保险是由用人单位、职工个人缴费，国家给予适当补助的三方共同筹资的项目，体现出公平和效率、权利与义务的结合。如养老、医疗、失业等社会保险实行个人、用人单位、国家三方负担的原则，职工享受社会保险待遇尤其是养老保险、失业保险待遇的高低要与其个人缴费多少和缴费年限挂钩[①]，权利与义务相适应，既体现了公平，又体现了效率。本来，社会保险自产生以来就是以实现社会公平为目标的，然而单纯的公平是不现实的，因为社会保险是以效率和发展所带来的物质基础为依据的。一些西方发达国家的社会保险制度在实现公平方面获得了所追求的社会效果，但也产生了一些阻碍效率机制的负面作用。因此，公平与效率相结合，或称兼顾公平与效率，应成为社会保险法的基本原则。

在我国，社会公平仍应成为社会保险所追求的首要目标[②]，但效率也应是不可忽视的重要价值，社会保险法应贯彻公平与效率相结合的原则，在公平与效率兼顾的动态过程中，不断地改进、调整并作出选择，摆正两个互为条件、相互制约的发展目标，力求在这两个目标之间达到动态平衡。具体来

① 如《社会保险法》第15条规定：“基本养老金由统筹养老金和个人账户养老金组成。基本养老金根据个人累计缴费年限、缴费工资、当地职工平均工资、个人账户金额、城镇人口平均预期寿命等因素确定。”第46条规定：“失业人员失业前用人单位和本人累计缴费满1年不足5年的，领取失业保险金的期限最长为12个月；累计缴费满5年不足10年的，领取失业保险金的期限最长为18个月；累计缴费10年以上的，领取失业保险金的期限最长为24个月。重新就业后，再次失业的，缴费时间重新计算，领取失业保险金的期限与前次失业应当领取而尚未领取的失业保险金的期限合并计算，最长不超过24个月。”

② 我国也有经济学家呼吁建立基于公平的社会保障制度。如吴敬琏提出要建立全民社会保障体系，划拨部分国有资产来偿还国家对国有企业职工的社会保障隐性负债。参见马腾，刘鸿雁．吴敬琏：中国经济已进入一个健康发展的增长周期但要警惕政府主导的投资过热．21世纪经济报道，2003-12-30

说，社会保险的覆盖面要拓宽，体现公平，但社会保险的水平不能太高，应当与经济社会发展水平相适应，社会保险管理应社会化，社会保险基金可以考虑采取组合投资的模式进行投资，以实现社会保险基金增值。

第三节　社会保险法律关系[①]

从社会保险制度的运行特点和社会保险的立法目的来看，社会保险法以法律关系为工具来构建比较合理。社会保险法的调整对象不仅包括私主体之间的关系，也包括私主体与行政主体之间的关系，其立法目的在于充分保障和实现公民的社会保险权。以法律关系为工具对法律所调整的各种关系进行整体上的规划，以权利义务为基本工具对当事人之间的法律地位进行精细的设计，可以有效地调整社会保险法律主体之间复杂的关系，实现立法目的。

社会保险法律关系有广义、狭义之分。广义的社会保险法律关系是指社会保险关系的主体在社会保险活动中依据社会保险法形成的权利义务关系，包括社会保险基础法律关系、社会保险行政法律关系和社会保险监督法律关系。[②] 狭义的社会保险法律关系仅指广义社会保险法律关系中的社会保险基础法律关系。本节使用狭义的社会保险法律关系概念，认为社会保险法律关系是社会保险当事人之间依法形成的收取和缴纳社会保险费、支付和享受社会保险待遇的相互权利义务关系。[③] 即征缴主体、用人单位和被保险人之间的社会保险费征缴法律关系，以及给付主体、给付辅助机构和被保险人之间的社会保险待遇给付法律关系，其中，给付法律关系是社会保险法律关系中的基本关系，其他关系都是围绕其展开的。[④]

社会保险法律关系的主体主要包括：(1) 被保险人，是指直接对社会保险标的具有保险利益并享有社会保险待遇请求权的主体，一般是指用人单位的职工即强制被保险人，也包括本人自愿参保的劳动者即任意被保险人，养老、医疗保险中的被保险人可能包括全体社会成员。(2) 用人单位，其为被保险人的利益而参加社会保险，缴纳社会保险费。(3) 征缴主体，是指负责

---

① 本节以林海权 2007 年博士论文《社会保险法律关系分析》的相关内容为基础，结合《社会保险法》的相关规定而展开论述。关于社会保险法律关系的一般理论，另参见林海权．社会保险法律关系的理论分析．见：林嘉主编．社会法评论（第四卷）．北京：中国人民大学出版社，2010．158～191

② 种明钊主编．社会保障法律制度研究．北京：法律出版社，2000．112～122；张京萍主编．社会保障法．北京：中国劳动社会保障出版社，2005．66～67

③ 管火明主编．劳动和社会保障法．北京：中国政法大学出版社，2005．192

④ 方乐华．社会保障法论．上海：世界图书出版公司，1999．200；德国学者 Bley 甚至认为，社会法律关系就是社会给付法律关系。Bley，Sozialrecht，2. Aufl.，1977，S. 41.

征收社会保险费的机构，即《社会保险法》所称社会保险费征收机构。(4)给付主体，是指负责社会保险待遇给付的机构，即《社会保险法》所称社会保险经办机构。(5)给付辅助机构，是指《社会保险法》所称的医疗机构、药品经营单位等社会保险服务机构。

《社会保险法》在一定程度上从维护公民社会保险权益的角度出发，以法律关系为工具来构建社会保险立法体系。《社会保险法》第一章总则的条文为社会保险费征缴法律关系和社会保险待遇给付法律关系的建构奠定了基本框架，其第1条规定立法目的之一是为了“维护公民参加社会保险和享受社会保险待遇的合法权益”，明确了社会保险法律关系中被保险人享有的主要权利。第4条一般性地规定了用人单位和个人的权利义务：“中华人民共和国境内的用人单位和个人依法缴纳社会保险费，有权查询缴费记录、个人权益记录，要求社会保险经办机构提供社会保险咨询等相关服务。个人依法享受社会保险待遇，有权监督本单位为其缴费情况。”第8条一般性地规定了社会保险经办机构的职责：“社会保险经办机构提供社会保险服务，负责社会保险登记、个人权益记录、社会保险待遇支付等工作。”本节将结合分则中的具体条文对社会保险费征缴法律关系和社会保险待遇给付法律关系进行细致的分析和建构。

一、社会保险费征缴法律关系

(一)社会保险费征缴法律关系的性质

我国现行立法[①]把社会保险费征缴法律关系中征缴主体和用人单位、征缴主体和被保险人之间的法律关系界定为公法关系。根据《社会保险费征缴暂行条例》的规定，社会保险费的征收机构由省、自治区、直辖市人民政府规定，可以由税务机关征收，也可以由劳动保障行政部门设立的社会保险经办机构征收，用人单位和劳动者缴纳社会保险费（劳动者应缴纳的由所在用人单位代扣代缴），处罚争议应通过行政复议和行政诉讼寻求救济。[②]司法实践中绝大多数法院认为社会保险费的征收属行政法律关系，不属于民事案件的受理范围，故对用人单位与劳动者之间的社会保险费缴纳争议不予受理。[③]而社会保险费征缴法律关系中用人单位和职工之间的法律关系则被界

① 由于《社会保险法》自2011年7月1日起生效施行，本文中的现行立法是指现行有效的社会保险立法，不包括《社会保险法》，现行规定是指现行有效的社会保险立法中的规定。

② 参见《社会保险费征缴暂行条例》第6第、第12条、第13条、第25条等。

③ 见符玉花与中国人民财产保险股份有限公司三亚市分公司劳动争议纠纷案，海南省三亚市中级人民法院（2008）三亚民一终字第19号民事判决书。北大法律信息网．http://vip.chinalawinfo.com/Newlaw2002/SLC/slc.asp? db=fnl&gid=117561581.最近浏览：2010年3月20日。另参见林海权．养老保险的案例研习．判解研究．2006，5

定为私法关系，《劳动合同法》规定社会保险为劳动合同的必备条款，用人单位未依法为劳动者缴纳社会保险费的，劳动者可以解除劳动合同。[①] 个别法院裁判认定用人单位与劳动者之间的社会保险费缴纳争议为劳动争议，判令用人单位依法补缴社会保险费。[②]

《社会保险法》仍将社会保险费征缴法律关系的性质界定为公法关系和私法关系的混合，其中征缴主体和用人单位之间、征缴主体和被保险人之间都是公法关系，准确地说是行政法律关系，而用人单位和职工（被保险人）之间是私法关系。其依据是《社会保险法》第83条的规定："用人单位或者个人认为社会保险费征收机构的行为侵害自己合法权益的，可以依法申请行政复议或者提起行政诉讼。用人单位或者个人对社会保险经办机构不依法办理社会保险登记、核定社会保险费、支付社会保险待遇、办理社会保险转移接续手续或者侵害其他社会保险权益的行为，可以依法申请行政复议或者提起行政诉讼。个人与所在用人单位发生社会保险争议的，可以依法申请调解、仲裁，提起诉讼。用人单位侵害个人社会保险权益的，个人也可以要求社会保险行政部门或者社会保险费征收机构依法处理。"而且，社会保险费征收机构和社会保险经办机构均为行政主体，在社会保险费征缴法律关系中以公法人身份行使公权力。

（二）我国社会保险费征缴法律关系内容现行规定存在的问题

1. 被保险人的权利义务

我国现行立法明确规定了失业保险、养老保险和医疗保险中的被保险人应承担缴费义务[③]，并规定了履行缴费义务的标的和方式[④]，同时也规定了被保险人提请法律救济的权利。[⑤] 但现行规定仍存在以下不足：

(1) 对缴费义务的规定不够完善。现行立法虽然明确规定被保险人应当缴纳的社会保险费由其所在单位代为扣缴，但对扣缴的法律结构规定得不是很明确，即没有明确规定该缴费义务实际上是由用人单位对征缴主体承担的，被保险人实际上只向用人单位承担缴费义务，而并不与征缴主体直接发生法律关系，被保险人缴费义务自其承担的社会保险费被用人单位扣缴之时

① 参见《劳动合同法》第17条、第38条。

② 见梁梅兰诉韶关市北江环境卫生管理所劳动争议纠纷案，广东省韶关市北江区人民法院(2001)韶北法民初字第212号民事判决书。北大法律信息网．http://vip.chinalawinfo.com/newlaw2002/SLC/SLC.asp? Db=fnl&Gid=117452967. 最近浏览：2010年3月20日。

③ 参见《社会保险费征缴暂行条例》第4条第1款、《失业保险条例》第6条以及1998年《关于建立城镇职工基本医疗保险制度的决定》等相关规定。

④ 参见《社会保险费征缴暂行条例》第12条。

⑤ 参见《社会保险费征缴暂行条例》第25条、《工伤保险条例》第55条等。

起即消灭。此外，现行立法对缴费义务的产生时间没有明确规定。

(2) 缺乏对告知义务的明确规定。社会保险制度运行中，一般是由用人单位承担登记义务，而且必须保证登记信息的正确性和完整性，而社会保险登记需要的很多信息是由被保险人掌握控制的，因此应当规定被保险人有义务如实提供有关信息，出示有关证件。

(3) 没有规定被保险人享有请求用人单位履行登记和缴费义务的权利、自己办理社会保险登记和缴费的权利、请求征缴主体履行职责的权利、损害赔偿请求权等。由于缺乏以上权利，作为缴费义务承担者的用人单位和承担征收社会保险费职责的征缴主体分别缺乏办理社会保险登记、征收社会保险费的动力和压力。此外，由于被保险人缺乏自己办理社会保险登记和缴费的权利，在用人单位拒绝为其办理社会保险登记手续、缴纳社会保险费的情况下，被保险人无法通过自己的行为保全自己的社会保险权益。

2. 用人单位的权利义务

我国现行立法规定，用人单位承担缴费义务①，登记义务②，制作账册、材料并予以保存的义务③，告知义务④，协助义务⑤，同时也享有代缴社会保险费的请求权和提请法律救济的权利。⑥ 应该说，现行立法对用人单位权利义务的规定是比较完善的，但权利义务结构设计上还有以下不足：

(1) 缴费义务和登记义务的法律责任不完善。我国现行立法规定，用人单位的缴费义务包括自己承担部分以及为职工代为扣缴部分，登记义务包括完整登记、及时登记、正确登记等具体内容，这两项义务主要具有公法性质，违反则需承担行政责任，并可能招致行政强制措施。⑦ 但根据现行规定，被保险人的保险资格自用人单位办理社会保险登记之后才能取得，这使得被保险人保险权益的取得完全取决于用人单位的行为，很多被保险人因为用人单位没有为其办理社会保险登记而无法享受社会保险待遇。至于用人单

---

① 参见《社会保险费征缴暂行条例》第 4 条第 1 款、第 10 条、第 12 条第 2 款、第 13 条、第 23 条、第 26 条以及《失业保险条例》第 6 条第 1 款、《工伤保险条例》第 10 条、《企业职工生育保险试行办法》第 4 条第 1 款等。

② 参见《社会保险费征缴暂行条例》第 7 条、第 8 条、第 9 条等。

③ 参见《社会保险费征缴暂行条例》第 24 条。

④ 参见《社会保险费征缴暂行条例》第 17 条、《工伤保险条例》第 4 条等。

⑤ 参见《社会保险费征缴暂行条例》第 18 条。

⑥ 参见《社会保险费征缴暂行条例》第 25 条、《工伤保险条例》第 55 条等。

⑦ 在现实中，该缴费义务的公法性质也受到严重冲击，用人单位不缴、少缴社会保险费的现象大量存在。劳动仲裁机构与劳动保障监察部门在处理这类案件时，多是通过调解促成用人单位与劳动者“各让一步”来解决的：要么是用人单位同意缴纳而劳动者同意降低缴费基数或缩短缴费年限；要么是用人单位仍然不缴社会保险费，但向劳动者支付一些现金作为补偿。参见陈默．关于社会保险缴费纠纷问题探讨．中国劳动．2004，1

位违反该义务是否应向职工承担私法责任，《工伤保险条例》作了一定的规定[①]，但在养老、医疗、失业、生育保险立法中，除了个别地方立法外，基本都没有涉及。[②] 在实践中，对职工是否能够要求没有缴纳社会保险费的用人单位承担赔偿责任存在很大争议，尽管理论界有将缴纳社会保险费的义务视为是对职工承担的义务，但实务中法院对此更多持否定态度，大都不受理职工和用人单位之间因社会保险费征缴而发生的纠纷。

（2）制作账册、材料并予以保存的义务缺乏法律责任规定。制作账册、材料并予以保存的主要目的在于供有关部门审查，以审核用人单位所登记和申报的材料是否正确、完整。从法律效果上看，该材料具有证据的效力，如果用人单位没有为职工制作并保存有关账册、材料，在职工对用人单位所登记的信息有异议的情况下，在确定职工的保险资格和保险费数额时应做有利于职工的认定。我国现行规定主要将该义务视为公法上的义务，违反该义务应当承担相应的行政责任，而缺乏对证据效力的规定。

（3）告知义务的规定不完善。用人单位进行社会保险登记的内容以及在社会保险费申报过程中所提交的材料，将直接决定被保险人在将来是否能够享受社会保险待遇以及该社会保险待遇请求权的内容和范围，因此，该信息对被保险人特别重要，法律应要求用人单位及时向被保险人告知登记和申报的内容，以利于被保险人及时进行监督和提出异议。我国现行立法规定，用人单位每年向本单位职工公布本单位全年社会保险费缴纳情况，在时间上不够及时，内容上也不够具体。

（4）缺乏对代缴社会保险费请求权的限制规定。由于用人单位代职工扣缴社会保险费，用人单位对职工承担的社会保险费部分享有请求权，但该请求权在行使时间和方式上应受到一定的限制。我国现有法律尽管规定雇主可以代为扣缴，但更多是从义务的角度进行规定，而没有从权利角度进行规定，而且对扣缴方式和时间也缺乏一定的限制。[③]

3. 征缴主体的职责

我国现行立法规定，征缴主体承担征收社会保险费、登记、告知、制作

---

① 参见《工伤保险条例》第62条。

② 例如，《北京市企业城镇劳动者养老保险规定》第52条规定：“企业违反本规定，不按期缴纳、拒缴、漏缴或者少缴基本养老保险费的，由社会保险经办机构限期催缴，并从逾期之日起，按日加收欠缴金额2‰的滞纳金。滞纳金并入养老保险基金。企业违反本规定不参加基本养老保险或者由于第一款的原因给被保险人造成损失的，被保险人有权要求企业补缴基本养老保险费或者赔偿损失。”但并不是所有的地方立法都有类似的规定，如《广东省社会养老保险条例》就没有相应的规定。

③ 参见《社会保险费申报缴纳管理暂行办法》第10条。

和保存缴费记录、提供免费咨询等职责（可表述为义务）[①]，但职责的内容不够具体和完善，具体表现在：

（1）缺乏不履行征收社会保险费职责的赔偿责任规定。征收社会保险费的职责首先是客观法上的义务，没有履行该职责应该承担行政责任。同时，该职责应该也是对被保险人承担的公法义务，如果征缴主体因为过错没有履行该职责而影响被保险人的社会保险待遇，应承担一定的赔偿责任。我国现行规定主要将该职责视为客观法上的义务，而非对被保险人承担的公法义务，征缴主体违反该义务也只承担内部行政责任，而不对被保险人承担损害赔偿责任，正如前文所述，没有赋予被保险人相应的主观权利——损害赔偿请求权。

（2）缺乏对登记职责具体内容和法律责任的规定。社会保险制度运行以一定的信息为基础，征缴主体在征收社会保险费时必须掌握有关信息，而这又依赖于登记制度。为确保作为社会保险费征收和待遇给付依据的信息的正确性，应当要求征缴主体对登记的及时性、正确性和完整性负责。我国现行规定并没有明确征缴主体对登记信息的及时性、正确性以及完整性承担责任，也缺乏对征缴主体因登记瑕疵而给被保险人造成损害的赔偿责任规定。

（3）没有赋予征缴主体履行该职责所需的一些权力（职权）。征缴主体既然承担登记和征收社会保险费的职责，法律就应赋予其行使该职责所需要的职权，例如对用人单位进行检查、对相关材料进行审查、对被保险人以及用人单位进行询问、对迟延或拒绝缴纳社会保险费采取强制执行措施并对相关违法主体进行处罚的权力。但根据我国现行立法，征缴主体只有在劳动保障行政部门委托时才有权进行调查和审查[②]，而且征缴主体本身没有采取强制措施和实施行政处罚的权力，只有通过劳动保障行政部门才有权行使[③]。征缴主体权力的不足已经成为当前我国社会保险费征缴率低的一个重要原因。[④]

（4）提供咨询义务缺乏相应的法律责任规定。尽管我国现行立法明确规定了社会保险经办机构承担提供免费咨询服务的义务，但并没有规定社会保险经办机构拒绝履行该义务或者所提供的信息存在错误而给被保险人造成损

① 参见《失业保险条例》第25条，《社会保险费征缴暂行条例》第6条、第16条、第17条，《社会保险费申报缴纳管理暂行办法》第18条、第19条等。

② 参见《社会保险费征缴暂行条例》第20条。

③ 参见《社会保险费征缴暂行条例》第23条、第24条、第26条等。

④ 有学者对2002年我国养老保险费的征缴率进行估算，认为其大概为65.92%，逃费现象极为严重。社会保险经办机构征缴权限不足，强制性不够是逃费猖獗的重要原因之一。参见李丹．论我国社会保险逃费问题及对策．兰州学刊．2005，6

害的法律责任。

（三）《社会保险法》对社会保险费征缴法律关系内容的建构和完善

1. 被保险人的权利义务

在义务方面，被保险人在社会保险费征缴法律关系中主要承担如下义务：

（1）缴费义务。被保险人的缴费义务属于公法义务，履行方式主要有两种：一是强制被保险人即职工由用人单位代扣代缴；二是任意被保险人自己向征缴主体缴纳。《社会保险法》第 60 条规定，职工应当缴纳的社会保险费由用人单位代扣代缴，无雇工的个体工商户、未在用人单位参加社会保险的非全日制从业人员以及其他灵活就业人员，可以直接向社会保险费征收机构缴纳社会保险费。由用人单位代扣代缴实质上是用人单位直接扣留被保险人应承担的社会保险费并代为缴纳，被保险人并没有直接与征缴主体发生法律关系，用人单位没有及时缴纳社会保险费则要承受强制措施。在被保险人自己直接向征缴主体缴纳的情况下，则被保险人直接与征缴主体发生法律关系，自己承受因没有缴纳而导致的强制措施。

被保险人的缴费义务具体包括：

第一，缴纳养老保险费的义务。《社会保险法》第 12 条规定："职工应当按照国家规定的本人工资的比例缴纳基本养老保险费，记入个人账户。无雇工的个体工商户、未在用人单位参加基本养老保险的非全日制从业人员以及其他灵活就业人员参加基本养老保险的，应当按照国家规定缴纳基本养老保险费，分别记入基本养老保险统筹基金和个人账户。"第 20 条第 2 款规定："新型农村社会养老保险实行个人缴费、集体补助和政府补贴相结合。"目前城镇居民社会养老保险也实行个人缴费、集体补助和政府补贴相结合。

第二，缴纳医疗保险费的义务。《社会保险法》第 23 条规定："职工应当参加职工基本医疗保险，由用人单位和职工按照国家规定共同缴纳基本医疗保险费。无雇工的个体工商户、未在用人单位参加职工基本医疗保险的非全日制从业人员以及其他灵活就业人员可以参加职工基本医疗保险，由个人按照国家规定缴纳基本医疗保险费。"第 25 条第 2 款规定："城镇居民基本医疗保险实行个人缴费和政府补贴相结合。"新型农村合作医疗实行个人缴费、集体扶持和政府补贴相结合。

被保险人在法定情形下不承担缴费义务。《社会保险法》第 25 条第 3 款规定，在城镇居民基本医疗保险中，"享受最低生活保障的人、丧失劳动能力的残疾人、低收入家庭 60 周岁以上的老年人和未成年人等所需个人缴费部分，由政府给予补贴。"第 48 条规定："失业人员在领取失业保险金期间，参加职工基本医疗保险，享受基本医疗保险待遇。失业人员应当缴纳的基本医疗保险费从失业保险基金中支付，个人不缴纳基本医疗保险费。”

第三，缴纳失业保险费的义务。《社会保险法》第44条规定：“职工应当参加失业保险，由用人单位和职工按照国家规定共同缴纳失业保险费。”

需要注意的是，被保险人没有缴纳工伤保险费和生育保险费的义务。《社会保险法》第33条规定：“职工应当参加工伤保险，由用人单位缴纳工伤保险费，职工不缴纳工伤保险费。”第53条规定：“职工应当参加生育保险，由用人单位按照国家规定缴纳生育保险费，职工不缴纳生育保险费。”

（2）登记义务。强制被保险人即职工没有登记义务，但任意被保险人有登记义务，应当自己向社会保险经办机构申请办理社会保险登记。《社会保险法》第58条第2款规定：“自愿参加社会保险的无雇工的个体工商户、未在用人单位参加社会保险的非全日制从业人员以及其他灵活就业人员，应当向社会保险经办机构申请办理社会保险登记。”

（3）告知和协助义务。社会保险制度是最大诚实信用制度，需要当事人之间进行协作，被保险人保险资格的确定、保险关系的产生以及保险费用的确定等诸多事项都必须有被保险人的协作才能顺利完成，因此，应当赋予被保险人告知和协助义务。首先，职工的信息说明义务和（材料）出示义务是对用人单位承担的私法义务，性质上属于合同法上的附随义务。[①] 同时，告知和协助义务也是被保险人对征缴主体和社会保险经办机构承担的公法义务。《社会保险法》第74条第1款规定，社会保险经办机构通过业务经办、统计、调查获取社会保险工作所需的数据，个人应当及时、如实提供。

在权利方面，被保险人在社会保险费征缴法律关系中的权利包括[②]：

（1）请求用人单位履行登记、缴费义务的权利和损害赔偿请求权。在劳动关系中，用人单位对其全部职工承担办理社会保险登记和缴纳社会保险费的义务，缴费范围不仅指用人单位承担的社会保险费份额，也包括职工承担的份额，职工请求用人单位履行登记、缴费义务的权利的性质为私法权利。用人单位拒绝或者迟延履行登记、缴费义务可能或者已经致使职工不能享受社会保险待遇或者享受的社会保险待遇减少的，应当承担损害赔偿责任，职工相应地享有损害赔偿请求权。《最高人民法院关于审理劳动争议案件适用法律若干问题的解释（三）》（法释［2010］12号，2010年9月14日起施

① 《合同法》第60条第2款规定：“当事人应当遵循诚实信用原则，根据合同的性质、目的和交易习惯履行通知、协助、保密等义务。”

② 社会保险费征缴是社会保险给付的前提和基础，因此，社会保险费征缴不仅属于社会公共利益的内容，也关系到被保险人个人利益的内容，社会保险费征缴制度的设计除了要对相关人员课以客观法上的义务之外，还应该赋予被保险人在特定情况下享有主观权利，可以请求有关主体履行义务，促使社会保险制度顺利运行。

行）第 1 条规定："劳动者以用人单位未为其办理社会保险手续，且社会保险经办机构不能补办导致其无法享受社会保险待遇为由，要求用人单位赔偿损失而发生争议的，人民法院应予受理。"

（2）自己办理社会保险登记和缴费的权利。这主要是任意被保险人享有的权利，同时也是其应承担的义务。而职工在用人单位不为其办理登记或者缴纳费用时是否有权自己办理登记和缴费，《社会保险法》未作规定，我们认为，在这种情况下应当允许职工自己办理登记和缴费，而职工办理登记手续和缴费后有权请求用人单位支付其因办理登记手续支出的费用和用人单位应承担的社会保险费份额。

（3）请求征缴主体履行职责的权利和损害赔偿请求权。社会保险经办机构负责社会保险登记手续的办理，征缴主体负责社会保险费的征缴，这两项法定职责均属于公法义务。《社会保险法》第 83 条第 2 款规定，用人单位或者个人对社会保险经办机构不依法办理社会保险登记、核定社会保险费的行为，可以依法申请行政复议或者提起行政诉讼。由此规定可解释被保险人有请求征缴主体履行职责的权利。社会保险经办机构和征缴主体没有履行审核登记义务和征缴义务，职工应当有权请求损害赔偿。《社会保险法》第 89 条规定，社会保险经办机构及其工作人员未履行社会保险法定职责，给个人造成损失的，依法承担赔偿责任。但《社会保险法》没有明确规定税务机关的损害赔偿责任，职工是否有权向其请求损害赔偿还不明确。

（4）免费查询核对缴费记录和请求提供社会保险服务的权利（社会保险服务请求权)。《社会保险法》第 4 条第 1 款规定，缴费个人有权查询缴费记录、个人权益记录，要求社会保险经办机构提供社会保险咨询等相关服务。第 74 条第 4 款规定，个人可以免费向社会保险经办机构查询、核对其缴费记录，要求社会保险经办机构提供社会保险咨询等相关服务。

（5）监督权，包括举报、投诉的权利。《社会保险法》第 4 条规定，个人"有权监督本单位为其缴费情况"。第 82 条第 1 款规定："任何组织或者个人有权对违反社会保险法律、法规的行为进行举报、投诉。"个人可以向社会保险行政部门、卫生行政部门、社会保险经办机构、社会保险费征收机构和财政部门、审计机关等进行举报、投诉。

（6）提请法律救济的权利。社会保险费征缴过程中，作为行政主体的公法人在行使职权过程中的行政行为大都直接关系到被保险人的社会保险权益，被保险人对这些行政行为应当享有提起行政救济的权利。同时，个人也应当享有针对用人单位提请社会保险争议处理的权利，以及要求社会保险行政部门或者社会保险费征收机构依法处理的权利。《社会保险法》第 83 条规定，个人认为社会保险费征收机构的行为侵害自己合法权益的，可以依法申请行政复议或者提起行政诉讼。个人对社会保险经办机构不依法办理社会保险登记、核定社会保险费或者侵害其他社会保险权益的行为，可以依法申请行政复议或者提起行政诉讼。个人与所在用人单位发生社会保险争议的，可以依法申请调解、仲裁，提起诉讼。用人单位侵害个人社会保险权益的，个人也可以要求社会保险行政部门或者社会保险费征收机构依法处理。

2. 用人单位的权利义务

在义务方面，用人单位在社会保险费征缴法律关系中主要承担如下义务：

（1）登记义务。从性质上看，登记义务既是用人单位对职工承担的私法义务，也是用人单位对征缴主体承担的公法义务。

用人单位有办理社会保险登记、变更或者注销登记的义务。《社会保险法》第 57 条规定，用人单位应当自成立之日起 30 日内凭营业执照、登记证书或者单位印章，向当地社会保险经办机构申请办理社会保险登记。用人单位的社会保险登记事项发生变更或者用人单位依法终止的，应当自变更或者终止之日起 30 日内，到社会保险经办机构办理变更或者注销社会保险登记。第 58 条规定用人单位有为职工办理社会保险登记的义务："用人单位应当自用工之日起 30 日内为其职工向社会保险经办机构申请办理社会保险登记。未办理社会保险登记的，由社会保险经办机构核定其应当缴纳的社会保险费。"

用人单位违反该义务不办理社会保险登记应当承担法律责任。《社会保险法》第 84 条规定："用人单位不办理社会保险登记的，由社会保险行政部门责令限期改正；逾期不改正的，对用人单位处应缴社会保险费数额 1 倍以上 3 倍以下的罚款，对其直接负责的主管人员和其他直接责任人员处 500 元以上 3 000 元以下的罚款。"

（2）申报义务。用人单位有自行申报应当缴纳的社会保险费数额的义务，违反该义务应当承担不利的法律后果。《社会保险法》第 60 条规定，用人单位应当自行申报应当缴纳的社会保险费数额。第 62 条规定："用人单位未按规定申报应当缴纳的社会保险费数额的，按照该单位上月缴费额的 110%确定应当缴纳数额；缴费单位补办申报手续后，由社会保险费征收机构按照规定结算。"

（3）缴费义务，包含代扣代缴义务。《社会保险法》第 60 条规定，用人单位应当按时足额缴纳社会保险费，非因不可抗力等法定事由不得缓缴、减免。职工应当缴纳的社会保险费由用人单位代扣代缴。从性质上看，该义务是用人单位向职工承担的私法义务，如果用人单位没有履行缴费义务给职工造成损害，职工有权解除劳动合同和请求用人单位承担损害赔偿责任[①]；也是用人单位向征缴主体承担的公法义务，如果用人单位违反该义务，征缴主体可以采取行政强制和行政处罚措施。用人单位的缴费义务范围包括社会保险费以及因违反缴费义务而产生的滞纳金。

用人单位的缴费义务具体如下：

第一，缴纳养老保险费的义务。《社会保险法》第 12 条规定："用人单位应当按照国家规定的本单位职工工资总额的比例缴纳基本养老保险费，记入基本养老保险统筹基金。"

第二，缴纳医疗保险费的义务。《社会保险法》第 23 条规定："职工应当参加职工基本医疗保险，由用人单位和职工按照国家规定共同缴纳基本医疗保险费。"

第三，缴纳工伤保险费的义务。《社会保险法》第 33 条规定："职工应当参加工伤保险，由用人单位缴纳工伤保险费，职工不缴纳工伤保险费。"第 35 条规定："用人单位应当按照本单位职工工资总额，根据社会保险经办机构确定的费率缴纳工伤保险费。"

第四，缴纳失业保险费的义务。《社会保险法》第 44 条规定："职工应当参加失业保险，由用人单位和职工按照国家规定共同缴纳失业保险费。"

第五，缴纳生育保险费的义务。《社会保险法》第 53 条规定："职工应当参加生育保险，由用人单位按照国家规定缴纳生育保险费，职工不缴纳生育保险费。"

用人单位违反缴费义务应当承担不利的法律后果，包括行政强制（含行政强制措施、行政强制执行）和行政处罚等。[②]《社会保险法》第 63 条规定："用人单位未按时足额缴纳社会保险费的，由社会保险费征收机构责令其限期缴纳或者补足。用人单位逾期仍未缴纳或者补足社会保险费的，社会保险费征收机构可以向银行和其他金融机构查询其存款账户；并可以申请县级以上有关行政部门作出划拨社会保险费的决定，书面通知其开户银行或者

① 参见《劳动合同法》第 38 条和《最高人民法院关于审理劳动争议案件适用法律若干问题的解释（三）》（法释〔2010〕12 号，2010 年 9 月 14 日起施行）第 1 条。

② 《行政处罚法》第 8 条规定："行政处罚的种类：（一）警告；（二）罚款；（三）没收违法所得、没收非法财物；（四）责令停产停业；（五）暂扣或者吊销许可证、暂扣或者吊销执照；（六）行政拘留；（七）法律、行政法规规定的其他行政处罚。"2009 年 8 月公布征求意见的《行政强制法（草案）》（三次审议稿）第 2 条第 1 款规定："本法所称行政强制，包括行政强制措施和行政强制执行。"第 9 条规定："行政强制措施的种类：（一）限制公民人身自由；（二）查封场所、设施或者财物；（三）扣押财物；（四）冻结存款、汇款；（五）其他行政强制措施。"行政强制执行则分为具有行政强制执行权的行政机关采取的行政强制执行和没有行政强制执行权的行政机关申请人民法院强制执行两种。

其他金融机构划拨社会保险费。用人单位账户余额少于应当缴纳的社会保险费的，社会保险费征收机构可以要求该用人单位提供担保，签订延期缴费协议。用人单位未足额缴纳社会保险费且未提供担保的，社会保险费征收机构可以申请人民法院扣押、查封、拍卖其价值相当于应当缴纳社会保险费的财产，以拍卖所得抵缴社会保险费。”第86条规定：“用人单位未按时足额缴纳社会保险费的，由社会保险费征收机构责令限期缴纳或者补足，并自欠缴之日起，按日加收万分之五的滞纳金；逾期仍不缴纳的，由有关行政部门处欠缴数额1倍以上3倍以下的罚款。”

（4）告知义务。一方面，用人单位有对职工的告知义务，其性质为私法义务。《社会保险法》第60条规定：“职工应当缴纳的社会保险费由用人单位代扣代缴，用人单位应当按月将缴纳社会保险费的明细情况告知本人。”另一方面，用人单位有对社会保险经办机构的告知义务，其性质为公法义务。根据《社会保险法》第74条第1款的规定，社会保险经办机构通过业务经办、统计、调查获取社会保险工作所需的数据，有关单位包括用人单位应当及时、如实提供。

（5）协助义务。协助义务是用人单位对职工的私法义务，违反该义务应承担损害赔偿责任。《社会保险法》第50条规定：“用人单位应当及时为失业人员出具终止或者解除劳动关系的证明，并将失业人员的名单自终止或者解除劳动关系之日起15日内告知社会保险经办机构。”[①] 用人单位违反该义务应当承担法律责任，包括对劳动者的损害赔偿责任。第85条规定：“用人单位拒不出具终止或者解除劳动关系证明的，依照《中华人民共和国劳动合同法》的规定处理。”而《劳动合同法》第89条规定：“用人单位违反本法规定未向劳动者出具解除或者终止劳动合同的书面证明，由劳动行政部门责令改正；给劳动者造成损害的，应当承担赔偿责任。”

（6）制作账册、材料并予以保存的义务。为确保社会保险登记信息的正确性和完整性，用人单位对所有参加保险的职工有记录的义务，应制作能证明扣除和支付保险费的账册、材料并妥善加以保存，以备审查。从性质上看，该义务是用人单位对征缴主体承担的公法义务。《社会保险法》对此义务未作明确规定，该义务源于《社会保险费征缴暂行条例》第24条。

在权利方面，用人单位在社会保险费征缴法律关系中主要享有如下权利：

（1）免费查询核对缴费记录和请求提供社会保险服务的权利（社会保险

---

① 《劳动合同法》第50条规定：“用人单位应当在解除或者终止劳动合同时出具解除或者终止劳动合同的证明，并在15日内为劳动者办理档案和社会保险关系转移手续。”

服务请求权)。依据《社会保险法》第 4 条第 1 款和第 74 条第 4 款的规定，用人单位可以免费向社会保险经办机构查询、核对其缴费记录，要求社会保险经办机构提供社会保险咨询等相关服务。

(2) 提请法律救济的权利。在认为征缴主体、社会保险经办机构的行为侵害自己合法权益时，用人单位有权依据《社会保险法》第 83 条的规定依法申请行政复议或者提起行政诉讼。

由此可见，用人单位的权利义务不对称是社会保险法律关系的一个特点，用人单位基本上只承担义务，不享有权利，在社会保险费征缴法律关系中就体现为用人单位承担登记、申报、缴费、告知、协助以及制作和保存证明材料等义务，但几乎不享有实体权利，而仅仅享有一些程序权利。

3. 征缴主体的权利义务

社会保险费征缴主体在性质上是具有行政职权的公法人，其本身没有独立的利益，没有实质意义上的权利，在社会保险费征缴法律关系中负有法定职责，该职责也可以表述为义务，但实际上包含权力（职权）和义务两方面的内涵。《社会保险法》没有对社会保险费征缴主体进行明确规定，其第 59 条规定，社会保险费实行统一征收，实施步骤和具体办法由国务院规定。在国务院出台办法之前，依据《社会保险费征缴暂行条例》第 6 条的规定，社会保险费征收机构由省、自治区、直辖市人民政府规定，可以是税务机关，也可以是社会保险经办机构。

征缴主体的义务包括：

(1) 确定社会保险费数额的职责、征收职责和告知义务。征收保险费是征缴主体的主要职责。《社会保险法》第 61 条规定：“社会保险费征收机构应当依法按时足额征收社会保险费，并将缴费情况定期告知用人单位和个人。”第 62 条规定了确定社会保险费数额的职责：“用人单位未按规定申报应当缴纳的社会保险费数额的，按照该单位上月缴费额的 110％确定应当缴纳数额；缴费单位补办申报手续后，由社会保险费征收机构按照规定结算。”

征缴主体违反征收职责，少收或者多收社会保险费均应当承担法律责任。《社会保险法》第 90 条规定：“社会保险费征收机构擅自更改社会保险费缴费基数、费率，导致少收或者多收社会保险费的，由有关行政部门责令其追缴应当缴纳的社会保险费或者退还不应当缴纳的社会保险费；对直接负责的主管人员和其他直接责任人员依法给予处分。”但《社会保险法》并未明确规定征缴主体违反征收职责和告知义务的损害赔偿责任。《社会保险法》第 89 条规定，社会保险经办机构及其工作人员未履行社会保险法定职责的，由社会保险行政部门责令改正；给社会保险基金、用人单位或者个人造成损失的，依法承担赔偿责任；对直接负责的主管人员和其他直接责任人员依法给予处分。然而问题在于，目前我国的社会保险费征缴主体包括税务机关和社会保险经办机构两类，各地做法不统一，《社会保险法》第 59 条仍未明确规定由哪一个机构统一征收社会保险费。社会保险经办机构作为征缴主体违反征收职责和告知义务，可以适用《社会保险法》第 89 条追究法律责任，但税务机关作为征缴主体违反征收义务和告知义务，就很难适用《社会保险法》第 89 条追究法律责任。

（2）审核登记职责。该职责的性质是公法义务。《社会保险法》第 57 条第 1 款规定："用人单位应当自成立之日起 30 日内凭营业执照、登记证书或者单位印章，向当地社会保险经办机构申请办理社会保险登记。社会保险经办机构应当自收到申请之日起 15 日内予以审核，发给社会保险登记证件。"①

社会保险经办机构如违反该法定职责应承担法律责任，包括民事赔偿责任和行政责任。依据《社会保险法》第 89 条的规定，社会保险经办机构及其工作人员未履行社会保险法定职责的，由社会保险行政部门责令改正；给社会保险基金、用人单位或者个人造成损失的，依法承担赔偿责任；对直接负责的主管人员和其他直接责任人员依法给予处分。

（3）保密义务。《社会保险法》第 81 条规定："社会保险行政部门和其他有关行政部门、社会保险经办机构、社会保险费征收机构及其工作人员，应当依法为用人单位和个人的信息保密，不得以任何形式泄露。"

征缴主体违反保密义务应当承担法律责任，包括行政责任和民事赔偿责任。《社会保险法》第 92 条规定："社会保险行政部门和其他有关行政部门、社会保险经办机构、社会保险费征收机构及其工作人员泄露用人单位和个人信息的，对直接负责的主管人员和其他直接责任人员依法给予处分；给用人单位或者个人造成损失的，应当承担赔偿责任。"

（4）记录和保管义务，包括建立用人单位社会保险档案的义务、个人权益记录和告知义务。征缴主体应当及时、完整、准确地记录社会保险数据和妥善保管凭证，以备被保险人、用人单位以及有关监督管理机构审查。《社会保险法》第 74 条第 2 款、第 3 款规定，社会保险经办机构应当及时为用人单位建立档案，完整、准确地记录参加社会保险的人员、缴费等社会保险数据，妥善保管登记、申报的原始凭证和支付结算的会计凭证。社会保险经

① 需要指出的是，为便于社会保险经办机构行使审核登记职责，相关国家机关对社会保险经办机构负有通知义务。《社会保险法》第 57 条第 3 款规定："工商行政管理部门、民政部门和机构编制管理机关应当及时向社会保险经办机构通报用人单位的成立、终止情况，公安机关应当及时向社会保险经办机构通报个人的出生、死亡以及户口登记、迁移、注销等情况。"

办机构应当及时、完整、准确地记录参加社会保险的个人缴费和用人单位为其缴费，以及享受社会保险待遇等个人权益记录，定期将个人权益记录单免费寄送本人。

记录和保管义务主要是公法义务，违反该义务必须承担法律责任，包括民事赔偿责任和行政责任。依据《社会保险法》第 89 条的规定，社会保险经办机构及其工作人员丢失或者篡改缴费记录等社会保险数据和个人权益记录的，由社会保险行政部门责令改正；给社会保险基金、用人单位或者个人造成损失的，依法承担赔偿责任；对直接负责的主管人员和其他直接责任人员依法给予处分。

（5）提供咨询等社会保险服务的职责。征缴主体对所有社会成员（包括用人单位和个人）承担提供咨询等社会保险服务的职责，即对与社会成员所涉及的权利义务关系以及相关法律和事实问题进行说明，并从社会成员的角度出发提供建议。《社会保险法》第 74 条第 4 款规定："用人单位和个人可以免费向社会保险经办机构查询、核对其缴费和享受社会保险待遇记录，要求社会保险经办机构提供社会保险咨询等相关服务。"与此规定中权利相对应的就是社会保险经办机构提供社会保险服务的职责。

社会保险经办机构及其工作人员违反提供咨询等社会保险服务的法定职责，应当依据《社会保险法》第 89 条的规定承担法律责任。

（6）采取行政强制等措施的职权。为有效履行征收义务，针对用人单位未按时足额缴纳社会保险费的行为，《社会保险法》赋予了征缴主体较大的职权，如第 63 条规定，社会保险费征收机构可责令其限期缴纳或者补足、查询其存款账户并申请划拨、要求该用人单位提供担保，直至申请人民法院强制执行（即扣押、查封、拍卖其价值相当于应当缴纳社会保险费的财产），第 86 条规定的加收滞纳金和罚款等。

（7）受理举报、投诉的职责。《社会保险法》第 82 条第 2 款规定："社会保险行政部门、卫生行政部门、社会保险经办机构、社会保险费征收机构和财政部门、审计机关对属于本部门、本机构职责范围的举报、投诉，应当依法处理；对不属于本部门、本机构职责范围的，应当书面通知并移交有权处理的部门、机构处理。有权处理的部门、机构应当及时处理，不得推诿。"

二、社会保险待遇给付法律关系

（一）社会保险待遇给付法律关系的性质

1. 我国社会保险待遇给付法律关系性质的现行规定

（1）给付主体与被保险人之间法律关系的性质

《社会保险法》出台前，我国养老和医疗保险制度发展不成熟，多处于试点过程中，养老保险待遇和医疗保险待遇主要规定在国务院 1997 年《关于建立统一的企业职工基本养老保险制度的决定》（国发［1997］26号）、2005年《关于完善企业职工基本养老保险制度的决定》（国发［2005］38号）和1998年《关于建立城镇职工基本医疗保险制度的决定》（国发［1998］44号）等规范性文件中。以上决定严格来说是行政机关为给付主体的给付行为提供指导的内部规则，对社会保险待遇主要从管理的角度进行规定，很难说被保险人对于该部分社会保险待遇享有请求权，也缺乏法律救济途径尤其是司法救济途径，因此很难谈被保险人与给付主体之间法律关系的性质。

生育保险、失业保险和工伤保险制度的发展相对成熟一些，相关社会保险待遇主要规定在《企业职工生育保险试行办法》第5条、《失业保险条例》第2条第2款和第14条、《工伤保险条例》第2条第2款和第30条中。根据以上规定，社会保险待遇请求权的产生依据是法律的直接规定，在法定的构成要件成就时自动产生，属于依据法律规定产生的债权。给付主体对于社会保险待遇请求权的行为在性质上属于行政确认行为。当然，以上规定也存在一定不足，例如，在法条表述上，除《工伤保险条例》第2条第2款明确规定被保险人的社会保险待遇请求权外①，其他规定都缺乏请求权的明确规定，因此在法律解释上仍然存在将该规定视为纯粹客观法律而没有赋予当事人主观权利——社会保险待遇请求权的可能。

（2）给付主体与给付辅助机构之间法律关系的性质

给付辅助机构主要存在于医疗保险和工伤保险中。根据我国现行立法，我国基本医疗保险中的给付辅助机构一般称为医疗服务机构，包括定点医疗机构和定点零售药店，其资格确定一般需要两个程序：劳动保障行政部门的资格审查，社会保险经办机构的确定。根据1999年《城镇职工基本医疗保险定点医疗机构管理暂行办法》第6条、第7条以及《城镇职工基本医疗保险定点零售药店管理暂行办法》第5条、第6条的规定，医疗服务机构只有经过统筹地区劳动保障行政部门的审查才能取得定点资格。根据《城镇职工基本医疗保险定点医疗机构管理暂行办法》第8条、第11条和《城镇职工基本医疗保险定点零售药店管理暂行办法》第7条、第8条的规定，统筹地区社会保险经办机构在获得定点资格的给付辅助机构范围内确定定点给付辅助机构，并与之签订服务协议。根据《工伤保险条例》第45条的规定，我国工伤保险中的医疗服务机构包括医疗机构、辅助器具配置机构，有的地方

① 《工伤保险条例》第2条第2款规定："中华人民共和国境内的企业、事业单位、社会团体、民办非企业单位、基金会、律师事务所、会计师事务所等组织的职工和个体工商户的雇工，均有依照本条例的规定享受工伤保险待遇的权利。"

规范性文件如《石家庄市工伤保险定点医疗机构管理办法》（石劳社［2008］181号）则将工伤保险医疗、工伤康复和辅助器具配置机构合称为定点医疗机构，其资格确定程序和基本医疗保险中医疗服务机构的资格确定程序基本一致。

给付主体与给付辅助机构之间法律关系的性质为公法关系。劳动保障行政部门对定点资格的审查和授予当然属于行政行为，劳动保障行政部门有权对定点给付辅助机构进行监督审查，对违法的实施行政处罚，严重的可取消定点资格。[①] 但社会保险经办机构与定点给付辅助机构之间签订的服务协议在性质上属于行政合同还是私法合同，存在一定争议。从理论上看，区分行政合同与私法合同的标准主要是合同标的与合同目的。如果合同标的属于公法权利义务，则属于公法合同。如果合同标的属于中性标的而难以明确性质时，则结合合同目的来判断。[②] 社会保险经办机构与定点给付辅助机构之间的合同标的在于提供医疗服务与支付医疗价格，在性质上属于中性标的，因此必须结合合同目的加以判断。《关于完善城镇职工基本医疗保险定点医疗机构协议管理的通知》（劳社厅函［2003］258号）明确指出，社会保险经办机构和定点医疗机构要共同致力于优化医疗保险服务，简化参保人员就医手续，不断提高医疗保险管理服务水平，努力为广大参保人员提供优质高效的医疗保险服务。此外，根据《城镇职工基本医疗保险定点医疗机构医疗服务协议文本》第40条、《城镇职工基本医疗保险定点零售药店服务协议文本》第19条的规定，医疗服务机构与社会保险经办机构发生争议的，可向同级劳动保障行政部门申请行政复议或向人民法院提起行政诉讼。由此可以认为，医疗服务协议在目的上是为履行公共任务，救济途径为行政救济，其性质应认定为行政合同，由此，给付主体与给付辅助机构之间法律关系的性质应认定为公法关系。[③]

（3）给付辅助机构与被保险人之间法律关系的性质

给付辅助机构与被保险人之间法律关系的依据，主要体现在劳动社会保

① 参见《城镇职工基本医疗保险定点医疗机构管理暂行办法》第17条，《北京市基本医疗保险规定》第62条等。

② 参见吴庚．行政法之理论与实用（增订八版）．北京：中国人民大学出版社，2005.270

③ 此外，《城镇职工基本医疗保险定点医疗机构管理暂行办法》第15条规定："社会保险经办机构要加强对定点医疗机构参保人员医疗费用的检查和审核。定点医疗机构有义务提供审核医疗费用所需的全部诊治资料及账目清单。"《关于印发城镇职工基本医疗保险定点医疗机构和定点零售药店服务协议文本的通知》（劳社部函［2000］3号）中也明确指出，在协议执行中，社会保险经办机构应严格履行协议规定的职责，并监督定点单位遵守协议的有关条款。定点医疗机构或定点零售药店如果严重违反协议且影响到公共利益时，社会保险经办机构可以单方面解除协议，并做好有关善后工作。这些规定也可以说明，社会保险经办机构在签订和履行该服务协议中享有一定的行政职权。

障行政部门有关定点医疗服务机构管理的办法、社会保险经办机构与定点医疗服务机构签订的服务协议以及《执业医师法》《医疗机构管理条例》《医疗事故处理条例》和《合同法》等法律法规中。

给付辅助机构与被保险人之间的法律关系兼具私法关系和公法关系。尽管当前学者对于医疗合同的法律性质存在一定的争议，但医疗服务机构与患者之间存在民事合同关系是不容置疑的，因此，定点医疗服务机构与作为患者的被保险人存在私法合同关系。至于二者之间是否还存在公法关系，主要看行政部门颁布的有关规定以及社会保险经办机构与定点医疗服务机构签订的服务协议的具体规定。《关于完善城镇职工基本医疗保险定点医疗机构协议管理的通知》规定，定点医疗机构和社会保险经办机构要共同致力于优化医疗保险服务，简化参保人员就医手续，不断提高医疗保险管理服务水平，努力为广大参保人员提供优质高效的医疗保险服务。可以认为，定点医疗机构承担一部分的公共任务。在各地具体规定中，定点医疗服务机构一般都要执行基本医疗保险的具体规定。① 因此，根据这些规定，定点医疗服务机构因执行有关基本医疗保险的规定与被保险人存在公法关系。

2.《社会保险法》对社会保险待遇给付法律关系性质的界定

结合《社会保险法》第一章总则和分则各章中具体条文的规定，可以认为《社会保险法》建构了比较完整的社会保险待遇给付法律关系，该法律关系的性质应为公法关系和私法关系的混合。其中：

(1) 给付主体和被保险人之间是公法关系，准确地说是行政法律关系，是直接依据法律规定产生的公法上的法定之债。②《社会保险法》第 83 条第 2 款规定给付主体和被保险人之间的法律救济途径为行政救济："用人单位或者个人对社会保险经办机构不依法办理社会保险登记、核定社会保险费、支付社会保险待遇、办理社会保险转移接续手续或者侵害其他社会保险权益的行为，可以依法申请行政复议或者提起行政诉讼。"

(2) 给付主体和给付辅助机构之间是公法关系。《社会保险法》第 31 条第 1 款规定："社会保险经办机构根据管理服务的需要，可以与医疗机构、药品经营单位签订服务协议，规范医疗服务行为。"该服务协议和我国现行

---

① 例如，《北京市基本医疗保险规定》第 46 条、第 47 条，《北京市基本医疗保险定点医疗机构管理暂行办法》第 14 条、第 15 条等。

② 该观点认为，社会保险待遇请求权的产生依据是法律的直接规定，在法律规定的构成要件成就时产生社会保险待遇给付法律关系，该法律关系的债权人是被保险人及其家属，债务人为给付主体。Klause，Das Sozialrechtsverhaeltnis，in：Das Sozialrechtsverhaeltnis，Schriftreihe Deutschen Sozialrechtsverbandes，Band XⅧ，1979. 我国台湾地区有不少学者主张该学说，实践中也是采取该观点。

立法中规定的一样，性质为行政合同。

(3) 给付辅助机构和被保险人之间既有私法关系，也有公法关系。《社会保险法》对此规定很少，仅在第31条第2款规定："医疗机构应当为参保人员提供合理、必要的医疗服务。"因此，给付辅助机构和被保险人之间的法律关系仍从我国现行立法。根据我国现行立法，一方面，给付辅助机构和被保险人之间存在私法关系，从医疗服务机构向被保险人提供医疗服务本身来看，二者之间的关系与普通的医患关系没有区别，医疗服务机构必须尽到诚信义务、注意义务，必须对其造成的医疗事故承担赔偿责任；另一方面，给付辅助机构和被保险人之间存在公法关系，医疗服务机构在向被保险人提供服务时，必然会对涉及社会保险待遇法律关系的一些问题作出决定，例如被保险人是否有权享受该医疗服务以及享受的医疗服务的范围等，此时医疗服务机构在性质上就应该属于履行辅助人，其作出的决定行为应该由给付主体负责，存在的争议应该通过行政程序解决。

(二) 我国社会保险待遇给付法律关系内容现行规定存在的问题

1. 被保险人的权利义务

根据我国现行立法，被保险人享有社会保险待遇请求权①、提前行政救济的权利②，同时，在享受社会保险待遇时应当提交有关材料并保证有关材料的正确性③。但仍存在以下不足：

(1) 社会保险待遇请求权的规定存在很大不足。首先，只有工伤、失业和生育保险立法中规定了社会保险待遇请求权，养老和医疗保险立法中没有明确规定。其次，术语表述不规范，只有工伤保险立法中明确使用"依照本条例的规定享受工伤保险待遇的权利"的表述，失业和生育保险立法都仅仅规定"依据本规定"获得待遇给付。再次，社会保险待遇请求权的产生以全部社会保险费的缴纳为条件，即使是因用人单位的原因没有缴纳社会保险费，被保险人也无法行使社会保险待遇请求权。④ 最后，没有规定社会保险待遇请求权的实现制度，致使被保险人在给付主体拒绝给付、给付瑕疵或迟

① 参见《工伤保险条例》第2条第2款、《失业保险条例》第2条第2款等。

② 参见《社会保险行政争议处理办法》第6条、《工伤保险条例》第55条等。

③ 参见《工伤保险条例》第18条、《失业保险条例》第16条第2款等。

④ 有学者认为，目前的规定导致法定范围内的被保险人在遭遇法定危险事故时无法享受社会保险待遇。如患病时无法享受医保待遇，失业后被告知缺少领取失业金的缴费要件，工伤被认定后却发现不能享受工伤待遇……此时，即使补缴保费和滞纳金也无法溯及既往，对失去的社保待遇，劳动者只能通过个别协商交涉、劳动仲裁、民事诉讼的方式向用人单位追讨……其结果匪夷所思：用人单位违法，劳动者承担法律后果。参见方乐华. 论社会保险行政的保险性质. 中国行政管理. 2005，10

延给付等时缺乏救济途径。①

（2）损害赔偿请求权的规定很不完善。现行立法中只有《工伤保险条例》规定了给付主体对被保险人的损害赔偿责任②，且主要是作为对给付主体的监督机制，而不是从被保险人的社会保险待遇请求权出发的，其他险种都没有规定，因此，被保险人对其他造成社会保险待遇请求权无法实现的行为则无法请求损害赔偿。例如，在工伤保险和医疗保险中，在接受医疗服务的过程中遭受医疗事故的被保险人只能要求医疗服务机构承担民事损害赔偿责任，而无法要求给付主体承担公法上的债务不履行责任；在失业保险和养老保险中，如果给付主体没有及时提供保险金，被保险人也无法要求给付主体支付迟延履行的利息。

（3）缺乏对被保险人信赖保护的规定。被保险人基于合理信赖取得的社会保险待遇请求权应当获得保障，给付主体在撤销违法行政行为或者废止合法的行政行为时，都应当对被保险人对给付主体先前作出的行政行为的信赖利益进行考量。我国现行立法对此未作规定。

2. 给付主体的权利义务

根据我国现行立法，作为给付主体的社会保险经办机构承担给付义务、支付医疗费用的义务和提供咨询的义务，享有确认社会保险待遇请求权的权利、损害赔偿请求权、审查权等。③ 可以说，现行立法规定比较完整，但由于缺乏权利义务实现的配套机制，还存在一些不足。

（1）给付义务主要是客观性义务，缺乏主观性。由于现行立法对社会保险待遇请求权的规定很不完善，在社会保险经办机构没有很好地履行给付义务时，被保险人很难获得损害赔偿。社会保险经办机构及其工作人员没有及时、足额提供社会保险待遇即没有完全履行给付义务的，更多只是承担公法上的行政责任。此外，如果医疗服务机构没有适当履行义务，给被保险人造成损害的，社会保险机构是否为其辅助人的行为负责，现行立法未作明确

① 即使说，被保险人在给付主体拒绝给付或者不完全给付致使其社会保险待遇请求权无法实现的情况下可以使用国家损害赔偿制度请求损害赔偿，也是无法获得充分救济的。例如在疾病医疗、工伤医疗中，给付主体的实际履行比损害赔偿重要得多。

② 《工伤保险条例》第58条规定："经办机构有下列行为之一的，由社会保险行政部门责令改正，对直接负责的主管人员和其他责任人员依法给予纪律处分；情节严重，构成犯罪的，依法追究刑事责任；造成当事人经济损失的，由经办机构依法承担赔偿责任：（一）未按规定保存用人单位缴费和职工享受工伤保险待遇情况记录的；（二）不按规定核定工伤保险待遇的；（三）收受当事人财物的。"

③ 参见《工伤保险条例》第46条、《失业保险条例》第25条、《城镇职工基本医疗保险定点医疗机构管理暂行办法》第15条等。地方性的养老和医疗保险立法对此也做了规定，如《北京市企业城镇劳动者养老保险规定》第11条、《北京市基本医疗保险规定》第53条、第62条等。

规定。

(2) 支付医疗费用义务的履行缺乏明确的救济途径。尽管现行立法明确规定了社会保险经办机构承担支付医疗费用的义务，但主要将该义务视为是对劳动保障行政部门承担的公法义务，社会保险经办机构违反该义务主要是向劳动保障行政部门承担行政责任，而不是向医疗服务机构承担违约责任。①

(3) 提供咨询义务缺乏相应的法律责任规定。尽管现行立法明确规定了社会保险经办机构承担提供咨询的义务，但对于社会保险经办机构拒绝履行该义务或者所提供的信息存在错误而给被保险人造成损害的情况，现行立法未规定相应的法律责任。

3. 给付辅助机构的权利义务

根据我国现行立法，医疗服务机构承担给付义务、注意义务、记载义务，享有医疗费用请求权、确认社会保险待遇请求权及其内容的权利。② 但现行规定也存在一些不足。

(1) 给付义务的规定不够具体。尽管现行立法要求医疗服务机构应该按照有关规定和服务协议的约定向被保险人提供医疗给付，但对给付义务的内容缺乏具体规定，仅规定提供“合理”的医疗服务，过于抽象，在实践中难以操作。

(2) 注意义务仅具有私法性质。根据现行立法，医疗服务机构仅向作为患者的被保险人承担注意义务，发生医疗事故的按照医疗事故处理办法处理，患者只能要求医疗服务机构承担赔偿责任。

(三)《社会保险法》对社会保险待遇给付法律关系的建构

1. 被保险人的权利义务

在权利方面，被保险人在社会保险待遇给付法律关系中的权利具体包括：

(1) 社会保险待遇请求权。社会保险待遇请求权是指符合法律规定条件的被保险人在遭受社会风险时可以依据法律规定的程序请求给付主体依照有关规定提供社会保险待遇的权利，这是社会保险待遇给付法律关系的核心，也是整个社会保险法律关系的核心。从性质上看，该请求权属于公法权利，

---

① 《工伤保险条例》第 59 条第 2 款规定：“经办机构不按时足额结算费用的，由社会保险行政部门责令改正；医疗机构、辅助器具配置机构可以解除服务协议。”

② 参见《城镇职工基本医疗保险定点医疗机构管理暂行办法》第 14 条、第 15 条、第 16 条，《医疗机构管理条例》第 33 条，《执业医师法》第 23 条第 1 款、第 37 条，《医疗事故处理条例》第 5 条、第 10 条、第 35 条，以及《完善城镇职工基本医疗保险定点医疗机构医疗服务协议的若干要点》和《城镇职工基本医疗保险定点医疗机构医疗服务协议文本》中的相关规定。

其产生的依据在于法律的直接规定。《社会保险法》明确规定了被保险人的社会保险待遇请求权，其第 1 条规定立法目的之一是为了“维护公民参加社会保险和享受社会保险待遇的合法权益”，这里“享受社会保险待遇的合法权益”即社会保险待遇请求权，第 4 条规定“个人依法享受社会保险待遇”，第 73 条第 2 款规定“社会保险经办机构应当按时足额支付社会保险待遇”。通过文义解释、体系解释和目的解释，可以认为该法赋予了被保险人主观权利——社会保险待遇请求权。

社会保险待遇请求权具体包括：

第一，养老保险待遇请求权。《社会保险法》第 16 条规定：“参加基本养老保险的个人，达到法定退休年龄时累计缴费满 15 年的，按月领取基本养老金。参加基本养老保险的个人，达到法定退休年龄时累计缴费不足 15 年的，可以缴费至满 15 年，按月领取基本养老金；也可以转入新型农村社会养老保险或者城镇居民社会养老保险，按照国务院规定享受相应的养老保险待遇。”第 21 条规定：“新型农村社会养老保险待遇由基础养老金和个人账户养老金组成。参加新型农村社会养老保险的农村居民，符合国家规定条件的，按月领取新型农村社会养老保险待遇。”第 17 条明确规定了被保险人遗属的待遇请求权：“参加基本养老保险的个人，因病或者非因工死亡的，其遗属可以领取丧葬补助金和抚恤金；在未达到法定退休年龄时因病或者非因工致残完全丧失劳动能力的，可以领取病残津贴。所需资金从基本养老保险基金中支付。”① 此外，还需要特别注意《社会保险法》第 14 条规定：“个人死亡的，个人账户余额可以继承。”

第二，医疗保险待遇请求权。《社会保险法》第 27 条规定：“参加职工基本医疗保险的个人，达到法定退休年龄时累计缴费达到国家规定年限的，退休后不再缴纳基本医疗保险费，按照国家规定享受基本医疗保险待遇；未达到国家规定年限的，可以缴费至国家规定年限。”第 28 条规定：“符合基本医疗保险药品目录、诊疗项目、医疗服务设施标准以及急诊、抢救的医疗费用，按照国家规定从基本医疗保险基金中支付。”第 30 条第 2 款规定，医疗费用依法应当由第三人负担，第三人不支付或者无法确定第三人的，由基本医疗保险基金先行支付。

失业人员仍享有基本医疗保险待遇请求权。《社会保险法》第 48 条第 1

① 这里的遗属属于社会保险法律关系中的特殊主体——受益人。受益人是基于与被保险人一定关系而享有一定保险利益的主体，其范围一般限于法定范围内的被保险人亲属。由于受益人的受益权是被保险人权利的延伸和发展，本文将受益人并入被保险人中一并论述。《社会保险法》第 17 条、第 38 条、第 49 条分别规定了基本养老保险、工伤保险和失业保险中被保险人遗属的待遇请求权。

款规定："失业人员在领取失业保险金期间，参加职工基本医疗保险，享受基本医疗保险待遇。"

此外，法律明确规定了被保险人不享有医疗费用请求权的情形。《社会保险法》第 30 条第 1 款规定："下列医疗费用不纳入基本医疗保险基金支付范围：(1) 应当从工伤保险基金中支付的；(2) 应当由第三人负担的；(3) 应当由公共卫生负担的；(4) 在境外就医的。"

第三，工伤保险待遇请求权。《社会保险法》第 36 条第 1 款规定："职工因工作原因受到事故伤害或者患职业病，且经工伤认定的，享受工伤保险待遇；其中，经劳动能力鉴定丧失劳动能力的，享受伤残待遇。"第 38 条规定："因工伤发生的下列费用，按照国家规定从工伤保险基金中支付：(1) 治疗工伤的医疗费用和康复费用；(2) 住院伙食补助费；(3) 到统筹地区以外就医的交通食宿费；(4) 安装配置伤残辅助器具所需费用；(5) 生活不能自理的，经劳动能力鉴定委员会确认的生活护理费；(6) 一次性伤残补助金和一至四级伤残职工按月领取的伤残津贴；(7) 终止或者解除劳动合同时，应当享受的一次性医疗补助金；(8) 因工死亡的，其遗属领取的丧葬补助金、供养亲属抚恤金和因工死亡补助金；(9) 劳动能力鉴定费。"这里明确规定了因工死亡职工遗属的待遇请求权。

需要特别注意的是，工伤保险待遇中有一部分由用人单位支付，此时给付主体是用人单位，被保险人和用人单位之间法律关系的性质是私法关系，这是社会保险待遇给付法律关系中一项比较独特的权利义务配置。《社会保险法》第 39 条规定："因工伤发生的下列费用，按照国家规定由用人单位支付：(1) 治疗工伤期间的工资福利；(2) 五级、六级伤残职工按月领取的伤残津贴；(3) 终止或者解除劳动合同时，应当享受的一次性伤残就业补助金。"

法律特别规定了工伤保险基金先行支付制度，即使用人单位未依法缴纳工伤保险费，或由于第三人的原因造成工伤，被保险人也可以依法行使工伤保险待遇请求权。《社会保险法》第 41 条第 1 款规定："职工所在用人单位未依法缴纳工伤保险费，发生工伤事故的，由用人单位支付工伤保险待遇。用人单位不支付的，从工伤保险基金中先行支付。"第 42 条规定，由于第三人的原因造成工伤，第三人不支付工伤医疗费用或者无法确定第三人的，由工伤保险基金先行支付。

关于工伤保险待遇请求权与基本养老保险待遇请求权的竞合，《社会保险法》第 40 条规定："工伤职工符合领取基本养老金条件的，停发伤残津贴，享受基本养老保险待遇。基本养老保险待遇低于伤残津贴的，从工伤保险基金中补足差额。"

此外，法律明确规定了工伤保险待遇请求权的消灭情形。《社会保险法》第 43 条规定："工伤职工有下列情形之一的，停止享受工伤保险待遇：(1) 丧失享受待遇条件的；(2) 拒不接受劳动能力鉴定的；(3) 拒绝治疗的。"

第四，失业保险待遇请求权。《社会保险法》第 45 条规定："失业人员符合下列条件的，从失业保险基金中领取失业保险金：(1) 失业前用人单位和本人已经缴纳失业保险费满 1 年的；(2) 非因本人意愿中断就业的；(3) 已经进行失业登记，并有求职要求的。"

《社会保险法》第 49 条规定了失业人员遗属的待遇请求权，以及基本养老保险、工伤保险和失业保险中被保险人遗属的丧葬补助金请求权的竞合："失业人员在领取失业保险金期间死亡的，参照当地对在职职工死亡的规定，向其遗属发给一次性丧葬补助金和抚恤金。所需资金从失业保险基金中支付。个人死亡同时符合领取基本养老保险丧葬补助金、工伤保险丧葬补助金和失业保险丧葬补助金条件的，其遗属只能选择领取其中的一项。"

此外，法律明确规定了失业保险待遇请求权的消灭情形。《社会保险法》第 51 条规定："失业人员在领取失业保险金期间有下列情形之一的，停止领取失业保险金，并同时停止享受其他失业保险待遇：(1) 重新就业的；(2) 应征服兵役的；(3) 移居境外的；(4) 享受基本养老保险待遇的；(5) 无正当理由，拒不接受当地人民政府指定部门或者机构介绍的适当工作或者提供的培训的。"

第五，生育保险待遇请求权。需要特别注意的是，职工和职工未就业配偶都享有生育保险待遇请求权。《社会保险法》第 54 条规定："用人单位已经缴纳生育保险费的，其职工享受生育保险待遇；职工未就业配偶按照国家规定享受生育医疗费用待遇。所需资金从生育保险基金中支付。生育保险待遇包括生育医疗费用和生育津贴。"

(2) 损害赔偿请求权。给付主体和给付辅助机构在提供给付时没有尽到法定义务和应有的注意义务，给被保险人造成损失的，如因医疗过失给被保险人造成人身伤害的，则被保险人享有损害赔偿请求权。该损害赔偿请求权的法律性质具有公法和私法双重性质：被保险人针对给付主体享有的损害赔偿请求权是公法权利，被保险人针对给付辅助机构如医疗机构享有的损害赔偿请求权是私法权利。

《社会保险法》第 89 条规定，社会保险经办机构及其工作人员有违反社会保险法律法规的行为，如未履行社会保险法定职责、未将社会保险基金存入财政专户、克扣或者拒不按时支付社会保险待遇、丢失或者篡改享受社会保险待遇记录等社会保险数据和个人权益记录等，给个人造成损失的，依法承担赔偿责任。被保险人由此获得了损害赔偿请求权。

此外，《社会保险法》第92条还规定被保险人信息泄露时的损害赔偿请求权："社会保险行政部门和其他有关行政部门、社会保险经办机构、社会保险费征收机构及其工作人员泄露用人单位和个人信息，给用人单位或者个人造成损失的，应当承担赔偿责任。"

(3) 查询个人权益记录的权利和社会保险服务请求权。《社会保险法》第4条规定，个人有权查询个人权益记录，要求社会保险经办机构提供社会保险咨询等相关服务。第74条第4款规定，个人可以免费向社会保险经办机构查询、核对其缴费和享受社会保险待遇记录，要求社会保险经办机构提供社会保险咨询等相关服务。

(4) 举报、投诉的权利。《社会保险法》第82条第1款规定："任何组织或者个人有权对违反社会保险法律、法规的行为进行举报、投诉。"对社会保险待遇给付中的违法行为，被保险人也可以向社会保险行政部门、卫生行政部门、社会保险经办机构和财政部门、审计机关等进行举报、投诉。

(5) 提请法律救济的权利。《社会保险法》第83条第2款、第3款规定："用人单位或者个人对社会保险经办机构不依法办理社会保险登记、核定社会保险费、支付社会保险待遇、办理社会保险转移接续手续或者侵害其他社会保险权益的行为，可以依法申请行政复议或者提起行政诉讼。个人与所在用人单位发生社会保险争议的，可以依法申请调解、仲裁，提起诉讼。用人单位侵害个人社会保险权益的，个人也可以要求社会保险行政部门或者社会保险费征收机构依法处理。"

此外，我们认为，法律还应当规定，被保险人对医疗服务机构享有自由选择权。①

在义务方面，由于社会保险待遇给付离不开被保险人的协助，被保险人在行使社会保险待遇请求权时必须尽一定的协助义务。主要包括：

(1) 告知义务。被保险人在申请社会保险待遇时，应当告知与社会保险待遇请求权相关的信息。《社会保险法》第74条规定，社会保险经办机构通过业务经办、统计、调查获取社会保险工作所需的数据，个人应当及时、如实提供。这里的"业务经办"包括社会保险登记、个人权益记录、社会保险待遇支付等工作。

(2) 协助义务。有的社会保险待遇请求权的完全实现，不仅需要给付主体提供足够、合理的给付，还需要被保险人进行协助。为促进社会保险目的的实现，被保险人应该承担协助义务，如失业登记义务。《社会保险法》第

---

① 参见夏丹，马育璇，彭韩伶，吕金花. 医疗保险定点医疗机构与参保人的权利和义务. 中国卫生事业管理. 2005，7

50 条第 2 款、第 3 款规定："失业人员应当持本单位为其出具的终止或者解除劳动关系的证明，及时到指定的公共就业服务机构办理失业登记。失业人员凭失业登记证明和个人身份证明，到社会保险经办机构办理领取失业保险金的手续。失业保险金领取期限自办理失业登记之日起计算。"此外，给付主体根据被保险人的申请对社会保险待遇请求权是否成立以及请求权的内容进行确认时必须以相关的事实为依据，给付主体对这些事实有调查的职权，被保险人有协助调查和检查的义务。

(3) 诚信义务。被保险人违反该义务应承担法律责任。《社会保险法》第 88 条规定："以欺诈、伪造证明材料或者其他手段骗取社会保险待遇的，由社会保险行政部门责令退回骗取的社会保险金，处骗取金额 2 倍以上 5 倍以下的罚款。"

2. 给付主体的权利义务

在义务方面，《社会保险法》第 8 条进行了一般性规定："社会保险经办机构提供社会保险服务，负责社会保险登记、个人权益记录、社会保险待遇支付等工作。"具体如下：

(1) 给付义务，即社会保险待遇支付义务。给付义务是指给付主体必须向符合条件的被保险人及时、足额提供社会保险待遇，在性质上属于公法义务，其依据是法律的直接规定，被保险人对该义务的履行享有主观权利即社会保险待遇请求权。《社会保险法》第 73 条第 2 款规定："社会保险经办机构应当按时足额支付社会保险待遇。"给付主体违反该义务应当承担法律责任，第 89 条规定，社会保险经办机构及其工作人员克扣或者拒不按时支付社会保险待遇，给个人造成损失的，依法承担赔偿责任；对直接负责的主管人员和其他直接责任人员依法给予处分。

(2) 支付费用义务。如果给付主体没有直接提供社会保险待遇给付，而是由给付辅助机构代为提供，则给付主体对该给付辅助机构承担支付费用的义务。该义务产生于给付主体与辅助机构之间的行政合同。《社会保险法》第 29 条第 1 款规定："参保人员医疗费用中应当由基本医疗保险基金支付的部分，由社会保险经办机构与医疗机构、药品经营单位直接结算。"

(3) 提供咨询义务。为方便被保险人行使社会保险待遇权，给付主体应对所有社会成员承担提供咨询的义务，对与社会成员相关的权利义务关系以及相关法律和事实问题进行说明，并从社会成员的角度出发提供建议。《社会保险法》第 4 条规定，中华人民共和国境内的用人单位和个人有权要求社会保险经办机构提供社会保险咨询等相关服务。第 74 条第 4 款规定："用人单位和个人可以免费向社会保险经办机构查询、核对其缴费和享受社会保险待遇记录，要求社会保险经办机构提供社会保险咨询等相关服务。"与该权利相对应的就是社会保险经办机构提供咨询等服务的义务。

（4）对个人的记录和告知义务，或称个人权益记录和告知义务。《社会保险法》第 74 条第 3 款规定："社会保险经办机构应当及时、完整、准确地记录参加社会保险的个人缴费和用人单位为其缴费，以及享受社会保险待遇等个人权益记录，定期将个人权益记录单免费寄送本人。"违反该义务应当承担法律责任，第 89 条明确规定，社会保险经办机构及其工作人员"丢失或者篡改缴费记录、享受社会保险待遇记录等社会保险数据、个人权益记录"，给个人造成损失的，依法承担赔偿责任；对直接负责的主管人员和其他直接责任人员依法给予处分。

（5）对用人单位的记录和保管义务，或称建立用人单位社会保险档案的义务。《社会保险法》第 74 条第 2 款规定："社会保险经办机构应当及时为用人单位建立档案，完整、准确地记录参加社会保险的人员、缴费等社会保险数据，妥善保管登记、申报的原始凭证和支付结算的会计凭证。"该义务为法定职责，社会保险经办机构及其工作人员如有违反应当依据《社会保险法》第 89 条承担法律责任。

（6）诚信义务。社会保险经办机构违反该义务要承担法律责任。《社会保险法》第 87 条规定，社会保险经办机构以欺诈、伪造证明材料或者其他手段骗取社会保险基金支出的，由社会保险行政部门责令退回骗取的社会保险金，处骗取金额 2 倍以上 5 倍以下的罚款。

（7）公布义务，或称信息公开（披露）义务。该义务的性质为公法义务。《社会保险法》第 70 条规定："社会保险经办机构应当定期向社会公布参加社会保险情况以及社会保险基金的收入、支出、结余和收益情况。"

（8）报告义务。该义务的性质为公法义务。《社会保险法》第 80 条规定，社会保险经办机构应当定期向社会保险监督委员会汇报社会保险基金的收支、管理和投资运营情况。

此外，《社会保险法》第 73 条第 1 款规定："社会保险经办机构应当建立健全业务、财务、安全和风险管理制度。"该义务的性质是客观法上的义务。

在权利（权力）方面，给付主体的权利（权力）主要包括：

（1）指定辅助机构的权利。社会保险待遇给付有时需要辅助机构的协助，因此必须赋予给付主体指定辅助机构的权利，该指定行为一般通过订立行政合同的方式，撤销指定则通过解除行政合同的方式。《社会保险法》第 31 条第 1 款规定："社会保险经办机构根据管理服务的需要，可以与医疗机构、药品经营单位签订服务协议，规范医疗服务行为。"这里没有明确规定医疗服务机构取得定点资格须经劳动保障行政部门审核。[①] 第87条规定，医疗机构、药品经营单位等社会保险服务机构以欺诈、伪造证明材料或者其他手段骗取社会保险基金支出的，解除服务协议。这里的“解除服务协议”即解除行政合同。

(2) 损害赔偿请求权。给付辅助机构根据其与给付主体之间的行政合同向被保险人提供服务，如果没有很好地履行义务给给付主体造成损害的，给付主体可以要求医疗机构承担损害赔偿责任。此外，如果指定的给付辅助机构以欺诈、伪造材料等手段骗取保险金从而给给付主体造成损害的，给付主体有权要求其赔偿损失。但《社会保险法》对此损害赔偿请求权未予规定，而是规定由社会保险行政部门责令退回骗取的社会保险金。《社会保险法》第87条规定，医疗机构、药品经营单位等社会保险服务机构以欺诈、伪造证明材料或者其他手段骗取社会保险基金支出的，由社会保险行政部门责令退回骗取的社会保险金。

此外，法律还应当赋予给付主体对给付辅助机构进行审查、监督的权利，赋予给付主体对社会保险待遇请求权的产生以及内容进行确认的权利[②]，该审查行为和确认行为的法律性质为行政行为，必须符合特定的程序要求。

3. 给付辅助机构的权利义务

在义务方面，给付辅助机构的义务主要包括：

(1) 给付义务。给付义务是指医疗机构、药品经营单位等社会保险服务机构必须根据有关规定以及其与给付主体订立的行政合同提供社会保险服务。从法律性质上看，该义务兼具公法和私法双重性质，包括给付主体承担的公法义务和对被保险人承担的私法义务。医疗服务必须足够、合乎医疗目

① 可以对比《社会保险法（草案）》（一审稿）第68条的规定：“社会保险经办机构根据社会保险管理服务的需要，在经劳动保障部门审核取得定点资格的服务机构中确定社会保险定点服务机构，签订服务协议，依据服务协议对社会保险定点服务机构实行监督，相关部门应当积极配合。”

② 需要注意的是，由于被保险人与给付主体之间的法律关系属于依法产生的公法关系，给付主体对社会保险待遇请求权的确认属于行政确认。社会保险待遇请求权产生的依据是法律规定而不是该确认行为，请求权产生时间是事实要件构成之时，而不是行政确认行为作出之时。有德国学者指出，社会保险待遇给付请求权是依法律规定产生的公法上的债权，自法律规定的事实要件成就时该请求权就自动产生。给付主体及其辅助机构的确认行为是对请求权的确认而已，不能将之视为是请求权产生的时间或依据。Klause，Das Sozialrechtsverhaeltnis，in：Das Sozialrechtsverhaeltnis，Schriftreihe Deutschen Sozialrechtsverbandes，Band XVIII，1979.

的以及符合经济效益，并且不得超过必要限度。[①]《社会保险法》第 31 条第 2 款规定："医疗机构应当为参保人员提供合理、必要的医疗服务。"但这里的"合理、必要"仍过于抽象，缺乏可操作性。

(2) 注意义务。注意义务是指不使有害结果发生，而使意识集中谨慎行事之义务，具体包括预见义务与回避义务。[②] 从法律性质来说，该义务也兼具公法和私法双重性质。违反该义务造成医疗事故的，给付辅助机构应承担损害赔偿责任。

此外，给付辅助机构还有记载义务，如医疗机构必须制作病历，并保存一定期限以备审查。

在权利方面，辅助机构的权利主要包括医疗费用请求权。社会保险服务机构在及时、足额、合理地提供医疗服务之后，有权请求给付主体支付医疗费用。《社会保险法》第 29 条规定："参保人员医疗费用中应当由基本医疗保险基金支付的部分，由社会保险经办机构与医疗机构、药品经营单位直接结算。"此外还有确认社会保险待遇请求权及其内容的权利。被保险人一般是向医疗服务机构直接行使其社会保险待遇请求权，医疗服务机构在接到被保险人的申请时有权对社会保险待遇请求权是否产生以及请求权的内容进行确认。

第四节　社会保险中的国家义务

社会保险中的国家义务，经常被不太严谨地称为社会保险中的国家责任。[③] 鉴于法律上的责任一般是指违反义务的法律后果，或称不履行法律义务因而应受的制裁，本文除了在引述他人陈述时，统一使用社会保险中的国家义务一词，并简称为国家义务。

社会保险是国家立法强制建立的一种缴费型社会保障制度，国家或政府在社会保险中承担哪些义务，违反这些义务又要承担哪些法律责任，是社会保险制度中极为重要的内容。本文拟利用国际人权法上的国家义务层次理

① 在德国，所谓足够，指的是医疗行为依据客观医疗水准，足以治疗、改善疾病的症状或者减轻痛苦。合乎医疗目的的医疗行为，指的是医疗行为必须符合联邦委员会所制定的各类医疗服务指令。在这两项条件下，当健保医师面对病历，依其专业判断，治疗疾病可能有多种选择均可达到同一疗效时，应该优先选择成本较低的方式，此为必要性。张道义．德国健康保险支付制度法律关系的分析．台大法学论丛．2010，30：6

② 黄丁全．医事法．北京：中国政法大学出版社，2003.327

③ 有德国学者指出，在德国式的"民主的法治国家"的框架中，国家责任指的是，宪法赋予国家以职责，国家对此职责的完成负有义务。参见［德］戴蓓蕊．社会保险法中的国家责任．见：郑功成主编．社会保障研究．2008，2．北京：中国劳动社会保障出版社，2008.56

论，对社会保险中的国家义务进行一个系统化的梳理和建构。

一、《社会保险法》制定过程中的相关争论

（一）学术界对社会保险中国家义务的主张

有学者认为，国家在社会保障制度建立过程中的责任主要有三项，即制度设计（主要指制定法律、法规，确立社会保障规范）、财政兜底和事务管理（主要包括行政管理、业务管理、基金管理三个方面）。这三项国家义务同样存在于社会保险中。从实施效果看，用人单位与职工所缴纳的保险费是远不够支出的。对于这些收支缺口，在现有条件下只能由国家财政予以填补。否则，社会保险的运作很快就会陷入困境。完全可以这样认为，没有国家财政的最终支撑，社会保险是难以为继的。① 有学者指出，举办、管理和监督社会保险是政府的责任，这种责任决定了国家财政对社会保险应负的职责。②

综上，学术界对社会保险中国家义务的研究似不够精细和全面，一般只突出了国家的财政责任和管理、监督责任，尚缺乏体系化的建构。

（二）《社会保险法》制定过程中的争论

在《社会保险法》审议过程中，有的人大常委会委员明确指出社会保险是国家承担基本责任的保险制度，必须明确政府的责任和具体的制度安排。乌日图委员指出，社会保险法应该更明确地提出在社会保险中政府的责任是什么。在有些条款里如第5条规定，国家筹集资金，对社会保险事业给予必要的经费支持，但这些定位不准确。目前的五项社会保险中还没有一项具有明确的政府财政的资金渠道，都是单位和个人缴费，仅农村新型合作医疗制度里明确了中央财政和地方财政要为每一位农民补贴。当然在城镇社会保险的具体实施当中，比如在养老保险当中，当遇到有些国有企业改制破产关闭、资源枯竭等特殊情况时，中央财政出资补贴，但是这种方式并不是系统的、制度性的安排，而是救济性的、临时性的出资。社会保险是国家承担基本责任的保险制度，是保证每一个公民都必须获得的基本权利，不是商业保险，在社会保险中必须明确政府的责任和具体的制度安排。③ 郑功成委员则在审议草案的时候提出了应立法明确国家对社会保险基金的担保责任、分担财政责任以及公共管理责任。因为这个制度是建立在劳资双方分责的基础之

---

① 参见余卫明．论社会保障制度建立过程中的国家责任．中国社会保障．2001，10

② 参见申曙光．论国家财政的社会保险职责．财经问题研究．1999，7

③ 2007年12月26日上午十届全国人大常委会第三十一次会议分组审议《中华人民共和国社会保险法（草案）》的发言，参见《社会保险法的立法原则及适用范围——分组审议社会保险法草案发言摘登（二）》，中国人大网，http://www.npc.gov.cn/npc/zt/2008-01/03/content_1388082.htm．2010年6月2日访问。

上的，保证劳动者的社会保险权益。它和最低生活保障以及老年福利不太一样。政府所起的作用，实际上分担了一部分财政责任，但是，不能损害制度的独立性和它的系统性。第一，政府是这个制度的担保人。担保人就是当它收不抵支的时候，要承担连带责任。第二，政府应该承担公共财政的责任。纳税人的钱应该更多地通过社会保障制度反馈于民，其中也包括社会保险。它应该有一定的份额支持。第三，政府应该承担公共管理责任，就是要监督、管理好这个制度良性运行，不能出现大的失误，不能出现像挪用基金、贪污、浪费这样的现象，要保证它高效的、良性的运行。①

综上，立法机关成员对社会保险中国家义务的认识也集中在国家的财政责任和管理、监督责任，这的确抓住了问题的重点，但体系化程度不够。

二、社会保险中国家义务的理论框架

（一）国家义务层次理论：一个分析框架

国家义务层次理论认为，与公民的每种基本权利相对应的国家义务是多层次、多方面的，任何权利都可能包含三个层次的国家义务，即尊重义务、保护义务以及实现义务，这就是所谓的国家三重类型义务分析法。②

美国的亨利·舒（Henry Shue）是较早提出义务层次理论的学者，他认为安全权和生存权是两类基本权利，生存权虽然通常被认为是一种积极的权利，但它实际上也包含着相应的消极义务。并没有任何一种权利是与某种特定义务相对的。那种认为每个权利只是具有一个对应义务的观念是不对的，实际上任何一种权利都需要多种义务的履行才能得到充分实现。亨利·舒把与每种基本权利相对应的义务分为三个层面：（1）避免剥夺的义务；（2）保护个人不受剥夺的义务；（3）帮助被剥夺者的义务。由此，生存权的对应义务就包含三个层面：（1）避免剥夺一个人仅有的生存手段的义务；（2）保护人们的生存手段不受他人剥夺的义务；（3）为那些自己不能提供生存手段的人提供生存手段的义务。③

亨利·舒的义务层次理论很快得到了国际人权法学者的关注和响应。1984年，菲利普·阿尔斯顿（Philip Alston）和阿斯布佐恩·艾德（Asbjorn Eide）主编的《作为人权的食物权》一书就基本接受了亨利·舒的义务

① 参见郑功成．社会保险法（草案）．中国人大网，http://www.npc.gov.cn/npc/zt/2008-12/25/content_1464553.htm.最近浏览：2010年6月2日。

② 参见国际人权法教程项目组编写．国际人权法教程（第一卷）．北京：中国政法大学出版社，2002.5～6，344．这种分析框架已被我国学者应用在劳动权的研究上，参见李炳安．公民劳动权初论．湖北师范学院学报（哲学社会科学版）．2004，1

③ Henry Shue, Basic Rights: Subsistence, Affluence and U. S. Foreign Policy, Princeton University Press, Princeton, 1996, p.13-87.

层次论。其中，菲利普·阿尔斯顿完全接受了亨利·舒的用语，将人权的义务分为避免剥夺的义务、保护个人不受剥夺的义务和帮助被剥夺者的义务。阿斯布佐恩·艾德则将亨利·舒的用语作了适当改变，将三个层次的义务分别称为尊重的义务（the obligation to respect）、保护的义务（the obligation to protect）和实现的义务（the obligation to fulfill）。阿斯布佐恩·艾德在1987年作为联合国特别报告员的时候，在向联合国提交的关于充分食物权的报告中就用义务的三层次理论对食物权进行了分析，认为国家对包括食物权在内的经济和社会权利所负有的三个具体义务层次分别是：第一层次尊重义务，第二层次保护义务，第三层次实现义务。实现义务包括两个方面，一个是促进（又译便利）（facilitate）的义务，即积极增加可以享受经济和社会权利的机会，另一个是提供（provide）的义务，即当其他的义务都没有充分实现时积极提供这个机会。以后，他也一直把国家义务三层次理论作为分析经济和社会权利的理论工具。①

国家义务层次理论最终被联合国经济、社会和文化权利委员会所采用。该委员会在1999年第20届会议发布的关于《经济、社会和文化权利国际公约》第11条取得足够食物的权利（简称充分食物权）的《第12号一般性意见》中，首次使用义务层次理论来说明缔约国在保护取得足够食物的权利时所承担的各种义务。该意见指出，像任何其他人权一样，取得足够食物的权利对缔约国规定了三个类型或者层次的义务：尊重的义务，保护的义务和履行（又译实现）的义务。履行的义务既包括便利（又译促进）的义务，又包括提供的义务。需要指出的是，委员会原先提出了尊重、保护和帮助（实现）这三个层次的义务，有人提出了便利（facilitate）义务作为一个独立类别义务的问题，但委员会决定保持三个层次的义务。②

我们认为，国际人权法上采用的国家义务层次理论建立了一个比较好的国家义务分析框架，可以借助这一理论对国家义务进行体系化的建构。

（二）社会保险中的国家义务层次理论

借助国家义务层次理论，我们可以认为，公民的社会保险权相对应的国家义务也是多层次的，社会保险中的国家义务可分为四类：尊重的义务、保护的义务、促进的义务和提供的义务。这种分析方法的基础是传统的国家三重类型义务分析法，只是将实现的义务再分为促进义务和提供义务而已。所

① 参见黄金荣．司法保障人权的限度——经济和社会权利可诉性问题研究．北京：社会科学文献出版社，2009．145～147

② 第12号一般性意见．见：A·艾德，C·克洛斯，A·罗萨斯主编．经济、社会和文化权利教程（修订第二版）．中国人权研究会组织翻译．成都：四川出版集团，四川人民出版社，2004．548～556

谓实现的义务，又称履行的义务或落实的义务，是一种“肯定的”义务（积极的义务），可进一步分为促进义务即通过协助实现的义务和提供义务即通过提供实现的义务。需要重点强调的是，保护自由权（公民权利和政治权利）不限于国家的消极义务，而保护社会权（经济、社会和文化权利）也不限于国家的积极义务。保护社会保险权的国家义务就既包括国家的消极义务，也包括国家的积极义务。

社会保险中国家义务的义务主体，主要包括立法机关、行政机关和司法机关，分别主要履行立法义务、行政执法义务和司法保护义务，但并非一一对应，其中行政机关也负有行政立法义务，司法机关也负有制定司法解释的“准立法”义务。立法机关、行政机关和司法机关均需要通过履行立法义务、行政执法义务和司法保护义务来践行前述尊重、保护、促进和提供义务。

三、我国社会保险中国家义务的建构

（一）国家的尊重义务

尊重义务被视为“否定的”义务（消极的义务），是指国家不妨碍个人行使权利或不为侵犯特定权利的义务，国家承担不予干涉的被动义务。尊重义务相对应的一般是公民的自由权，该权利主要强调免受国家干涉的自由，但对于社会权，国家也负有尊重义务。国家应尊重公民的社会保险权益，国家及其工作人员违反尊重义务，侵犯公民的社会保险权益应当承担相应的法律责任，包括行政责任、民事赔偿责任、刑事责任等。根据《社会保险法》第 89 条的规定，社会保险经办机构及其工作人员未履行社会保险法定职责的，克扣或者拒不按时支付社会保险待遇的，丢失或者篡改缴费记录、享受社会保险待遇记录等社会保险数据、个人权益记录的，由社会保险行政部门责令改正；给个人造成损失的，依法承担赔偿责任；对直接负责的主管人员和其他直接责任人员依法给予处分。第 93 条规定，国家工作人员在社会保险管理、监督工作中滥用职权、玩忽职守、徇私舞弊的，依法给予处分。第 94 条规定：“违反本法规定，构成犯罪的，依法追究刑事责任。”其犯罪主体包括国家工作人员。

国家的尊重义务包括保密义务，违反保密义务应当承担行政责任和民事赔偿责任。根据《社会保险法》第 81 条、第 82 条的规定，社会保险行政部门和其他有关行政部门、社会保险经办机构、社会保险费征收机构及其工作人员，应当依法为用人单位和个人的信息保密，不得以任何形式泄露；泄露用人单位和个人信息的，对直接负责的主管人员和其他直接责任人员依法给予处分；给用人单位或者个人造成损失的，应当承担赔偿责任。

国家机关违反尊重的义务，应当依法承担行政责任，用人单位或者个人可以提请行政复议或行政诉讼来获得行政救济。根据《社会保险法》第 83

条第1款、第2款的规定，用人单位或者个人认为社会保险费征收机构的行为侵害自己合法权益的，用人单位或者个人对社会保险经办机构不依法办理社会保险登记、核定社会保险费、支付社会保险待遇、办理社会保险转移接续手续或者侵害其他社会保险权益的行为，可以依法申请行政复议或者提起行政诉讼。

（二）国家的保护义务

保护义务是指国家保护个人的权利不受其他私人（第三人）的侵害。国家应当保护公民的社会保险权益不受私人侵害。对公民社会保险权益的私人侵害主要是指用人单位不参加社会保险，包括不办理社会保险登记和不缴纳社会保险费，也包括不支付按照国家规定应当支付的工伤保险待遇这一特定情形。《社会保险法》规定了对不参保用人单位的行政强制、行政处罚措施，如第84条规定："用人单位不办理社会保险登记的，由社会保险行政部门责令限期改正；逾期不改正的，对用人单位处应缴社会保险费数额1倍以上3倍以下的罚款，对其直接负责的主管人员和其他直接责任人员处500元以上3 000元以下的罚款。"第86条规定："用人单位未按时足额缴纳社会保险费的，由社会保险费征收机构责令限期缴纳或者补足，并自欠缴之日起，按日加收万分之五的滞纳金；逾期仍不缴纳的，由有关行政部门处欠缴数额1倍以上3倍以下的罚款。"

国家通过建立社会保险争议处理制度和社会保障监察制度来履行保护义务，个人可以通过申请调解、仲裁、诉讼、劳动保障监察等途径来获得权利救济。《社会保险法》第83条第3款规定，个人与所在用人单位发生社会保险争议的，可以依法申请调解、仲裁，提起诉讼。用人单位侵害个人社会保险权益的，个人也可以要求社会保险行政部门或者社会保险费征收机构依法处理。《最高人民法院关于审理劳动争议案件适用法律若干问题的解释(三)》（法释［2010］12号）第1条明确规定法院保护劳动者（职工）对用人单位享有的损害赔偿请求权："劳动者以用人单位未为其办理社会保险手续，且社会保险经办机构不能补办导致其无法享受社会保险待遇为由，要求用人单位赔偿损失而发生争议的，人民法院应予受理。"

（三）国家的促进义务

促进义务，或称便利义务、通过协助实现的义务，即为有效实现权利提供条件的义务①。国家有义务促进特定权利的实现，通过积极的行为增强人们获取资源和享有这种权利的能力。例如《社会保险法》第5条规定："县

①② 参见国际人权法教程项目组编写. 国际人权法教程（第一卷）. 北京：中国政法大学出版社，2002. 376

级以上人民政府将社会保险事业纳入国民经济和社会发展规划。国家多渠道筹集社会保险资金。县级以上人民政府对社会保险事业给予必要的经费支持。国家通过税收优惠政策支持社会保险事业。”关于“经费支持”，第72条第2款规定：“社会保险经办机构的人员经费和经办社会保险发生的基本运行费用、管理费用，由同级财政按照国家规定予以保障。”关于“税收优惠”，第14条规定：“个人账户不得提前支取，记账利率不得低于银行定期存款利率，免征利息税。个人死亡的，个人账户余额可以继承。”《社会保险费征缴暂行条例》第14条第3款规定：“社会保险基金不计征税、费。”此外，根据我国税收法律法规的相关规定，用人单位和个人缴纳的社会保险费、社会保险待遇均免征个人所得税或从纳税义务人的应纳税所得额中扣除。

（四）国家的提供义务

提供义务，或称给付义务、通过提供实现的义务，即作为提供者的义务②。显然，仅靠尊重权利、保护权利免受第三人侵害，帮助促进弱势者尽可能充分地行使权利，国家还不能确保公民享有适当的生活水准。1948年《世界人权宣言》第25条规定，人人有权“在遭到失业、疾病、残废、守寡、衰老或在其他不能控制的情况下丧失谋生能力时，有权享受保障”。由此，国家有义务为公民提供基本生活保障，包括社会保险。社会保险法上国家的提供义务具体包括：

1. 提供财政补贴的义务

在基本养老保险、新型农村社会养老保险、新型农村合作医疗、城镇居民基本医疗保险等的社会保险基金的征缴中，国家均有财政补贴义务。例如，《社会保险法》第11条规定：“基本养老保险基金由用人单位和个人缴费以及政府补贴等组成。”第13条第1款规定了社会保险转制成本由财政补贴：“国有企业、事业单位职工参加基本养老保险前，视同缴费年限期间应当缴纳的基本养老保险费由政府承担。”第20条规定：“国家建立和完善新型农村社会养老保险制度。新型农村社会养老保险实行个人缴费、集体补助和政府补贴相结合。”第25条规定了对低收入者等困难人员的缴费补贴：“国家建立和完善城镇居民基本医疗保险制度。城镇居民基本医疗保险实行个人缴费和政府补贴相结合。享受最低生活保障的人、丧失劳动能力的残疾人、低收入家庭60周岁以上的老年人和未成年人等所需个人缴费部分，由政府给予补贴。”

社会保险基金出现支付不足时，政府有义务提供财政补贴，这就是所谓的政府“兜底责任”或“担保责任”。《社会保险法》第65条规定：“社会保险基金通过预算实现收支平衡。县级以上人民政府在社会保险基金出现支付不足时，给予补贴。”第 13 条第 2 款规定：“基本养老保险基金出现支付不足时，政府给予补贴。”此外，为应对养老金支付危机，国家设立以财政拨款为主的全国社会保障基金，用于补充调剂社会保险支出。《社会保险法》第 71 条规定：“国家设立全国社会保障基金，由中央财政预算拨款以及国务院批准的其他方式筹集的资金构成，用于社会保障支出的补充、调剂。全国社会保障基金由全国社会保障基金管理运营机构负责管理运营，在保证安全的前提下实现保值增值。”

2. 提供社会保险服务的义务

《社会保险法》第 8 条对国家提供社会保险服务的义务进行了一般性规定：“社会保险经办机构提供社会保险服务，负责社会保险登记、个人权益记录、社会保险待遇支付等工作。”具体包括：

（1）审核登记义务。《社会保险法》第 57 条规定，社会保险经办机构应当自收到用人单位办理社会保险登记的申请之日起 15 日内予以审核，发给社会保险登记证件。

（2）记录、保管、告知和提供咨询等社会保险服务的义务。其核心是个人权益记录义务。《社会保险法》第 74 条规定，社会保险经办机构应当及时为用人单位建立档案，完整、准确地记录参加社会保险的人员、缴费等社会保险数据，妥善保管登记、申报的原始凭证和支付结算的会计凭证；应当及时、完整、准确地记录参加社会保险的个人缴费和用人单位为其缴费，以及享受社会保险待遇等个人权益记录，定期将个人权益记录单免费寄送本人。用人单位和个人可以免费向社会保险经办机构查询、核对其缴费和享受社会保险待遇记录，要求社会保险经办机构提供社会保险咨询等相关服务。

（3）给付义务，即社会保险待遇支付义务。《社会保险法》第 73 条第 2 款规定，社会保险经办机构应当按时足额支付社会保险待遇。

社会保险经办机构及其工作人员违反提供社会保险服务的法定义务，应按照《社会保险法》第 89 条承担法律责任，包括行政责任和民事赔偿责任。

此外，社会保险费的征缴是社会保险待遇支付的前提，因此国家负有社会保险费征缴义务。《社会保险法》第 61 条规定，社会保险费征收机构应当依法按时足额征收社会保险费，并将缴费情况定期告知用人单位和个人。社会保险费征收机构违反该义务应承担行政责任。

3. 监督管理义务

《社会保险法》第 6 条对国家的监督管理义务进行了一般性规定：“国家对社会保险基金实行严格监管。国务院和省、自治区、直辖市人民政府建立健全社会保险基金监督管理制度，保障社会保险基金安全、有效运行。县级以上人民政府采取措施，鼓励和支持社会各方面参与社会保险基金的监督。”

具体包括：

(1) 社会保险行政管理。《社会保险法》第7条规定："国务院社会保险行政部门负责全国的社会保险管理工作，国务院其他有关部门在各自的职责范围内负责有关的社会保险工作。县级以上地方人民政府社会保险行政部门负责本行政区域的社会保险管理工作，县级以上地方人民政府其他有关部门在各自的职责范围内负责有关的社会保险工作。"这里的"国务院社会保险行政部门"是指人力资源和社会保障部，对社会保险进行综合管理。地方人民政府社会保险行政部门主要是指人力资源和社会保障厅（局）。其他有关部门主要是指财政部门、审计机关、卫生部门，其中卫生部门负责新型农村合作医疗的管理。

(2) 人大监督。依据我国宪法，人大常委会的职权之一是监督政府工作。《社会保险法》第76条规定："各级人民代表大会常务委员会听取和审议本级人民政府对社会保险基金的收支、管理、投资运营以及监督检查情况的专项工作报告，组织对本法实施情况的执法检查等，依法行使监督职权。"这里的"依法"主要是指2007年1月1日施行的《中华人民共和国各级人民代表大会常务委员会监督法》，监督方式还包括社会保险规范性文件的备案审查、审议议案和有关报告时的询问和质询、特定问题调查等。

(3) 社会保险行政部门监督。该监督的性质是一种依职权单方的具体行政行为。《社会保险法》第77条规定："县级以上人民政府社会保险行政部门应当加强对用人单位和个人遵守社会保险法律、法规情况的监督检查。"第79条规定："社会保险行政部门对社会保险基金的收支、管理和投资运营情况进行监督检查，发现存在问题的，应当提出整改建议，依法作出处理决定或者向有关行政部门提出处理建议。社会保险基金检查结果应当定期向社会公布。社会保险行政部门对社会保险基金实施监督检查，有权采取下列措施：①查阅、记录、复制与社会保险基金收支、管理和投资运营相关的资料，对可能被转移、隐匿或者灭失的资料予以封存；②询问与调查事项有关的单位和个人，要求其对与调查事项有关的问题作出说明、提供有关证明材料；③对隐匿、转移、侵占、挪用社会保险基金的行为予以制止并责令改正。"

(4) 财政、审计监督。财政监督和审计监督均属于行政监督，其中审计监督是行政机关内部监督中的一种专门监督形式。财政监督通过制定财务制度、审核社会保险基金预算和决算草案、将社会保险基金存入财政专户等方式进行，审计监督则按照国家财务会计制度进行。《社会保险法》第78条规定："财政部门、审计机关按照各自职责，对社会保险基金的收支、管理和投资运营情况实施监督。"第91条规定："违反本法规定，隐匿、转移、侵占、挪用社会保险基金或者违规投资运营的，由社会保险行政部门、财政部门、审计机关责令追回；有违法所得的，没收违法所得；对直接负责的主管人员和其他直接责任人员依法给予处分。”

（5）社会监督。社会保险监督委员会是由政府成立但不包含政府及有关职能部门代表的监督机构。《社会保险法》第 80 条规定：“统筹地区人民政府成立由用人单位代表、参保人员代表，以及工会代表、专家等组成的社会保险监督委员会，掌握、分析社会保险基金的收支、管理和投资运营情况，对社会保险工作提出咨询意见和建议，实施社会监督。社会保险经办机构应当定期向社会保险监督委员会汇报社会保险基金的收支、管理和投资运营情况。社会保险监督委员会可以聘请会计师事务所对社会保险基金的收支、管理和投资运营情况进行年度审计和专项审计。审计结果应当向社会公开。社会保险监督委员会发现社会保险基金收支、管理和投资运营中存在问题的，有权提出改正建议；对社会保险经办机构及其工作人员的违法行为，有权向有关部门提出依法处理建议。”

国家工作人员违反社会保险管理、监督义务，应按照《社会保险法》第 93 条、第 94 条受到行政处分甚至承担刑事责任。

第五节 社会保险中的工会参与

自新中国 1951 年建立社会保险制度以来，工会在社会保险中曾经发挥了极为重要的作用，甚至长期直接管理社会保险事务。1951 年政务院颁布的《劳动保险条例》规定，中华全国总工会是劳动保险事业的最高领导机关，负责宏观管理和基金调剂，地方工会是劳动保险事业的执行机关，负责社会保险基金的收缴和发放。1969 年财政部下发《关于国营企业财务工作中几项制度的改革意见（草案）》，规定企业停止提取劳动保险金，本企业的劳动保险金在企业成本中列支，由此社会保险变为企业保险，总工会的宏观管理和基金调剂职能丧失。自 1978 年改革开放以来，劳动行政部门开始负责对社会保险的领导和管理，社会保险费的征缴和社会保险待遇的支付等具体业务也由行政部门及其下设的社会保险经办机构来负责，工会退出了社会保险管理事务①，但仍在多方面积极参与社会保险制度的建立和发展。目前，我国社会保险中的工会参与存在法律依据不明确、途径不完善、能力不足等问题，需要借鉴发达国家的成功经验，建构适合中国国情的工会参与社

① 参见陈正光，沈金志．论工会在养老社会保险制度中的作用．工会论坛：山东省工会管理干部学院学报．2003，6

会保险的制度。

一、我国社会保险中工会参与存在的问题

（一）工会参与社会保险缺乏法律的明确规定和有效保障

我国社会保险立法和工会法严重滞后于市场经济的发展进程和社会需要，使得工会参与社会保险在法律上缺乏明确规定和有效保障，增加了工会依法参与社会保险的难度。例如，工会在社会保险监督中的地位和作用缺少明确的法律规定，监督的程序、内容、参与方式等均不明确，缺乏可操作性，这直接影响工会参与社会保险监督的力度。目前，工会参与社会保险监督主要依托于社会保险监督委员会①，大部分省市工会虽然已是社会保险监督委员会委员，但社会保险监督委员会本身工作开展不力，同时工会在社保基金监督委员会中所担负的职责、所拥有的权力以及如何保障工会行使职权、承担责任等都缺少明确而具体的规定，工会依托这一平台参与社会保险监督的效果也不好。② 再如，虽然《工会法》对工会参与涉及职工切身利益的法律法规和规章的制定修改、县级以上各级人民政府及其有关部门研究制定社会保险等涉及职工切身利益的政策措施时应当听取工会的意见等内容作出了规定，但违反《工会法》或政府及其有关部门不作为时缺乏执法主体。工会并非执法部门，没有执法权，只能通过调查了解情况、上报反映问题和提出意见建议等形式进行协调，这使得《工会法》相对于其他法律而言因缺乏法律的刚性而成为一个“软法”。③

（二）工会参与社会保险的途径和手段不完善

工会参与社会保险的一个重要途径是与用人单位进行集体谈判和订立集体合同，但目前我国的集体谈判和集体合同大都流于形式。相当一部分非公有制企业，尤其是私营、港澳台资、外资企业没有建立工会，这直接导致和企业进行集体谈判的主体缺失。即使是已经建立工会的企业，真正依法进行集体谈判的也不多。集体合同的签约率低、履约率低，这使得工会参与社会保险的一个重要途径实际上未能充分发挥作用。

工会参与社会保险监督的手段缺乏。有学者指出，尽管全国 27 个省份建立了省级社会保障监督委员会，但事实上在上海等地，这种实质性的监督

① 工会参与养老保险基金的监督有法律依据。国务院 1995 年《关于深化企业职工养老保险制度改革的通知》明确指出：“各地区和有关部门要设立由政府代表、企业代表、工会代表和离退休人员代表组成的社会保险监督委员会，加强对社会保险政策法规执行情况和基金管理工作的监督。”

② 参见张利军. 工会参与社会保险基金监督管理存在的问题和对策建议. 工会理论研究（上海工会管理职业学院学报）. 2009，1

③ 参见虞蔚. 工会组织在社会保障制度建设中的作用研究. 上海交通大学国际与公共事务学院 2007 年硕士论文，第 22 页

并不存在。目前，上海还没有建立社会保障监督委员会，缺乏监督的载体，真正的监督则无从谈起。而正是由于缺乏正规有力的监督机构，监督严重缺位，也间接地导致2006年上海社保金案的案值高达32亿元而长时期不被发觉的严重后果。[①] 上海社保案之后，上海市人民政府办公厅于2006年10月31日发布了上海市财政局、劳动保障局、医保局制定的《上海市社会保险基金财务管理办法》，其中提出设立上海市社会保障基金监督委员会，以加强对社会保险基金的监督。

（三）工会自身因素导致参与社会保险的主动性和能力不足

我国工会自身存在的一些问题也制约了社会保险中的工会参与。首先，工会身份模糊，代表性不强，表现为国有企业工会行政化，非国有企业工会老板化，这势必会影响工会的工作性质和内容。其次，用人单位向工会拨缴经费的方式导致工会维权缺乏积极性和主动性，底气不足。[②] 最后，工会工作人员的专业知识水平不高和能力不足，不能适应参与社会保险的要求。因此，工会自身因素导致其缺乏参与社会保险的积极性、主动性和能力不足。

二、《社会保险法》制定过程中的相关争论

（一）学术界对社会保险中工会参与的主张

有学者主张，工会参与完善社会保障制度的三大领域为：立法源头参与劳动和社会保障法律法规及政策的研究和制定，建立监督机制，努力构建职工补充保障体系等。[③] 有学者认为，《社会保险法（草案）》存在的主要问题之一就是工会作用不突出，应充分发挥工会在社会保险立法中的优势作用。在草案的规定中，工会的作用笼统而不具体，这将难以充分发挥工会维护职工合法社会保险权益的职能，必然会影响社会保险法的实施效果。应当以立法形式把工会的源头参与、监督和补充作用固定下来。建议强化工会的监督作用，把工会规定为社会保险监督的第一监督人，并增加规定以充分发挥工会在补充保险、职工互助合作保险中的作用。[④] 有学者提出，在社会保险监督工作中，工会完全可以发挥主导性的作用，广泛发动群众开展社会保险监督工作。具体包括：参与本地区社会保险法律法规、政策及措施的制定，提

---

① 参见虞蔚．工会组织在社会保障制度建设中的作用研究．上海交通大学国际与公共事务学院2007年硕士论文，第25页

② 参见姜源．社会保障权实现中的工会责任问题研究．吉林大学哲学社会学院2010年硕士论文，第18～19页

③ 参见曾煜．工会在参与完善社会保障体系中的作用．天津市工会管理干部学院学报．2008，3；曾煜．实现"公平、正义、共享"社会保障战略目标下的工会参与．中国劳动关系学院学报．2008，6；曾煜．社会保障战略目标下的工会参与．北京：中国社会出版社，2008．132～138

④ 参见杨思斌，吕茵．《社会保险法（草案）》存在问题研究．中国劳动关系学院学报．2009，4

出意见和建议；参与人大、政协及地方政府组织的专项检查活动；建立各级地方社会保险职工群众监督委员会，独立或配合人大、政协及地方政府开展社会保险工作的监督、检查和调查，发现问题及时与政府有关部门沟通，反映情况，研究解决问题的办法。对违反社会保险法律法规政策、群众反映强烈的问题，建议有关部门严肃查处，必要时通过新闻媒体公开曝光。[①] 有观点认为，我国工会有效参与社会保障维权的具体对策包括：完善相关法律强化工会维权职能，加快集体谈判制度建设完善工会维权的手段，推进工会自身建设增强工会维权能力（包括通过基层选举打造职业化、专业化的工会队伍、改变工会缴费模式），提高社会对工会维权的认识。[②]

综上，学界对社会保险中工会参与的主张可归纳为以下几项主要内容：工会参与社会保险立法和政策制定、工会参与社会保险监督、工会依法维护职工的社会保险权益、工会参与补充保险等。

（二）《社会保险法》制定过程中的争论

总体上来说，与在《劳动合同法》制定过程中的参与程度和发挥的作用相比，在《社会保险法》制定过程中工会的参与程度不高，发挥的作用相对较小，社会影响也不够大。但社会保险中的工会参与仍受到了立法者一定程度的重视，对其进行了原则性的规定。《社会保险法（草案）》（公布征求意见稿）第 8 条规定："工会组织依法维护职工的合法权益，有权参与社会保险重大事项的研究，对与职工社会保险权益有关的事项进行监督。"三审稿将其移至第 9 条规定："工会依法维护职工的合法权益，有权参与社会保险重大事项的研究，对与职工社会保险权益有关的事项进行监督。"在四审时，有的常委会委员和部门提出，应当进一步加强工会在社会保险监督中的作用。全国人大法律委员会经同财政经济委员会、国务院法制办公室、人力资源和社会保障部研究，建议将这一条修改为："工会依法维护职工的合法权益，有权参与社会保险重大事项的研究，参加社会保险监督委员会，对与职工社会保险权益有关的事项进行监督。"这就成为《社会保险法》通过时第 9 条的内容。

---

① 参见张利军．工会参与社会保险基金监督管理存在的问题和对策建议．工会理论研究（上海工会管理职业学院学报）．2009，1

② 参见姜源．社会保障权实现中的工会责任问题研究．吉林大学哲学社会学院 2010 年硕士论文．

三、西方国家社会保险中的工会参与[①]

（一）工会参与社会保险立法、政策制定和社会监督

西方国家工会通过长期的斗争，一方面促使国家立法明确了工会在社会保险中的法律地位，另一方面也利用法定的权利积极参与国家的社会保险立法、政策制定和社会监督等活动，为维护职工合法的社会保险权益提供制度保障。奥地利、俄罗斯、瑞典等国的工会均注重从法律源头上参与到社会保险中，在国家法律和政策等层面上维护和实现工人的相关社会保险权利。在奥地利，工会可以参与到政府及企业制定相关社会保险法律、政策、管理制度等的决策中，可以监督政府和企业在贯彻执行社会保险法律中的职责履行情况，监督其是否损害了职工法定权益。这种国家和社会之间的体制化关系在政治学上被称为法团主义[②]（corporatism），强调政府与社会的协同治理。

（二）工会参与社会保险基金的监督管理

社会保险基金在整个社会保险体系中具有关键地位，直接关系到公民各项社会保险权益的实现。因此，西方国家工会都特别重视通过各种方式参与社会保险基金的监督管理。如奥地利工会联合会是社会保险基金管理机构的理事成员，积极参与社会保险基金的宏观管理。奥地利工会与资方组建相关的社会保险基金监督机构，劳资双方实行共决监督，确保社会保险基金安全稳定，获得更大的投资运营收益。俄罗斯工会组织则通过与各类社会保险基金会的密切合作，参与其监督管理活动。卢森堡工会与雇主、保险机构组建社会保险基金会，和政府、资方一起共同管理社会保险基金。瑞典的失业保险则完全由工会自主管理，政府曾试图改为国家管理，但因各工会的联合抵制而放弃。[③]

（三）工会通过集体谈判维护职工社会保险权益

西方国家工会与资方通过集体谈判，共同协商解决社会保险等和劳动者

---

① 参见罗华林，周俊，邓胜佳. 西方国家企业工会的社会保障功能及其经验借鉴. 传承. 2009，1；葛少英. 奥地利工会在国际社会保障中的地位和作用. 工友. 2003，1；董嘉骊. 俄罗斯工会组织在社会保障体制中的作用. 工会博览. 2004，16；王雪梅. 瑞典工会参与社会保障制度. 工会博览. 2004，19；唐弘. 卢森堡的社会保障与工会参与. 工会博览. 2006，19；曾煜. 社会保障战略目标下的工会参与. 北京：中国社会出版社，2008. 260～286

② corporatism，可译为法团主义、组合主义、统合主义、合作主义、阶级合作主义等。有学者指出，在民主制度的背景下，法团主义是指国家与利益集团之关系的一种特定形式；在这种形式的关系中，关于国内事务的重大决定出自于政府与极少数的、通常各自代表着劳资双方的主要的峰级协会所进行的讨论。参见［英］罗德·黑格，马丁·哈罗普. 比较政府与政治导论（第五版）. 张小劲等译. 北京：中国人民大学出版社，2007. 258. 有学者指出，瑞典的商会、工会的高层代表和内阁成员定期会面，共同决定许多公共政策。参见［美］迈克尔·罗斯金. 政治科学（第九版）. 王浦劬，林震译. 北京：中国人民大学出版社，2009. 202

③ 参见丁建定. 瑞典社会保障制度的发展. 北京：中国劳动社会保障出版社，2004. 102

合法权益密切相关的问题。集体谈判制度将工人的力量联合起来，大大提高了工人阶级的谈判地位，也降低了谈判交易成本。西方国家工会一般通过其行业性、地区性或全国性的代表机构与资方或资方联合会进行集体谈判，在政府的监督下协商解决企业职工的社会保险问题。如奥地利工会联合会参加社会伙伴委员会的工作，与资方进行谈判，签订集体合同，并订立工人的各种社会保险标准；瑞典的工会和资方联合会进行集体谈判，签订集体协议，确定职工的企业社会保险制度。

四、我国社会保险中工会参与的建构和完善

（一）工会依法维护职工的社会保险权益

1. 工会依法维护职工社会保险权益制度的建构

《社会保险法》第9条规定“工会依法维护职工的合法权益”。这里的“合法权益”主要是指职工“参加社会保险和享受社会保险待遇的合法权益”。依据《工会法》的规定，在中国境内的企业、事业单位、机关中以工资收入为主要生活来源的体力劳动者和脑力劳动者，不分民族、种族、性别、职业、宗教信仰、教育程度，都有依法参加和组织工会的权利。中华全国总工会及其各工会组织代表职工的利益，依法维护职工的合法权益。维护职工合法权益是工会的基本职责。工会依法维护职工社会保险权益的途径主要包括：

（1）工会协助用人单位做好社会保险工作。《工会法》第30条规定：“工会协助企业、事业单位、机关办好职工集体福利事业，做好工资、劳动安全卫生和社会保险工作。”

（2）工会调查用人单位侵犯职工社会保险权益的问题。《工会法》第25条规定：“工会有权对企业、事业单位侵犯职工合法权益的问题进行调查，有关单位应当予以协助。”

（3）工会参加因社会保险发生的劳动争议调解和仲裁工作。依据《劳动争议调解仲裁法》第2条的规定，中华人民共和国境内的用人单位与劳动者因社会保险发生的争议，属于劳动争议，适用该法。《社会保险法》第83条第3款再次明确社会保险争议适用劳动争议处理程序：“个人与所在用人单位发生社会保险争议的，可以依法申请调解、仲裁，提起诉讼。”《工会法》第28条规定：“工会参加企业的劳动争议调解工作。地方劳动争议仲裁组织应当有同级工会代表参加。”《劳动争议调解仲裁法》第10条规定：“发生劳动争议，当事人可以到下列调解组织申请调解：①企业劳动争议调解委员会；②依法设立的基层人民调解组织；③在乡镇、街道设立的具有劳动争议调解职能的组织。企业劳动争议调解委员会由职工代表和企业代表组成。职工代表由工会成员担任或者由全体职工推举产生，企业代表由企业负责人指

定。企业劳动争议调解委员会主任由工会成员或者双方推举的人员担任。”第19条规定：“劳动争议仲裁委员会由劳动行政部门代表、工会代表和企业方面代表组成。”

（4）工会支持和帮助职工维护社会保险权益。《工会法》第21条第3款规定：“职工认为企业侵犯其劳动权益而申请劳动争议仲裁或者向人民法院提起诉讼的，工会应当给予支持和帮助。”第29条规定：“县级以上各级总工会可以为所属工会和职工提供法律服务。”

（5）工会通过与用人单位进行集体协商和订立集体合同维护职工社会保险权益。《工会法》第6条规定，工会通过平等协商和集体合同制度，协调劳动关系，维护企业职工劳动权益。第20条第2款、第3款规定：“工会代表职工与企业以及实行企业化管理的事业单位进行平等协商，签订集体合同。集体合同草案应当提交职工代表大会或者全体职工讨论通过。工会签订集体合同，上级工会应当给予支持和帮助。”集体合同中一般包括社会保险事项，如《劳动合同法》第51条规定：“企业职工一方与用人单位通过平等协商，可以就劳动报酬、工作时间、休息休假、劳动安全卫生、保险福利等事项订立集体合同。”

（6）工会通过仲裁和诉讼履行集体合同维护职工社会保险权益。《工会法》第20条第4款规定：“企业违反集体合同，侵犯职工劳动权益的，工会可以依法要求企业承担责任；因履行集体合同发生争议，经协商解决不成的，工会可以向劳动争议仲裁机构提请仲裁，仲裁机构不予受理或者对仲裁裁决不服的，可以向人民法院提起诉讼。”这一条值得引起高度关注，因为它实际上赋予了工会作为企业劳动者群体利益的代表直接提起公益诉讼的权利，这和集体协商一样都属于典型的社会法保护途径：集体行动。下文将予以专门研究。

2. 工会依法维护职工社会保险权益制度的完善

社会保险法律关系中用人单位和职工个人之间的法律关系一般被认为是私法关系，但是，正如有学者主张的那样，用人单位和职工群体之间的法律关系不应当是私法关系，而应当界定为独立于公法关系和私法关系的社会法关系，由此可以建立一套完整的社会法独特的法律技术，实现对劳动者社会保险权益的有力保护。以社会保险费征缴法律关系为例，具体理论分析如下：

第一，在社会法关系的法律主体方面。社会法中的人是集体之人而非（私法上的）个体之人。社会法中的人是以集体即“社群”（简称“群”，又称“社会共同体”）的形态存在的，每一“群”人都有共同的诉求和利益。“群”内成员具有共同归属和利益关联，且这种归属和利益关联不是由成员个人自主选择的。社团是“群”的典型代表。[①] 在劳动法上，一个用人单位的所有劳动者就构成了一个“群”，就属于这样的集体之人，而工会就是法律认可的代表劳动者群体利益的社团。《工会法》第2条规定：“工会是职工自愿结合的工人阶级的群众组织。中华全国总工会及其各工会组织代表职工的利益，依法维护职工的合法权益。”第6条规定：“维护职工合法权益是工会的基本职责。工会在维护全国人民总体利益的同时，代表和维护职工的合法权益。”

第二，在社会法上人与人之间关系的特征方面。劳动者相对于用人单位的经济弱势地位决定了其应当在社会管束中得到扶助。与私法强调自由自治不同，社会法强调管制他治。社会法他治的基本形态包括国家立法干预和社会治理。社会治理表现为一些代表集体公益的组织（最典型为社团）对人民关系加以治理，也表现为一些其他适格的组织（如工会）或个人作为法律所认可的某种集体公益的恰当代表，由其对人民关系作出“社会治理”。[②] 而工会就是法律认可的对劳动者关系加以治理的集体公益组织。《劳动法》第88条规定：“各级工会依法维护劳动者的合法权益，对用人单位遵守劳动法律、法规的情况进行监督。”《社会保险法》第9条也明确规定“工会依法维护职工的合法权益”。

第三，在独立的社会法权利义务方面。与私权利是个体权利不同，社会法权利是一种集体性权利，是作为人民与人民之间关系的集体权利。集体权利是与私人权利和国家公共权力相区别的权利，集体权利不被特定于具体个体，但个体在一定条件下可作为集体的代表。社会法设定权利义务的目的是实现和维护集体公益（这种集体公益受法律保护即转化为“集体权利”或“集体法益”）。在一个具体的社会法关系中，权利主体是一定数量（大都是人数不确定）的多数人组成的集体，义务主体则是确定的社会个体或特定群体。[③] 例如，在社会保险费征缴法律关系中，义务主体用人单位是对该单位的全体劳动者（职工）承担缴费义务的，其应缴纳的社会保险费的计算方法

① 参见赵红梅．私法与社会法——第三法域之社会法基本理论范式．北京：中国政法大学出版社，2009．83～88

② 参见赵红梅．私法与社会法——第三法域之社会法基本理论范式．北京：中国政法大学出版社，2009．207～219

③ 参见赵红梅．私法与社会法——第三法域之社会法基本理论范式．北京：中国政法大学出版社，2009．229～232．而依据公法、私法二元分立的传统理论，在法律技术层面上，人们通常将上述集体性法律关系作出公私法二元切分：其一，当义务主体与具体确定的市民个体（私法的权利主体）发生利益关系时，形成具体的私法权利义务关系；其二，当义务主体所负担的义务仅为针对国家公权力（如行政权）设定的公法义务时，形成具体的公法权利义务关系。关于社会保险费征缴法律关系的传统分析就是依据这一思路，并无独立的社会法权利义务存在的必要。

均为本单位职工工资总额乘以单位缴费费率之积。[①] 由此，确定的义务主体（即用人单位，《社会保险费征缴暂行条例》称缴费单位）与一定数量的多数人（即劳动者，《社会保险费征缴暂行条例》称缴费个人）所组成的“群”（即集体）这一权利主体之间形成具体确定的法律关系，而且这属于一种独特的法律关系，即社会法关系，不同于用人单位和劳动者个人之间的私法关系。

第四，在社会法义务权利的实施机制方面。社会法义务权利的实施机制为强制义务履行、集体利公行为。在社会法上，集体公益首先通过社会立法设定强制性义务并要求义务人实际履行得以实现，法律设定的强制性义务维护了集体公益，也普遍维护了集体中个体的利益。这种安排基本上排除了适用私法的可能，义务人大都不可能通过与立法保护的对象个别沟通另外形成私法关系（免除其法定义务）。具体来说，社会保险费征缴法律关系中用人单位的法定缴费义务是不能通过和个别劳动者协商约定免除的。而且，法院也应当判决用人单位履行对单位全部职工的缴费义务，而不能判决用人单位履行对提起诉讼的劳动者个人的缴费义务。集体利公行为是指集体行动，包括集体协商和集团公益诉讼。在“群”中集体行动对于实现和维护集体公益的重要性大于集体中个体的行动。集体行动维护了集体公益，也普遍维护了集体中个体的利益。劳动者个体针对处于强势地位的用人单位所采取的维权行动犹如“杯水车薪”“飞蛾扑火”，很难发挥充分的作用，只有通过社团组织实施的联合性、协调性行动才能最终有效地对抗强势用人单位不履行缴纳社会保险费义务的违法行为。[②]

第五，在诉讼保护方面。与私人为实现主观私权利而进行的民事诉讼不同，集体为实现社会法权利或法益而进行的诉讼是集团公益诉讼。集团公益诉讼的主要诉讼形态包括以下三类：集体诉讼、团体直接诉讼和示范诉讼。其中团体直接诉讼是指团体（如工会）以自己的名义，直接依据法律规定（基于法律的授权），就组织（如用人单位）侵害集体公益行为（如欠缴社会保险费）请求法院判令该违法者履行法定缴费义务，甚至处以惩罚型赔偿金

① 例如，《社会保险法》第12条规定：“用人单位应当按照国家规定的本单位职工工资总额的比例缴纳基本养老保险费，记入基本养老保险统筹基金。”第35条规定：“用人单位应当按照本单位职工工资总额，根据社会保险经办机构确定的费率缴纳工伤保险费。”《失业保险条例》第6条规定：“城镇企业事业单位按照本单位工资总额的2%缴纳失业保险费。”

② 参见赵红梅．私法与社会法——第三法域之社会法基本理论范式．北京：中国政法大学出版社，2009.236～239

（性质为公益罚金）的特别诉讼制度。①

具体来说，在中国，工会是法定的代表劳动者群体利益的社团。工会代表职工与企业以及实行企业化管理的事业单位进行平等协商，签订集体合同。集体合同包括社会保险等事项。依据《劳动法》第3条的规定，社会保险权利属于劳动者享有的劳动权利，当然属于“职工劳动权益”。企业违反集体合同中关于社会保险的内容，即因违反法定的社会保险费缴纳义务而侵犯职工社会保险权益时，工会可以依据《工会法》第20条作为劳动者（职工）集体利益的代表直接作为当事人与企业协商、提请仲裁和提起诉讼，这种诉讼显然是团体直接诉讼，其性质属于集团公益诉讼。

（二）工会参与社会保险重大事项的研究

1. 工会参与社会保险重大事项研究制度的建构

《社会保险法》第9条规定“工会有权参与社会保险重大事项的研究”。具体内容包括：

（1）工会参与国家的社会保险立法。《工会法》第33条第1款规定：“国家机关在组织起草或者修改直接涉及职工切身利益的法律、法规、规章时，应当听取工会意见。”

（2）工会参与政府的社会保险政策制定。《工会法》第33条第2款、第3款规定：“县级以上各级人民政府制定国民经济和社会发展计划，对涉及职工利益的重大问题，应当听取同级工会的意见。县级以上各级人民政府及其有关部门研究制定劳动就业、工资、劳动安全卫生、社会保险等涉及职工切身利益的政策、措施时，应当吸收同级工会参加研究，听取工会意见。”第34条第1款规定：“县级以上地方各级人民政府可以召开会议或者采取适当方式，向同级工会通报政府的重要的工作部署和与工会工作有关的行政措施，研究解决工会反映的职工群众的意见和要求。”

（3）工会参与劳动关系三方协商机制。《工会法》第34条第2款规定：“各级人民政府劳动行政部门应当会同同级工会和企业方面代表，建立劳动关系三方协商机制，共同研究解决劳动关系方面的重大问题。”《劳动合同法》第5条、《劳动争议调解仲裁法》第8条也规定了协调劳动关系三方机制。

（4）工会参与用人单位涉及社会保险事项的会议。《工会法》第38条规定：“企业、事业单位研究经营管理和发展的重大问题应当听取工会的意见；召开讨论有关工资、福利、劳动安全卫生、社会保险等涉及职工切身利益的

---

① 参见赵红梅．私法与社会法——第三法域之社会法基本理论范式．北京：中国政法大学出版社，2009．379～380、404

会议，必须有工会代表参加。企业、事业单位应当支持工会依法开展工作，工会应当支持企业、事业单位依法行使经营管理权。”这实际上要求用人单位切实保障劳动者通过工会等参与企业民主管理的权利。

（5）工会组织职工参与用人单位民主管理。《工会法》第6条规定，工会依照法律规定通过职工代表大会或者其他形式，组织职工参与本单位的民主决策、民主管理和民主监督。第35条、第36条、第37条规定，国有企业职工代表大会是企业实行民主管理的基本形式，是职工行使民主管理权力的机构，国有企业的工会委员会是职工代表大会的工作机构，负责职工代表大会的日常工作，检查、督促职工代表大会决议的执行；集体企业的工会委员会支持和组织职工参加民主管理和民主监督；其他企业的工会委员会组织职工采取与企业、事业单位相适应的形式，参与企业、事业单位民主管理。民主管理的内容中包括社会保险事项。

2. 工会参与社会保险重大事项研究制度的完善

我国的工会一元化体制在一些方面符合法团主义（又译组合主义）的一些特征。有美国学者指出，法团主义是一种利益代表系统，在这种系统内，各个组成单位被组合进数量有限的一些独一的、强制性的、非竞争性的、等级秩序的以及功能分化的部门。这些部门得到国家的承认或许可（若不是其创建的话），并被授权在其各自所代表的部门垄断协商代表权。法团主义者的代表方案是将公民和各种利益汇集到一组固定的、垂直性的部门中，每个部门各自代表着一个有机整体的相互依存的功能。可以说，对于现代社会中的结构分化和利益分化，法团主义诉诸有机地相互依存的一个整体的功能协调。[①] 我国《工会法》第2条规定，中华全国总工会及其各工会组织代表职工的利益，依法维护职工的合法权益。第9条规定，工会各级组织按照民主集中制原则建立，上级工会组织领导下级工会组织。第11条规定，基层工会、地方各级总工会、全国或者地方产业工会组织的建立，必须报上一级工会批准。依据法律规定，我国工人被组合进唯一合法的中华全国总工会及其各工会组织，该工会组织体系具有强制性、非竞争性和垂直等级秩序，垄断了协商代表权，与多元化的雇主组织形成了鲜明对比。

工会参与社会保险重大事项研究制度的完善首先需要工会参与相关立法。基层工会应当及时反映职工合理合法的意愿和诉求，通过我国的工会组织机制有效上传到中华全国总工会。中华全国总工会在有关职工社会保险权

① 参见［美］菲利普·施米特. 依旧是组合主义的世纪吗?. 见：［美］尼考劳斯·扎哈里亚迪斯. 比较政治学：理论、案例与方法. 宁骚，欧阳景根等译. 北京：北京大学出版社，2008. 169～173

益的法律法规和政策制定中，应当充分表达职工的意见，使职工的诉求法律化，为有效维护职工的社会保险权益等合法权益奠定法律基础。此外，还应当完善劳动关系三方协商机制和职工参与民主管理制度，建立工会参与社会保险重大事项研究的制度化途径。

（三）工会参与社会保险监督

1. 工会参与社会保险监督制度的建构

《社会保险法》第9条规定，工会“有权参加社会保险监督委员会，对与职工社会保险权益有关的事项进行监督”。第80条对社会保险监督委员会的组成、职能、权力等作出了规定：

（1）社会保险监督委员会的组成。统筹地区人民政府成立由用人单位代表、参保人员代表，以及工会代表、专家等组成的社会保险监督委员会。

（2）社会保险监督委员会的职能。社会保险监督委员会掌握、分析社会保险基金的收支、管理和投资运营情况，对社会保险工作提出咨询意见和建议，实施社会监督。

（3）社会保险监督委员会的权力。具体包括：①社会保险经办机构的定期报告义务。社会保险经办机构应当定期向社会保险监督委员会汇报社会保险基金的收支、管理和投资运营情况。②审计权。社会保险监督委员会可以聘请会计师事务所对社会保险基金的收支、管理和投资运营情况进行年度审计和专项审计。审计结果应当向社会公开。③提出改正建议权。社会保险监督委员会发现社会保险基金收支、管理和投资运营中存在问题的，有权提出改正建议。④提出依法处理建议权。社会保险监督委员会对社会保险经办机构及其工作人员的违法行为，有权向有关部门提出依法处理建议。

2. 工会参与社会保险监督制度的完善

《社会保险法》规定工会有权参加社会保险监督委员会，是四方成员之一，代表职工监督社会保险基金运行的全过程，但并未明确工会在社会保险监督委员会中处于何种地位，应予以完善。福建省社会保险监督委员会办公室设在工会，其主任由工会领导兼任。在福建社会保险监督体系架构中，工会组织负责社会保险监督委员会的日常工作，该省各级工会把社会保险监督工作作为工会维权工作的重要组成部分，得到了党政领导的充分肯定和职工群众的普遍认可。[①] 为了充分发挥工会参与社会保险监督的职能，建议在深入研究各地经验的基础上明确工会在社会保险监督委员会中的法律地位。

① 参见张利军. 工会参与社会保险基金监督管理存在的问题和对策建议. 工会理论研究（上海工会管理职业学院学报）. 2009，1

第二章 养老保险

养老保险又称老年保险，是指国家通过立法强制建立养老保险基金，被保险人符合一定法定条件时，可以从养老保险基金中领取养老金，以保证其基本生活的一种社会保险制度。

我国养老保险制度源自1951年政务院颁布的《劳动保险条例》。“文化大革命”期间，我国的社会养老保险基本停滞，职工的养老完全由企业负担。“文化大革命”结束后，我国社会养老保险制度开始了恢复与重建工作，1982年《宪法》规定了公民的社会保障权，从1985年起（少数地区从1984年起）各地纷纷进行了重建养老保险社会统筹制度的试点。1991年，国务院《关于企业职工养老保险制度改革的决定》（国发［1991］33号）拉开了我国养老保险制度全面改革的序幕。目前，我国已经初步形成了以职工基本养老保险为主体的基本养老保险、以企业年金为主体的补充养老保险以及个人储蓄相结合的多层次的养老保险体系，养老保险的覆盖范围不断扩大。截至2009年年末，全国参加城镇基本养老保险人数为23 550万人，比上年末增加1 659万人。其中，参保职工17 743万人，参保离退休人员5 807万人，分别比上年末增加1 156万人和503万人。年末参加基本养老保险的农民工人数为2 647万人，比上年末增加231万人。年末参加企业基本养老保险人数为21 567万人，比上年末增加1 616万人。企业退休人员基本养老金待遇提高，且全部按时足额发放。全年城镇基本养老保险基金总收入11 491亿元，比上年增长18.0%，其中征缴收入9 534亿元，比上年增长18.9%。各级财政补贴基本养老保险基金1 646亿元。全年基金总支出8 894亿元，比上年增长20.4%。年末基本养老保险基金累计结存12 526亿元。①

《社会保险法》在第二章“基本养老保险”中用13个条文规定了基本养老保险制度，确立了我国基本养老保险的体系、筹资模式、缴费主体和领取条件等。

---

① 参见人力资源和社会保障部. 2009年度人力资源和社会保障事业发展统计公报. 中国政府网，http://www.gov.cn/gzdt/2010-05/21/content_1611039.htm. 最后浏览：2010年8月30日。

第一节 基本养老保险的适用范围

基本养老保险适用范围是指养老保险制度所覆盖的群体，它的确定与养老保险立法模式密切相关，比较贝弗里奇模式（或称英国模式）和俾斯麦模式（或称德国模式），前者建立国民年金覆盖全体国民，而后者则根据职业类别设立的年金，如德国分别设立公务员养老金、农民养老金以及劳动年金，此外通过允许其他公民自愿加入劳动年金的方式，逐步覆盖全民。《社会保险法》采取俾斯麦模式，通过职业类别分别建立了职工基本养老保险、公务员和参照公务员法管理的工作人员基本养老保险、新型农村社会养老保险以及城镇居民基本养老保险，基本上做到了“全覆盖”。

一、我国基本养老保险适用范围的发展及问题

（一）我国基本养老保险适用范围的发展

自20世纪90年代初开始进行养老保险改革的试点至今，我国基本养老保险的覆盖范围不断扩大。《社会保险法》出台之前，根据适用对象的不同，我国已有的基本养老保险项目包括：（1）职工基本养老保险；（2）机关事业单位养老保险；（3）城镇居民社会养老保险；（4）新型农村社会养老保险；（5）被征地农民养老保险。我国基本养老保险覆盖范围的扩张具有以下特点：第一，从所有制来看，以职工为中心，逐步从全民所有制企业、集体所有制企业及其职工扩张到包括外资企业和私营企业及其职工在内的各类企业及其职工；第二，从就业形态来看，逐步从正规就业全日制劳动者扩张到非正规就业的灵活就业人员；第三，从参保的方式来看，除了强化强制参保外，也针对部分非正规就业的灵活就业人员建立了自愿参保机制；第四，从区域来看，从重城镇轻农村到城镇与农村并重。

（二）我国基本养老保险适用范围的问题

1. 我国基本养老保险适用范围狭窄

从世界情况看，各类公共养老金计划大约覆盖了全球1/3的劳动力人口。[①] 国际劳工组织确定养老保险覆盖率的最低标准为20%[②]，近年随着我国养老保险制度的逐步完善，基本养老保险的覆盖范围逐步扩大。根据2009年度《人力资源和社会保障事业发展统计公报》的数据测算，我国基

① 项怀诚．全国社会保障基金管理运营的几个问题．中央财经大学学报．2006，1

② 卢小金．我国社会基本养老保险覆盖率问题分析．学术论坛．2006，2

本养老保险覆盖率约为28.76%。[①] 而德国2007年总人口为8 221.8万人，就业人口为3 968.7万人，就业人口中被雇佣劳动者为3 524.1万人，自由职业者为444.6万人。德国参加州工人养老保险和联邦职员养老保险的人数为2 685.5万人，占应参加养老保险人数的67.7%。剩余人员基本上都被矿工、各行业自由职业者养老保险制度和公务员养老制度所覆盖，总覆盖率达90%以上。比较而言，我国基本养老保险覆盖范围较为狭窄。

2. 以职业、户籍为划分标准，导致制度碎片化

我国养老保险制度体系是根据适用对象职业身份和户籍的不同建立的，尽管此种方式有利于短期内建立相应的养老保险制度，扩大养老保险的覆盖面，然而，由于过度地分割参保人群，导致制度碎片化，其结果是因为职业身份或户籍的差别导致缴费率、待遇水平等存在巨大差异，造成制度性不平等，打击部分人的参保积极性。此外，在劳动力市场机制逐步形成、人员高度流动的今天，养老保险在“区别对待”形成的制度“鸿沟”之间未架起沟通顺畅的桥梁，即缺少转移接续的制度性规定，使得相应参保人因为职业乃至户籍的改变而面临基本养老保险待遇转移接续的困难，从而造成大量的人“被迫退保”。

3. 养老保险覆盖不均衡

养老保险覆盖不均衡包括：第一，不同职业类型间覆盖率的不均衡，即公务员与事业单位工作人员的养老保险覆盖率与企业职工以及农村居民的养老保险覆盖率不均衡。第二，不同所有制企业职工的养老保险覆盖率不均衡。据统计，在2002年时，外商投资企业、城镇私营企业等非全民所有制企业及其职工的覆盖面仅为6%，其中还可能包括少报和少缴费的情况。第三，不同就业形态的劳动者间养老保险覆盖率不均衡。据调查，在全国大部分省市的国有、集体企业的正规就业人员中，80%以上的人员都参与了基本养老保险，包括西部地区的云南、四川正规就业参保率都达90%以上，而灵活就业人员基本养老保险的参保率相对较低。第四，区域覆盖的不均衡。养老保险覆盖率城乡差别大，中西部地区的覆盖率与东部地区覆盖率差别较大。

二、世界主要国家和地区基本养老保险适用范围的比较

（一）世界主要国家或地区基本养老保险的适用范围

1. 日本

---

① 2009年全球知名的人力资源管理咨询公司美世咨询公司所发布的全球养老金指数表明，中国目前的养老保险的覆盖率仅为25%。参见孙轲. 美世建言改革中国养老金体系三缺陷. 21世纪经济报道，2009-11-05

日本的养老保险立法最早为1941年的《雇员年金保险法》，而现行立法为1954年的《雇员年金保险法》、1959年的《国民年金法》及其1985年的修正案。日本的公共养老保险包括两个部分。（1）国民年金，又称为“基础年金”，居住在日本的20～59周岁的人必须参加，而居住在日本的60～64周岁的人、居住国外的日本公民（20～64周岁，特殊情形下可以到69周岁）则自愿参加。（2）雇员年金：①厚生年金，适用于雇员人数在5人以上的工商业企业的职工，包括船员。②共济年金，适用于中央及地方公务员、公营企业雇员、农林渔业团体雇员和私立学校教职员工。截至2004年3月末，约有7 029万人投保国民年金，“厚生年金”的投保人约为3 212万人，“共济年金”约有468万人投保。①

2. 美国

美国养老保险的法律基础是1935年的《社会保障法》及其修正案，其法定年金仅覆盖有酬劳动者（gainfully employed persons）以及自雇劳动者，其他人并不能参加法定年金。但临时的农业雇员、家庭雇员、选举雇员（casual agricultural，household，and election employees）、某些自雇劳动者（年净收入低于400美元）以及1984年1月1日以前入职且排除在法定年金之外的联邦雇员、州及其地方政府雇员以及神职人员（clergy）可自主决定是否加入法定年金，但是1991年7月1日之后，如联邦和地方政府雇员未纳入相关的退休计划的则强制参加法定年金。此外，针对铁路雇员、特定的联邦雇员以及诸多的州以及地方政府雇员建立了特殊的制度（special systems）。②

3. 德国

德国是世界上最早建立养老保险制度的国家，早在1889年就颁布了《老年和残障保险法》，1911年又颁布了《遗属保险法》。目前，德国养老保险的法律基础是2002年的《年金保险法》。德国公共养老保险适用于雇员（包括学徒）、某些自雇者、3岁以下幼儿的照顾者、社会保障待遇的受领者（如失业保险待遇）、军人或者为替代服兵役而从事社区服务的人以及自愿服务工作者（voluntary care workers），16周岁以上的免于强制参加公共养老保障的人可以自愿参加该养老保障，包括居住在国外的德国公民以及居住在德国的外国公民。德国对某些自雇者、矿工、公共领域的雇员、公务员以及

① 王伟．日本公共养老金制度改革评析．日本学刊．2007，4

② See Social Security Programs Throughout the World：The Americas，2009. U. S. Social Security Administration website. http://www. ssa. gov/policy/docs/progdesc/ssptw/2008—2009/americas/united_states. html. Last visited 2010. 3. 11.

农民建有特定的养老保险制度。①

4. 澳大利亚

澳大利亚于1908年颁布了《老年和残障保险法》，1942年颁布了《遗孀保险法》，而现行养老保险的法律基础主要是1991年的《社会保障法》、1992年的《退休金担保法》。澳大利亚最初的养老金体系以政府向国民提供基本的养老保障为主，但这种保障程度比较低，而作为补充的职业养老金的覆盖率又比较窄。20世纪80年代以来，澳大利亚进行了一系列重大改革，逐步形成了目前三支柱的养老金体系框架：联邦政府提供的养老金，强制性的职业养老金，自愿的个人储蓄（包括自愿的职业养老金）。前两者组成了澳大利亚的公共养老金，其中联邦政府提供的养老金适用于所有居住在澳大利亚的人，而强制性的职业养老金适用于17周岁以上70周岁以下，月收入在450澳元以上的受雇者，不包括自雇者。②

5. 英国

英国老年、残障和遗属年金的最初立法为1908年的《老年年金法》、1911年的《残障保险法》以及1925年的《老年及其遗属保险法》，现行法律基础是1992年的《年金改革法》、1995年的《年金法》、1999年的《福利改革和年金法案》、2000年的《儿童扶助、年金和社会保障法》、2002年的《年金辅助法》以及2004年和2007年颁布的《年金法》。英国基本养老金覆盖范围是所有具有英国国籍的公民。周收入低于最低水平的雇工、年收入低于法定最低标准的独立劳动者以及非受雇人员可自愿参加保险。

（二）域外经验的启示

从上文诸多国家养老保险适用范围的比较来看，有以下几点值得注意：

一是养老保险适用范围与养老保险模式密切相关。英国和澳大利亚采取了福利国家模式，因此其国民年金的适用对象为全体国民，而且在此基础上建立有与收入相关的职业年金；而德国、美国则采取的是社会保险模式，因此，其适用对象以工薪收入劳动者为主。

二是整合制度，尽可能扩大覆盖范围，避免制度“鸿沟”。从上文的比较来看，上述国家的公共养老金体系都较为统一，涵盖了不同职业身份的参保人群，减少因职业身份的差别而导致的制度性差异。

---

① See Social Security Programs Throughout the World: Europe, 2008, GERMANY. U. S. Social Security Administration website. http://www. ssa. gov/policy/docs/progdesc/ssptw/2008—2009/europe/germany. html. Last visited 2010. 3. 11.

② See Social Security Programs Throughout the World: Asia and the Pacific, 2008. U. S. Social Security Administration website. http://www. ssa. gov/policy/docs/progdesc/ssptw/2008—2009/asia/australia. html. Last visited 2010. 3. 11.

三是为了适应部分劳动者职业的特殊性，建立针对专门人群的特殊养老保险制度。如美国和德国。

四是为了扩大适用范围，针对非强制参保的群体建立了自愿参保的机制。通过自愿参保机制，可以较为有效地避免制度刚性障碍，扩大覆盖范围。

三、《社会保险法》制定过程中的相关争论

（一）争论的焦点问题

《社会保险法》确立了“广覆盖”的基本原则，在草案审议的过程中，诸多委员和人大代表表达了建立覆盖全国的社会保险体系的意愿，争论焦点可以概括为以下几方面①：

一是统筹城乡的社会保险体系问题。有人提出，从宪法中社会保障权以及平等权的角度，中华人民共和国公民都应享受社会保险，因此，应为农村居民的参保提供制度入口，并且将覆盖全体国民作为长远目标。要尽可能使农民、农村纳入到保险的范围之内。

二是进城务工的农村居民和灵活就业人员的养老保险问题。由于各地进城务工的农村居民的养老保险制度差异较大，且并非都要求参保，这不利于进城务工人员养老保障权利的实现，因此，进城务工的农村居民应参加养老保险。此外，对于钟点工、保姆等灵活就业人员，由于其职业的特殊性和灵活性使得其参加养老保险面临诸多困难，但是也应为其建立相关的制度，提供相应的养老保障。

三是公益性事业单位工作人员的养老保险问题。有人提出，学校是财政全额拨款的单位，教师通常具有准公务员的身份，而我们的义务教育学校无法从事教育工作以外的一些经营活动，因此，其社会保障也就应当按照公务员的办法解决。

四是公务员养老保险单列与否的问题。征求意见稿规定公务员和参照公务员法管理的工作人员参加基本养老保险的办法由国务院规定，有人对此提出了质疑。认为在现行的公务员管理体制下，我国公务员无须参加社会养老保险，只要到了法定退休年龄，就可以领取在职期间工资一定比例的退休金，相对于企业单位等其他行业的劳动者来说，这无疑是一种优越的待遇，是一种社会不公。

五是城镇居民和宗教界人士的养老保险问题。对于未享受政府提供的任

① 参见：社会保险法的立法原则及适用范围——分组审议社会保险法草案发言摘登（二）. 中国人大网，http://www.npc.gov.cn/npc/zt/2008-01/03/content_1388082.htm. 最后浏览：2010年3月20日。

何养老待遇的城镇老年居民，有人提出，城镇生活成本更高，若不为他们建立相应的养老保障制度，则可能导致日后沉重的养老负担，因此应提供相应的制度保障。此外，有人提出，应该将宗教界人士纳入到养老保险的适用范围。

（二）《社会保险法》的立法选择

为回应扩大养老保险适用范围的呼声，《社会保险法（草案）》征求意见稿第 9 条第 2 款规定："无雇工的个体工商户、非全日制从业人员可以参加基本养老保险，由个人缴纳基本养老保险费。"三审稿则在第 10 条第 2 款规定："无雇工的个体工商户、未在用人单位参加基本养老保险的非全日制从业人员以及其他灵活就业人员可以参加基本养老保险，由个人缴纳基本养老保险费。"与征求意见稿的规定相比，三审稿将非全日制从业人员之外的其他灵活就业人员也纳入基本养老保险的覆盖范围。

《社会保险法》根据主体的区别分别建立了以下养老保险类型：（1）职工基本养老保险，其第 10 条第 1 款、第 2 款规定："职工应当参加基本养老保险，由用人单位和职工共同缴纳基本养老保险费。无雇工的个体工商户、未在用人单位参加基本养老保险的非全日制从业人员以及其他灵活就业人员可以参加基本养老保险，由个人缴纳基本养老保险费。"（2）公务员和参照公务员法管理的工作人员基本养老保险，其第 10 条第 3 款规定："公务员和参照公务员法管理的工作人员养老保险的办法由国务院规定。"（3）城镇居民社会养老保险制度，其第 22 条规定："国家建立和完善城镇居民社会养老保险制度。省、自治区、直辖市人民政府根据实际情况，可以将城镇居民社会养老保险和新型农村社会养老保险合并实施。"（4）新型农村社会养老保险，其第 20 条规定："国家建立和完善新型农村社会养老保险制度。新型农村社会养老保险实行个人缴费、集体补助和政府补贴相结合。"[①] 这样就将原来未纳入社会养老保险的公务员和参照公务员法管理的工作人员、城镇居民以及在中国境内就业的外国人纳入到社会养老保险，扩大了覆盖范围。

四、我国基本养老保险适用范围的完善

（一）坚持"广覆盖"的基本原则

---

① 对进城务工的农村居民以及在中国境内就业的外国人，《社会保险法》仅规定他们依照或参照本法规定参加社会保险，因此，难以确定是否针对他们建立独立的养老保险类型。笔者认为，对他们无须建立独立的养老保险类型，均应纳入职工的基本养老保险。此外，《社会保险法》第 96 条规定："征收农村集体所有的土地，应当足额安排被征地农民的社会保险费，按照国务院规定将被征地农民纳入相应的社会保险制度。"对于被征地农民的养老保险的制度选择目前也无定论。笔者认为，被征地农民可以根据具体情况分别参加职工基本养老保险、新型农村社会养老保险或者城镇居民社会养老保险。

《社会保险法》第3条确立了“广覆盖”的立法原则，因此，建立城乡一体、覆盖全民的养老保险体系应该是我国社会保障建设的目标。然而，养老保险覆盖范围的扩张并非一蹴而就，其受到多方面因素的影响，如就业结构、人口结构、养老保险基金的支付能力等，往往面临诸多现实的难题。最早实施养老保险制度的德国用了约70年的时间才做到了职工养老保险基本全覆盖，而我国还存在城乡二元制度的影响，因此，我国应在经济社会发展的基础上相应地逐步扩大基本养老保险的覆盖范围，最终实现全覆盖。

（二）建立和完善单独的公务员基本养老保险

《公务员法》第77条第1款规定：“国家建立公务员保险制度，保障公务员在退休、患病、工伤、生育、失业等情况下获得帮助和补偿。”但自2006年1月1日《公务员法》实施至今，公务员的养老保障还是采取国家财政直接支付退休金的方式。因此，有学者认为，我国的机关事业单位养老保险制度本质上还是“单位保险”（或称“国家保险”），远未实现“社会保险”。[①] 而此种保障模式存在较多的问题，如国家财政负担过重、公务员退休金替代率过高，导致社会不公、缺乏社会性和互济性以及阻碍公务员的流动等。《社会保险法》第10条第3款规定：“公务员和参照公务员法管理的工作人员养老保险的办法由国务院规定。”该规定一方面再次强化了《公务员法》的规定，即应单独建立公务员的养老保险制度；另一方面则是确立了公务员养老保险制度的建立应采取社会保险的模式。

目前，世界主要国家和地区的公务员养老保险制度可概括为两种模式。(1) 分立模式，公务员计划单独设置，自成体系，独立于私人部门。根据融资模式的不同，分立模式可再具体划分为非积累制的分立模式和积累制的分立模式。(2) 统一模式，公务员计划融合到国家整个社保制度中，公务员和私人部门雇员在基本养老保险的缴费、待遇资格等方面基本一样。由于第二支柱的强制程度不同，统一模式又可以区分为自愿的补充性质的职业年金和强制性的、积累制的养老金计划。[②] 据国际社会保障协会（ISSA）统计，在全球172个已建立养老保险制度的国家中，有78个国家建立了单独的公职人员养老保险制度，占总数的45%。其中经济合作的发展组织（OECD）的30个成员国中有13个国家建立了单独的公职人员养老保险制度，占总数的

① 参见郑秉文，孙守纪，齐传君. 公务员参加养老保险统一改革的思路——“混合型”统账结合制度下的测算. 公共管理学报. 2009，1

② 孙守纪，黄晓鹏. 国外公务员养老保险制度改革及其启示. 中国社会科学院研究生院学报. 2008，4

43%；欧盟 27 国中有 8 个单独建立了公职人员养老保险制度，占总数的 29%。[①] 笔者认为，公务员养老保险的模式与国家整个社会保险模式密切相关，采取公积金积累制模式的，其公务员保险单列，如新加坡、中国香港特区；采取社会保险模式的，则公务员保险单列，但非积累制；采取福利国家模式的，则采取统一模式，但是同时建立强制性或自愿性的职业年金计划。

笔者认为，我国应建立和健全单独的公务员基本养老保险制度。其原因在于：一是公务员职业具有一定的特殊性，虽然公务员也具有雇员的属性，人身上隶属于国家，但是其工资报酬由财政支付，且履行公共服务的行政职责；二是公务员的职业稳定性相对较高，因此其基金积累和待遇给付等方面都与职工存在差别；三是从我国社会保险的制度模式来看，我国采取的非福利国家模式，未建立覆盖全体公民的国民年金，因此，应根据职业特点建立单独的公务员养老保险。

有学者提出，单独建立公务员养老保险计划也存在一定的弊端：(1) 优厚的待遇容易造成社会不公，增加财政负担；(2) 制约劳动力的流动。[②] 在《社会保险法》制定过程中，也有人提出相似的质疑[③]，笔者认为，上述问题中造成社会不公以及制约劳动力流动的弊端，不仅在分立模式中存在，也可能在统一模式中存在，因为纵观世界各个公务员保险制度，如果考虑职业年金的设置，实际上无论是分立模式还是统一模式，公务员的养老保障都要比一般公民的优厚。因此，我国采取分立模式应注意在制度设计和运行监管环节避免上述问题：一方面应控制公务员队伍的规模和养老待遇的替代率，减轻国家财政的支付负担，避免社会不公；另一方面应建立健全转移接续制度，避免由于公务员养老待遇优厚和转移接续制度的不健全，制约劳动力的自由流动。

（三）公益性事业单位工作人员养老保险改革的制度选择

事业单位可分为三类：(1) 行政性事业单位，即参照公务员法管理的事业单位；(2) 企业化管理的事业单位，即独立核算、自负盈亏的事业单位，大都已实行企业化改制；(3) 公益性事业单位，是指国家为了社会公益目的，由国家机关举办或者其他组织利用国有资产举办的，从事教育、科技、文化、卫生等活动的社会服务组织。其中行政性事业单位及其工作人员，参

① 赵江利，王裕明，王金涛．国外公职人员养老保险制度研究及启示．劳动保障世界．2010，6

② 孙守纪，黄晓鹏．国外公务员养老保险制度改革及其启示．中国社会科学院研究生院学报．2008，4

③ 参见王克忠．公务员社会保障不应另搞一套．新浪网，http://news.sina.com.cn/pl/2009-02-19/110417247327.shtml.最后浏览：2010 年 7 月 5 日。

加公务员基本养老保险制度；企业化管理的事业单位及其工作人员参加职工基本养老保险制度；公益性事业单位及其工作人员参加何种基本养老保险，《社会保险法》未明确规定。

关于公益性事业单位工作人员养老保险改革的制度选择，有两种观点：一是公益性事业单位工作人员从其本质来说应属于劳动者，因此应参加职工基本养老保险；二是公益性事业单位完全由财政拨款，承担公共服务职能，其性质与公务员相似，因此应参加公务员养老保险。

笔者认为后一种观点更为合理，因为公益性事业单位工作人员也是完全由国家财政负担，提供公益性服务，不能从事营利活动，其性质与公务员相似，且公益性事业单位的工作人员以为社会发展提供智力支持为主，具有高知识性的特点，职业较为稳定。若是公益性事业单位工作人员参加职工基本养老保险，则其缴费、待遇等难以与职工一致。此外，公益性事业单位作为用人单位难以承受缴费负担，最终还是需要国家财政负担。但是，我国的改革方向采取了前一种观点。2008 年 3 月 14 日，国务院发布《关于印发事业单位工作人员养老保险制度改革试点方案的通知》（国发〔2008〕10 号），确立了公益性事业单位工作人员的养老向职工基本养老保险制度转变的改革方向，并确定在山西省、上海市、浙江省、广东省、重庆市先期开展改革试点，但至今毫无进展。《社会保险法》的相关规定确认了该改革方向。公益性事业单位工作人员参加职工基本养老保险，为避免由于前期未缴费而导致职工基木养老保险基金无法承担“转轨成本”，《社会保险法》第 13 条第 1 款规定：“国有企业、事业单位职工参加基本养老保险前，视同缴费年限期间应当缴纳的基本养老保险费由政府承担。”这里明确规定了“事业单位职工参加基本养老保险”。

从现行制度的选择来看，公益性事业单位工作人员纳入职工基本养老保险不可避免，但是有以下两点需要注意：

一是公益性事业单位作为“用人单位”应承担的缴费不能由其自行解决，而应纳入国家财政支付的范畴。由于公益性事业单位不以营利为目的，若由其自行承担相应的缴费，势必增加其负担，有可能诱发公益性事业单位违背非营利目的而从事营利性活动。

二是应完善公益性事业单位工作人员补充性的职业年金的建设。由于公益性事业单位承担着为社会建设提供智力支持的功能，其养老保险待遇不能完全等同于职工，应在一定程度上与其社会贡献以及社会职能相匹配，因此，当公益性事业单位工作人员参加职工基本养老保险后，国家应为其建立职业年金。

（四）制度整合，减少养老保险类别

我国基本养老保险适用范围以职业为基础，由工业劳动者逐步扩张，直至完全覆盖。然而我国养老保险类别建立的依据除了职业外，还包括户籍。城镇居民社会养老保险和新型农村社会养老保险的区分依据，并非是基于工业劳动与农业劳动的职业分类，而是基于城乡的户籍差异。

笔者认为，我国应该回归养老保险制度建立的初衷，即养老保险是为劳动者建立、以预防他们年老退出劳动岗位时可能面临所得中断风险的安全网。因此，应以职业为基础，对我国现行养老保险类别进行整合，弱化户籍对于养老保险体系构建的消极影响，减少制度“鸿沟”，最终形成如下基本养老保险制度体系①：

一是城镇职工基本养老保险，其适用范围为所有的以工资收入为生活来源的受雇者、进城务工的农村居民、家庭雇工等；自雇者以及其他灵活就业人员等其他非强制参保者（包括其他城镇居民、失地农民）可以自愿参保。

二是公职人员养老保险，其适用范围包括公务员、参照公务员法管理的工作人员以及公益性事业单位及其工作人员。

三是农村养老保险，其适用范围为从事农业生产的劳动者。

该体系的构建基于以下两个制度前提：完善的社会救助制度和养老保险关系转移接续制度。前者主要是针对未自愿参保的人提供相应的养老保障；而后者则是便于不同职业身份的参保者因为职业的改变而转移其养老保险关系。

与《社会保险法》确立的基本养老保险制度体系相比，该制度体系未单独设立城镇居民养老保险。笔者认为，城镇居民养老保险制度没有单独设立的必要，其原因在于：首先，《社会保险法》授权省、自治区、直辖市人民政府可根据实际情况，将城镇居民社会养老保险和新型农村社会养老保险合并实施。由此可知，城镇居民养老保险待遇的水平应该不会太高，而城镇的生活水平相对较高，因此，城镇居民养老保险待遇难以满足生存保障的需

① 本文此处所确定的制度体系，是基于《社会保险法》的制度架构来构建的，因为，从《社会保险法》的规定来看我国养老保险的体系与德国的类似，即针对职业特点以及户籍的差异建立以“职业类别”为基础的不同的养老保险项目，但是，由于《社会保险法》对于公务员和公益性事业单位工作人员的养老保险未作出明确的规定，导致目前的制度体系的构建存在一定的不确定性。根据国家发改委社会发展研究所所长杨宜勇教授所透漏的消息，中央已经在考虑基本养老保险的并轨问题，具体的方案是针对公务员建立双层的养老保障体系，其中第一层纳入基本养老保险，此外则建立公务员年金作为补充养老保险。因此，据此推论我国似乎有可能逐渐采取类似日本的制度体系，以职工基本养老保险为基础，逐步扩大其覆盖范围，最终建立“国民年金”作为第一层次的养老保障，然后再根据职业特点建立相应的职业年金作为第二层次的养老保障。但是笔者认为，日本的制度体系在我国实施可能存在一定的障碍，因为一方面经济社会发展水平存在差异，另一方面日本第二层次的雇员年金的建立和运行跟工会组织和行业组织有密切关系。

求。其次，除了职工、自雇者、非全日制劳动者以及其他灵活就业人员外，真正符合参保条件的城镇居民规模较小，且由于城市生活的难以自足性，多数符合条件的城镇居民可能只能短期参保，因为其需要通过正规或者非正规就业维持生计。再次，职工基本养老保险制度设立自愿参保机制后，可引导城镇居民自愿参保。最后，对未自愿参保的城镇居民，可提供社会救助，对符合条件的，可提供老年社会救助。

第二节　基本养老保险个人账户

基本养老保险个人账户，是参保人在基本养老保险中用以记录其个人缴纳的基本养老保险费的账户，是计算其退休的基本养老金中的个人账户养老金的重要依据。在世界银行提出的“三支柱”模式的影响下，1995 年国务院《关于深化企业职工养老保险制度改革的通知》确立了社会统筹与个人账户相结合的养老保险新模式。但由于个人账户长期空账运营，因此近年来国家开始试点做实个人账户。截至 2009 年年末，共有 13 个省市进行做实个人账户试点。然而，目前对于基本养老保险个人账户应否做实的争议比较大，值得深入研究。

一、我国基本养老保险个人账户制度的发展及问题

（一）我国基本养老保险个人账户制度的发展

1989 年年初，国家体改委决定在深圳、海南进行“个人账户和社会统筹账户”的试点，当时在国内曾引起多方争议。1993 年，中共中央《关于建立社会主义市场经济体制若干问题的决定》明确提出，“城镇养老和医疗保险金由单位和个人共同负担，实行社会统筹和个人账户相结合”，1995 年，国务院《关于深化企业职工养老保险制度改革的通知》确立了社会统筹与个人账户相结合的养老保险新模式，1997 年，国务院《关于建立统一的企业职工基本养老保险制度的决定》明确建立统一的个人账户制度。然而，由于制度转轨的成本不明确，社会统筹基金面临较大的支付压力，同时由于混账管理，多数地方挪用个人账户资金来弥补社会统筹基金的支付不足，造成个人账户实际上是空账。从 2000 年开始，国家相继在辽宁、吉林、黑龙江三省试点养老保险改革，逐步做实个人账户，2006 年扩大到天津、上海、山西、山东、河南、湖北、湖南、新疆 8 个省市，试点地区统一要求按 3% 起步做实个人账户，并要求 2006 年年底做实资金要确保到位。截至 2009 年年末，辽宁、吉林、黑龙江、天津、山西、上海、江苏、浙江、山东、河南、湖北、湖南、新疆等 13 个做实企业职工基本养老保险个人账户试点省

份共积累基本养老保险个人账户基金 1 569 亿元。[①]

（二）我国基本养老保险个人账户制度的问题

1. 多数个人账户为“空账”

由于人口结构改变、制度转轨以及征缴率下降等因素，我国部分地区养老保险支出的增长速度超过养老金收入的增长速度，出现了收不抵支的财政困难，而由于社会统筹与个人账户的资金并没采取分账管理的方式，使得社会统筹基金面临支付困难时，开始挤占、挪用个人账户中积累的资金，导致个人账户“空账”，没有实际积累。据劳动和社会保障部统计，截至 2005 年年底，国内个人账户“空账”已达到约 8 000 亿元。有学者测算，截至 2010 年，中国养老金个人账户“空账”规模约 1.3 万亿元。[②]

2.“混账”管理，缺乏监管

目前社会统筹与个人账户资金都由社保经办机构管理，二者的性质、功能和目的各异，但在管理上却未严格区分，缺乏监管，导致社会统筹资金不足时，挤占、挪用个人账户资金。有人指出，我们早就建了个人账户，但是长期以来是混账管理的。从 2001 年辽宁试点做实个人账户，到现在扩大到 11 个省市，才开始有一点盈余。从个人记账看，累计记账额 11 万亿元中只有 7%做实了，也就是基本养老保险的收支余额其实只有 7 000 多亿元，主要原因就是混账。如果不能做实个人账户，当现收现付制度不能维持时，我们的积累就会太少了。[③]

3. 管理成本高，投资收益少

由于相关的行政服务体系、金融市场不完善，以及社会保险经办机构不具有相应的专业性，个人账户管理成本较高。由于投资渠道有限，个人账户的投资收益率较低。中国社会科学院 2010 年 4 月 20 日发布的《2010 年社会保障绿皮书（中国社会保障发展报告：让人人享有公平的社会保障）》指出，基本养老保险个人账户的实际收益率不足 2%，而 2005 年以来的加权通货膨胀率却为 2.22%——这意味着养老保险基金不仅未能按制度要求实现保值增值，反而处于缩水状态，过低的个人账户收益事实上产生了逆向

① 参见人力资源和社会保障部. 2009 年度人力资源和社会保障事业发展统计公报. 中国政府网，http://www.gov.cn/gzdt/2010-05/21/content_1611039.htm. 最后浏览：2010 年 8 月 30 日。

② 参见吕天玲，周祖燕. 养老金个人账户“空账”1.3 万亿 明天如何养老?. 南方日报，2010-07-22

③ 参见关于养老保险——分组审议社会保险法（草案）发言摘登之三. 中国人大网，http://www.npc.gov.cn/npc/xinwen/lfgz/lfdt/2009-01/07/content_1466402.htm. 最后浏览：2010 年 3 月 20 日。

激励。①

4. 积累规模小，缺乏激励

为了确保做实个人账户，2005 年国务院《关于完善企业职工基本养老保险制度的决定》（国发［2005］38 号）将原来划入个人账户的单位缴费的 3%取消，从而确定个人账户仅为个人的缴费。事实上，若为做实个人账户的目的而缩小账户规模，不仅仅有违转制的趋势，而且有违积累制的制度目标，使得个人账户规模对养老待遇水平的影响减小，缺乏激励性。

二、《社会保险法》制定过程中的相关争论

（一）学界的相关争议

1. 积累制还是现收先付制的争议

现收现付制与积累制之间存在较大的差异，学界对其优劣也存在较大的争议。主要有以下两种观点：

（1）现收现付模式存在较大缺陷，应该放弃现收现付模式，采用完全积累制。2004 年诺贝尔经济学奖获得者普雷斯科特即持有此种观点。普雷斯科特认为，美国现行的现收现付制有五个方面的不足。第一，积累制的社保缴费可以看成是某种性质的储蓄，当前的社保缴费与未来的退休收益由此紧密地挂起钩来。第二，退休者的实际退休津贴价值低于其当初的社保缴费。第三，美国社保制度中退休给付计算公式中累进税的因素太多，对劳动供给的激励十分不利，所以，在现实中必然会导致出现这样奇怪的现象，即退休夫妇中双职工家庭获得的退休津贴与单职工家庭条件下相比其水平过低，显得很不合理。第四，由于税制的某些缺陷，对相当一部分人来说，社保制度中退休津贴的构成中有很大一部分易受到所得税的影响。第五，还是由于税制的原因，对许多退休者来说，当年的应税劳动收入对其未来退休津贴水平所产生的影响太小或说几乎没有什么影响，它们二者之间的联系不紧密。②

（2）完全积累制亦存在诸多问题，如转轨成本、投资回报压力等。③ 有学者在深入分析两种养老保险筹资模式的内在机理的基础上，认为积累制社会养老保险制度的引入并不会改变行为人的最优行为，而现收现付制社会养老保险制度的引入却会改变行为人的最优行为。其通过考察后认为，我国当前养老保险制度转轨的时机并不成熟，现收现付制仍是当前适合中国实际情

① 参见兰芳. 社科院报告称养老保险个人账户缩水. 网易，http://money.163.com/10/0421/12/64PT04H700253B0H.html.

② 郑秉文. 诺奖“时间一致性”对社保理论的贡献——税率对劳动供给的影响. 中国人口科学. 2005，1

③ 参见何樟勇，袁志刚. 基于经济动态效率考察的养老保险筹资模式研究. 世界经济. 2004，5；袁志刚，葛劲峰. 由现收现付制向基金制转轨的经济学分析. 复旦学报. 2003，4

况的一种养老保险筹资模式。

笔者认为，各国的制度实践证明，无论是现收先付制还是积累制都可以服务于经济发展，而二者的区别可参见表 2—1。

表 2—1　　现收现付制与积累制的比较

内容	现收先付制	积累制
所得再分配强	√	
公平性高	√	
效率性高		√
管理成本高		√
激励性强		√
受人口结构的改变影响大	√	
对资本市场的依赖强		√
对增加储蓄的影响弱	√	
受宏观经济影响强		√

从上表可知，现收现付制与积累制各有优劣，而具体模式的选择则取决于多重因素。2005 年年底，积累模式的主要推行者世界银行在其出版的《21 世纪的老年收入保障——养老金制度改革国际比较》一书中提出，要想成功地引入积累制支柱，必须满足三个基本条件：(1) 拥有能够提供可靠的行政服务和资产管理服务的健全的银行和其他金融机构；(2) 政府承诺长期实行稳健的宏观经济政策，推进金融部门改革；(3) 政府在建立积累制养老制度的同时，要建立监管体系。

因此，从现实来看，我国似乎并不具备实施积累制所需具备的条件：一是现行的行政服务、资产管理以及投资渠道不完善，导致个人账户积累的资金管理成本高、收益率低；二是目前所面临的宏观经济环境不稳定，波动较大，使所积累的资金受到经济波动的很大影响，如近年通货膨胀，导致物价上涨，使得个人账户积累的资金缩水；三是缺乏严格规范的监管体系，使得社会统筹资金与个人账户资金并未完全实现分账管理，导致个人账户资金被挪用，造成“空账”局面。

2. 个人账户的形式争议：名义账户还是实账积累

名义账户，又称名义缴费确定型模式（以下简称“NDC”型），它是现收现付制与基金积累制的筹资模式、给付确定型与缴费确定型的待遇确定模式共同作用的一种混合模式。其资金筹集采用现收现付制，基金运行采用个人账户制，但却不需存入资金，即账户没有真正的资金积累，个人账户中的资产是“名义”性质的。其个人账户基金收益率由政府设定，而不是市场投资收益的真实结果。在待遇给付时，则模拟“实账积累的个人账户”的支付规则，“个人账户”变得具有实际意义，成为记发标准的根本原则。① 名义账户和做实的个人账户都属于积累制，二者之间的关键区别在于资金是实际积累还是仅为“记账”。

对于二者的选择，我国学界有争议。有学者认为，名义账户制是我国现行养老保障模式改革的可行性选择。原因在于：(1) 可以较好地解决转型成本问题即“空账运转”问题。(2) 从短期来看，名义账户制是目前可以看得到的一个“最优化”的融资制度安排。(3) 从资本市场的现状来看，名义账户制是一个比较适合目前中国国情的过渡性制度安排。② 然而，也有学者认为，我国应坚持做实个人账户。③ 从现实的制度选择来看，我国采纳了后者的观点，自 2001 年起，开始做实个人账户试点。

笔者认为，从我国养老保险个人账户“空账”的现状及原因来看，采取名义账户制更为合理，且由于我国个人账户“空账”规模较大，使得我国的个人账户“实质上”更为接近名义账户的模式。因此，世界银行和西方的一些学者已经将中国的“空账运转”称为“准名义账户”制。与做实个人账户相比，名义账户具有以下优点：

一是名义账户可以降低转轨成本。在从现收现付制向积累制过渡的过程中，由于旧制度的隐性债务必须要偿还，所以存在着“制度性资金不足”的经济风险，并且这种经济上的转型成本很可观，甚至要持续几代人。名义账户制可以有助于削减转型成本所造成的政治风险和社会风险的影响，可以使转型成本得以分散化——使之分散到和“消化”到一个年龄跨度很宽的时段里。④

二是名义账户更能应对人口结构改变的风险。一方面，名义账户的养老金给付与被保险人的工龄有密切联系，因此，要想获得更高额的养老金，则应相应地延迟退休，这可以弥补因为人口老龄化导致的劳动力人口的减少；另一方面，现收现付制无法避免人口结构改变导致的财政困难，而名义账户制则可通过养老金的指数、固定利率等方式维持养老金的待遇水平，避免因人口结构改变导致养老待遇的降低。

三是名义账户更符合中国现行资本市场的发展水平。名义账户不积累资金，所有的缴费全部用于当期的养老金支付，因此比较适合资本市场水平不

① 郑秉文. “名义账户”制：我国养老保障制度的一个理性选择. 管理世界. 2003，8

②④ 郑秉文. 欧亚六国社会保障“名义账户”制利弊分析及其对中国的启示. 世界经济与政治. 2003，5

③ 杨燕绥. 做实个人账户是积极选择. 中国劳动保障. 2005，3

高的我国。

四是名义账户更具制度激励性。目前我国在统账结合的模式下，少缴费、不缴费的比例较高，其原因是多方面的，但是个人账户规模过小，并且与职工利益没有完全挂钩，导致职工缺乏内部的激励来监督企业为自己参保缴费。而名义账户模式下，职工养老金水平的高低与账户记录的缴费情况密切相关，因而更具有制度激励性。

五是名义账户的管理、投资运营的成本更低。做实的个人账户所积累的资金面临保值增值的极大压力，因此需要通过投资运营的方式予以实现。而名义账户没有资金积累，其保值增值主要是通过指数调整和固定利率等实现，无须过多的管理、投资运营，成本更低。

（二）《社会保险法》制定过程中的相关争议

1.《社会保险法》制定过程中的争议

在草案征求意见以及审议过程中，有诸多意见是关于个人账户的。具体如下：

（1）个人账户的形式及其资金性质问题。个人账户到底是做实的账户还是名义账户，而账户所积累的资金到底是公共资金还是个人所有的资金，征求意见稿并未明确。

（2）个人账户资金的保值增值问题。如果是名义账户，其计账利率目前还不如基础养老金，实际上变相降低了待遇。个人账户的养老金即使每年参考同期银行存款利率和物价指数确定记账利率、免征利息税，也不能弥补因工资增长、物价上涨造成的早期缴费与晚期缴费之间的差距，缴费越早不一定养老金就高，这影响了参保积极性。建议对个人账户资金做到保值增值，记账利率以工资增长率、通货膨胀率和多年期银行存款利率中最高的为准。

（3）个人账户的管理、投资运营问题。应该明确规定社会统筹的部分和个人账户部分实现分账管理、分账运营，以确保个人账户资金的安全。此外，草案规定个人账户可继承，说明属于个人所有，但却没有规定个人享有资金投资的选择权。①

（4）个人账户的积累规模应该扩大。根据其他国家的经验，选择现收现付制度往往是在人口年龄结构比较有利的时期，但到一定的阶段，即人口老龄化阶段，都提高了个人积累的部分。我国人口老龄化发展非常快，目前我

① 参见．关于社会保险法草案征求意见的情况（一）．中国人大网，http://www.npc.cn/npc/zt/2009-01/12/content_1467058.htm.最后浏览：2010年8月20日。

们采取“统账结合”的模式，但是应该扩大个人账户的积累规模，以未雨绸缪。①

2.《社会保险法》的立法选择

《社会保险法》关于个人账户的规定整体上维持现行制度。

一是再次确认个人账户与社会统筹的养老保险模式，其第11条规定：“基本养老保险实行社会统筹与个人账户相结合。基本养老保险基金由用人单位和个人缴费以及政府补贴等组成。”第15条第1款规定：“基本养老金由统筹养老金和个人账户养老金组成。”第21条第1款规定：“新型农村社会养老保险待遇由基础养老金和个人账户养老金组成。”

二是个人账户资金来源于自己的缴费。其中职工的全部缴费进入个人账户，而无雇工的个体工商户、未在用人单位参加基本养老保险的非全日制从业人员以及其他灵活就业人员则是部分缴费进入个人账户。第12条规定：“用人单位应当按照国家规定的本单位职工工资总额的比例缴纳基本养老保险费，记入基本养老保险统筹基金。职工应当按照国家规定的本人工资的比例缴纳基本养老保险费，记入个人账户。无雇工的个体工商户、未在用人单位参加基本养老保险的非全日制从业人员以及其他灵活就业人员参加基本养老保险的，应当按照国家规定缴纳基本养老保险费，分别记入基本养老保险统筹基金和个人账户。”

此外，《社会保险法》对个人账户的提前支取作出禁止性规定。第14条规定：“个人账户不得提前支取，记账利率不得低于银行定期存款利率，免征利息税。个人死亡的，个人账户余额可以继承。”

《社会保险法》的规定明确回答了以下争议内容：（1）继续采用部分积累制的模式；（2）坚持实账积累；（3）明确个人账户的个人所有的性质。但该法对上述争议中的部分内容未予明确，可能是沿用现行制度，或者待以后由相应的行政法规或部门规章予以明确。

三、我国个人账户制度的完善②

（一）完善实账积累的前提条件

---

① 参见：关于养老保险——分组审议社会保险法（草案）发言摘登之三. 中国人大网，http://www.npc.gov.cn/npc/xinwen/lfgz/lfdt/2009-01/07/content_1466402.htm. 最后浏览：2010年8月20日。

② 纵观前文的分析，笔者认为，尽管个人账户制度的最大优点在于可以预防人口结构的改变，缓解因此增加的基金支付压力，但目前我国不具备个人账户实账积累所需的条件，如完善的监管体系、不成熟的资本市场、健全的分账管理制度等。因此，在上述条件不具备的情况下，强行建立实账积累则可能无法避免重复目前所面临的困境——空账和贬值。然而，由于《社会保险法》等现行制度仍坚持采取实账积累的模式，因此，本部分所提出的完善建议是基于现行的实账积累提出的。

《社会保险法》确认继续采用实账积累的模式。正如郑功成教授所言，尽管统账结合模式创建初期出现了运行偏离，但制度架构毕竟是一种创新，不可能“推倒重来”，而只能在现行制度的基础上，通过弥补制度缺失和深化改革与发展，实现这一制度定型、稳定与可持续发展。但是，实账积累应该做好以下工作：(1) 强化退休监管，减少、杜绝随意的提前退休，通过养老待遇的调整，鼓励符合条件的雇员延迟退休；(2) 彻底改变“混账”管理的模式，实行分账管理，杜绝挤占、挪用个人账户资金的现象；(3) 在保障退休人员的基本生活的基础上，通过制度的平衡，逐步降低养老保险待遇的替代率；(4) 强化政府的财政责任，使得政府能够承担起转轨成本；(5) 扩大养老保险的覆盖面，提高养老保险的征缴率。

（二）逐步扩大个人账户的规模

随着人口老龄化的加剧，我国现行统账结合模式面临的财政困难将会愈加严峻。从制度转轨的趋势来看，我国应逐步扩大个人账户的规模，强化积累。一方面，可以通过账户规模的扩大，增强参保缴费的激励性，吸引和鼓励企业及雇员参加养老保险制度；另一方面，个人账户规模的扩大可以逐步提高养老保险待遇的水平，使被保险人在退休后能够获得更多的养老金。

（三）强化个人账户的监管

在现行的制度架构下，应强化个人账户的监督管理。首先，应设立由社会多方主体组成的监管机构，如个人账户基金监管委员会，该委员会由工会或者职工代表、政府代表以及专业人员等组成，从而确保监管的专门化和专业化；其次，应明确个人账户管理者的义务和责任，即个人账户基金管理者应该承担的信息披露义务、配合监管的义务等；最后，应建立严格的外部审计制度，对个人账户资金的管理成本和投资运营情况进行严格审计。

（四）提高投资收益，确保基金的保值增值

为实现个人账户资金保值增值的目标，一是应拓宽个人账户资金的投资渠道，不应局限于银行存款和国债，而应允许进入到一些稳定性高、投资收益较为可观的行业和领域，如基础设施建设等；二是应增强投资运营主体的专业性，如建立专门的投资运营机构或者甄选委托较为优秀的基金公司代为投资运营。

第三节　基本养老保险费率

基本养老保险费率，是基本养老保险参保人的缴费基数与应缴纳保险费的比率，是社保经办机构用以计算养老保险费的标准和依据。养老保险费率在养老保险制度中具有重要作用，一方面，费率的高低影响到养老保险的可持续性；另一方面，费率的高低决定了参保人和用人单位的负担水平。通常而言，养老保险费率的确定应该遵循以下原则：（1）充分性原则，即养老保险费率应确保养老保险基金的收支平衡，能够充分覆盖养老支出；（2）合理性原则，即费率能维持养老保险基金的可持续性，确定费率时应合理考量参保人和用人单位的负担能力，确保与经济社会的发展相适应；（3）公平性原则，即费率一方面应与相应的风险相对称，另一方面应与预期的保险待遇相平衡，以维持权利与义务的一致性；（4）灵活稳定原则，即费率应在维持稳定的基础上，建立与经济社会发展风险变动相适应的调整机制，确保必要的灵活性。

1997年，国务院《关于建立统一的企业职工基本养老保险制度的决定》规定，企业缴纳基本养老保险费的比例一般不得超过企业工资总额的20%，个人缴费1997年不得低于本人缴费工资的4%，以后逐步提高到8%。截至2009年，我国大部分城市的养老保险总费率达28%（企业费率20%，职工费率8%）。[①] 无雇工的个体工商户、未在用人单位参加基本养老保险的非全日制从业人员以及其他灵活就业人员参加养老保险，则由个人缴费。2005年，国务院《关于完善企业职工基本养老保险制度的决定》规定，城镇个体工商户和灵活就业人员参加基本养老保险的缴费基数为当地上年度在岗职工平均工资，缴费比例为20%，其中8%记入个人账户。[②] 我国现行养老保险费率是否过高，是否应当降低，学界和实务界有很多争论，《社会保险法》未规定养老保险费率问题，但该问题关系重大，值得专门予以研究。

一、我国与世界主要国家和地区基本养老保险费率的比较

（一）世界主要国家和地区的养老保险费率

1. 欧洲国家和地区的养老保险费率（见表2—2）

表2—2　欧洲国家和地区的养老、残障以及遗属年金（Old age，disability，and survivors）的缴费率

国家和地区	被保险人	雇主	共计	国家和地区	被保险人	雇主	共计
阿尔巴尼亚[b]	8[c]	21.7	29.7[c]	荷兰[b]	19	5.65	24.65
安道尔	2[c]	6[c]	8[c]	挪威	7.8[c]	14.1[c]	21.9[c]
奥地利[b]	10.25	12.55	22.8	波兰[b]	11.26	16.26	27.52
白俄罗斯	1[c]	10[c]	11[c]	葡萄牙	11[c]	23.75[c]	34.75[c]
比利时[b]	7.5	8.86	16.36	罗马尼亚[b]	9.5	29	38.5

① 参见朱玲．调减养老保险费率减轻企业负担和促进就业．中国社会科学报，2009-11-12

② 本文所论述的基本养老保险费率主要是指职工基本养老保险费率，而城镇居民等养老保险费率的问题则未纳入本文的讨论范围。

续表

国家和地区	被保险人	雇主	共计	国家和地区	被保险人	雇主	共计
保加利亚[b]	8.8	13.2	22	俄罗斯[b]	0	20[c]	20[c]
克罗地亚[b]	20[c]	0	20[c]	圣马力诺	1.9[c]	10[c]	11.9[c]
塞浦路斯	6.3[c]	6.3[c]	12.6[c]	塞尔维亚[b]	11[c]	11[c]	22[c]
捷克[b]	6.5	21.5	28	斯洛伐克[b]	4	14	18
丹麦	f	f	f	斯洛文尼亚	15.5[c]	8.85[c]	24.35[c]
爱沙尼亚[b]	2	20	22	西班牙[b]	4.7[c]	23.6[c]	28.3[c]
芬兰	4.1	17.601	21.701	瑞典	7[g]	11.91	18.91
法国[b]	6.65[g]	9.9[g]	16.55[g]	瑞士[b]	11.9	11.9	23.8
德国[b]	9.95	9.95	19.9	乌克兰[b]	1[c]	32.2[c]	33.2[c]
希腊[b]	6.67	13.33	20	英国[b]	11[c]	12.8[c]	23.8[c]
格恩西岛[b]	6[c]	6.5[c]	12.5[c]	列支敦士登[b]	10.55	12.55	23.1
匈牙利[b]	9.5[c]	24[c]	33.5[c]	立陶宛	2.5	23.7	26.2
冰岛	4	13.34[c]	17.34[c]	卢森堡[b]	8	8	16
爱尔兰	4[c]	8.5[c]	12.5[c]	马耳他[b]	10[c]	10[c]	20[c]
马恩到	10[c]	12.8[c]	22.8[c]	摩尔多瓦[b]	4[c]	25[c]	29[c]
意大利[b]	8.89	23.81	32.7	摩纳哥[b]	6.15[c]	6.15[c]	12.3[c]
泽西岛[b]	6[c]	6.5[c]	12.5[c]	拉脱维亚[b]	9[c]	24.09[c]	33.09[c]

a. ……①b. 对有的险种设有缴费金额上限。c. 包括其他险种的缴费率。……f. 总额中部分为养老、残障以及遗属。其他险种由中央和地方政府以及其他的缴费负担。g. 缴费仅用于老年年金的支出，而残障和遗属年金需额外缴费。

资料来源：Security Programs Throughout the World：Europe，2008. U. S. Social Security Administration website. http://www.ssa.gov/policy/docs/progdesc/ssptw/2008—2009/europe/guide.html. Last visited 2010. 3. 11.

2. 亚洲及太平洋国家和地区的养老保险费率（见表 2—3）

表 2—3 亚洲及太平洋国家和地区的养老、残障以及遗属年金（Old age，disability，and survivors）的缴费率

国家和地区	被保险人	雇主	共计	国家和地区	被保险人	雇主	共计
亚美尼亚	3[b]	单一费率[b]	3[b]	以色列[d]	0.34	1.8	2.14
澳大利亚[d]	0	9	9[e]	日本[d]	7.675	7.675	15.35
阿萨拜疆	3[b]	22[b]	25[b]	约旦	5.5	9	14.5

① 根据行为的需要，本文对原表格的内容进行了适当的调整，从而省略了部分表格内容及其注释说明，因此，本表格中未出现的注释内容都以“……”表示。下文同此。

续表

国家和地区	被保险人	雇主	共计	国家和地区	被保险人	雇主	共计
巴林[d]	6	9	15	哈萨克斯坦	10	22	32
孟加拉国	0	0	0[e]	基里巴斯	7.5	7.5	15
文莱	5	5	10[h]	韩国[d]	4.5	4.5	9
缅甸[d]	0	0	0	科威特[d]	5[b]	10[b]	15[b]
中国[d]	8	20	28	吉尔吉斯斯坦	8[b]	19[b]	27[b]
斐济[d]	8	8	16	老挝[d]	4.5[b]	5[b]	9.5[b]
乔治亚	25[b]	0	25[b]	黎巴嫩[d]	0	8.5	8.5
中国香港特区[d]	5	5	10	马来西亚[d]	11.5[b]	12.5[b]	24[b]
印度[d]	12	17.61	29.61	马绍尔群岛[d]	7	7	14
印度尼西亚	2	4	6	密克罗尼西亚[d]	6	6	12
伊朗	7[b]	20[b]	27[b]	尼泊尔	10	10	20
新加坡[d]	20[b]	14.5[b]	34.5[b]	新西兰	0	0	0[e]
所罗门群岛	5	7.5	12.5	阿曼[d]	6.5	9.5	16
斯里兰卡	8	12	20	巴基斯坦[d]	1[b]	5[b]	6[b]
叙利亚	7	14	21	帕劳[d,i]	6	6	12
中国台湾地区[d]	1.3[b]	4.55[b]	5.85[b]	巴布亚新几内亚	6	8.4	14.4
泰国[d]	3.44[b]	3.44[b]	6.88[b]	菲律宾[d]	3.33[b]	7.07[b]	10.4[b]
土耳其[d,i]	9	11	20	沙特阿拉伯[d]	9	9	18
土库曼斯坦	1[b]	20[b]	21[b]	越南[d]	5	11	16
乌兹别克斯坦	2.5[b]	31.5[b]	34[b]	西萨摩亚	5	5	10[m]
瓦努阿努	4	6	10	也门	6	9	15

a.……b. 包括其他险种的缴费率。c.……d. 对有的险种设有缴费金额上限。e. 政府承担所有的养老、残障和遗属年金的支出。……i. 至少为2年前的数据。……m. 政府承担国民年金的开支。

资料来源：Social Security Programs Throughout the World：Asia and the Pacific，2008. U. S. Social Security Administration website. http://www. ssa. gov/policy/docs/progdesc/ssptw/2008—2009/asia/guide. html. Last visited 2010. 3. 11.

3. 非洲国家和地区的养老保险费率（见表2—4）

表 2—4 非洲国家和地区的养老、残障以及遗属年金（Old age，disability，and survivors）的缴费率

国家和地区	被保险人	雇主	共计	国家和地区	被保险人	雇主	共计
阿尔吉尼亚[b]	7[c]	10[c]	17[c]	马达加斯加[g]	1	9.5	10.5
贝宁	3.6	6.4	10	马拉维	0[k]	0[k]	0[k]
波斯瓦纳	0	0	0[e]	马里[g]	3.6	5.4	9
布基拉法索[g]	5.5	5.5	11	毛里塔尼亚[b,g]	1	2	3
布隆迪[g]	2.6	3.9	6.5	毛里求斯[g]	3[i]	6[i]	9[i]
喀麦隆[g]	2.8	4.2	7	摩洛哥[g]	3.96	7.93	11.89
佛得角[g]	3	7	10	尼日尔[g]	1.6	2.4	4
中非共和国[g]	4	3	7	尼日利亚	7.5	7.5	15
乍得[g]	2	4	6	卢旺达[g]	3	3	6
刚果（布拉扎维）[g]	4	8	12	圣多美和普林西	4[i]	6[i]	10[i]
刚果（金沙萨）	3.5	3.5	7	塞内加尔[g]	5.6	8.4	14
科特迪瓦[g]	3.2	4.8	8	塞舌尔	2.5[i,m]	20[i,m]	22.5[i]
埃及[b,g]	13	17	30	塞拉利昂	5	10	15
赤道几内亚[b]	4.5[i]	21.5[i]	26[i]	南非[g]	0	0	0[e,i]
埃塞俄比亚	4[i]	6[i]	10[i]	苏丹	8	17	25
加蓬[g]	2.5	5	7.5	斯威士兰[g]	5	5	10
冈比亚[g]	5	10	15	坦桑尼亚	10[i]	10[i]	20[i]
加纳	5[i]	12.5[i]	17.5[i]	多哥	4	8	12
几内亚	2.5	4	6.5	突尼斯	4.74	7.76	12.5
肯尼亚	5	5	10	乌干达	5	10	15
利比里亚	3	3	6	赞比亚[g]	5	5	10
利比亚[b]	3.75[i]	10.5[i]	14.25[i]	津巴布韦	4	4	8

a. ……b. 至少为 2 年前的数据。c. 缴费是养老保险的唯一财源。d. 一笔缴费是属于失业保险。e. 政府承担养老、残障以及遗属保险的全部费用。f. ……g. 对有的险种设有缴费金额上限。h. ……i. 包括其他险种的缴费率。j. ……k. 没有养老、残障和遗属保险。l. ……m. 外加另一单一费率的缴费。

资料来源：Social Security Programs Throughout the World：Africa，2009. U. S. Social Security Administration website. http://www.ssa.gov/policy/docs/progdesc/ssptw/2008—2009/africa/guide.html. Last visited 2010. 3. 11.

4. 美洲国家和地区的养老保险费率（见表2—5）

表2—5　　美洲国家的养老、残障以及遗属年金

（Old age，disability，and survivors）的缴费率

国家	被保险人	雇主	共计	国家	被保险人	雇主	共计
安提瓜和巴布达	3[b]	5[b]	8[b]	玻利维亚	10[g]	0	10[g]
阿根廷	11	10.17	21.17	巴西	8[b]	20[b]	28[b]
巴哈马	1.7[b]	7.1[b]	8.8[b]	英属维京群岛	3.25	3.25	6.5
巴巴多斯	5.93[b]	5.93[b]	11.86[b]	加拿大	4.95	4.95	9.9
伯利兹	e	e	e	智利	10	0[g]	10[g]
百慕大	5[f]	5[f]	10[f]	哥伦比亚	3.875	11.625	15.5
墨西哥	1.12	5.15	6.27	哥斯达黎加	3.67	8.17	11.84
尼加拉瓜	4[b]	6[b]	10[b]	古巴	0	14[b]	14[b]
巴拿马	7.5	3.5	11	多米尼克	4[b]	6.75[b]	10.75[b]
巴拉圭	9[b]	14[b]	23[b]	多米尼加	2.87	7.10	9.97
秘鲁	10[g]	0	10[g]	厄瓜多尔	6.64	3.10	9.74
西印度群岛	5[b]	5[b]	10[b]	萨尔瓦多	6.25	4.05[g]	10.3[g]
圣卢西亚	5[b]	5[b]	10[b]	格林纳达	4[b]	5[b]	9[b]
圣文森特和格林纳丁斯	3.5[b]	4.5[b]	8[b]	危地马拉	1.83	3.67	5.5
特立尼达和多巴哥	3.2	6.4	9.6	圭亚拉	5.2[b]	7.8[b]	13[b]
美国	6.2	6.2	12.4	海地	6	6	12
乌拉圭	15[g]	7.5[g]	22.5[g]	洪都拉斯	1	2	3
委内瑞拉	4	11	15	牙买加	2.5[b]	2.5[b]	5[b]

a.……b. 包括其他险种的缴费率。……e. 根据被保险人收入高低分为八类，按照相应固定费率每周缴纳给所有的险种。f. 另增单一费率。g. 缴费是养老保险的唯一财源。遗属和残障保险需要另行缴费。

资料来源：Social Security Programs Throughout the World：The Americas，2009. U. S. Social Security Administration website. http://www.ssa.gov/policy/docs/progdesc/ssptw/2008—2009/americas/guide.html. Last visited 2010. 3. 11.

（二）比较结论：我国基本养老保险费率过高

根据上述美国社会保障署（U. S. Social Security Administration）公布的全球社会保障项目数据，在所统计的172个国家和地区中，养老保险费率高于中国的养老保险费率——28%的国家共计13个，分别为欧洲的阿尔巴尼亚、葡萄牙、罗马尼亚、西班牙、摩尔多瓦、拉脱维亚、意大利、匈牙利；非洲的埃及以及亚洲的哈萨克斯坦、印度、新加坡、乌兹别克斯坦，而美洲的国家和地区的养老保险费率都低于中国的费率。包括中国在内，养老保险费率高于或者等于28%的国家和地区共有16个（捷克、巴西的养老保险费率与中国的相同），占所统计国家和地区的9.3%。而事实上根据前文表格中的注释，在上述国家中，阿尔巴尼亚、葡萄牙、西班牙、匈牙利、摩尔多瓦、拉脱维亚、新加坡、乌兹别克斯坦以及巴西9个国家的费率包括了其他险种的缴费，因此，若将所包括的其他险种的费率剔除，则中国的养老保险费率可能在所统计的172个国家和地区中高居前五名。

我国养老保险费率如此之高的原因在于，我国基本社会保障制度的建立是作为加快推动国有企业改革的一项重要的配套措施来推行的，因此，我国的养老保险制度承担了填补国有企业改制遗留的养老基金缺口职责，以满足因企业养老向社会养老转制后养老需求激增导致的财源需要。

我国如此之高的养老保险费率可能存在以下四方面的消极影响[①]：

一是增加企业的负担，削弱企业的赢利能力。我国国有工业企业是在超负荷的状态下运行的，企业缴纳各种社会保险的缴费率平均为40%～50%，这不仅拿走了国有工业企业必要的积累资金，而且也把相当多的国有企业拖垮了。[②] 根据国家统计局的统计年鉴数据，2004年，全国企业养老保险的缴费总额占到企业利润总额的22.82%。

二是降低居民的现有资金数量，从而影响到当期消费，不利于拉动内需。

三是增加企业劳动成本。从企业行为理论分析，劳动成本过高会促使企业通过提高资本密集程度来替代用工量，从而最终导致全社会就业机会减少。

四是不利于增加社保吸引力。养老保险当期费率如此高，且参保人受益水平不高，其结果是基本养老保险的参保率和费用的征缴率较低，使得许多

① 参见郑秉文．我国社保缴费率最高达50%全球第一　万亿元如何保值挑战最大．凤凰网，http://finance.ifeng.com/news/special/cxcmzk/20100313/1921742.shtml．最后浏览：2010年3月20日。参见朱玲．调减养老保险费率减轻企业负担和促进就业．中国社会科学报，2009-11-12

② 刘钧．社会保险缴费水平的确定：理论与实证分析．财经研究．2004，2；周小川．养老保险与企业盈利能力．经济社会体制比较．2000，6

省级地区养老金收不抵支。

二、《社会保险法》制定过程中的相关争论

（一）学界的相关争论

绝大多数学者认为我国养老保险费率过高，应予以降低。郑功成教授指出："应该说我们的缴费比例确实是偏高的。主要是表现在养老保险方面。德国养老保险已经建了100多年了，但是劳资双方的缴费率到去年为止还没有超过20%，就是资方和劳方缴费都是百分之九点几，全国用人单位缴费占工资总额的20%，我们一个单位的缴费就超过了德国的劳资双方的缴费。个人缴费8%是一个目标。所以毫无疑问，这是一个偏高的缴费率。"[①] 郑秉文教授以北京市服务行业为例指出："目前中国社保体系（五险合一）的名义费率确实很高。北京市服务行业基本社会保险（五险）合起来的缴费相当于工资的43.2%。基本养老保险，雇主与雇员加起来所占比例达到28%，远远高于美国12.4%的水平。如果加上员工与企业需缴纳的住房公积金，有的企业还有年金，企业与员工所需缴纳的费用占比高达72%。"[②]

但也有学者提出应谨慎处理降低养老保险费率的问题。其原因在于：一方面，当前很多地区的基本养老保险基金收支出现了缺口，保发放的压力已经很大。如果降低费率，就会减少基金收入，势必进一步加剧本已十分突出的基金收支矛盾。另一方面，在现实生活中，企业离退休人员的养老金水平并不高，甚至较低。其认为，尽管在表面上养老保险费率和工资替代率比较高，但实际上并不高。这里一个重要的原因便是缴费工资总额小于统计工资总额，更大大小于实际工资总额。[③] 通常而言，单位会采取多种方式少报或者漏报社会保险费，如：（1）隐瞒职工的真实收入，降低缴费基数；（2）多头发放工资，瞒报缴费基数；（3）不以职工工资为缴费基数，而是随意确定缴费基数；（4）与代办机构联手，偷、漏缴费基数；（5）利用"障眼法"，逃避缴费基数。[④]

（二）我国基本养老保险费率调整的实践

近年我国部分地区也在逐步尝试调整养老保险的费率。浙江省人民政府2008年11月12日发布的《关于调整用人单位基本养老保险费缴费比例有

---

① 郑功成．我国养老保险费比例偏高．人民网，http://npc.people.com.cn/GB/8571956.html.最后浏览：2009年5月2日。

② 参见郑秉文．我国社保缴费率最高达50%全球第一　万亿元如何保值挑战最大．凤凰网，http://finance.ifeng.com/news/special/cxcmzk/20100313/1921742.shtml.最后浏览：2010年3月20日。

③ 张永清．正确认识当前基本养老保险费率和工资替代率．中国劳动保障报，2000-11-07

④ 参见董晓萍．对企业社会保险费缴费基数稽核方法的探讨．天津社会保险．2006，3

关工作的通知》明确规定，从2008年起，逐步将全省用人单位基本养老保险费缴费比例统一到12%～16%区间内，城镇个体工商户和城镇灵活就业人员的缴费比例仍统一按20%执行。该通知要求各地根据养老保险基金支付能力的高低确定缴费率的调整方案，基本养老保险基金支付能力在24（含）个月以上的统筹地区，可逐步下调缴费比例，最低不低于12%；基金支付能力在12（含）～23个月之间的，可将缴费比例调整到12%～16%；基金支付能力不强的统筹地区，要采取综合性措施，在确保基金支付能力不低于6个月的前提下，逐步将缴费比例调整到16%；基金支付困难的统筹地区，要结合当地实际制定具体工作方案，进一步强化社会保险费征缴，多方筹措社会保险资金，积极创造条件，逐步降低缴费比例。

广东省劳动和社会保障厅于2009年6月30日发布的《关于进一步规范全省企业职工基本养老保险单位缴费比例管理的通知》（粤劳社发［2009］18号）明确指出，在广东省将"分三步"逐步实现全省企业职工基本养老保险单位缴费比例的基本统一，并在此过程中降低费率。第一步，从2009年7月1日起，鼓励有条件的地区在经省劳动保障厅批准后将单位缴费比例高于18%的降低为18%，其他各市的单位费率保持不变。第二步，从2010年7月1日起，鼓励将单位缴费比例高于16%的市及省直单位降低为16%，将费率低于12%的地区调整为12%。第三步，从2011年7月1日起，将单位缴费比例高于15%的地区调整为15%，将费率低于13%地区的费率调整为13%。

人力资源和社会保障部于2009年2月5日公布的《农民工参加基本养老保险办法（征求意见稿）》则同时降低了用人单位以及农民工个人的缴费率，其规定单位缴费比例为12%；农民工个人缴费比例为4%～8%。

（三）《社会保险法》制定过程中的相关争论

尽管《社会保险法》最终并未明确规定费率问题，但是在《社会保险法》的制定过程中，委员们对此也存有争议。争议的焦点在于：

一是，是否要在《社会保险法》中明确规定费率？有人认为，目前社会保险统筹的层次比较低，各地经济发展不平衡，社会保险覆盖面还不够宽，基本养老保险缴费与享受保险的人口比例不同，待遇水平差异较大，缴费费率也不一致。解决上述问题需要一个过程，可由国务院根据实际情况对缴费费率适时作出调整。

二是，是否要降低费率？有诸多人提出，缴费费率有下降的空间，同时下降了以后，参保人会更多一些，隐报、瞒报就会减少。更有人建议，把降低缴费费率在社会保险法中给予明确。[①]

从立法过程来看，草案及最终通过的《社会保险法》中关于费率的规定几乎没有变化，这也反映了社会保险法制定所采用的立法策略，即回避争议，明确基本制度。对此，有委员在审议草案时提出，现行的办法是养老保险这一部分的费率国务院规定了最高限，即企业缴纳20%，个人缴纳8%，由各省根据具体情况来确定。《社会保险法（草案）》回避了这些短时间内难以解决的复杂问题，但这些问题的回避并不影响整部法律的完整性。[②]

三、我国基本养老保险费率制度的完善

养老保险费率的高低受到人口老龄化、宏观的经济增长率、个体收入水平、必需品支出水平以及企业的利润水平等多重因素的影响。笔者认为，《社会保险法》未明确规定养老保险费率具有其合理性，一方面，由于目前我国统筹地区较为分散，各地经济社会发展的差异较大，因此，难以统一费率；另一方面，由于上述因素的影响，养老保险费率具有一定的变动性，而法律需要相对的稳定性，所以，未来由国务院颁布相应的行政法规对养老保险费率予以规定更为妥当。而我国养老保险费率制度的完善应该注意以下两点：

（一）在完善征缴的基础上，适当调低养老保险费率

从前文的比较研究来看，我国的养老保险费率畸高，近年来，下调养老保险费率几乎已是共识。笔者也认为，随着我国工资增长机制的实施，缴费基数不断提高，为确保用人单位和个人的缴费负担合理，我国应在未来相应地调低养老保险费率。同时，由于养老保险面临较多挑战，调低费率应该慎重，以确保养老保险基金的收支平衡。

我国政府目前对调低养老保险费率持谨慎态度。2008年12月20日，为应对金融危机、减轻企业负担、稳定就业，人力资源和社会保障部、财政部与国家税务总局联合下发的《关于采取积极措施减轻企业负担稳定就业局势有关问题的通知》（人社部发［2008］117号）规定，可在2009年之内适当降低城镇职工基本医疗保险、失业保险、工伤保险、生育保险的费率，但其特别强调“各地不得擅自降低养老保险费率”。据上述三部门有关负责人的表述，通知要求各地不得擅自降低养老保险费率的原因在于：一是我国人口老龄化程度加剧，赡养系数不断提高，而养老保险基金总体上是按照“以

---

① 参见黄庆畅．社会保险法草案二次审议“保命钱”：怎么收？如何管？．人民日报，2008-12-24

② 参见张柏林．社会保险法草案二审稿更加贴近实际——分组审议社会保险法（草案）发言摘登之一．中国人大网，http://www.npc.gov.cn/huiyi/cwh/1106/2009-01/07/content_1466442.htm.最后浏览：2009年5月28日。

支定收，留有部分积累”缴费的；二是养老保险具有支付周期长、待遇刚性增长等特点，需要确保养老金按时足额发放；三是近年来国家连续提高企业退休人员养老金标准，明后年还将继续提高，养老保险资金需求量逐年增加。为确保养老金发放，中央和地方财政每年都要安排资金弥补养老保险基金的收支缺口。在这种情况下，不宜降低养老保险费率。①

笔者认为，调低我国养老保险费率也应遵循充足性原则、公平性原则和合理性原则，且必须在完善养老保险费征缴的基础上予以调低。因此，一方面，社保经办机构应加强跟税务部门等机构的合作，依法核实缴费基数，杜绝通过瞒报或少报缴费基数的方式减少缴费②；另一方面，应提高养老保险费的征缴率，确保基金的收支平衡。

（二）建立养老保险费率的调整机制

《社会保险法》第18条规定了养老保险金的调整问题：“国家建立基本养老金正常调整机制。根据职工平均工资增长、物价上涨情况，适时提高基本养老保险待遇水平。”虽然待遇的调整与费率密切相关，但笔者认为，《社会保险法》应当规定养老保险费率的调整机制，其具体包括两个方面的内容：（1）在什么情况下可以调整养老保险费率，（2）如何调整费率？德国在相关法律中明确规定根据基金结余情况来决定是否调整费率。如果养老保险基金结余数超出或者不足固定波动储备金，就要调整费率。而养老保险费率调整机制一旦启动，就应当对本年度养老保险基金的总收支进行测算，并考虑上年度的盈亏情况。测算的数据有：参保人员的收入总额及发展趋势、参保人数及发展趋势、联邦政府提供的补贴、其他收入、养老保险待遇领取人

① 参见刘红尘．中央三部门司局负责人接受记者采访时表示不得擅自降低养老保险费率．老年时报，2008-12-26

② 目前我国普遍存在通过瞒报、少报缴费基数来降低缴费的情形，因此，在征求意见的过程中，缴费基数的确认是关注的焦点之一。有些意见指出，对用人单位的缴费基数为“本单位职工工资总额”有不同理解，实践中也出现了一些问题，需要从立法上予以解决。一是增强“本单位职工工资总额”作为缴费基数的可操作性。有的意见认为，用人单位的职工不是固定的，职工工资也不是固定的，因此用人单位职工工资总额处于变动之中，计算“本单位职工工资总额”在技术上存在难度。同时，用人单位按照本单位职工工资总额打包缴费，职工无法知道单位是不是按照自己的工资标准足额缴纳了社会保险费，在目前个人权益记录不完善的情况下，劳动者的知情权很难得到保证。二是有些用人单位为了少缴社会保险费，在“本单位职工工资总额”上弄虚作假，以当地的“职工平均工资”或者“最低工资标准”作为缴费基数，减少了社会保险基金的收入，侵犯了职工的合法权益。三是实践中有的社会保险经办机构为了工作的方便，规定用人单位的缴费基数为上年度职工工资总额加上当地的社会平均工资增长率，由于职工工资实际上不可能每年都涨，涨幅也不一定跟得上社会平均工资增长率，因此很多职工的工资每年都不升反降。此外，职工工资总额中是否应包括退休返聘人员的工资也需要研究。参见．关于社会保险法草案征求意见的情况（三）．中国人大网，http://www.npc.gov.cn/npc/xinwen/lfgz/lfdt/2009-02/23/content_1471721.htm.最后浏览：2009年6月20日。

数、养老金价格及其发展趋势、其他支出。养老保险费率进行了多次微调，如1990年养老保险费率为18.7%，1998年改为20.3%，2000年为19.3%，2007年为19.9%。由于费率变动对整个经济和社会生活都会产生深远的影响，费率急剧上升还会招来国内强大的政治压力，近几届德国政府采取了多项措施，致力于维持费率稳定，将费率保持在19%～20%之间。[①]德国的这一经验值得我国借鉴。

第四节　基本养老保险缴费期限

基本养老保险缴费期限，是指参保人参加养老保险并且缴纳相应的养老保险费期限的长短。缴费期限的长短与基金的收支平衡以及参保人员的待遇高低具有密切联系。一方面，缴费期限长则养老保险基金可以多收费用，增加收入；与此同时，在人均余命相对稳定的情况下，缴费期限长意味着参保人员领取养老保险金的期限相对缩短，可以减少基金的支出。另一方面，与参保人员退休后的待遇具有一定的一致性，通常而言缴费期限越长，相应的其退休后能领取的养老保险金也相应增多。因此，为了平衡基金收支与参保人的待遇高低，世界多数国家和地区的养老保险制度都设定了一定的缴费期限作为支取待遇的条件。但是，实践中部分参保者由于种种原因无法达到相应的缴费年限，从而无法享受相应的养老保险待遇。

1997年，国务院《关于建立统一的企业职工基本养老保险制度的决定》明确规定，职工个人缴费年限累计满15年的，退休后按月发给基本养老金。个人缴费年限累计不满15年的，退休后不享受基础养老金待遇，其个人账户储存额一次支付给本人。2001年，劳动和社会保障部《关于完善城镇职工基本养老保险政策有关问题的通知》（劳社部发［2001］20号）规定，城镇个体工商户等自谋职业者以及采取各种灵活方式就业的人员领取养老金的也应累计缴费年限满15年。累计缴费年限不满15年的，其个人账户储存额一次性支付给本人，同时终止养老保险关系，不得以事后追补缴费的方式增加缴费年限。在《社会保险法》的制定过程中，基本养老保险缴费期限15年的规定引发了很大争议，值得深入研究和反思。

一、世界主要国家和地区基本养老保险缴费期限的比较

（一）世界主要国家关于缴费期限的规定

世界主要国家关于缴费期限的规定详见表2—6。

---

① 全国人民代表大会常务委员会法制工作委员会行政法室．德国养老保险制度的基本情况．（法工行字［2008］4号）

表 2—6　　　　世界主要国家关于缴费或者居住期限的规定

国家	缴费或者居住期限的规定
日本	（1）国民年金：需要缴费 25 年以上［该缴费年限包括了属于参保人的被抚养人（insured's dependent）或配偶基于任何职业相关的养老计划的年限］ （2）厚生年金：被保险人缴费至少 25 年①
澳大利亚	（1）养老金（需经收入调查，除非盲人）：在申请养老金给付时必须居住在澳大利亚（reside in Australia at the time of the claim），并且必须连续居住满 10 年（如果居住期限超过 10 年的，则需连续居住满 5 年） （2）延迟给付养老金（deferred pension）：即养老金奖励计划，劳动者可以延迟申领养老金，但申请者必须每年至少完成 960 小时的工作；最短的延迟 12 个月，最长的延迟 5 年，但是已领取收入保障津贴（income support）的人以及 75 岁后的延迟期限不得受领该奖金②
土耳其	至少缴费 7 200 天，或者缴费 9 000 天（公务人员和自雇者）。若是 2008 年 10 月 1 日之前的首次参保者，则适用特殊规定，如任何年龄的残疾参保人根据鉴定的残疾等级，至少参保 15 年，其中包括至少缴费 3 600 天③
比利时	（1）男性年满 65 岁，至少参保 45 年；女性年满 64 岁，至少参保 44 年。但 2009 年，女性适用与男性相同的条件 （2）部分养老金（partial pension），则是支付给未满待遇支付资格期限的参保者（incomplete qualifying period） （3）提前养老金的支付条件则是年满 60 岁，至少参保 35 年④
美国	参保者领取全额养老金至少参保 40 个季度（quarters）⑤
德国	至少缴费 5 年。1964 年以后出生的人，领取养老金的年龄为 67 岁，自 2010 年起，领取全额养老金需至少缴费 45 年⑥
新加坡	参保人的缴费被分为三个账户，在特定情形，个人账户中的资金可以使用。其中退休账户的提取条件为，年满 55 周岁，而参保人在该账户必须积累最高 106 000 新元（其中 50%可以是可抵押物，而剩余的须是现金）。其中现金部分用于支付参保人 62 岁之后月收入（特定群体和职业为 60～65 岁），直到账户是空的⑦

注：①Social Security Programs Throughout the World: Asia and the Pacific, 2008. U. S. Social Security. http://www. ssa. gov/policy/docs/progdesc/ssptw/2008—2009/asia/japan. html. Last visited 2010. 3. 11.

②http://www. ssa. gov/policy/docs/progdesc/ssptw/2008—2009/asia/australia. html.

③Social Security Programs Throughout the World: Asia and the Pacific, 2008. U. S. Social Security. http://www. ssa. gov/policy/docs/progdesc/ssptw/2008—2009/asia/turkey. html. Last visited 2010. 3. 11.

④Security Programs Throughout the World: Europe, 2008. U. S. Social Security Administration website. http://www. ssa. gov/policy/docs/progdesc/ssptw/2008—2009/europe/belgium. html. Last visited 2010. 3. 11.

⑤Social Security Programs Throughout the World: The Americas, 2009. U. S. Social Security Administration. http://www. ssa. gov/policy/docs/progdesc/ssptw/2008—2009/americas/united_states. html. Last visited 2010. 3. 11.

⑥Security Programs Throughout the World: Europe, 2008. U. S. Social Security Administration website. http://www. ssa. gov/policy/docs/progdesc/ssptw/2008—2009/europe/germany. html. Last visited 2010. 3. 11.

⑦Social Security Programs Throughout the World: Asia and the Pacific, 2008. U. S. Social Security. http://www. ssa. gov/policy/docs/progdesc/ssptw/2008—2009/asia/singapore. html. Last visited 2010. 3. 11.

（二）域外经验的启示

纵观上述国家关于养老保险缴费期限的规定，有以下启示值得关注：

第一，是否设定缴费期限与养老保险的模式密切相关。从我国采取的社会保险模式出发，我国应该设定缴费期限的限制。

第二，缴费期限的长短与退休年龄具有一定的关系。退休年龄延长，通常会相应地延长缴费期限，如比利时。

第三，参保人缴费未达到法定年限并不必然丧失养老金的领取资格。缴费年限的设置通常影响是否能够领取全额养老金；若未达到缴费年限，则只能领取部分养老金。

第四，区分最低缴费年限和全额缴费年限。最低缴费年限是指参保者可以领取养老保险金的年限，而全额缴费年限则是领取全额养老金的年限。二者差距较大，上述国家中最低缴费年限最短为 1 年，而德国的全额缴费年限为 45 年。

第五，规定了延迟缴费的奖励计划和提前支取的养老金计划。当参保人超过规定的缴费年限时，则参保人可以在获得基础养老金的基础上，享受奖励性的养老金；而当参保人需要提前支取养老金时，则不仅退休年龄要提前，相应的也有缴费年限的限定。

二、《社会保险法》制定过程中的相关争论与立法选择

（一）《社会保险法》制定过程中的相关争论

《社会保险法》出台之前的我国立法规定，累积缴费不满 15 年的，不能领取基本养老金，而是一次性退还个人账户的存储额，这导致很多参保者由于缴费年限不到，无法享受养老保险待遇。在《社会保险法》制定过程中，各界对此提出了强烈的质疑，其焦点在于是否取消或者降低养老保险最低缴费年限，而采取“多缴多得、少缴少得”的待遇计算原则。

有人提出，养老保险要广覆盖，但却设定 15 年的最低缴费年限，达不到最低缴费年限的无法领取养老金，等于将已经参保的职工再排除出去，令人费解。也有人提出，很多 40 岁、50 岁的人以前由于种种原因没有缴纳社会保险费，如果从现在开始缴，到退休时也不够 15 年的缴费年限，建议降低最低缴费年限。① 因此，建议取消最低缴费年限的规定，确立“多缴多得、少缴少得”的待遇计算原则。此外，有些地方滥用最低缴费年限的规定，要求必须连续缴费满 15 年，如果中断，则之前的缴费年限作废，这使得很多下岗失业人员处于两难，要么放弃已有的缴费年限，要么在丧失收入

① 参见．关于社会保险法草案征求意见的情况（一）．中国人大网，http://www.npc.cn/npc/zt/2009-01/12/content_1467058.htm．最后浏览：2010 年 8 月 20 日。

来源的同时，承担原本由用人单位承担的缴费以及个人缴费之和。

（二）《社会保险法》的立法选择

征求意见稿未具体规定最低缴费年限，仅规定“按照国家规定缴纳基本养老保险费，且缴费已经达到国家规定年限的”。而三审稿第16条规定：“参加基本养老保险的个人，达到法定退休年龄时累计缴费满15年的，按月领取基本养老金。参加基本养老保险的个人，达到法定退休年龄时累计缴费不足15年的，可以缴费至满15年，按月领取基本养老金；也可以领取一次性养老保险待遇。”而《社会保险法》第16条第2款规定：“参加基本养老保险的个人，达到法定退休年龄时累计缴费不足15年的，可以缴费至满15年，按月领取基本养老金；也可以转入新型农村社会养老保险或者城镇居民社会养老保险，按照国务院规定享受相应的养老保险待遇。”

从条文内容的演变，可以看到《社会保险法》相关规定的进步。与征求意见稿相比，三审稿明确了最低缴费期限为15年；且规定退休时，缴费不满15年的，可补缴至15年期满，但是允许领取一次性养老保险待遇。而《社会保险法》则取消了养老保险待遇的一次性领取规定，且允许参保人转移至新型农村社会养老保险或者城镇居民社会养老保险。

三、我国基本养老保险缴费期限制度的完善

（一）《社会保险法》关于基本养老保险缴费期限规定的问题

笔者认为，《社会保险法》第16条关于基本养老保险缴费期限的规定具有一定的合理性，但仍存在需要完善之处。

1. 15年的最低缴费期限仍然过长

笔者认为15年的最低缴费期限仍然过长，既不利于参保人的养老保险待遇的实现，也不利于增强养老保险制度的吸引力。

2. 补缴的制度规定不完善

对于退休时缴费不满15年的情形，《社会保险法》第16条关于允许补缴的制度规定不完善。禁止因为缴费期限不满而一次性支付养老保险待遇无疑是正确的，但是该规定有以下几点需要完善：

（1）补缴的方式：一次性补缴还是按月补缴？

《社会保险法》未明确补缴方式是一次性补缴还是按月补缴，因此原则上应该允许参保人自主选择，如果具有一定经济能力，则可以一次性补缴；如果其不愿一次性补缴或者没有能力一次性补缴，也可以按月补缴。如果采取按月补缴的方式，可能产生延迟退休的效果，但我国采取的强制退休的制度，若是如此，则需要协调退休年龄以及劳动法的相关规定。

（2）补缴的主体：个人补缴还是单位和个人共同补缴？

对于补缴主体的设定存在三种情形。第一，由于用人单位未为参保者缴费，导致其缴费期限不足。在此种情形下，如果补缴，应该由用人单位和个人共同补缴。第二，由于劳动者自身的原因导致其缴费期限不足的，或者未为其缴费的单位已经不存在的或者难以确定，则原则上由个人补缴。第三，对于参保人继续工作，采取按月补缴方式的情形下，补缴主体难以确定。笔者认为，在此种情形下，由于我国采取的是强制退休制度，《劳动合同法实施条例》规定："劳动者达到法定退休年龄的，劳动合同终止。"在司法实践中，超过退休年龄的劳动者与用人单位之间建立的关系通常不被认定为劳动关系，因此，原则上用人单位不再负有为参保人缴纳社会保险费的义务，而应由个人缴纳。

2007 年《关于贯彻实施〈北京市基本养老保险规定〉有关问题的具体办法》(京劳社养发［2007］21 号）和 2010 年北京市人力资源和社会保障局《关于城镇职工补缴基本养老保险费有关问题的通知》（京人社养发［2010］239 号）中关于补缴主体的规定就是区分了个人补缴和单位补缴的情形，但是,《关于贯彻实施〈北京市基本养老保险规定〉有关问题的具体办法》中关于因用人单位原因应缴未缴基本养老保险费的补缴的规定，限定为"在国家规定劳动年龄内的被保险人"，2010 年北京市社会保险基金管理中心《城镇职工基本养老保险费补缴实施细则》也强调了"其在国家规定劳动年龄内（不包括已领取养老保险待遇人员)"，因此，从上述北京市的相关规定可以推知，对于达到退休年龄的参保人而言，其补缴可能主要由个人承担。

(3) 补缴的标准：28％还是相对更低的标准？

我国现行的职工基本养老保险的费率为 28％，如果个人同时承担单位和个人的缴费，照此费率补缴，则负担过重。因此，笔者认为，应降低个人补缴的标准。2010 年北京市人力资源和社会保障局《关于城镇职工补缴基本养老保险费有关问题的通知》规定，在市、区（县）人力资源社会保障部门所属的职业介绍服务中心、人才服务中心以个人名义委托存档的本市户籍人员，因各种原因未缴纳基本养老保险费或有缴费中断情况的（国家及本市规定的不缴费情况除外），按照 20％的比例缴纳。

(4) 补缴的期限：向前溯及对未缴费的年限予以补缴还是从补缴时及其之后的年限补缴？

关于补缴的期限有以下两个问题：第一，由于养老保险金遵循的多缴多得，如果达到退休年龄的参保人要求补缴超过 15 年期限的是否可以？笔者认为，应该不可以，即原则上参保人只能补缴到符合最低缴费年限。因为，若允许多缴，则可能导致相应的道德风险，即参保人前面不缴费，当自己达到退休年龄时，为了多领基本养老金而补缴。第二，向前溯及对未缴费的年限予以补缴还是从补缴时及其之后的年限补缴？如果向前溯及补缴，则会增加社保经办机构的负担，其需要核算相应年限的缴费基数和费率，并且比较而言，当时的基数应该相对较低；如果按照补缴时及其之后的年限补缴，则可以减轻经办机构办理负担，并且缴费相对较多，但是这样会增加参保人的负担，其结果是要多缴。2010年北京市社会保险基金管理中心《城镇职工基本养老保险费补缴实施细则》确定的是向前溯及补缴，因此，北京可以从1992年10月开始补缴。

3. 转入新型农村社会养老保险或者城镇居民社会养老保险的制度空白需完善

《社会保险法》第16条允许退休时缴费不满15年的转入新型农村社会养老保险或者城镇居民社会养老保险，但存在较多的制度空白。主要包括：第一，《社会保险法》所确定的转移接续制度只针对跨统筹区域转移接续的，而对于跨养老保险类型的转移接续没有制度规定；第二，城镇居民社会养老保险制度目前几乎为空白，缺乏制度对接基础；第三，待遇水平难以满足养老保障的需求。若转移至城镇居民社会养老保险或者农村居民社会养老保险，则其待遇水平肯定与职工基本养老保险存在较大的差距，因此，如何满足参保人的老年保障的需求，也是较大的问题。

（二）我国基本养老保险缴费期限规定的完善

笔者认为，关于我国基本养老保险缴费期限规定的完善，应注意以下几点：

首先，我国采取社会保险型的养老保险模式，因此，应该将缴费期限的长短作为基本养老金的支付条件之一。

其次，应区分最低缴费期限和全额领取养老金的缴费期限，且应降低我国的最低缴费期限。所谓最低缴费期限是指最低的领取养老金的缴费期限，通常而言，当参保人达到退休年龄，且满足最低缴费期限，就可领取相应数额的基本养老金，当然其应低于全额的基本养老金；而全额领取养老金的期限则是领取全额基本养老金的条件之一。目前我国现行的规定仅规定15年的最低缴费期限，而期限过长，导致退休时，部分人可能因为未满15年缴费期限而无法领取基本养老金，虽然《社会保险法》允许补缴，但是补缴制度一方面影响基金的投资收益，另一方面会增加经办机构的工作负担，增加运营成本。因此，若是区分最低缴费期限和全额缴费期限，且降低最低缴费期限，则可适当避免上述问题。

最低缴费期限的长短以及全额缴费年限的长短则取决于多方面的因素。一是取决于养老保险基金的收支状况，如果养老保险基金结余较多，则可以考虑设定较短的最低缴费期限；二是设置养老金的目的，是为了保障退休后的生活水平不会过于降低，还是为退休人员提供最低生活保障；三是人口结构的变化状况，以及由此导致的养老保险基金的收支负担的变化。具体的期限长短可能需要根据相关因素予以测算。

笔者认为，我国目前养老保险基金的结余数额较大，且劳动力人口数额较大，因此，最低缴费期限可以设定在 5～10 年；而由于人均寿命不断延长以及人口老龄化等，我国应将领取全额养老金的缴费期限提高到 35～40 年。最低缴费期限的设定，使得部分由于缴费不足全额缴费期限的退休人员能够领取基本养老金，增加基本养老金的支出，而领取全额养老金的缴费期限的延长，可增加养老保险基金的积累，从整体上维持养老保险基金的稳定性。

再次，应建立较为完善的补缴和转移制度。《社会保险法》设立了补缴和转移的制度来弥补 15 年最低缴费期限的弊端，但是，补缴和转移制度还存在诸多的不完善，需要在今后的立法中予以明确。

最后，应规定延迟缴费的奖励计划和提前支取的养老金计划。在我国退休年龄的改革逐步完善的基础上，我国应建立延迟缴费的奖励计划和提前支取的养老金计划，可以缓解人口老龄化导致的养老保险基金支付压力，同时针对特定的群体，如失业人员和残疾人等，建立符合其自身条件的养老金支取制度。

第五节　退休年龄

养老保险制度设置的目的是为了预防劳动者由于年老退出工作岗位面临所得中断的风险，因此，退休年龄是养老保险领取的重要条件之一。退休年龄高低受到多重因素的影响，如人口结构、劳动力市场等，但主要是根据养老保险基金收支平衡情况来确定。一方面，退休年龄的高低影响着参保人在职期间的长短，从而影响缴费，进而影响到养老保险基金的收入；另一方面，在人均余命确定的条件下，退休年龄的高低影响着退休人员领取养老保险金的时间长短，从而影响养老保险基金的支出。因此，各个国家往往根据养老保险基金的收支情况来适时地调整退休年龄。目前，我国退休年龄争议的焦点在于是否推迟退休年龄、是否实行弹性退休和是否实现男女退休年龄平等这三个问题上。《社会保险法》未规定退休年龄问题，但该问题与养老保险的关系十分重大，因此予以专门研究。

一、世界主要国家和地区退休年龄的比较

（一）世界主要国家和地区的退休年龄及其平均寿命

1. 亚洲和太平洋国家和地区的退休年龄及其平均寿命（见表 2—7）

表 2—7　　亚洲和太平洋国家和地区的退休年龄及其平均寿命

国家和地区	平均寿命		强制退休年龄		提前退休年龄[b]	
	男性	女性	男性	女性	男性	女性
亚美尼亚	68.4	75.1	63	61.5	c	c
澳大利亚	78.9	83.6	65	63	c	c
阿萨拜疆	63.8	71.2	62	57	57	52
巴林	74.3	77.5	60	55	d	d
孟加拉国	63.2	65	60	60	c	c
文莱	75	79.7	55	55	c	c
缅甸	59.1	65.3	e	e	e	e
中国①	71.3	74.8	60	60	c	c
斐济	66.6	71.1	55	55	c	c
乔治亚	67.1	74.8	65	60	c	c
中国香港特区	79.4	85.1	65	65	60	60
印度	63.2	66.4	58	58	50	50
印度尼西亚	68.7	72.7	55	55	c	c
伊朗	69.4	72.6	60	55	c	c
以色列	78.6	82.8	66.7	61.7	c	c
日本	79	86.1	65	65	60	60
约旦	70.8	74.5	60	55	45	45
卡萨克斯坦	61.6	72.4	63	58	55	55
基里巴斯	59.8	66.1	50	50	c	c
韩国	75	82.2	60	60	55	55
科威特	76	79.9	50	50	c	c
吉尔吉斯斯坦	62	69.9	63	58	c	c
老挝	63	65.8	60	60	55	55
黎巴嫩	69.9	74.2	64	64	d	d
马来西亚	72	76.7	55	55	c	c
马绍尔群岛	68.9	73	60	60	55	55
密克罗尼西亚	67.7	69.3	60	60	c	c
尼泊尔	63.2	64.2	58	58	c	c

续表

国家和地区	平均寿命		强制退休年龄		提前退休年龄[b]	
	男性	女性	男性	女性	男性	女性
新西兰	78.2	82.2	65	65	c	c
阿曼	74.2	77.5	60	55	45	45
巴基斯坦	65.2	65.8	60	55	55	50
帕劳	67.8	74.4	60	60	c	c
巴布亚新几内亚	54.6	60.4	55	55	c	c
菲律宾	69.5	73.9	60	60	c	c
沙特阿拉伯	70.9	75.3	60	55	d	d
新加坡	78	81.9	55	55	c	c
所罗门群岛	62.7	64.5	50	50	c	c
斯里兰卡	68.8	76.2	55	50	c	c
叙利亚	72.3	76.1	60	55	d	d
中国台湾地区	74.9	80.9	60	60	55	55
泰国	66.5	75	55	55	c	c
土耳其	69.4	74.3	60	58	c	c
土库曼斯坦	59	67.5	62	57	c	c
乌兹别克斯坦	64	70.4	60	55	c	c
越南	72.3	76.2	60	55	d	d
西萨摩亚	68.5	74.9	55	55	c	c
也门	61.1	64.4	60	55	50	46
瓦努阿奴	68.3	72.1	55	55	c	c

a.……b. 仅为一般提前退休年龄，不包括针对特定雇员群体的提前退休年龄。c. 该国无提前退休年龄的规定，仅特殊群体有相关的规定，或者无法获得相关信息。d. 不论年龄，但遵守其他要求。e. 无强制退休制度。

①该资料关于中国的退休年龄的说明有误。

资料来源：Social Security Programs Throughout the World：Asia and the Pacific，2008. U. S. Social Security Administration website. http：//www. ssa. gov/policy/docs/progdesc/ssptw/2008—2009/asia/guide. html. Last visited 2010. 3. 11.

2. 欧洲国家和地区的退休年龄及其平均寿命（见表 2—8）

表 2—8　　欧洲国家和地区的退休年龄及其平均寿命

国家和地区	平均寿命		强制退休年龄		提前退休年龄[b]	
	男性	女性	男性	女性	男性	女性
阿尔巴尼亚	73.4	79.7	65	60	c	c
安道尔	80.6	86.6	65	65	c	c
奥地利	76.9	82.6	65	60	62	57.5
白俄罗斯	63.1	75.2	60	55	c	c
比利时	76.5	82.3	65	64	60	60
保加利亚	69.5	76.7	63	59.5	c	c
克罗地亚	72.3	79.2	65	60	60	55
塞浦路斯	76.5	81.6	65	65	63	63
捷克	73.4	79.5	61.83	56.33	58.83	53.33
丹麦	76	80.6	65	65	60	60
爱沙尼亚	65.9	76.8	63	60.5	60	57.5
芬兰	76.1	82.4	65	65	62	62
法国	77.1	84.1	60	60	c	c
德国	76.5	82.1	65	65	63	63
希腊	77.1	81.9	65	60	60	55
格恩西岛	77.6	83.8	65	65	c	c
匈牙利	69.2	77.4	62	61	c	c
冰岛	80.2	83.3	67	67	65	65
爱尔兰	76.5	81.4	65	65	c	c
马恩到	75.5	82.3	65	60	c	c
意大利	77.5	83.5	65	60	c	c
泽西岛	77.1	82.3	65	65	63	63
拉脱维亚	67.3	77.7	62	61.5	60	59.5
列支敦士登	76.4	83.5	64	63	60	60
立陶宛	67.5	78.3	62.5	60	57.5	55
卢森堡	75.7	81.6	65	65	60	60
马耳他	77.3	81.4	61	60	c	c
摩尔多瓦	65.1	72.5	62	57	c	c
摩纳哥	76.1	83.9	65	65	60	60
荷兰	77.5	81.9	65	65	c	c

续表

国家和地区	平均寿命		强制退休年龄		提前退休年龄[b]	
	男性	女性	男性	女性	男性	女性
挪威	77.8	82.5	67	67	c	c
波兰	71.3	79.8	65	60	c	c
葡萄牙	75	81.2	65	65	55	55
罗马尼亚	69	76.1	63.25	58.25	58.25	53.25
俄罗斯	59	72.6	60	55	c	c
圣马力诺	78.4	85.6	65	65	c	c
塞尔维亚	71.7	76.3	63.5	58.5	c	c
斯洛伐克	70.7	78.5	62	56.75	60	54.75
斯洛文尼亚	74.1	81.5	62.5	56	c	c
西班牙	77.7	84.2	65	65	c	c
瑞典	78.7	83	65	65	61	61
瑞士	79	84.2	65	64	c	c
乌克兰	62.1	73.8	60	55	c	c
英国	77.2	81.6	65	60	c	c

a.……b. 仅为一般提前退休年龄，不包括针对特定雇员群体的提前退休年龄。c. 该国无提前退休年龄的规定，仅特殊群体有相关的规定，或者无法获得相关信息

资料来源：Security Programs Throughout the World：Europe，2008. U. S. Social Security Administration website. http://www. ssa. gov/policy/docs/progdesc/ssptw/2008—2009/europe/guide. html. Last visited 2010. 3. 11.

3. 非洲国家和地区的退休年龄和平均寿命（见表 2—9）

表 2—9　　非洲国家和地区的退休年龄和平均寿命

国家和地区	平均寿命		强制退休年龄		提前退休年龄[b]	
	男性	女性	男性	女性	男性	女性
阿尔吉尼亚	71.9	75	60	55	50	45
贝宁	62	64.5	60	60	c	c
波斯瓦纳	55.9	54.7	65	65	c	c
布基拉法索	53.1	55.9	55	55	c	c
布隆迪	50.7	54	60	60	c	c
喀麦隆	52	53.4	60	60	50	50

续表

国家和地区	平均寿命		强制退休年龄		提前退休年龄[b]	
	男性	女性	男性	女性	男性	女性
佛得角	69.6	74.9	65	60	c	c
中非共和国	47.2	50	60	60	c	c
乍得	48.7	51.3	60	60	55	55
刚果（布拉扎维）	53.5	55.5	60	60	c	c
刚果（金沙萨）	47.2	50.4	65	60	c	c
科特迪瓦	58.4	61	55	55	50	50
埃及	69.3	73	60	60	c	c
赤道几内亚	50.9	53.3	60	60	c	c
埃塞俄比亚	55.7	58.6	60	60	55	55
加蓬	61.5	63.5	55	55	c	c
冈比亚	55.7	59.2	60	60	45	45
加纳	57.1	59	60	60	55	55
几内亚	58.1	62.2	55	55	50	50
肯尼亚	56.3	57.5	60	60	c	c
利比里亚	58.7	61.5	60	60	c	c
利比亚	72.7	77.9	65	60	c	c
马达加斯加	60.6	64	60	55	c	c
马拉维	55.5	56.9	d	d	d	d
马里	49.5	50.9	58	58	53	53
毛里塔尼亚	56.2	60.3	60	55	c	c
毛里求斯	68.4	76	60	60	c	c
摩洛哥	70.2	74.8	60	60	55	55
尼日尔	52.9	54.8	60	60	c	c
尼日利亚	48.6	49.7	50	50	c	c
卢旺达	50	53.9	55	55	c	c
圣多美和普林西	64.6	68.6	62	57	c	c
塞内加尔	55.5	58.8	55	55	53	53
塞舌尔	68.3	77.9	63	63	c	c
塞拉利昂	47.6	50.3	60	60	55	55
南非	51.8	53.8	61	60	c	c
苏丹	58.3	61.4	60	60	50	50

续表

国家和地区	平均寿命		强制退休年龄		提前退休年龄[b]	
	男性	女性	男性	女性	男性	女性
斯威士兰	49.7	47.6	50	50	c	c
坦桑尼亚	57.4	59.1	60	60	55	55
多哥	62.3	65.7	60	60	c	c
突尼斯	72.6	77.1	60	60	50	50
乌干达	54.6	56.4	55	55	c	c
赞比亚	48.7	50	55	55	50	50
津巴布韦	50.4	49.8	60	60	c	c

a. ……b. 仅为一般提前退休年龄，不包括针对特定雇员群体的提前退休年龄。c. 该国无提前退休年龄的规定，仅特殊群体有相关的规定，或者无法获得相关信息。d. 无法定养老金制度

资料来源：Social Security Programs Throughout the World：Africa，2009. U. S. Social Security Administration website. http://www. ssa. gov/policy/docs/progdesc/ssptw/2008—2009/africa/guide. html. Last visited 2010. 3. 11.

4. 美洲国家和地区的退休年龄和平均寿命（见表 2—10）

表 2—10　　美洲国家和地区的退休年龄和平均寿命

国家和地区	平均寿命		强制退休年龄		提前退休年龄[b]	
	男性	女性	男性	女性	男性	女性
安提瓜和巴布达	72.8	74.9	60	60	c	c
阿根廷	72.5	80	65	60	c	c
巴哈马	72.3	78.1	65	65	60	60
巴巴多斯	75.4	80.5	65.5	65.5	60	60
伯利兹	75.5	79.5	65	65	60	60
百慕大	77.2	83.7	65	65	c	c
玻利维亚	65	69.4	65	65	c	c
巴西	69.9	77.2	65d	60d	c	c
英属维京群岛	76	78.6	65	65	c	c
加拿大	79.2	83.6	65	65	c	c
智利	76.2	82.3	65	60	c	c
哥伦比亚	70.4	77.7	60	55	c	c
哥斯达黎加	77.1	82	62	60	c	c

续表

国家和地区	平均寿命		强制退休年龄		提前退休年龄[b]	
	男性	女性	男性	女性	男性	女性
古巴	77.2	81.3	60	55	c	c
多米尼克	72.6	78.6	60	60	c	c
多米尼加	70.4	76.2	60	60	55	55
厄瓜多尔	72.9	78.9	60	60	c	c
萨尔瓦多	67.5	77	60	55	c	c
格林纳达	74.5	77.7	60	60	c	c
危地马拉	67.9	75	60	60	c	c
圭亚拉	66.2	71.9	60	60	c	c
海地	60.3	64	55	55	c	c
洪都拉斯	70.7	75.6	65	60	c	c
牙买加	69.7	76	65	60	c	c
墨西哥	74.9	79.7	65	65	60	60
尼加拉瓜	71.5	77.8	60	60	c	c
巴拿马	73.8	79.1	62	57	60	55
巴拉圭	70.7	74.9	60	60	55	55
秘鲁	71.6	76.9	60	60	55	50
西印度群岛	70.3	76.2	62	62	c	c
圣卢西亚	72.8	76.7	63	63	60	60
圣文森特和格林纳丁斯	70.4	74.7	60	60	c	c
特立尼达和多巴哥	66.9	73.9	60	60	c	c
美国	77.7	82.1	66	66	62	62
乌拉圭	73.7	80.7	60	60	c	c
委内瑞拉	71.8	77.7	60	55	c	c

a.……b. 仅为一般提前退休年龄，不包括针对特定雇员群体的提前退休年龄。c. 该国无提前退休年龄的规定，仅特殊群体有相关的规定，或者无法获得相关信息。d. 城镇工人（urban workers）

资料来源：Social Security Programs Throughout the World: The Americas, 2009. U. S. Social Security Administration website. http://www.ssa.gov/policy/docs/progdesc/ssptw/2008—2009/americas/guide.html. Last visited 2010.3.11.

（二）世界主要国家和地区退休年龄比较研究的结论

1. 男女退休年龄不同的国家占一定比例

在172个国家和地区中男女退休年龄不同的国家和地区有，亚洲和太平洋21个（包括中国），欧洲26个，非洲8个以及美洲11个，共有66个，占38.37%（见表2—11）。

表2—11　男女退休年龄不同的国家和地区的平均退休年龄对比表

区域	男女退休年龄不同的国家数（个）	退休年龄不同国家的男女平均退休年龄（岁）		男女平均退休年龄差（岁）
		男性	女性	
亚洲和太平洋	21	61.24	56.71	4.53
欧洲	26	63.18	59.28	3.9
非洲	8	62.25	57.75	4.5
美洲	11	62.4	57.7	4.7
平均值	—	62.27	57.86	4.41

2. 退休年龄弹性化的国家和地区也占一定比例

在172个国家和地区中实施了提前退休制度的国家和地区共包括：亚洲和太平洋13个，欧洲21个，非洲16个以及美洲10个，共有60个，占34.88%。

3. 全球男性的平均退休年龄要高于女性的平均退休年龄

在所有66个采取男女退休年龄不同的国家和地区中，男性的退休年龄都要高于女性的退休年龄。而在172个国家和地区中，男性的平均退休年龄为61.08岁，而女性的平均退休年龄为59.48岁，因此，平均而言，男性要比女性晚1.6年退休。

4. 经济发达国家和地区的退休年龄要比经济欠发达国家和地区的退休年龄高

从平均值而言，欧洲国家和地区的男性退休年龄和女性退休年龄最高，分别为63.90岁、61.60岁；美洲国家和地区次之，分别为62.01岁、60.67岁；其次为亚洲国家和地区，分别为59.25岁、57.32岁；非洲国家和地区最早，分别为59.16岁、58.33岁。

5. 全球总体的养老保障水平不均衡

比较全球男性、女性的平均寿命以及平均退休年龄可知，由于经济发展水平以及平均寿命等因素的影响，全球总体的养老保障水平不均衡。具体包括：一是地区间的不均衡。从养老金平均给付时长来看，非洲国家和地区最短，男女性平均受领时长仅为－0.065年；欧洲最长，男女性平均受领时长为14.475年；其次是美洲，男女性平均受领时长为13.42年；亚洲和太平洋国家和地区男女性平均受领时长为12.94年。二是性别间的不均衡。男性的养老金受领时长要低于女性，全球平均而言，男性的平均养老金受领时长要比女性短6.59年（见表2—12）。

表2—12 全球男女平均寿命、平均退休年龄以及养老金平均受领时长对比表

地区	国家及地区数（个）	平均寿命（岁）		强制退休年龄（岁）		养老金平均给付时长（年）	
		男性	女性	男性	女性	男性	女性
亚太	48	68.79	73.66	59.25	57.32	9.54	16.34
欧洲	44	73.84	80.61	63.90	61.60	9.94	19.01
美洲	44	72.10	77.50	62.01	60.67	10.01	16.83
非洲	36	57.27	60.09	59.16	58.33	－1.89	1.76
平均值	—	68	72.97	61.08	59.48	6.9	13.49

二、我国退休年龄制度的发展及问题

（一）我国退休年龄制度的发展

我国退休年龄的一般规定自20世纪50年代以来未作大的修改。1951年政务院《劳动保险条例》规定，工人和职员的退休年龄为男年满60岁，女年满50岁。1955年国务院《国家机关工作人员退休处理暂行办法》规定，国家机关工作人员男年满60岁、女年满55岁可以退休。我国现行退休年龄的法律基础是1978年5月24日第五届全国人民代表大会常务委员会第二次会议原则批准、国务院颁布的两个暂行办法①，其中《国务院关于安置老弱病残干部的暂行办法》规定，男年满60周岁，女年满55周岁的干部可以退休；而《国务院关于工人退休、退职的暂行办法》则规定，男年满60周岁，女年满50周岁的工人，以及从事井下、高空、高温、特别繁重体力劳动或者其他有害身体健康的工作，男年满55周岁、女年满45周岁的工人应该退休。

（二）我国退休年龄制度存在的问题

1. 退休年龄存在较大的身份差别

① 1978年《关于颁发〈国务院关于安置老弱病残干部的暂行办法〉和〈国务院关于工人退休、退职的暂行办法〉的通知》（国发［1978］104号）。

除了针对从事特定职业的职工设定有提前退休的年龄外，目前我国的退休年龄存在较大的身份差别：(1) 男性与女性的退休年龄差距较大；(2) 女性职工与女性公务人员退休年龄存在差异。

2. 男女退休年龄的差距过大

从前文的比较来看，男女性退休年龄的不同并非是因为歧视等问题，全球所有采取不同的男女退休年龄的国家和地区男女性的平均退休年龄差为4.41年，而我国的男女退休年龄差则要比该平均值高，我国男性干部和女性干部的退休年龄差为5年，而男性职工与女性职工的退休年龄差则为10年。

3. 退休年龄低于世界平均水平

我国的退休年龄低于世界平均水平，尤其是女性退休年龄远远低于世界平均水平。世界男女性的平均退休年龄分别为61.08岁和59.48岁，而我国的退休年龄男性为60岁，女干部为55岁，而女职工则为50岁。

4. 养老金的受领时长远远高于世界平均水平

结合平均寿命以及退休年龄，我国的男性养老金的平均受领时长为11.3年，而女干部养老金的平均受领时长为19.8年，女职工养老金的平均受领时长为24.8年。与表2—12中的数据相比，我国男性的养老金平均受领时长比全球男性的平均受领时长长4.4年；而我国女干部以及女职工的养老金平均受领时长比全球女性的养老金平均受领时长分别长6.31年和11.31年。

三、《社会保险法》制定过程中的相关争论

《社会保险法》未明确规定退休年龄，在其制定过程中，人们未对此提出相关的建议和意见。但是，关于我国退休年龄，学术界存有较大的争议，部分地区已经开始尝试相应的改革。目前学界争议的焦点主要包括：

(一) 是否应该推迟退休年龄

学界主流观点对上述问题持肯定意见，认为我国应该推迟退休年龄。然而，有部分学者认为："在较长时期内应遵循法定退休年龄，不应使它提前，考虑到就业压力问题，目前，亦不宜采取延后退休年龄的办法来缓解养老压力。"[①] 我国现行的制度规范和司法实践更倾向于后者的观点。《劳动合同法实施条例》第21条规定："劳动者达到法定退休年龄的，劳动合同终止。"在我国司法实务中，法院通常认定超过退休年龄的人员与用人单位之间不能

① 蒲晓红．非正常"提前退休"对养老保险制度的影响．经济体制改革．2001，6

构成劳动关系，仅为劳务关系。①

面临巨大的养老保险支付压力，目前有关机构正在着手退休年龄改革的方案拟定。2008年11月6日，财政部副部长丁学东在中国社会保障论坛年会上说：我国“将在明确最低退休年龄的基础上研究建立弹性退休制度，建立养老金水平与退休年龄密切挂钩的计发办法，遏制不合理的提前退休现象。”② 而人力资源和社会保障部社会保障研究所所长何平透露，“相关部门正在酝酿条件成熟时延长法定退休年龄，有可能女职工从2010年开始，男职工从2015年开始，采取‘小步渐进’的方式，每3年延迟1岁，逐步将法定退休年龄提高到65岁。按照有关方案，在2030年前，我国职工的退休年龄将延迟到65岁。”③ 然而，人力资源和社会保障部有关负责人2010年9月15日表示，有关部门目前只是在研究一些“延迟退休”的建议，不代表现行退休年龄规定即将更改，因此，我国暂时不会调整退休年龄。④

笔者支持推迟退休年龄的观点，其原因在于：

第一，随着社会经济的发展，我国的人均寿命显著提高，现行的退休年龄规定已落后于社会现状。我国现行的退休年龄规定最早始于1951年，当时的人均寿命仅为49岁，而2009年我国的人均寿命已增长为男性71.3岁、女性74.8岁。因此，目前退休年龄标准大大低于平均寿命，导致前文所述的我国平均养老金的受领时长远远高于世界平均水平。

第二，推迟退休年龄能够缓解在职职工的赡养负担。根据《中国城乡老年人口状况追踪调查研究报告》的数据，我国60岁及以上老年人口规模庞大，占全球老年人口的21.4%，居世界首位，约相当于整个欧洲60岁及以上老年人口的总和。且老龄化增长速度快，年均增长率高达3.2%，几近总人口增长速度的5倍。根据《中国人口老龄化发展趋势百年预测》结果，2010年老年人口将达1.74亿人，占总人口的12.8%，2020年进一步增至2.48亿人，占总人口的17.2%，呈加速增长之势。人口老龄化将使得人口赡养率上升，增加在职职工的负担。根据测算，2000年的赡养率为19.91%（相当于5个在职职工负担1位退休人员），而2050年我国的赡养率将上升

---

① 笔者认为此种观点有误。参见丁广宇．超龄劳动者就业法律关系的性质认定．中州学刊．2008，3

② 参见杜宇．财政部拟建立弹性退休制度 遏制不合理提前退休现象．人民网，http://politics.people.com.cn/GB/1027/8297056.html.最后浏览：2009年12月20日。

③ 参见．法定退休年龄将延至65岁 人保部社会保障研究所所长透露，从2010年起渐进式延迟退休．人民网，http://acftu.people.com.cn/GB/67561/8291940.html.最后浏览：2009年12月20日。

④ 参见白天亮．人社部官员回应“延迟退休”猜想：退休年龄暂不调整．人民网，http://politics.people.com.cn/GB/1026/12737146.html.最后浏览：2010年10月20日。

至46.40%（相当于2位在职职工负担1位退休人员）（见表2—13）。

表2—13　　我国城镇职工赡养率的变化

时间（年）	职工人数（万人）	退休人数（万人）	赡养率（%）
2000	17 901	3 654	19.91
2005	18 858	3 442	23.01
2010	19 664	5 147	26.17
2015	20 380	6 049	29.68
2020	20 995	7 067	33.66
2025	21 496	8 127	37.80
2030	21 878	9 127	41.72
2035	22 129	9 977	45.09
2040	22 206	10 247	46.14
2045	22 206	10 245	46.13
2050	22 206	10 303	46.40

资料来源：劳动部课题组编．中国社会保障体系的建立与完善．北京：中国经济出版社，1994.58

第三，推迟退休年龄能够缓解养老保险基金的收支缺口扩大的趋势。世界银行2005年5月公布的一份关于中国未来养老金收支缺口的研究报告指出，在一定假设条件下，按照目前的制度模式，2001—2075年我国基本养老保险的收支缺口将高达9.15万亿元。[①] 劳动保障部和博时基金管理有限公司《中国养老保险基金测算与管理》课题组测算，我国退休年龄每延长1年，养老统筹基金可增收40亿元，减支160亿元，缓减基金缺口200多亿元。

第四，推迟退休年龄能够适当减轻企业负担，增强企业的竞争力。根据前文关于养老保险费率的论述，我国目前的养老保险缴费率高居世界前5位，而各界已就降低费率达成共识。为了维持基金的规模，当费率降低时，可通过延长退休年龄，相应地延长参保缴费的时间，缩短养老金的领取。所以，延长退休年龄，可以在维持养老金收支均衡的基础上，根据情况降低企业的缴费率，从而减轻企业的负担，提高企业的竞争力。[②]

① 参见赵馨．项怀诚警示养老金体系　未来缺口高达9.15万亿．人民网，http://politics.people.com.cn/GB/1026/3793001.html.最后浏览：2009年12月20日。

② 参见柳清瑞，苗红军．人口老龄化背景下的推迟退休年龄策略研究．人口学刊．2004，4

第五，延长退休年龄有助于人力资本效用最大化。由于教育和科技的发展，目前人均受教育时间越来越长，而且企业越来越注重员工的培训，人力资本的投入越大，然而因此在现行退休制度下，受教育时间越长，相应的工作时间越短，所以，延长退休年龄有助于人力资本效用的最大化。

第六，延长退休年龄并不一定会挤占年轻人的就业岗位。一方面，强制退休制度的实施并不必然能够强制劳动者退出工作岗位，由于强制退休使得他们不再享有劳动法的保护，因此，用人单位可能更倾向于继续聘用退休人员，从而降低缴纳社会保险费等成本；另一方面，能够继续留用的老年劳动者多数从事的技术类、管理类工作，而此类工作多需要长期的经验积累，因此，强制老年劳动者退出，不仅不利于人力资源的有效利用，而且青年劳动者无法马上满足工作需要。

（二）是否应该建立弹性退休制度

弹性退休制度是指在一定条件下允许劳动者提前退休或者延迟退休。目前我国学界对于建立弹性退休制度的呼声较高，认为现行的强制退休制度采取"一刀切"的方式，对于部分高知识、高技术的劳动者而言属于浪费人才资源。2008 年 11 月 20 日，上海市人力资源和社会保障局发布《关于本市企业高级技师延迟办理申领基本养老金手续的实施意见》（沪人社养发［2008］4 号），在地方性的规范性文件中首次明确了弹性退休以及退休年龄的推迟问题。该意见规定，从 2008 年 12 月 1 日起，符合条件的企业高级技师可以延迟办理申领基本养老金手续的年龄，原则上女性不超过 60 周岁，男性不超过 65 周岁。2010 年 9 月 6 日，上海市人力资源和社会保障局发布的《关于本市企业各类人才柔性延迟办理申领基本养老金手续的试行意见》（沪人社养发［2010］47 号）规定，符合规定人员，可以延迟申领养老金，通常年龄限制为男性一般不超过 65 周岁，女性一般不超过 60 周岁。上海市的改革一经推出，引发了社会的广泛关注，多数人表示支持①，但是也有人对此提出了质疑②。

（三）是否应该实行退休年龄男女平等

有学者从男女平等的角度分析，女性比男性早退休的政策不符合我国《宪法》和《妇女权益保障法》中有关男女平等的规定，与我国已签署加入

① 据某网站的调查显示高达 6 成的人支持建立弹性退休制度。参见调查：9 成网友反对延迟退休　超 6 成人赞成弹性退休. 中国新闻网，http://www.chinanews.com.cn/sh/2010/09-15/2533183.shtml. 最后浏览：2010 年 9 月 20 日。

② 参见邓海建. "弹性退休"真的靠谱？新华网，http://news.xinhuanet.com/comments/2010-09/28/c_12614469.htm. 最后浏览：2010 年 9 月 20 日。

的国际公约中关于男女平等的规定也有冲突。① 只有让女性与男性平等地参与创造社会财富的活动，先从经济上独立起来，才能保证女性在政治上、法律上等各方面独立解放，才能真正消除社会上歧视女性的现象，因此，男女同龄退休很有必要。②

笔者认为，此种观点具有合理性，但我们需要注意的是，影响退休年龄高低的因素包括人均寿命、初始劳动年龄、劳动环境与工作性质、劳动力供求状况、养老保险基金储备以及社会经济发展水平。③ 退休年龄的高低可能根本上取决于养老保险基金的支付能力，因此，退休年龄的确定，除了性别平等的考虑之外，更需考虑包括养老保险基金的状况、女性的劳动参与情况乃至女性的抚育家庭的职责等因素。而根据美国社会保障署所提供的数据，男女不同的退休年龄政策异同跟国家和地区的经济发展水平没有必然联系。根据国际货币基金组织所公布的数据，2009 年，我国的人均 GDP 为 3 677.86 美元，世界排名第 99 位，而英国的人均 GDP 高达 35 334.32 美元，位居世界第 22 位，但中英都采取男女不同退休年龄的政策。

四、全球退休年龄改革的趋势和我国退休年龄改革的建议方案

（一）全球退休年龄改革的趋势

由于人口结构以及劳动就业结构等因素的改变，发达国家的养老保障面临多方面的挑战。一方面，人口老龄化加剧和人均寿命的延长增大了养老保险基金的支付负担以及在职赡养负担。1985 年，西欧 65 岁以上退休人员与在职职工的比率大约为 1∶5；到 2050 年，这一比率将变成 1∶2，即每两名在职职工将赡养一名 65 岁以上的老人。④ 另一方面，人口老龄和低出生率使得发达国家面临劳动力资源的短缺。为缓解上述问题，部分国家开始对退休年龄进行改革，整体而言，这些改革体现了以下两大趋势：

1. 弹性化趋势

弹性退休实际上是对强制退休制度的改革。弹性退休制度的目的主要在于减少公共养老金的支付负担，增加劳动就业人口。据估计，如果主要发达资本主义国家将退休年龄延长至 70 岁，欧美主要发达资本主义国家的国内生产总值每年将额外增加 0.2%。⑤ 退休年龄的弹性化体现在两个方面：

一是准许提前以及推迟退休。各个国家往往根据各国的具体情况围绕原来的强制退休年龄设定一定的区间，准许提前或者延迟一定的期限退休。

① 覃福晓．男女退休年龄的法理思考．学术论坛．2002，5
② 骆勤．养老保险制度中的女性利益问题探讨．浙江学刊．2004，1
③ 潘锦棠．世界男女退休年龄现状分析．甘肃社会科学．2003，1
④ 侯立平．欧美养老保险改革及其启示．成都：西南财经大学出版社，2008.12
⑤ 侯立平．欧美养老保险改革及其启示．成都：西南财经大学出版社，2008.9

1991 年，比利时首先采取弹性退休年龄政策，将退休年龄规定为 60～65 岁。[①] 2007 年，英国《养老金法案》规定了弹性退休的制度，即“达到退休年龄的雇员可以申请推迟领取国家基本养老金，但最多只可申请推迟 5 年，国家对申请推迟领取基本养老金的有鼓励政策，规定雇员每推迟 7 个星期领取，则其可领取的国家基本养老金提高 1%，推迟 1 年大约可以增加 7.5%。如推迟满 5 年，个人国家基本养老金可以增加 38.3%”。[②]

二是准许部分退休。即准许达到一定年龄的劳动者减少工作时间，并开始领取部分养老金。如瑞典规定年龄在 61～65 岁的老人，由于工作能力下降，每周可减少工作时间 5～10 小时，同时领取部分养老金，以弥补因工作时间缩短而减少的收入。

2. 延迟退休趋势

为维持养老保险制度可持续发展，许多国家已经或正在延长领取养老金的法定退休年龄。美国的退休年龄为 65 周岁，然而其所实施的养老保险改革拟定的逐步提高退休年龄的方案，即 1937 年及其以前出生的人，65 岁为正常退休年龄；1938 年以后出生的人，每年延迟 2 个月退休，而 1943 年至 1954 年出生的人，退休年龄将提高至 66 岁；而 1955 年以后出生的人，每年延迟 2 个月退休，直到 1960 年及其以后出生的人退休年龄将提高至 67 岁。2000 年，德国出台了改革退休年龄的办法，从 2001 年起，将 60～65 岁的弹性退休年龄逐步过渡到 65 岁的退休年龄，即 2004 年为 61 岁，2012 年为 65 岁。2007 年，德国国会通过法案，将继续推迟退休年龄，该法案规定从 2012 年起至 2029 年，德国的退休年龄将由 65 岁推迟到 67 岁。英国的强制退休年龄为男性满 65 岁，女性满 60 岁，2007 年《养老金法案》规定，2010 年起女性的退休年龄将延长到 65 岁，在 2024—2046 年男女退休年龄将分阶段从 65 岁延长到 68 岁。

（二）我国退休年龄改革的建议方案

退休年龄是根据一定时期的经济发展水平和人口平均预期寿命的客观条件制定的。由于所依据的两个因素都在不断发展变化，因此法定退休年龄也应变不变制为可变制，适时相应调整。[③] 关于我国退休年龄的改革方案，学

---

① 侯立平. 欧美养老保险改革及其启示. 成都：西南财经大学出版社，2008.51

② 胡云超. 英国社会养老制度改革研究. 北京：法律出版社，2005.50

③ 熊必俊. 市场经济条件下退休养老制度改革的思考. 中国老年学杂志. 1994，4

界提出了诸多建议①，这些建议都采取“分步走”逐步提高的方式。笔者认为，我国退休年龄改革方案的拟定应注意以下几个问题：

第一，在现行退休年龄下，应严格控制提前退休。目前退休年龄的标准较低，若在此标准下还提前退休，必将影响到养老保险基金的筹集，并且会增加养老保险的支付负担。

第二，应首先提高女职工的退休年龄。目前我国女性的退休年龄过低，因此，退休年龄改革应首先提高女性退休年龄，其中应逐步统一女职工和女干部的退休年龄。

第三，在统一女性的退休年龄的基础上，逐步提高男女性的退休年龄。我国现行退休年龄标准是在20世纪50年代确定的，而当时的人均寿命不足50岁，现在我国的人均寿命大幅提高，因此，我国应根据养老保险基金的收支情况、人口结构的变化以及劳动力资源的情况等，逐步提高男女性的退休年龄。

第四，当我国男女性退休年龄提高至一定标准后，应该建立弹性退休制度。弹性退休制度的核心则是劳动者享有退休年龄选择的灵活性和自由性，因此，弹性退休往往是以法定退休年龄为基准，确定一定的区间。如美国2009年的法定退休年龄为66岁，据此所确定的弹性退休年龄则是62～70岁。提前退休则养老金要相应的减少，而符合条件的人延迟退休的，其退休后所享受养老金也应相应的增加。如达到正常退休年龄以后，推迟退休的，每推迟一年，退休金将增加7%，直到退休或者年满70岁为止；年满62岁且正常退休年龄之前，提前退休的，退休金数额相应减少，实际退休年龄与正常退休年龄之间每相差一个月，养老金扣减0.5%（见表2—14）。

因此，笔者认为，我国的退休年龄改革可考虑采取以下方案：(1) 2010年开始提高女职工的退休年龄，到2015年时，女职工的退休年龄应与女干部的退休年龄相同都达到55岁；(2) 2015年开始，逐步提高男性和女性的退休年龄，男性每3年提高1岁，女性每2年提高1岁，在2030年前，使得男性的退休年龄达到65岁，女性的退休年龄达到62.5岁；(3) 2015年

① 有学者建议，从现在起至2015年，将女性退休年龄统一为55岁，在2015年后取消原来女工人可在50岁、55岁间自由选择退休时间的政策；从2015年开始，男性的退休年龄从60岁逐步提高到65岁，平均每6年提高1岁，女性的退休年龄则从55岁逐步提高到65岁，平均每3年提高1岁。参见林宝. 中国退休年龄改革的实际和方案的选择. 中国人口科学. 2001，1。河南财经学院市场经济研究所所长樊明教授组织课题组根据研究结果提出了延长退休年龄的政策建议：到2014年，将女职工退休年龄提高到55岁，男性不变；到2017年，将女性退休年龄提高到60岁，男性不变；到2022年，将男性退休年龄提高到65岁，女性不变；到2026年，将女性退休年龄提高到65岁，男性不变；到2030年，退休年龄再根据退休人口赡养率作进一步调整。参见潘志贤. 基于河南省的一项调查研究表明——“延长退休年龄”的建议具有可行性. 中国青年报，2008-11-26

表 2—14　　美国提前 62 周岁退休与正常退休的退休福利对比表

出生年份①（年）	正常退休年龄 full（normal）Retirement Age（岁）	62 周岁与正常退休年龄间的月数	62 周岁②			
			$1 000 的退休福利将减至	退休福利的减少率（%）③	$500 配偶福利将减至	配偶福利的减少率（%）④
1937 及以前	65	36	$800	20.00	$375	25.00
1938	65 零 2 个月	38	$791	20.83	$370	25.83
1939	65 零 4 个月	40	$783	21.67	$366	26.67
1940	65 零 6 个月	42	$775	22.50	$362	27.50
1941	65 零 8 个月	44	$766	23.33	$358	28.33
1942	65 零 10 个月	46	$758	24.17	$354	29.17
1943—1954	66	48	$750	25.00	$350	30.00
1955	66 零 2 个月	50	$741	25.83	$345	30.83
1956	66 零 4 个月	52	$733	26.67	$341	31.67
1957	66 零 6 个月	54	$725	27.50	$337	32.50
1958	66 零 8 个月	56	$716	28.33	$333	33.33
1959	66 零 10 个月	58	$708	29.17	$329	34.17
1960 及之后	67	60	$700	30.00	$325	35.00

①如果你是出生在 1 月 1 日，则你的出生年份视为上一年。②如果你出生在每月的 1 日，则你将被视为上月出生。你必须至少符合 62 年的足够的月份数才能领取养老保险福利。③由于四舍五入此为百分比近似数。④配偶福利的最多为职工正常退休福利的 50%。因此配偶福利减少率的计算则是基于职工正常退休福利自动减少 50%。由于四舍五入此为百分比近似数

资料来源：Full Retirement and Age 62 Benefit By Year Of Birth，on Social Security Online，http://www.socialsecurity.gov/retire2/agereduction.htm. last visited：2010.3.20.

统一女性退休年龄后，则开始实施弹性退休制，如女性的退休年龄区间为 53～57 岁，而男性的退休年龄区间为 58～62 岁，并且建立与退休年龄配套的养老金计发制度。

第六节 基本养老保险替代率

基本养老保险替代率，又称养老保险的目标替代率、工资替代率[①]，是指单个职工退休后的养老金收入与退休前工资收入的比率，表示职工个人退休前后收入水平的变动情况。替代率是用来对参保者老年风险所导致的经济损失的估算，表示参保人在领取期的生活水平对领取前生活水平的替代程度。养老保险替代率的高低对于养老保险制度的发展具有重要影响，替代率过低，养老金无法满足退休者的基本生活需要，使得养老保险不能发挥"社会安全网"的作用；而替代率过高则会"诱发了提前退休的逆刚性效应以及挫伤在职职工的积极性"[②]。因此，替代率在养老保险制度中具有重要作用。《社会保险法》未规定养老保险替代率问题，鉴于该问题的重要意义，本节予以专门研究。

一、我国基本养老保险替代率的现状及问题

（一）我国基本养老保险替代率

依据1997年国务院《关于建立统一的企业职工基本养老保险制度的决定》，以职工缴费年限35年退休为例，基本养老金的替代率是58.5%，其中20%为基础养老金，38.5%为个人账户养老金。为解决个人账户"空账"问题，扩大养老保险的覆盖面，激励参保人积极多缴保费，增强养老保险基金应对人口结构变化的风险的能力，2005年国务院《关于完善企业职工基本养老保险制度的决定》改变了养老保险金的计发办法，从2006年1月1日起，个人账户的规模统一由本人缴费工资的11%调整为8%，全部由个人缴费形成，单位缴费不再划入个人账户。养老保险的替代率也相应地改为59.2%，其中基础养老金替代率为35%，个人账户养老金替代率为24.2%。比较而言，新政策虽然改变了基本养老金的结构，降低了个人账户的比例，但是养老保险的替代率不仅没有降低，反而还提高了0.7个百分点。

（二）我国基本养老保险替代率存在的问题

第一，名义养老保险替代率过高。我国养老保障是由单位养老向社会养老保险转变形成，而在单位养老阶段养老保险的替代率非常高，离休职工甚至达到100%。随着我国养老保险制度的建立和完善，以及人口老龄化导致的养老保险基金支付压力的增加，我国逐步降低养老保险的替代率。1997年之前，我国设计的养老金替代率高达80%以上，远远高于国际劳工组织

① 参见林嘉．社会保障法的理念、实践与创新．北京：中国人民大学出版社，2002.176

② 邱东，李东阳，张向达．养老金替代率水平及其影响的研究．财经研究．1999，1

所确定的40%的最低标准，也大大高于世界主要国家替代率的一般水平[①]。因此，“中国养老保险制度改革的一个重要目标，是要将传统的退休制度的高替代率降下来，现行的方案已经将替代率目标定位在60%左右，从发展角度出发，该指标应当降到50%左右，以便树立起社会成员的自我保障意识并减轻政府的直接压力。”[②]

第二，不同类型人员的养老保险替代率不一致。由于我国养老保险改革不同步，城镇职工与机关、事业单位职工养老保险待遇差距较大，替代率不一致。对城镇职工而言，由于我国长期奉行的低工资、高就业的政策，他们的养老金绝对水平非常低，如1990年全国企业离退休人员的基本养老金仅为129元/人，到2004年也仅为677元/人[③]。有学者测算，2002年我国企业单位退休金的替代率为59.28%，而事业单位和机关退休金替代率则分别高达97.49%和104.5%。[④] 2007年，全国政协委员、全国总工会书记处原书记李永海在政协会议上递交的提案指出：“同样是退休，就因为企业与事业的身份差异，退休工资居然会相差三四倍，甚至更多。全国2 481万国有企业退休职工收入偏低的状况，已经成为社会分配有失公平正义的一个突出矛盾。”

二、我国基本养老保险替代率的相关争议

（一）《社会保险法》制定过程中的相关争议

在《社会保险法》制定过程中，虽然无直接关于养老保险替代率的争议，但在征求意见过程中，有诸多意见要求提高养老保险待遇，认为养老保险缴费太高，而养老金相对较低。[⑤] 该意见实际上指出了我国养老保险的替代率与费率的背离，高费率未实现高替代率。但《社会保险法》并未规定养老保险的替代率，而仅仅是在第15条规定了养老保险金的构成及其确定依据：“基本养老金由统筹养老金和个人账户养老金组成。基本养老金根据个人累计缴费年限、缴费工资、当地职工平均工资、个人账户金额、城镇人口平均预期寿命等因素确定。”

（二）学界关于养老保险替代率的争议

---

① 美国1975年为58%，1980年为66%；日本1975年为39%，1980年为61%；瑞士1975年为60%，1980年为55%；德国1975年为51%，1980年为49%；意大利1975年为61%，1980年为69%。因此，从世界范围内分析养老金替代率一般在60%左右。

② 郑功成．论中国特色的社会保障道路．北京：中国劳动社会保障出版社，2009.148

③ 全国干部培训教材编审指导委员会组织．社会保障制度建设．北京：人民出版社，2006.146

④ 参见褚福灵．养老保险金替代率研究．北京市计划劳动管理干部学院学报．2004，3

⑤ 参见各地人民群众对社会保险法草案的意见（一）．中国人大网，http://www.npc.gov.cn/npc/zt/2009-01/12/content_1467066_4.htm.

基本养老保险替代率的确定受到多重因素的影响，如人口结构、养老金计发办法、个人在职时的工资收入和企业缴费工资总额、工作年限和缴费年限、地区居民的生活水平等。学者们多从养老保险需求的角度来确定基本养老保险替代率的下限和上限。①

1. 以最低生活保障水平为依据确定基本养老保险替代率的下限

根据各城市最低生活保障水平的确定实际分析得出，最低生活水平线一般为社会平均工资的1/5左右，因此，养老保险替代率的下限为20%。②1997年国务院《关于建立统一的企业职工基本养老保险制度的决定》将基础养老金的标准确定为当地职工上年度月平均工资的20%。

2. 以退休前的生活水平为标准确定基本养老保险替代率的上限

养老保险制度的目的在于防止参保者因老年退出就业而导致所得中断，陷入生存困境，理想状态是参保人退休后工资收入发生变化为零，而家庭其他收入（如财产收入）保持不变。因此，当退休人员的养老保险收入达到社会人均工资收入水平时，其退休后的生活就可达到退休前的水平，也即基本养老保险替代率的上限是社会人均工资收入与平均工资的比值。有学者根据统计数据进行测算得出，中国的人均工资收入维持在平均工资的57%左右，为保持退休后的生活水平与退休前大致相当，退休人员的全部养老保险收入也应达到其工资的57%左右，而作为养老保险三支柱之一的基本养老保险，其替代率的上限应为57%。

然而，有学者尽管同样采取养老保险的需求标准来测算替代率的上、下限，但其过程和结论不尽相同。他认为："如果将养老金工资替代率的下限与最低生活保障线画等号，将与养老社会保险制度设计的初衷产生重大偏差，将会导致退休者的强烈不满，从而影响社会的安全与稳定。"③ 因此，他以城镇居民的年均消费性支出和城镇居民的年均可支配收入为测算标准，提出"养老金工资替代率的下限＝居民的年平均消费性支出/社会年平均工资；而养老金工资替代率的上限＝居民的年平均可支配收入/社会年平均工

① 参见张莉．论养老保险替代率．现代经济探讨．2002，4

② 参见邱东，李东阳，张向达．养老金替代率水平及其影响的研究．财经研究．1999，1；参见张莉．论养老保险替代率．现代经济探讨．2002，4；参见褚福灵．养老保险金替代率研究．北京市计划劳动管理干部学院学报．2004，3

③ 龙卓舟．我国养老金工资替代率的选择．特区经济．2007，6．作者在文中采用的是"工资替代率"的概念，然而，根据作者的定义，"养老金的工资替代率是指社会平均的养老金水平与社会平均工资之比"，其所称的"工资替代率"实质上是平均替代率。

资”。[①] 其根据相关的统计数据测算出我国合理的养老金工资替代率的上下限应分别为47.1%和61.1%。

尽管学者之间关于基本养老保险替代率的上、下限的具体区间存在分歧，但是根据养老保险的需求来进行替代率上、下限的测算是符合养老保险制度的目的的，而造成分歧的原因则可能是因为不同学者所采用的具体标准存在差异。

比较而言，笔者认为，后一学者所采取的城镇居民的年均消费性支出和城镇居民的年均可支配收入的标准更为合理。一方面，无论是从最低生活保障与养老保障的制度分工还是从养老保险的保险性原则来看，养老保险待遇水平都不应与最低生活保障水平相等同，因此，将最低生活保障水平作为替代率的下限并不合理。另一方面，既然是以养老保险的需求作为测算依据，那么就应该从消费支出结构角度考虑实际需要的养老金数额，因此，城镇居民的年均消费性支出则更能表现出养老保险的需求。

三、我国基本养老保险替代率的完善

（一）世界主要国家和地区的养老保险替代率

目前各国关于养老保险替代率的确定并不统一，据学者研究，世界范围内养老金替代率一般在60%左右。[②] 据法国社会保障署的资料，2009年法国全部养老金为参保者参考收入的50%，参考收入是1948年后出生的参保者收入最高的25年的平均值。每月最高的待遇给付收入为2 885欧元。[③] 而西班牙的养老保险的替代率根据缴费年限的长短而不同，缴费15年的，每月的养老金为180个月的缴费收入总额除以210的50%；而缴费年限在16～25年的，则每年增加缴费收入的3%；缴费年限在25年以上的，则每年增加缴费收入的2%；直至达到100%的替代率。[④]

（二）完善我国基本养老保险替代率的建议

笔者认为，我国基本养老保险的替代率约为60%较为合理[⑤]，应该予以维持，但应处理好如下问题：

---

① 龙卓舟．我国养老金工资替代率的选择．特区经济．2007，6。作者在文中采用的是“工资替代率”的概念，然而，根据作者的定义，“养老金的工资替代率是指社会平均的养老金水平与社会平均工资之比”，其所称的“工资替代率”实质上是平均替代率。

② 邱东，李向阳，张向达．养老金替代率及其影响的研究．财经研究．1999，1

③④ See Social Security Programs Throughout the World: Europe, 2010. U. S. Social Security Administration website. http://www.ssa.gov/policy/docs/progdesc/ssptw/2010—2011/europe/index.html.

⑤ 林嘉教授早已指出，从我国实际情况出发，并参考国际惯例，我国基本养老金替代率应调整到60%左右较为合理。参见林嘉．社会保障法的理念、实践与创新．北京：中国人民大学出版社，2002.176

一是为切实保障退休人员的生活，应强化包括企业年金在内的职业年金等补充养老保险的建设，通过补充养老保险提高养老待遇水平。如美国联邦养老保险提供的养老金一般为参保人退休前收入的40%，为保障退休后较为舒适的生活，一般认为退休金需要达到退休前收入的70%～80%。因此，除联邦养老保险外，多数美国人还选择参加雇主举办的养老保险以及个人退休金计划等实行积累制的非强制性养老保险。

二是完善医疗保障制度。退休人员的医疗开支较高，因此如果无法通过医疗保险来分担退休人员的医疗开支，则势必会挤占养老保险待遇，影响到他们的生活水平。因此，《社会保险法》在第27条规定了退休人员的医疗保险待遇问题："参加职工基本医疗保险的个人，达到法定退休年龄时累计缴费达到国家规定年限的，退休后不再缴纳基本医疗保险费，按照国家规定享受基本医疗保险待遇；未达到国家规定年限的，可以缴费至国家规定年限。"

三是切实提高养老保险基金的投资收益率，确保基金保值增值。如果养老保险基金的增值率低于工资增长率以及通货膨胀率，那么将导致养老保险基金的缩水，影响到养老保险基金的支付能力，从而可能被迫降低养老金的替代率。

四是平衡不同职业类型退休人员的养老保险替代率。应强化制度的统一性和公平性，平衡城镇职工和机关、事业单位工作人员的养老保险待遇，确保替代率的一致。

第七节　基本养老保险关系转移接续

基本养老保险关系通常具有唯一性和持续性，即参保人仅能与社保经办机构建立一个基本养老保险关系，且需持续一定期限，才能享受相关待遇。然而，随着劳动力流动性的增强，对养老保险的管理提出了更高的要求：为维持基本养老保险关系的唯一性和持续性，参保人流动时，其基本养老保险关系也应具有相应的便携性和可流动性。

1951年《劳动保险条例》颁布实施后，为保证职工转移居住地区时能够及时领取保险待遇，并减少基层单位每月邮寄保险费的工作量和避免发生错支错付，1960年，当时的负责机构中华全国总工会制定了《关于享受长期劳动保险待遇的移地支付试行办法》，经过两年的试行和修改后于1963年重新公布了《关于享受长期劳动保险待遇的移地支付暂行办法》。[①] 我国社会养老保险制度恢复建立以来，1996年劳动部《关于企业职工基本养老保

① 2009年1月21日，中华全国总工会已废止该办法。

险基金转移问题的通知》（劳部发［1996］78号）确立了我国基本养老保险关系转移接续的基本原则，即社会统筹部分只转关系、不转资金，个人账户可随身携带。此后，国务院、劳动和社会保障部颁布的多个规范性文件又再次确立了该规则。2009年12月28日，国务院转发了人力资源和社会保障部、财政部《城镇企业职工基本养老保险关系转移接续暂行办法》（国办发［2009］66号），该暂行办法重新确立了我国基本养老保险关系转移接续的规则——关系、资金同时转移，并规定“各地已制定的跨省基本养老保险关系转移接续相关政策与本办法规定不符的，以本办法规定为准”。

引起基本养老保险关系转移接续的原因有以下两类：（1）用人单位成建制搬迁导致的转移接续；（2）参保者个人改变就业地导致的转移接续。二者在原因以及具体的转移接续手续方面存在差异，但具有较多的相似性，且目的都是为了解决参保人流动后（可能是因用人单位搬迁的原因，也可能是由于个人原因）基本养老保险关系的维持问题。本节重点从参保者流动角度对我国基本养老保险关系转移接续进行深入研究。

一、我国基本养老保险关系转移接续制度存在的问题及原因

（一）我国基本养老保险关系转移接续制度存在的问题

1. 职工跨统筹区域转移接续存在的问题

（1）户籍限制。尽管劳动和社会保障部《关于对户籍不在参保地的人员办理退休手续有关问题的复函》（劳社厅函［2002］190号）明确规定：“参保人员因工作流动在不同地区参保的，不论户籍在何地，其在最后参保地的个人实际缴费年限，与在其他地区工作的实际缴费年限及符合国家规定的视同缴费年限，应合并计算，作为享受基本养老金的条件。”但在部分统筹地区，依然要求转入职工需具有本地户籍，若无本地户籍，则其在转出地的缴费年限无法累积，只能在转入地重新累积。

（2）年龄限制。考虑到养老保险基金的财政负担问题，部分统筹地区对于流入职工的年龄予以限制，以确保其能够在本地缴费满10年。如珠海市《关于处理职工养老保险关系转移及接续等有关问题的意见》规定，男性超过45周岁、女性超过40周岁的，由调入单位缴纳超龄养老保险费，记入养老保险统筹基金，不计算个人缴费年限，不缴纳超龄养老保险费的不续接养老保险关系。《深圳市社会保险条例》第15条规定：“1996年7月1日以后调入本市的员工，超过市政府规定的调工调干年龄界限的，应缴纳超龄养老保险费；缴纳后，其调入本市以前的连续工龄视为缴费年限。”

（3）职位变动批准限制。部分统筹地区规定，只有参保人经过组织、人事部门批准调入的，其转出地的缴费年限才能累积，若非经批准调入，则不能办理基本养老保险关系的转移接续手续，只能重新缴费累积年限。如

《〈深圳经济特区企业员工社会养老保险条例〉若干实施规定》中规定："未经本市劳动、人事部门调入而在本市工作的人员（含将户籍迁入本市的），其缴费年限按在本市实际缴纳养老保险费的时间计算，未在本市缴费的工作时间不视为缴费年限，转入的养老保险金存入个人账户。"

此外，1995年国务院《关于深化企业职工养老保险制度改革的通知》规定，对未实行个人缴费以前的连续工龄，可作为"视同缴费年限"，可以与实际缴费年限合并计发基本养老金。然而部分统筹地区也以职位变动是否经批准作为"中人"，"视同缴费年限"是否累积的前提，如珠海市《关于处理职工养老保险关系转移及接续等有关问题的意见》规定，非经市组织人事或劳动部门批准调入，户口迁入该市、在该市建立了劳动关系和养老保险关系的职工，其户口迁入该市前在市外的基本养老保险关系和个人账户资金可转入该市，社会保险经办机构根据其转入的养老保险关系和个人账户资金为其续建个人账户。其转入的养老保险实际缴费年限与在该市的实际缴费年限合并计算，个人账户累计计算，但其转入前的连续工龄不视为缴费年限。

(4) 劳动合同期限、可缴费年限以及营业等限制。南京市《跨统筹区流动就业人员社会保险关系转移接续实施办法》（宁政办［2005］41号）规定，只有经市劳动保障、人事等部门批准调入或引进，与用人单位签订3年及3年以上劳动合同，或者由集团管理的企业转移来的高级管理人员或具有高级职称的人员，且在南京市养老保险实际缴费年限能满10年及10年以上的在职人员；跨统筹区自主创业，已在南京市领取工商营业执照等合法证照，达到法定退休年龄前在南京市养老保险实际缴费年限能满10年及10年以上的人员；以上人员并且将个人账户基金转移至南京市社会保险经办机构，可办理保险关系接续手续。对不符合以上条件，若要在南京市参保则视同新参保人员新建社会保险关系，在其到达法定退休年龄前一年内将其在参保建立的社会保险个人账户全部储存额一次性结算给本人，并终止社会保险关系。

(5) 退休地限制。部分统筹地区虽然规定非本地户籍的劳动者可以参保，但未明确其是否可以在参保地退休，也就是说，非参保地户籍的参保者可以一直缴费，但可能面临无法在参保地办理退休手续，从而无法领取养老保险待遇的问题。如1998年《北京市企业城镇劳动者养老保险规定》实施后，开始允许非北京户籍的城镇劳动者在北京参加养老保险，但包括《北京市基本养老保险规定》在内的制度规范都没有明确规定非北京户籍的城镇参保者能否在京退休或享受相应的待遇。

2. 跨城乡转移接续存在的问题

城乡二元结构是我国基本养老保险制度体系以及转移接续制度建构所面

临的巨大阻碍，而随着人口流动的加剧，参保人跨城乡流动成为当今中国较为普遍的现象。参保人跨城乡流动导致的基本养老保险关系的转移接续的类型较为复杂，而所谓的跨城乡包括两层含义：一是户籍的转换；二是户籍与职业的背离，即拥有农村户籍的，却在城镇从事工业劳动，主要是指进城务工的农村居民。前者导致参保人需要在新型农村社会养老保险与城镇职工或城镇居民养老保险之间转移接续；而后者则导致参保人需要在职工基本养老保险与新型农村社会养老保险之间转移接续。跨城乡转移接续存在的问题主要包括：

（1）只转个人账户，不转统筹基金的“单转移”。目前在诸多地方，进城务工人员因为中断就业返乡办理基本养老保险关系转移接续的，通常只转移基本养老保险关系和个人账户资金，而不转移统筹基金。因此，一方面由于社会统筹与个人账户资金的缴费比例差距较大；另一方面进城务工人员多数向经济较为发达的东南沿海地区流动，而当他们中断就业返乡需转移基本养老保险关系时，则经济发达的东南沿海地区成为流出地，而中西部较为落后的地区则成为流入地，且人员数量较大。结果导致养老保险基金间“逆向”的资金流动，经济发达的统筹区域由于人员流出，沉淀大量资金，而经济落后的统筹地区则由于参保人的流入，基金负担加重。最终流入地不愿接受跨城乡的参保者转入，迫使大量的进城务工人员退保。

（2）制度差异大，增加转移接续的制度壁垒。对于农民工参加养老保险问题，目前各地所采取的模式不尽相同。一是“进城”模式，即扩大城镇职工基本养老保险的适用范围，将进城务工人员纳入城镇职工基本养老保险的适用范围，农民工与城镇职工适用同样的养老保险制度，如广州、深圳、杭州等。二是“返乡”模式，即乡镇企业中具有农村户口的职工参加农村养老保险，如山西、黑龙江。三是专门立法模式，即并不将进城务工人员纳入城镇职工养老保险或农村社会养老保险的适用范围，而是对进城务工人员制定专门的养老保险制度。专门立法模式可再分为综合保险模式和单独保险模式两种。[①] 由于各地跨城乡的进城务工人员的基本养老保险在缴费、待遇水平、给付条件等诸多方面都存有差异，无法形成统一的制度口径，增加了进城务工人员流动时基本养老保险关系的转移接续。

（3）转移具有单向性，由城市向农村的转移制度缺失。目前我国跨城乡人口流动导致的基本养老保险关系转移接续制度呈现出较为明显的单向性，通常是因为农村居民流入城市成为进城务工人员，当他们中断就业返乡时，其基本养老保险关系多是需要从城市转向农村。改革开放以来，我国人口流

① 林嘉主编．劳动法和社会保障法．北京：中国人民大学出版社，2009．345

动中农村迁出人口一般都占迁出总人口的60%以上，成为流动人口的主体，而绝大部分迁入地是城镇。20世纪90年代后期，这一趋势更加明显，由农村迁入城镇的人口占总流动人口的80%以上，甚至接近90%。[①] 然而，目前关于城镇职工或者居民流入农村导致基本养老保险关系从城市转向农村的制度规定缺失。

3. 职业身份转换导致的转移接续存在的问题

目前我国养老保险制度根据职业身份不同可分为：城镇职工基本养老保险以及国家机关和事业单位养老保险。然而，随着市场经济体制的建立和人才流动的日益频繁，参保人职业身份的转变将导致其养老保险关系需要转移接续，其中存在的问题主要包括：

(1) 制度差异大，导致转移接续手续复杂。城镇职工基本养老保险以及国家机关、事业单位养老保险之间存在较大区别，城镇职工基本养老保险采取部分积累的模式，由社会统筹和个人账户两个部分构成，资金来源主要是职工和用人单位的缴费。而机关、事业单位尚未完全建立起社会养老保险制度，公职人员无须自己缴费，所有待遇支付均由国家财政负担。因此，城镇职工基本养老保险与机关、事业单位养老保险制度在筹资模式、缴费、给付条件、替代率等方面都存在差异，成为阻碍职业身份转换导致基本养老保险关系转移接续的障碍。

(2) 工龄计算不合理。《关于职工在机关事业单位与企业之间流动时社会保险关系处理意见的通知》(劳社部发［2001］13号) 规定："职工由企业进入机关事业单位工作之月起，执行机关事业单位的退休养老制度，其原有的连续工龄与进入机关事业单位后的工作年限合并计算，退休时按机关事业单位的办法计发养老金。"然而，目前我国通常只将职工在国家机关、事业单位以及国有企业工作的年限视为工龄，在私营企业、外资企业的工作年限则不视为工龄。因此，职工由私营企业、外资企业进入机关、事业单位时，其工龄无法连续计算，从而影响其养老保险待遇的水平。

(3) 非经批准调动，视同缴费年限无法累积。由于公务员招用制度的改革，目前职工由企业进入机关、事业单位的，通常是在通过严格的考核后，由组织或者人事部门批准。然而，职工由机关、事业单位转入企业的，则通常未经相关部门批准，而根据规定其在机关、事业单位的工作年限应视同缴费年限，予以累积，然而部分统筹地区则对此予以限制，要求职工变换工作单位，必须是经组织、劳动、人事部门批准的调动，职工变换工作单位前后的工作年限才可连续计算工龄并在参保后按规定核定视同缴费年限。

---

① 魏星，王桂新. 中国东、中、西三大地带人口迁移特征分析. 市场与人口分析. 2004，5

（二）我国基本养老保险关系转移接续制度存在问题的原因

1. 统筹层级低，导致养老保险体系“块”状分割严重

截至 2007 年年底，五项社会保险中统筹层次最高的基本养老保险只有 13 个省份实现了省级统筹。到 2008 年年底，又增加了 4 个，其余省份的养老保险统筹仍然为市县级，全国居然有上千个统筹单位。这种较低层次的统筹影响了统筹效果的发挥和劳动力的跨地区流动，保险的共济功能和大数法则无法充分发挥。①

2. 基于“身份”“户籍”，“碎片化”构建的养老保险体系

我国养老保险的体系“碎片化”，既有基于“身份”区别所形成的分别针对国家机关和事业单位职工、城镇职工、城镇居民、进城务工人员、失地农民以及农村居民的养老保险制度，又有基于“户籍”形成的城乡区别的养老保险制度，还有基于地域差别而形成的采用不同制度的统筹区域。因此，在我国基本养老保险关系的转移接续可能面临的类型包括：（1）由于职业身份转变导致的基本养老保险关系的转移续接，如国家机关和事业单位职工成为企业职工导致的基本养老保险关系的转移；（2）由于户籍改变而导致的基本养老保险的转移接续，如农村居民获得城市户籍，或者城镇居民进入农村导致的基本养老保险关系的转移；（3）由于就业地点的转变导致的基本养老保险关系的转移接续，如工作地点由北京变为上海，由于跨统筹区域将导致基本养老保险关系转移。

3. 养老保险制度的规范性、稳定性和统一性不够

《社会保险法》出台之前，我国未形成统一完善的养老保险规范体系：一是现行有关养老保险的制度规范主要是部门规章和政策性文件，效力层级不高，强制性不够，导致部分制度难以实施；二是养老保险制度规范的“地方化”，使得养老保险制度统一性不够，增加了基本养老保险关系转移接续的难度；三是养老保险制度缺乏稳定性，随着经济社会的发展，养老保险制度变动较为频繁，缺乏法律的稳定性，导致新旧制度之间的衔接问题。《社会保险法》中关于养老保险的规定也较为宏观，不够具体，缺乏操作性，且有大量的授权性规定，因此，养老保险制度的规范性、稳定性和统一性不够的问题还将存在一定时间。

4. 养老保障责任承担与利益分配背离

参保人的流动及其规模大小直接影响到流出地和流入地财政负担的轻重以及基金规模，对于流入地而言，其养老保障的责任将加重，原因在于统筹基金不转而只转移个人账户的资金，则流入地需要负担转入参保人社会统筹

① 胡继晔.《社会保险法》与养老保险的全国统筹. 法制日报，2009-02-11

部分的待遇。因此，流出地因为参保人的转出而责任减轻，但由于统筹资金未转，其利益增加；而流入地则责任加重，因为未转入统筹资金而需要政府财政补贴，其利益减损，形成养老保障责任承担与利益分配背离的局面。如据湖南省社保部门2008年统计，2007年外出跨省流动务工人员为805.9万人，在其他假定条件不变的情况下，如果他们全部回乡养老，按15年缴费年限计算，将年均额外增加700多亿元的压力，总计将为湖南增加1.36万亿元的缺口；如按20年缴费计算，年均将增加缺口1 600多亿元，总计将增加高达2.9万亿元的资金缺口。[①] 而作为湖南跨省流动务工人员主要目的地的广东，则由于退保获得大量的资金沉淀。据统计，2002—2006年广东省退保流动人口的参保缴费年限大致在18个月左右；若按照在岗职工平均工资60%（下限）测算，则退保人参保缴费年限可能在22～26个月，因此，退保流动人口的参保缴费年限平均可能在两年以下。如果按2005年广东省最低缴费工资为1 591元/月，缴费率为8%来计算，假定每个流动人口就业两年，那么，每个退保人则为广东省平均贡献3 055元，即每年积累1 527.5元。退保流动人口为广东省贡献了301亿元，即平均每年贡献50亿元。[②]

5. 管理效率不高，技术支持不够

我国社会保险经办机构的管理效率不高，信息技术支持不够，也为基本养老保险关系转移接续带来了困难。欧盟养老保险转移接续制度的建立和平稳运行得益于其高效的管理水平，以及较为发达的信息技术的支持，使得参保人流动后可以在其居住地，甚至是暂留地的养老保险经办机构提出申请，而该机构接到申请后，可以即时与该申请人曾经参保的其他国家的经办机构建立联系，从而确认和核实参保人的相关信息。一方面简化了转移接续的手续，降低了成本，提高了效率；另一方面确保了转移接续工作的准确无误，避免了参保人伪造信息骗保等情况的出现。

二、欧盟及世界主要国家养老保险转移接续制度的比较

（一）欧盟及世界主要国家的养老保险转移接续制度

1. 欧盟的养老保险转移接续制度

欧盟不存在统一的社会保险体系，各成员国的养老保险制度存在很大差异，缴费标准、待遇水平、最低缴费年限等大不相同。为解决转移接续难题，欧盟颁布了1408/71号条例（Regulations EEC No1408/71）和574/72号条例（Regulations EEC No574/72），上述两个条例统称为“欧盟层次的

①② 郑秉文. 改革开放30年中国流动人口社会保障的发展与挑战. 中国人口科学. 2008，5

社会保障法令”，简称“欧盟社保法令”。[①] 在尊重各成员国养老制度差异的基础上，法令对各国养老保险制度予以协调，以保障跨国就业劳动者的养老保险待遇不会因此受到损害，实现劳动力的自由流动。其具体内容如下：

（1）适用对象。该法令适用于在欧盟成员国以及冰岛、列支敦士登、瑞士、挪威参保的公民及其家庭成员；居住在欧盟成员国以及冰岛、列支敦士登、瑞士、挪威参保的无国籍人士以及难民及其家庭成员；合法居住在欧盟，且在欧盟成员国流动的非欧盟成员国公民及其家庭成员。

（2）唯一国缴费原则。参保人在某一时间只适用一国的养老保险相关的法律，也只需向一国缴费，而该国通常为就业国。跨国流动就业的劳动者，在就业国缴费，参加就业国的养老保险。但如果劳动者受其雇主委派前往其他国家工作，不超过12个月的，该劳动者将继续参加原就业地的养老保险，若由于不可预期的情况导致超过12个月，还可延长不超过12个月。如果在两个或两个以上成员国同时就业，并且其住所地是其中一个就业国时，参加住所地国家的养老保险。

（3）平等原则。参保人与参保国公民享有同等的权利，承担相同的义务。这是平等或者非歧视原则的必然要求。[②]

（4）缴费年限连续累加。即劳动者在各成员国的缴费年限应当得到连续累计、全部计算。各成员国分别按照劳动者在本国完成的缴费年限来分配对该劳动者的养老保险待遇，即劳动者所获得的养老保险待遇为在各成员国工作期间按其缴费年限所应得养老金之和。

（5）转移接续的程序。具体程序如下：

1）申请。劳动者向其居住地国家的社会养老保险机构提出支付其养老保险待遇的申请，同时告知该机构自己工作过的国家。事实上，参保人很难在规定的截止日期前向特定国家的机构提出申请，欧盟的法律允许参保人在截止日期前向其参保的其他国家相关的机构提交申请，如参保人的居住（residing）国或者停留（staying）国，参保人的申请将被移交给主管机构（competent institution）。[③]

2）信息汇总。其居住地国家的社会养老保险机构在收到申请后，把包含申请人姓名、地址、出生日期、社会保险序号等个人信息、申请书、支付

① 参见董克用，王丹．欧盟社会保障制度国家间协调机制及其启示．经济社会体制比较．2008，4

② Employment, Social Affairs and Equal Opportunities, on website of European Commission, http://ec.europa.eu/social/main.jsp? langId=en&catId=850. 最后浏览：2010年9月2日。

③ Employment, Social Affairs and Equal Opportunities, on website of European Commission, http://ec.europa.eu/social/main.jsp? catId=855&langId=en. 最后浏览：2010年9月2日。

养老金的银行、享受的其他福利待遇等情况，递送到该劳动者工作过的所有国家的社会保险机构。每个收到该劳动者信息的国家的社会保险机构都应予以回复，明确该劳动者的具体情况以及在该国工作的缴费年限等情况。其居住国社会保险机构汇总所有参保国的回复，并为各参保国保险机构提供详细的养老保险整体记录。

3）分配程序。各参保国根据该劳动者养老保险的整体记录，分别计算出该劳动者在本国法律概念上的权利，即如果该劳动者所有的缴费记录均在本国的情况下，按照本国的法律规定，应支付给该劳动者的养老保险待遇。然后，计算概念上的权利的比例，该比例等同于该劳动者在各参保国缴费时间的比例，即如果该劳动者分别在德国、法国、丹麦缴费 7 年、8 年、5 年，则德国、法国、丹麦应分别支付 35％、40％、25％的各自法律概念上的权利，作为各国应当支付给该劳动者养老保险待遇的份额。

4）比较支付程序。各参保国还应当计算出在本国法律体系下，仅考虑该劳动者在本国的缴费记录，所应支付的养老保险待遇，并与根据上述分配程序计算出的概念上的权利的比例进行比较，按照数额较高的一项支付给劳动者。如某劳动者在丹麦缴纳养老保险费 5 年，在英国缴纳 35 年，根据英国有关规定，该劳动者的缴费年限超过 35 年，可获得英国最高额养老保险金。但是，如果根据分配程序计算概念上的权利，英国支付给该劳动者的养老保险待遇，仅为最高额养老保险待遇的 87.5％。这时，英国应当按照本国的规定，根据劳动者在本国的缴费记录，支付给该劳动者最高额养老保险待遇。①

2. 德国的养老保险转移接续制度

德国的养老保险经办机构是分散的，全国共有 28 个，其中联邦职员保险机构面向白领工人，矿工联合会面向矿井挖掘工人，海员保险机构面向海上航行和捕鱼工人，铁路保险机构面向铁路部门工人，还有分散在各州的 23 个州养老保险机构面向一般蓝领工人。尽管经办机构是分散的，但各经办机构实行统一的费率、养老金价格、待遇计算公式、政府补助比例等制度。每个经办机构形成一个相对独立的基金，自我平衡，但各养老保险基金之间有相互调剂的义务。各养老保险经办机构自愿组成了全国养老保险联合会，由联合会负责调剂基金，提供培训、咨询、通知等服务。负责不同地区蓝领工人的养老保险经办机构之间形成财政联盟，各经办机构共同承担养老保险费用。自 1990 年两德统一以来，蓝领工人养老保险机构与联邦白领工

① 参见田阳. 我国农民工养老保险转移与接续法律问题研究. 重庆大学 2009 年硕士学位论文. 19

人养老保险机构建立了财政调剂金制度。如果一个养老保险经办机构的波动储备金低于月支出额的50%，而另一个养老保险经办机构拥有相应的资金，那么应当无条件调剂。从1974年开始，联邦白领工人养老保险机构向蓝领工人养老保险机构支付了1 680亿欧元。劳动者在不同地区就业，或者身份转换了，无论是养老保险还是医疗保险，都只转关系不转资金。转入的养老保险经办机构必须接受，承认劳动者之前的缴费年限和缴费金额，并承担养老保险待遇支付义务。

3. 波兰的养老保险转移接续制度

波兰针对工业劳动者和农业劳动者分别建立了相应的养老保险制度，所有有耕地的成年人都属于农村养老保险的适用对象，当参保人因为职业转变时，则涉及养老保险关系的转移续接问题。波兰的法律规定，参加农民保险又参加城市职工保险，身份变化的账户可以保留，也可以转移。由农村向城市转移很顺利，由城市向农村转移要审核，审核其是否符合两个条件：一是三年以上农民经历，二是当时的收入和经济状况处于农村平均水平。[①]

（二）比较研究的结论

我国目前基本养老保险转移接续制度与上文所列举的欧盟、德国、波兰的相关制度进行比较，有以下几点区别值得注意：

一是统筹层次的差别。“在欧盟，每个成员国是一个统筹单位，总共只有29个统筹单位。但中国虽说绝大部分省份已宣布实现了省级统筹，但事实上真正实现省级统筹的只有4个省份。”[②]

二是制度体系的整合差别。上述国家的养老保险制度较为统一，欧盟虽然是由不同的国家构成，制度不一，但由于欧盟社保法令的协调，不同国家的不同制度得到了较好的协调，使得参保人能够在欧盟范围顺畅流动，其社会保险权益不受侵害。

三是不同统筹基金的财政平衡差异。目前我国尚未建立跨统筹区域的社保调剂金，无法平衡由于养老保险关系转移导致的不同地区基金负担的变化，使得诸多统筹地区排斥基本养老保险关系的转入。而德国则建立了全国性的统筹调剂基金，以平衡不同保险机构的财政负担，避免由于财政因素影响养老保险关系的转移。

四是社会保险经办系统的差异。欧盟建立了较为完善的社保经办系统，参保人的转移申请递交后，收到申请的经办机构可以及时、准确地与其他相关经办机构取得联系，核对确认相关信息。而我国尚未建立起全国性的社保

① 赵振华．波兰、爱尔兰农村养老保险制度略揽．天津社会保障．2009，2

② 郑秉文．基本养老保险关系转续中存在两个难点．上海证券报，2010-01-30

信息网络，使得参保人的参保信息传递不畅，制约了养老保险关系的转移接续。

三、《社会保险法》制定过程中的相关争论和立法选择

《社会保险法（草案）》最初仅规定“个人跨地区流动或者发生职业转换需要转移接续社会保险关系的，按照国务院有关规定办理”，而未明确规定采取“分段计算”的模式。因此，有人指出，基本养老保险关系不能转移接续，已经成为制约我国社会保险事业发展的突出问题。由于无法转移接续，跨地区就业劳动者的缴费年限不能累计计算，致使很多劳动者不能享受基本养老保险待遇，造成劳动者参保积极性不高，有的地方甚至出现了大量农民工退保。[①] 因此，征求意见稿采纳了相关意见，在第 17 条明确了“分段计算”的模式，《社会保险法》最终确认了该模式，在第 19 条规定：“个人跨统筹地区就业的，其基本养老保险关系随本人转移，缴费年限累计计算。个人达到法定退休年龄时，基本养老金分段计算、统一支付。具体办法由国务院规定。”对于该规定，有人提出：（1）规定过于简单、原则，操作性不强[②]；（2）从目前我国养老保险的现状来看，“分段计算”并不可行[③]；（3）“分段计算”必须有畅通的信息系统作为技术前提，因此，要建立全国统一的社会保险信息系统。[④]

笔者认为，“分段计算”模式对于化解目前基本养老保险关系转移接续的困境具有重要的作用，其能够极大地促进劳动力资源的自由流动，减少因为就业地点变更而被迫退保的问题。但是，就目前我国的养老保险现状来看，“分段计算”模式的顺利实施需解决以下几个问题：

一是统筹层次的提高。统筹层次的高低直接制约着“分段计算”模式的运行，因此只有在实现省级统筹的基础上，“分段计算”模式才得以有效运行。

二是社会信息的登记、保管和传递技术的强化。一方面应统一社会信息的登记系统，确保在数据指标、代码等方面的等同，以方便不同地方信息的传递和转换；另一方面应建立高效、快速、准确的信息查询和传递系统。

此外，《社会保险法》第 16 条第 2 款规定：“参加基本养老保险的个人，

---

① 关于《中华人民共和国社会保险法（草案）》修改情况的汇报. 新华网，http://politics.people.com.cn/GB/8590430.html. 最后浏览：2010 年 8 月 22 日。

②④ 关于社会保险法草案征求意见的情况（一）. 中国人大网，http://www.npc.gov.cn/npc/zt/2009-01/12/content_1467066.htm. 最后浏览：2010 年 8 月 20 日。

③ 关于养老保险——分组审议社会保险法（草案）发言摘登之三. 中国人大网，http://www.npc.gov.cn/npc/xinwen/lfgz/lfdt/2009-01/07/content_1466402.htm. 最后浏览：2010 年 8 月 20 日。

达到法定退休年龄时累计缴费不足15年的，可以缴费至满15年，按月领取基本养老金；也可以转入新型农村社会养老保险或者城镇居民社会养老保险，按照国务院规定享受相应的养老保险待遇。”而《社会保险法》第19条确定的“分段计算”模式只适用于跨统筹区域的转移接续，对于跨城乡的转移接续以及因为职业身份转变导致的转移接续是否可以类推适用第19条的规定，也尚需明确。

四、我国基本养老保险关系转移接续制度的完善

（一）完善养老保险法律制度，为基本养老保险关系的转移接续提供规范、统一、稳定的制度平台

我国应加快完善养老保险法律体系，《社会保险法》颁布实施后，国务院以及人力资源和社会保障部应根据授权，抓紧制定相应的行政法规和部门规章，从而构建较为完善的制度体系。养老保险法律体系的构建与完善，一要强调制度的统一性，改变目前各统筹区域“各自为政”的状况；二要维持制度的稳定性，避免“朝令夕改”，减少养老保险制度的新旧协调障碍；三要提高养老保险的立法层次，强化法律效力，理顺制度关系，避免制度冲突。

（二）提高统筹层次，减少养老保险制度的“块”状分割

1991年，国务院《关于企业职工养老保险制度改革的决定》规定，尚未实行基本养老保险基金省级统筹的地区，要积极创造条件，由目前的市、县统筹逐步过渡到省级统筹。然而时至今日，虽然宣布实现省级统筹的地区占绝大多数，但是据学者调查，真正实现省级统筹的只有4个省份。① 这导致基本养老保险关系的转移接续由于涉及不同统筹基金的财政负担、制度差异等而面临诸多困难。尽管统筹层次的提升涉及多个问题，但是笔者认为，随着经济社会发展，实现全国统筹是目标，从而避免由于统筹区域的过度分散，在养老保险体制形成“块”状分割，制约参保人流动，影响参保人养老保险权益的实现。《社会保险法》第64条第3款也明确规定“基本养老保险基金逐步实行全国统筹”。

（三）理顺养老保险制度体系，整合现行的养老保险的类型，避免“碎片化”

我国根据职业身份差别设立了分别针对机关、事业单位工作人员、城镇职工和城镇居民、农民工、农民以及失地农民的养老保险制度，导致养老保险体系“碎片化”，因为在市场经济条件下，人的职业身份是流动的、易变的，而在现行的体制下，其结果是任何职业身份的改变都将引起养老保险关

---

① 郑秉文. 基本养老保险关系转续中存在两个难点. 上海证券报，2010-01-30

系的转移。笔者认为，我国的社会保险立法应该在统一规则的基础上，重新拟定养老保险体系区分的依据，简化职业身份的划分，逐步减少体系的“碎片”，最终形成公职人员养老保险、城镇职工养老保险和新型农村社会养老保险三种，从而减少职业身份改变需转移养老保险关系的可能。

（四）建立统筹调剂基金，平衡责任承担和利益分配背离的情况

各统筹区养老保险基金由于覆盖范围、参保率、赢利能力、管理成本以及费率等方面的差异，导致基金的财政负担能力各异，然而参保人基本养老关系的转移，会导致基金负担轻重的变化，有些基金由于参保人的流出增加了资金沉淀，而有些则因参保人的流入，增加了支出。为平衡不同基金之间的财政负担，我国应该建立全国性的统筹调剂基金，用于平衡不同的养老保险经办机构的财政负担，对于转入地予以补贴，避免因为利益分配的背离影响基本养老保险关系的转移。

（五）强化技术支持，加快社会保险信息网络的建设

《城镇企业职工基本养老保险关系转移接续暂行办法》（国办发［2009］66号）明确规定，基本养老保险关系转移接续的程序期限最长不超过45天，这对我国的养老保险管理系统提出了挑战。因此，我国应强化相应的技术支持，加快全国性社会保险信息网络的建设，使得经办机构能够及时、准确地核对流动参保人的参保信息，提高管理效率。2002年10月30日全面启动的覆盖全国的统一的劳动和社会保障电子政务工程（金保工程）建设已经取得阶段性成果，各级数据中心建设逐步展开，统一软件的覆盖范围逐步扩大，政府网站、12333等公共服务手段正发挥着越来越大的作用，部省联网已全部完成，省市联网正在按计划推进，截至2008年6月底，全国32个省、自治区、直辖市全部实现了与人力资源和社会保障部联网，联网应用稳步推进，开展了养老保险监测、失业登记和失业保险监测工作，社会保障卡发放范围日益扩大，社会保障卡的发卡地区达到93个，已批复的社会保障卡发卡人群达1亿人，持卡人数达到3 800多万人。[①] 这一电子政务工程还要加强建设和完善。

第八节　新型农村社会养老保险制度

农业社会时代主要是通过家庭和土地化解老年的风险。“在18世纪中叶，欧洲各民族主要生活在农村，以农业为生，100个人中有90个人靠农业生产或农业小企业为生……在农民大家庭中，每一成员按其能力，为维持

① 马兰芬．养老保险异地转移跨地区转移接续办法的思考．华商．2008，12

生活作贡献，老弱病残也各得其所，直至瞑目。”① 然而，工业化和城镇化改变了社会结构，也改变了传统的养老模式。由于土地的减少、劳动力人口的流动，土地养老、家庭养老的功能逐步弱化。为化解工业化和城镇化所带来的社会风险，国家强制建立老年保障制度，构建社会安全网，由此，养老保险制度的适用对象由最初的工业劳动者逐步扩张到包括农业劳动者。我国农村养老保险制度发端于20世纪80年代，2009年开始试点建立新型农村社会养老保险制度。《社会保险法》第20条、第21条对新型农村社会养老保险制度的筹资方式和待遇做了原则性规定，有待深入研究。

一、我国农村养老保险制度的发展及问题

（一）我国农村养老保险制度的发展

20世纪80年代以前，我国的农村养老保障是以家庭养老为主、集体保障为辅，政府和集体经济组织仅负责“五保户”的供养。80年代，一些农村开始进行养老保险制度的试点。1992年，民政部出台《县级农村社会养老保险基本方案（试行）》（民办发［1992］2号）。1998年3月，国务院机构改革，决定将民政部管理的农村社会养老保险划入新成立的劳动和社会保障部，实行全国社会保险的统一管理。2009年9月1日，国务院发布《关于开展新型农村社会养老保险试点的指导意见》（国发［2009］32号），开始建立新型农村社会养老保险制度。该意见就基本原则、参保对象、资金来源、养老金待遇、给付条件、监督管理和新旧制度的衔接等作出了统一性的规定，并明确要求省级人民政府根据该指导意见，结合本地区实际情况，制定试点具体办法，并报国务院新农保试点工作领导小组备案。截至2009年年末，全国参加农村养老保险人数为8 691万人，比上年末增加3 096万人。全年共有1 556万名农民领取了养老金，比上年增加1 044万人。全年共支付养老金76亿元，比上年增加33.8%。年末农村养老保险基金累计结存681亿元。年末有27个省、自治区的320个县（市、区、旗）和4个直辖市部分区县列入首批新型农村社会养老保险试点。此外，参加被征地农民社会保障人数2 500多万人，约增加1 200万人。②

（二）我国农村社会养老保险制度存在的问题

1. 制度不统一，地区差异大

目前，国家对于农村养老保险的缴费标准、制度模式、监督管理等未有统一规定。尽管国务院发布了《关于开展新型农村社会养老保险试点的指导

① 鲁道夫·吕贝尔. 工业化史. 北京：中国经济出版社，1995. 114

② 参见人力资源和社会保障部. 2009年度人力资源和社会保障事业发展统计公报. 中国政府网，http://www.gov.cn/gzdt/2010-05/21/content_1611039.htm. 最后浏览：2010年8月30日。

意见》，但该意见的落实取决于各地的实践。而各地具体情况差异较大，导致全国农村养老保险制度差异较大，无法形成统一的制度模式，且各地政策的变动较为随意，缺乏稳定性。

2. 统筹层次低，参保率较低，社会互济性差

目前，农村养老保险主要是县级统筹，部分地区甚至是乡镇一级统筹，使得农村养老保险基金相对有限，制约了农村劳动力的流动，影响了参保的积极性，使得参保率相对较低。此外，农村养老保险采取完全积累的个人账户模式，缺乏社会保险所应具有的社会互济性，因此其养老风险的预防能力有限。

3. 集体补助标准不明，地区差异大

农村社会养老保险实行个人缴费、集体补助和政府补贴相结合，个人缴费的标准较为明确，尽管明确集体补助标准由村民委员会召开村民会议民主确定，但由于我国经济发展水平存在较大的地区差异，而集体经济组织的经济状况也存在较大差异，因此，经济状况较好的村集体可以承担较多的补助负担，而经济状况较差的村集体则难以负担。

4. 待遇水平低，保障能力弱

2009 年年末，全年共有 1 556 万名农民领取了养老金，全年共支付养老金 76 亿元①，年人均领取养老金约 488 元，而 2009 年农民人均纯收入 5 153 元。比较而言，农村养老保险待遇较低，保障能力较弱。

5. 内部构成复杂，相互之间缺乏衔接

由于农村劳动力的流动以及土地征收制度的影响，使得农村出现了户籍、土地和就业背离的状况。根据户籍和土地的实然现状，农村养老保险中可能存在以下三种主体：（1）拥有农村户籍，且拥有集体土地在乡务农的农民；（2）拥有农村户籍，土地被征收的失地农民；（3）拥有农村户籍，未在乡务农的进城务工人员（多数尚保留有集体土地）。因此，目前我国实践中存在针对上述三种主体所建立的不同的养老保险制度，即农村社会养老保

① 人力资源和社会保障部. 2009 年度人力资源和社会保障事业发展统计公报. 中国政府网，http://www.gov.cn/gzdt/2010-05/21/content_1611039.htm. 最后浏览：2010 年 8 月 30 日。

险、失地农民的养老保险[①]和进城务工人员的基本养老保险[②]，三种不同的养老保险制度之间在资金来源等方面存在诸多差异。由于进城务工人员在城市和农村之间“候鸟式”的来回迁徙、集体所有土地的定期调整，上述三种主体有可能因为城乡务工地点的转变或者重新获得集体土地，而面临养老保险关系转移的问题，这将极大地增加管理成本，且由于手续琐碎，影响参保人的参保热情。

二、世界主要国家农村养老保险的比较

（一）世界主要国家的农村养老保险制度

1. 德国农民养老保险制度

1957 年《农民老年救济法》是德国农村养老保险制度的基础，1995 年 1 月 1 日生效的《农业社会改革法》对农民老年保障进行了大幅度的改革，将农民老年援助发展为有收入补充功能的一种真正的部分养老保险。德国农民养老保险的主要内容包括：

（1）参保范围。法定投保人包括：①农业企业主，包括农林业中的企业和庄园，还包括园艺业、葡萄种植业、渔业和池塘养鱼业的企业；②农业企业主的配偶，即有同等企业经营权的丈夫或者妻子；③共同劳动的家庭成员共同劳作的家属则是指在企业中专职从业的直至第三级的血亲、直至第二级的姻亲和一个农场主或者其配偶的养子（女）。[③] 除了每年雇佣期少于 2 个月或 50 个工作日的人员，其他人员强制参保。[④]

（2）资金来源。所需资金部分来源于投保人缴纳的保险费，但绝大部分

① 失地农民的养老保障是随着我国近年城镇化的加速发展而日益凸显的问题。2006 年 4 月 10 日，国务院办公厅转发了劳动和社会保障部《关于做好被征地农民就业培训和社会保障工作指导意见的通知》（国办发［2006］29 号）。2006 年 8 月 31 日，国务院发布的《关于加强土地调控有关问题的通知》（国发［2006］31 号）再次强调：“征地农民的社会保障费用，按有关规定纳入征地补偿安置费用，不足部分由当地政府从国有土地有偿使用收入中解决。社会保障费用不落实的不得批准征地。”2007 年 4 月 28 日，劳动和社会保障部与国土资源部联合发布了《关于切实做好被征地农民社会保障工作有关问题的通知》（劳社部发［2007］14 号）。目前各地所采取的具体的失地农民的养老保险制度也不尽相同。笔者认为，对于失地农民的养老保障问题应区别对待，对于转为城镇户籍，且获得就业安置的，应该纳入城镇职工养老保险；对于转为城镇户籍，未能安置就业的，则纳入城镇居民养老保险；对保留农村户籍，而未重新获得土地的农民，则应该纳入农村养老保险，只是其养老保险的资金来源作区别对待。

② 2009 年 2 月 25 日，人力资源和社会保障部发布《农民工参加基本养老保险办法（草案）》征求意见，该草案结合各地实践，对进城务工人员养老保险制度进行了较大的变更。参见伍艳．建立农民工养老保险过渡性制度的法律分析——兼评《农民工参加基本养老保险办法（草案）》．人口与经济．2010，3

③ 郑春荣．德国农村养老保险体制分析．德国研究．2002，4

④ 黄庆杰．国外农村社会养老保障制度变迁与模式比较．全国老龄工作委员会办公室网站，http://www.cncaprc.gov.cn/info/1025.html．最后浏览：2010 年 8 月 20 日。

支出来源于联邦政府的补贴。①个人缴费。1995年前缴费基数是农场的经济价值，1995年后缴费依据是应税收入。农民缴费采取统一标准，一个农场主只缴一份保费，其他投保者的保险费是农场主的一半，并由农场主承担。②财政补贴。对于年收入低于3万马克的人实行参保缴费补贴，同时增加财政对农村养老保险的补贴。2002年，农民养老保险支付总额为15亿欧元，其中农民养老保险缴费约5亿欧元，联邦财政资金约10亿欧元。[①]

（3）给付条件。①男女分别年满65岁和60岁；②投保人必须缴满15年保险费，而丧失劳动能力的投保人的最低投保年限则为5年；③农业企业主必须在50岁后开始通过继承、出售或长期租让等方式转移其农业企业，脱离农业劳动成为农业退休者。

（4）给付形式。农民养老保险待遇除了现金支付之外，还包括“一种特殊的实物给付方式，即经营帮工和家政帮工。这种给付的多样性，不仅考虑到了农业生产与经营的特殊性，而且也创造了工作岗位，也就是说，在具有社会保障效应的同时，还具有就业效应”[②]。

（5）监督管理。由联邦和各州农村社会保险经办机构管理。各个机构都独立存在，自主经营，在自治管理中维护自身的经济利益。政府劳动与社会保障部的主要职能是对农民养老保险实行统一立法和管理。

2. 波兰农村养老保险制度

波兰法律规定政府有义务为农民年老时提供社会保障，因此，波兰为农民建立了养老和医疗保险体系。其内容包括：

（1）参保范围。农民养老保险参保范围为所有有耕地的成年人。波兰土地以私有为主，土地可以出租、买卖，也可以转让给子女。

（2）缴费。农民自愿参保缴费，每人每季缴251兹罗提（相当于每月83.6兹罗提），残疾人缴费有优惠。16～65岁的波兰农民由自己填表缴费，经办部门按实名制将基金划入个人账户。当季当年可以欠费，过后可以补缴。由于个人缴得少，政府补得多（约占90%），很少有人欠缴。缴费时间越长，享受的待遇越多。1993年缴费率为87%，1998年达95%，2003年达97%，2008年达101%（含补缴）。

（3）给付条件。波兰农民养老金的给付条件为男性要缴费满25年，65周岁退休；女性要缴费满20年，60周岁退休。

（4）待遇水平。养老金月均725波兰兹罗提（相当于183欧元），待遇水平是城市职工养老水平的60%。有伤病的人员可提前退休。养老金随着

① 参见王增文，邓大松. 德国农村养老保险制度演进. 中国社会保障. 2009，11

② 郑春荣. 德国农村养老保险体制分析. 德国研究. 2002，4

每年经济的增长提高1%。2007年，国家养老金开支160亿兹罗提，其中，个人缴费占14亿兹罗提，政府补贴达146亿兹罗提。

（5）转移、续接。参加农民保险又参加城市职工保险，身份变化的账户可以保留，也可以转移。由农村向城市转移很顺利，由城市向农村转移要审核，审核其是否符合两个条件：一是3年以上农民经历，二是当时的收入和经济状况处于农村平均水平。

（6）监督管理。政府设行政机构管理养老基金，农业部和农民社保委员会共同参与，组织名为基金会，会长由农业部官员出任。波兰16个省都有分会，总部设在华沙。各省下设管理中心，共363个。基金使用信息化管理，各机构均有资质认证，其任务一是负责征收农民养老税，二是向农民提供保险费用。保健中心管理医疗保险，同时负责职业安全卫生、生育津贴等。管理机构的工作人员多是女职工，工作经费和职工工资由国家负担。[①]

3. 日本的农民养老保险制度

日本形成了多层次农民养老保险体系，即国民年金和农民年金。

（1）国民年金。国民年金是农民养老保障的第一支柱。1959年，日本政府颁布《国民年金法》，将农民、个体营业者等强制纳入国民养老金体系。农民参保实行定额缴费，但属于生活保护的低收入者可免于缴费，相应地退休后其免缴期间的养老金水平仅为原有水平的1/3。缴费年限25年以上、年满65岁以上的参保人可以领取养老金；缴费年限满40年的参保者，退休后可领取最高金额养老金。国民养老金的资金来源，国库负担1/3，其余来自保险人缴纳的保险费。[②]

（2）农民年金。由于国民年金待遇水平较低，并且参保者之间存在较大的差距，因此，1970年5月13日，日本国会通过了《农业劳动者年金基金法》，该法在提高农村老年人福利的同时，为满足规模化生产的需求而鼓励农民离开土地，促进农民转让土地经营权，因此，当被保险者跨入老年行列，若转让其经营权，支付其经营转让年金，若不转让经营权，则被保险人满65周岁时支付老龄年金。农民年金强调自愿原则，但参加者必须满足三个要件：①年龄在20～55岁之间；②具有一定规模以上土地的名义权；③必须是国民养老金的加入者。日本农民家庭中拥有土地名义权的通常是户主个人，这样限制了其他家庭成员的加入。同时因为该制度采取现收现付制，随着农业人口的兼业化与老龄化，出现了难以维持的情况。于是2002年农

---

① 赵振华. 波兰、爱尔兰农村养老保险制度略览. 天津社会保障. 2009，2

② 黄庆杰. 国外农村社会养老保障制度变迁与模式比较. 全国老龄工作委员会办公室网站，http://www.cncaprc.gov.cn/info/1025.html. 最后浏览：2010年8月20日。

业劳动者年金制度进行改革，出台了更有利于农民加入的优惠政策。如只要是未满60周岁的国民养老保险的加入者，年从事农业的天数达到60天以上，即使没有土地名义权也可以加入，这样真正从事农业的妇女、继承人也有参保资格，扩大了参保人的覆盖面；开始由现收现付制改为缴费确定型，以减轻现役农业劳动者和经营者的负担，保险费金额设定在2万~6.7万日元的范围内，允许农民根据自己的经济状况自由选择。支付的保费可成为扣减全额社会保险费的对象，因此可减少所得税和居民税的纳税额；如果是政府认定的有一定实力的专业农业经营者，还可以享受保险费补贴的优惠。这些优惠激发了农民参加保险的热情和积极性，到2010年1月末，实际加入农民年金的人数累计达到9.4万多人。① 由于20世纪90年代以后日本农村人口老龄化程度加深，为缓解农业劳动力人口的短缺，鼓励人们留在农村甚至“返农”，在此次改革中土地权益转让补偿金被取消。②

（二）域外经验的启示

纵观上文所列举的域外农民养老保险制度，有以下几点经验值得重视：

一是农民身份的划分，并非基于户籍制度，而是基于劳动分工。因此，德国、波兰、日本的农民养老保险适用对象主要是拥有土地，从事农业生产的人。所以，从根本上而言，国外农民养老保险制度未脱离社会保险制度的初衷，即基于劳动和职业，预防因为老年等社会风险而导致所得中断。

二是坚持自愿原则。由于农村和农业的发展水平相对滞后于城市和工业的发展水平，且受到地理环境和自然条件的制约，一国之内不同农村地区的发展状况和不同农业劳动者个人的状况也不尽相同，因此，农民养老保险制度坚持自愿原则，由农民自主决定是否参加相关的养老保险制度，并根据个人状况选择缴费标准。

三是农民养老保险制度的建立和发展与国家的经济社会发展，尤其是产业结构和城镇化的发展密切相关。由于农业人口是工业规模化生产所需劳动力的主要来源，因此，为了配合经济发展和城镇化发展不同时期的需要，农业养老保险制度也有相应的调整。如20世纪70年代，为适应经济高速发展的需要，日本为鼓励农业劳动者离乡成为工业劳动者，建立了土地经营权的转让年金，而90年代后，由于人口结构的老龄化和农村劳动力的减少，日本政府取消了土地经营权的转让年金，且加强了税收优惠。

三、《社会保险法》制定过程中的相关争论

《社会保险法（草案）》征求意见稿仅在第18条规定：“国家逐步建立和

① 王国华．日本农村养老保险制度的建设经验及启示．北方经贸．2010，4

② 顾天安．日本农村养老保险制度探析及启示．日本研究．2005，4

完善城镇居民基本养老保险、农村居民基本养老保险制度，具体办法由国务院规定。”该规定存在一些问题：（1）规定过于原则。有人认为，有关农民获得社会保险的条款过于简单，而仅有的条款，极其原则和抽象，对于诸多问题都是语焉不详。[①]（2）规定与现行制度的统一问题。草案二次审议时，国务院已出台《关于开展新型农村社会养老保险试点的指导意见》，因此有人提出，建立新型农村社会养老保险制度，实现城乡居民在社会养老保险方面的制度平等，社会保险法应当对此作出规定。（3）资金来源、待遇构成和实行方式不明确的问题。

全国人大法律委员会经同国务院法制办、人力资源和社会保障部研究，建议草案增加规定：新型农村社会养老保险实行个人缴费、集体补助和政府补贴相结合。新型农村社会养老保险待遇由基础养老金和个人账户养老金组成。参加新型农村社会养老保险的农村居民，符合国家规定条件的，按月领取新型农村社会养老保险待遇。目前，一些地方已经开展了城镇居民社会养老保险工作，新型农村社会养老保险试点开始后，有些地方还将“新农保”和城镇居民养老保险统筹安排，统一实施。全国人大法律委员会经同国务院法制办、人力资源和社会保障部研究，建议增加规定：省、自治区、直辖市人民政府根据实际情况，可以将城镇居民社会养老保险和新型农村社会养老保险合并实施。

《社会保险法》第20条、第21条规定了新型农村养老保险制度。具体包括：（1）国家义务，即国家建立和完善新型农村社会养老保险制度。（2）资金来源，即新型农村社会养老保险实行个人缴费、集体补助和政府补贴相结合。（3）待遇构成，即新型农村社会养老保险待遇由基础养老金和个人账户养老金组成，按月领取。（4）实施方式，既可单独实施，也可由省、自治区、直辖市人民政府决定与城镇居民社会养老保险合并实施。

四、我国农村养老保险制度的完善

（一）完善立法，建立全国性农村养老保险的框架体系

我国应尽快完善农村养老保险立法，建立具有指导意义的全国性的农村养老保险的框架体系。在总结试点经验的基础上，国务院或者人力资源和社会保障部应该加紧制定相关行政法规或者部门规章，以完善新型农村养老保险配套制度体系，其重点是要逐步统一新型农村养老保险的制度架构，可以

① 参见各地人民群众对社会保险法草案的意见（二）．中国人大网，http://www.npc.gov.cn/npc/zt/2009-02/01/content_1468688_2.htm. 最后浏览：2010年8月20日；参见各地人民群众对社会保险法草案的意见（一）．中国人大网，http://www.npc.gov.cn/npc/zt/2009-01/12/content_1467066_9.htm. 最后浏览：2010年8月20日。

允许各地根据经济发展状况在缴费水平、待遇水平等方面存在差异，但是在参保范围、监管体制、筹资模式、给付条件等方面应做到一致，以增强农村养老保险制度的确定性和一致性。

（二）削弱户籍依赖，建立基于工业和农业劳动分工的农村养老保险制度

笔者认为，在养老保险领域，应逐步削弱对户籍制度的依赖，建立基于劳动分工的农村和城镇养老保险架构，建立适用于不同身份特点的农民的养老保险制度。其原因在于：一是户籍制度的改革势在必行。尽管由于历史等诸多原因，我国短期内尚无法完全废除城乡户籍制度，但随着社会经济的发展，户籍制度的改革势在必行，而且已有部分地区如重庆等逐步开放城镇户籍。因此，养老保险制度不必死守城乡户籍制度。二是从养老保险制度体系构建的逻辑基点来看，农村养老保险与城镇养老保险的划分并非是基于户籍，而是基于劳动分工，这从前文关于德国、波兰和日本农村养老保险制度的比较可知。因此，我国应基于农业劳动建立农村养老保险制度，即对农村地区从事农业生产的人，包括拥有集体土地的农民及其配偶和共同从事农业生产的家庭成员，以及在农村地区从事个体经营的失地农民建立农村养老保险制度。进城务工人员则应参加城镇职工基本养老保险，同时应建立相应的转移、接续制度，当其回到农村时，可以将其在城镇职工基本养老保险基金中的相关资金转移到农村养老保险基金中。

（三）提高统筹层次，扩大覆盖范围，提高参保率，增强社会互济性

农村养老保险的统筹层次应根据社会经济发展水平，逐步由县级统筹提高到省级统筹，扩大覆盖范围，提高参保率，增强养老保险基金的积累。同时，在提高统筹层次和参保率的基础上，逐步建立以社会统筹为主的筹资模式，增强农村养老保险的社会互济性，避免完全积累模式下存在的“保富不保贫”的弊端。

（四）明确集体补助和财政补贴的标准

为强化乡镇以及村集体的养老保障功能，应当明确村集体补助的标准，强化集体补贴和财政补助的力度，多缴、多补、多得。由于农业生产的利润低、农民收入较低，以个人缴费为主的资金筹措方式势必会影响到农村养老保险基金的规模，从而使养老保障的水平较低。笔者认为，应逐步提高集体补助和财政补贴在基金中的比例，应确定集体补贴的标准，该标准可以是浮动的比例，由村民委员会根据其经济状况，确定本集体补助的具体标准。应加大对农民参保的鼓励和扶持，如建立相应的税收优惠政策，对个人缴费的农民，其缴费额度应可以抵免相应的农业税。此外，集体补贴也应根据个人缴费额度的高度予以浮动，多缴则多补，其符合领取条件时则可以多得养

老金。

（五）完善新型农村基本养老保险与城镇基本养老保险之间的衔接

为解决进城务工人员在城乡之间来回流动的问题，避免进城务工人员回乡需要“退保”而无法获得养老保障，应完善新型农村基本养老保险与城镇基本养老保险之间的衔接，减少人口流动的制度壁垒。而从长远来看，随着人口结构的改变、户籍制度的改革以及农村土地流转制度的日益完善，在可预见的将来，会出现城镇人口进入农村从事农业生产的可能，因此，强化相关的制度衔接，将有效解决由于人口流动带来的养老保障问题。

（六）适时调整农村养老保险制度侧重点

我国应当根据社会经济以及城镇化发展水平的变化，适时调整农村养老保险制度侧重点。农村养老保险体制的建立与经济社会发展密切相关，前文所述日本农村养老保险制度的转变与日本人口老龄化、城镇化和经济发展密切相关。我国农村养老保险制度也应与经济社会发展和城镇化的发展相配套。目前我国正处于经济高速发展、人口结构相对合理、城镇规模化扩张的阶段，因此，农村养老保险制度的建立可以趋向于鼓励农村劳动者流向城市，以满足经济发展对于劳动力人口的需要。今后，当我国的经济发展趋于稳定、人口老龄化加剧以及城镇化达到一定程度时，为维持农业生产的需要，可以使我国的农村养老保险制度趋向于鼓励农村人口留守农村，投入农业生产。

第三章 医疗保险

基本医疗保险，是指为补偿参保人因疾病风险造成的经济损失而建立的一项社会保险制度，通过用人单位和个人缴费，建立医疗保险基金，参保人员患病就诊发生医疗费用后，由医疗保险经办机构给予一定的经济补偿，以避免减轻参保人因患病、治疗等所带来的经济风险。我国基本医疗保险在坚持广覆盖、保基本、多层次、可持续以及保险水平与经济社会发展水平相适应的原则的基础上，通过建立国家、用人单位和个人责任明确、合理分担的多渠道筹资机制，实行基本医疗保险基金和个人共同分担医疗费用，实现社会互助共济，保障城乡居民的医疗保险权益的实现。

我国现行基本医疗保险体系包括职工基本医疗保险、城镇居民基本医疗保险和新型农村合作医疗，分别覆盖就业人员、城镇居民和农村居民。其中，职工基本医疗保险制度是为适应社会主义市场经济体制改革和与推进国有企业改革相配套建立起来的，其基本思路是基本保障、广泛覆盖、双方负担、统账结合。城镇居民基本医疗保险主要是为城镇未就业人员提供的基本医疗保障，以个人缴费为主，政府给予适当补助，居民按照规定自愿选择缴纳基本医疗保险费后，享受相应的医疗保险待遇。新型农村合作医疗是由政府组织、引导、支持，农民自愿参加，个人、集体和政府多方筹资，以大病统筹为主的农村医疗互助共济制度。

《社会保险法》第三章“基本医疗保险”共 10 个条文，其中第 23 条、第 26 条、第 27 条和第 32 条对职工基本医疗保险的相关内容进行了规定，第 24 条规定了新型农村合作医疗制度，第 25 条则规定了城镇居民基本医疗保险制度，第 28 条、第 29 条、第 30 条和第 31 条则对职工基本医疗保险、城镇居民基本医疗保险和新型农村合作医疗费用支付和医疗服务协议问题予以了规定。

第一节 职工基本医疗保险的覆盖范围

我国现行职工基本医疗保险的覆盖范围是城镇所有用人单位，包括企业（国有企业、集体企业、外商投资企业、私营企业等）、机关、事业单位、社会团体、民办非企业单位及其职工，都要参加基本医疗保险。而私营企业及其职工、城镇个体经济组织业主及其从业人员是否参加基本医疗保险，由各省、自治区、直辖市人民政府决定。《社会保险法》扩大了职工基本医疗保险的覆盖范围，不再对职工进行区分，私营企业及其职工、城镇个体经济组织业主及其从业人员都应该统一纳入职工基本医疗保险。其第 23 条规定："职工应当参加职工基本医疗保险，由用人单位和职工按照国家规定共同缴纳基本医疗保险费。无雇工的个体工商户、未在用人单位参加职工基本医疗保险的非全日制从业人员以及其他灵活就业人员可以参加职工基本医疗保险，由个人按照国家规定缴纳基本医疗保险费。"

一、我国职工基本医疗保险覆盖范围存在的问题

（一）覆盖范围仍较为有限

职工基本医疗保险制度理论上应当覆盖城镇全部劳动者，目前尚未完全覆盖。截至 2007 年年底，参加职工基本医疗保险人数为 18 020 万人。职工基本医疗保险参保人数占城镇就业人口的比例，从 1998 年的 5%增长到 2007 年第三季度的 64.6%。[①] 2009 年年末，城镇就业人员 31 120 万人，有 21 937 万人参加职工基本医疗保险[②]，仍有 1/3 的就业人员未被职工基本医疗保险覆盖。历年职工基本医疗保险参保人数参见表 3—1。

（二）特殊群体参保困难

由于没有明确稳定的经费来源渠道，困难企业职工和国有关闭破产企业人员、转制企业退休人员参加职工基本医疗保险存在困难。根据劳动保障部 2002 年对 20 个城市的调查显示，仅 22%的困难企业职工参加了基本医疗保险。最近几年来，尽管各地政府采取了多种办法，包括参保优惠政策或出资等形式，大力帮助国有困难企业参加基本医疗保险，但由于帮扶面大，资金量小，至今仍然有相当一部分困难企业没有参加医疗保险。同时，非公有制企业工作人员和灵活就业人员、农村进城务工人员参保率也比较低。根据《2009 年度人力资源和社会保障事业发展统计公报》数字显示，2009 年度全国农民工总量为 22 978 万人，其中外出农民工数量为 14 533 万人，2009 年年末参加医疗保险的农民工人数为 4 335 万人。国家统计局《2009 年农民工监测调查报告》指出，外出农民工参加社会保险的水平总体较低，雇主或单

① 《2007 年度劳动和社会保障事业发展统计公报》，人力资源和社会保障部，http://w1.mohrss.gov.cn/gb/zwxx/2008-06/05/content_240415.htm. 最后浏览：2010 年 11 月 21 日。

② 《2009 年度人力资源和社会保障事业发展统计公报》，人力资源和社会保障部，http://w1.mohrss.gov.cn/gb/zwxx/2010-05/21/content_382330.htm. 最后浏览：2010 年 11 月 21 日。

表 3—1　　历年职工基本医疗保险参保人数　　单位：千人

年份	在职职工参保人数	退休职工参保人数	城镇职工参保总人数
2001	54 707	18 152	72 859
2002	69 258	24 754	94 012
2003	79 749	29 268	109 017
2004	90 444	33 592	124 036
2005	100 217	37 612	137 829
2006	115 804	41 515	157 319
2007	134 203	46 000	180 203
2008	149 880	50 080	199 960
2009	164 100	55 270	219 370

数据来源：2001—2007 年数据来源于《2008 年中国劳动统计年鉴》，2008 年数据来源于《2008 年度人力资源和社会保障事业发展统计公报》，2009 年数据来源于《2009 年度人力资源和社会保障事业发展统计公报》。

位为农民工缴纳医疗保险的比例为 12.2%。

二、世界主要国家和地区职工基本医疗保险覆盖范围

（一）全民医保模式

1. 瑞典

瑞典是全民医保的典型国家。1982 年瑞典通过卫生立法，规定本国公民在患病（或生育）时均有资格领取由地区社会保险局支付的“医疗费用补助”。16 周岁以下的未成年人随其父母参加医疗保险，16 周岁以上在本国长期合法居住的公民都必须参加瑞典法定医疗保险，每个家庭中只要有收入的成员将收入的 2.8%交医疗保险税，全家即可享受公费医疗待遇。到外国工作不超过 1 年的瑞典人也可以参加医疗保险制度。在瑞典受雇于外国雇主的外籍人，如果有意在瑞典工作 1 年以上，同样可以参加医疗保险制度。①

2. 英国

英国也实施全民医疗保险。英国在 1948 年通过并颁布了《国家卫生服务法》，医疗保险范围也扩大到全体公民，这一制度又称国民健康制度（National Health System，NHS）。英国的国民保健制度，保证凡居住在英国的人无须取得保险资格即可在免费或低费用的情况下享受相当完善的医疗

① 参见雷达．瑞典：把经济安全网覆盖每位公民．中国记者观察——外国医疗保障制度．北京，中共中央党校出版社，2008.19

保健服务。

3. 我国香港特区

香港医疗保障制度覆盖所有持香港身份证的市民。香港医疗保障制度基本上沿袭英国的全民健康服务制度[①]，由政府直接主办一体化的医疗健康护理服务，为市民提供高质量、全方位的医疗健康服务。市民也可以自行购买商业健康保险。由于香港公立医院提供的服务质量高、收费低，市民一般都选择公立医院提供住院和专科门诊服务[②]。

（二）按职业类别参保模式

1. 德国

德国社会医疗保险的筹资主体是非营利性质的保险专业组织——社会医疗保险基金会（GKV）。2007 年 3 月数据显示，德国 GKV 的参保人数为 7 034 万人，约覆盖总人数的 88%。根据参保人员的行业与地域特征，德国 GKV 分为以下几个基金会：（1）Allgemeinen Ortskankenkassen（AOK）基金会，主要针对社区居民包括没有工作的人的基层基金组织；（2）Betriebskrankenkassen（BKK）基金会，主要参保对象为特定大型企业职员，如西门子、大众汽车等大型公司；（3）Innungskrankenkassen（IKK）基金会，为特定行业的手工业者提供保险；（4）Verband der Angestellten（VdAK）基金会，参保对象为一般企业的白领及技术人员，并提供附加的福利；（5）Arbeiter-Ersalzkassen-Verband（AEV）基金会，为工人提供的保险基金会；（6）其他，如 LKK（农业医疗保险）基金会、Knappschaft（矿工医疗保险）基金会等。AOK、VdAK、BKK 三大基金会的参保人员占总参保人数的八成多。[③] 德国这种按照类别适用不同医疗保险的模式被我国台湾地区所采用。

2. 法国

法国医疗保险覆盖该国全体国民，包括企事业单位雇员、公务员、工人、农民、自由职业者及退休人员，覆盖率占全国总人口的 99.2%。法国目前已建立和形成了以基本医疗保险为主、补充医疗保险并存的多层次医疗

① 本部分参考浦启华. 香港医疗保障制度及其改革. 中央编译局网站，http://www.cctb.net/xszm/yzsb/200901090003.htm. 最后浏览：2009 年 7 月 26 日。

② 除公立医院外，香港也有私人诊所和医院，这些私人诊所和医院采取市场化运作，依据医疗服务成本自主确定价格。由于香港公立医院提供的住院和专科门诊服务质量高、收费低，目前，全港 94%的医院服务是由公立医院提供的，另外 6%由私人医院提供。普通科门诊则主要由私营的普遍科医生提供，主要原因有：一是病人到私营的诊所看病，可以自主选择医生，诊疗时间也更有弹性（公立诊所等待期长）；二是私营的普通科医生每次诊症收费约 150 元，大部分市民都能负担得起，并认为“物有所值”。

③ 陈翔，王小丽. 德国社会医疗保险筹资、支付机制及其启示. 卫生经济研究. 2009，12

保险体系，其中，全体国民必须参加法定的基本医疗保险。基本医疗保险可大体分为两大类：(1) 一般保险。此种保险为一般劳动者所设立，投保人最多，全国约有5 000多万人，占参保总人数的80%。(2) 特种保险。参加这种保险的人数占参保总人数的20%左右。具体包括：一是农业类保险，是农业工种互助会为农业雇工或自耕农设立的，投保者约400万人；二是非农业、非受雇、自由职业者保险种，是为商人、手工业者、实业者以及自由职业者设立的；三是为公务员和军人，铁路、公交、水电局职工等高风险或特殊工种人员设立的特殊保险。

3. 我国台湾地区

台湾地区的全民健保以“全民参保、强制性投保”为原则，在原公、劳、农保被保险人的基础上，扩展其眷属并将其他人口纳入保险。被保险人依其职业类别与所属单位，分为六个类别[①]，有职业者（包括其无工作的眷属）通过所属单位投保，没有职业者（包括无挂靠亲属的退休人员）可通过乡（镇、市、区）公所投保。为提升台湾居民的健保参保率，对经济困难的居民采取了专项优惠办法，无健保卡的困难居民患有重症、急症时，可先就医后参保，同时，对长期拖欠保险费而无力参保的困难人员，可获准在一年内免除或缓缴先前的欠费，以将他们尽快地纳入健保的保护下。

（三）就业者与居民分别参保模式

亚洲相对发达的韩国与日本也实现了全民医保，两国采取的模式相似，都是对就业人员与居民采取不同的保险制度。其中，韩国国民健康保险制度实施于1977年7月1日，最初仅纳入拥有500个以上职工的企业，以后逐步扩大参保对象，到1989年实现了全民医保，其健康保险适用人口分为两部分，一部分是企业职工参保者，占总人口的52.6%，另一部分是地区参保者，占总人口的44.3%。日本于1961年在全国范围内确立了全民皆保险制度，使日本所有国民都成为医疗保险的被保险人。日本现行医疗保险可分为受雇者保险、国民健康保险及以两者为基础的老人医疗保险。受雇者保险包括政府掌管健康保险（面对中小企业，由政府运营）、组合掌管健康保险（由大企业运营）、船员保险、各种共济组合（国家和地方公务员、私立学校教职员）。国民健康保险由市町村运营，以居住地范围内的一般居民、自营业者和农民为对象。

① 台湾地区全民健保的被保险人分为六类。第一类：有雇主的国营、民营机构员工；第二类：无雇主但有加入同业工会的人；第三类：农渔业从业人员；第四类：服兵役及替代役人员；第五类：合于法规规定的低收入户；第六类：荣民（这里的荣民是“荣誉国民”的简称，即退伍军人）及其眷属和不属第一至第五类的人。

（四）社会保险与商业保险共存模式

该模式以美国为代表。美国总人口约3亿人，三个政府组织的医疗保险制度覆盖人口约1.1亿人[①]：（1）“老年医疗保险计划”（Medicare）是一个强制性的基本保险制度，年轻时参加并按月缴费，到65岁时开始享受待遇，2008年年底该制度覆盖4 520万人。（2）“贫困医疗保险计划”（Medicaid）则是由财政拨款的救助性质的制度，凡是低于贫困线的群体均可获得救助，2008年年底实际受益人口有4 900万人。（3）“儿童健康保险计划”（State Children’s Health Insurance Program，SCHIP）是一个由财政拨款的救助性质的制度，无须个人缴费，2008年年底受益儿童是737万人。除此之外的约1.9亿人口中，1.4亿工作人口完全由工作单位购买的商业保险计划覆盖，其余4 600万人左右没有任何医疗保险措施。美国医疗改革的目标是将这4 600万人覆盖进来。[②] 由此可见，美国政府主要通过Medicare、Medicaid等社会医疗保险帮助和保障老弱病残和穷人等弱势人群，而把有自保能力的普通居民的医疗保险留给市场，由企业为其缴纳医疗保险费购买医疗保险，通过商业保险的模式解决其医疗问题，其他普通居民只能自愿购买私人健康保险。

三、《社会保险法》制定过程中相关争论

（一）扩大职工基本医疗保险覆盖范围

《社会保险法》征求意见的过程中，大多数意见主张继续扩大职工基本医疗保险覆盖范围。如有的提出，现在城市里很多下岗人员、自由职业人员、无业人员，这些人没有参加保险或不愿参加保险。为保证社会和谐和长治久安，建议将这一部分人员尽量强制纳入职工基本医疗保险制度中来。

（二）避免歧视，保证公平

有人建议在设计各类社会保险制度时，做到相对公平，避免因职业、身份、地区的不同导致社会保险待遇差距过大。此外，有的地方对于本地户口

① 在此三个制度之外还有退伍军人医疗保险。为奖励退伍军人对美国作出的巨大贡献和牺牲，美国国会在1996年通过了《退伍军人医疗保障改革法》，授权联邦政府下属的退伍军人事务部成立“退伍军人医疗保险计划”，所需资金全部由联邦预算支付。据统计，美国退伍军人及其家属为6 000余万人，占美国人口总数的1/5，其中退伍军人2 700万人，退伍军人的家属及子女3 500万人。这个队伍还在不断壮大，每年美国约有20万军人退出现役。目前5 900多万退伍军人及其家属参加了“退伍军人医疗保险计划”。

② 郑秉文．美国医改与价值观．人民日报，2009-10-20。支撑美国经济的1.4亿工作人口仍然由企业自行解决。由此看来，即使医疗改革成功，政府医疗保险制度覆盖的人口也就一半左右，与欧洲福利国家全覆盖的医疗保险制度相去甚远。“美国人反对的是政府提供的医疗保险，而不是医疗保险本身。他们青睐的是目前市场主导的医疗保险，这就是半个世纪以来历届总统医改受阻的根本原因，也是上世纪90年代克林顿总统医改流产的主要原因。”

和外地户口的就业人员规定了不同的社会保险制度，对这些现象，许多意见建议取消户籍歧视和差别待遇。

四、我国职工基本医疗保险覆盖范围的完善

《社会保险法》第23条规定了职工基本医疗保险的覆盖范围，在该规定中取消了“城镇职工”的限制，即无论职工是否具有城镇户籍都应参加到职工基本医疗保险中来。同时与征求意见稿的规定相比，该条还对无雇工的个体工商户、未在用人单位参加职工基本医疗保险的非全日制从业人员以及其他灵活就业人员作了专门的规定，规定他们可以自愿参加职工基本医疗保险。但《社会保险法》关于职工基本医疗保险覆盖范围的规定仍需完善，需注意以下主体参保的问题：

（一）关闭破产企业退休人员和困难企业职工

关闭破产企业退休人员和困难企业职工参加职工基本医疗保险困难，是因为未明确其稳定的经费来源。因此，对国有困难企业职工及退休人员，应当明确政府责任，帮助解决参保资金，将这部分人员纳入职工基本医疗保险统一管理。事实上中央有关部门一直在研究解决国有破产企业退休人员医疗保障及资金来源问题，同时也鼓励各地充分发挥主动性，不等不靠，积极协调，拓宽筹资渠道，探索可行的保障方式。对已破产无单位的退休人员，多渠道筹资保障其加入职工基本医疗保险。2009年的《医药卫生体制改革近期重点实施方案（2009—2011年）》明确要用两年左右时间，将关闭破产企业退休人员和困难企业职工纳入职工基本医疗保险，确有困难的，经省级人民政府批准后，参加城镇居民医疗保险。这就为关闭破产企业退休人员和困难企业职工提供了相对更为便捷可行的医疗保险制度选择。

（二）灵活就业人员

2003年，劳动保障部办公厅印发的《关于城镇灵活就业人员参加基本医疗保险的指导意见》规定了灵活就业人员特别是非全日制职工的参保问题。对于已经与用人单位建立明确劳动关系的非全日制职工，要按照职工基本医疗保险的相关规定缴费参保；其他灵活就业人员，要以个人身份缴费参保。另外，各地都有关于灵活就业人员参加职工基本医疗保险的具体规定，如《北京市灵活就业人员参加职工基本医疗保险办法》规定的参保人群包括具有本市城镇户口、符合法定就业年龄、从事个体劳动或者自由职业，在市、区职介中心、人才中心以个人委托存档的人员以及享受社会保险补贴人员。同时根据该办法灵活就业人员现行缴纳基本医疗保险费的标准是上一年本市职工月平均工资70%的7%，即月平均工资的4.9%。而《哈尔滨市城镇基本医疗保险暂行办法》第9条第2款规定，市区灵活就业人员、自由职业者、农转非人员、进城务工人员按照上年度该市在岗职工平均工资的

9.5%缴纳。由于费率和缴费基数相对较高，灵活就业人员参加职工基本医疗保险缴费负担重，直接影响了灵活就业人员参加职工基本医疗保险的热情。因此，如何合理设计灵活就业人员的缴费方式和负担比例，是将其纳入职工基本医疗保险的关键。

《社会保险法》第 23 条第 2 款规定，灵活就业人员可以参加职工基本医疗保险，而并非强制参保。因此，笔者认为，灵活就业人员如无法参加职工基本医疗保险的，可以选择参加城镇居民基本医疗保险。

（三）进城务工的农村居民

进城务工的农村居民参加基本医疗保险的，应灵活处理。有长期稳定的劳动关系的进城务工的农村居民应该和城镇职工一样参加职工基本医疗保险。对于劳动关系不稳定或者劳动关系难以确定的，可以由个人选择参加职工基本医疗保险、城镇居民医疗保险或者新型农村合作医疗。山东、河南和广东等地还建立了专门的农民工医疗保险，将劳动关系不稳定的农民工按照低水平、保大病、保当期、雇主缴费的办法纳入进来。

（四）在华就业的外国人

《社会保险法》第 97 条规定："外国人在中国境内就业的，参照本法规定参加社会保险。"近年来，随着对外开放的扩大，外国人在我国境内就业的情况有所增多，对我国境内就业的外国人参加社会保险作出规定，符合国际上的通常做法。然而，《社会保险法》仅明确外国人在中国境内就业的，参照社会保险法规定参加社会保险，但未具体规定参加哪一类型的社会保险。笔者认为，对于在中国境内就业的外国人，应该按照《社会保险法》第 23 条的规定参保，根据其职业类型参加职工基本医疗保险。

第二节　职工基本医疗保险的缴费

职工基本医疗保险费由用人单位和职工共同缴纳。《国务院关于建立职工基本医疗保险制度的决定》规定，用人单位缴费率应控制在职工工资总额的 6%左右，职工缴费率一般为本人工资收入的 2%。随着经济发展，各地视本地情况，在此基础上调整用人单位和职工缴费率，因此有些发达地区的缴费率远远高于 6%，如上海的单位缴费率为 10%，北京的单位缴费率为 9%。其中，单位缴纳的 30%左右和个人缴纳的 2%划入个人账户，具体划入比例根据职工年龄段确定，年龄越大比例越高。其余单位缴纳部分纳入社会统筹基金。一些困难地区和困难企业只建立统筹基金，暂时不建立个人账户。如天津市 2003 年对困难企业实行了大病统筹基金制度，用人单位缴纳 6.5%，个人不缴费，不建立个人账户，单独建立统筹基金，参保人员享受现行基本医疗保险规定的住院和门诊特殊病的同等待遇，但不负担门诊费用。《社会保险法》第23条规定了职工和用人单位的共同缴费义务，同时第27条规定退休职工如果达到法定退休年龄时累计缴费达到国家规定年限的，退休后不再缴费。

一、我国职工基本医疗保险缴费存在的问题

（一）最低缴费年限问题

由于人口老龄化，退休年龄偏低，退休人员不再缴纳基本医疗保险费的政策，使得基本医疗保险基金的支付压力增大。与养老保险不同，职工基本医疗保险目前并没有全国统一的最低缴费年限。而为了减轻人口老龄化对基本医疗保险统筹基金的支付压力，在无法提高缴费率的基础上，各统筹地区分别设立了基本医疗保险的最低缴费年限，然而最低缴费年限的设置亦缺乏理论基础和科学的计算方法，各地分别制定的最低缴费年限为10～30年不等，有些地方还规定了10～15年的实际缴费年限。同时，各地普遍规定满足最低年限仍未达到退休年龄的职工应继续缴纳基本医疗保险费；达到退休年龄未缴足最低年限的，须由用人单位和职工分别按照用人单位和职工个人的缴费比例一次性缴足基本医疗保险费；病退、特殊工种提前退休的缴费年限按上述规定可作相应扣减。①

（二）用人单位的缴费基数问题

《国务院关于建立职工基本医疗保险制度的决定》规定，用人单位的缴费基数为“本单位职工工资总额”，然而对此有不同理解，导致实践中出现了一些问题，需要从立法上予以解决。一是将“本单位职工工资总额”作为缴费基数的可操作性较弱。用人单位的职工不是固定的，职工工资也不是固定的，因此用人单位职工工资总额处于变动之中，计算“本单位职工工资总额”在技术上存在难度。同时，用人单位按照本单位职工工资总额打包缴费，职工无法知道单位是不是按照自己的工资标准足额缴纳了社会保险费，在目前个人权益记录还不完善的情况下，职工的知情权很难得到保证。二是有些用人单位为了少缴社会保险费，在“本单位职工工资总额”上弄虚作假，以当地的“职工平均工资”或者“最低工资标准”作为缴费基数，减少了社会保险基金的收入，侵犯了职工的合法权益。此外，职工工资总额中是否应包括退休返聘人员的工资也需要研究。

（三）个人账户的存废问题

目前我国职工基本医疗保险基金由统筹基金和个人账户构成。职工个人缴纳的基本医疗保险费全部记入个人账户。用人单位缴纳的基本医疗保险费

---

① 刘晓婷，杨一心．基本医疗保险最低缴费年限研究．中国卫生经济．2010，4：18

分为两部分，一部分用于建立统筹基金，一部分划入个人账户。划入个人账户的比例一般为用人单位缴费的30%左右，具体比例由统筹地区根据个人账户的支付范围和职工年龄等因素确定。① 然而，患病不同于年老，年老对每个人而言都是必然性事件，而患病则只是偶然性的事件。体质相对较差的参保者尤其是年龄偏大的参保者可能患病较多，个人负担重，个人账户可能入不敷出；而对于年轻的体质好的参保者可能患病少，个人账户结余多。因此，一方面，个人账户并没有起到分散风险的作用；另一方面，医疗保险的统账结合模式将近一半的资金置于个人账户，也影响了保险资金的利用，削弱了医疗保险的风险分担性质。个人账户的存在使得高收入者账户余额较多，而低收入者账户余额则较少，导致低收入者和高收入者在某些医疗事项上物质待遇出现差别，有悖医疗保险的公平性。因而近些年遭到学者和社会的质疑。同时，实践中亦涌现出将个人账户资金用于超市购物等案件。医疗保险公平对待每个患病的参保者，且和患者的缴费多少无关。比较而言，《国务院关于开展城镇居民基本医疗保险试点的指导意见》对城镇居民基本医疗保险没有采取统账结合的制度安排，而是规定“参保居民按规定缴纳基本医疗保险费，享受相应的医疗保险待遇”，在医疗保险的风险分担和公平性方面前进了一步。而《社会保险法》延续了该规定，在职工医疗保险中未规定个人账户。

二、世界主要国家和地区职工基本医疗保险缴费的比较

（一）福利国家政府保险模式

政府医疗保险模式是由政府直接举办的医疗保险事业，通过税收形式筹集医疗保险基金，并采用国家财政预算拨款的形式将医疗保险资金分配给医疗机构，向国民提供免费的或者低收费的医疗服务。该模式的突出特点是政府拨款、全民受益。②

1. 英国

英国政府强调广泛平等地享受医疗服务，政府主要通过税收资助全国性医疗服务。NHS经费主要是由国家投入。这种免费的国家保健制医疗制度

① 2001年北京市政府发布的《北京市基本医疗保险规定》规定，职工个人缴纳的基本医疗保险费、按照规定划入个人账户的用人单位缴纳的基本医疗保险费、个人账户存储额的利息全部记入个人账户。用人单位缴纳的基本医疗保险费的一部分按照下列标准划入个人账户：不满35周岁的职工按本人月缴费工资基数的0.8%划入个人账户，35周岁以上不满45周岁的职工按本人月缴费工资基数的1%划入个人账户，45周岁以上的职工按本人月缴费工资基数的2%划入个人账户，不满70周岁的退休人员按上一年本市职工月平均工资的4.3%划入个人账户，70周岁以上的退休人员按上一年本市职工月平均工资的4.8%划入个人账户。个人账户的资金为个人所有，可以结转使用和继承，其存储额每年参照银行同期居民活期存款利率计息。

② 汪泓，吴忠等．医疗与生育保险：政策与实务．北京：北京大学出版社，2008.7

有利于扩大医疗保健服务面，使人人都享有卫生保健。享受国民保健服务的条件是，凡有工作的国民，每人每月缴纳工资的0.75%，雇主缴纳工资总额的0.6%，独立劳动者和农民缴纳收入的1.35%作为医疗保健费，即可包括其家庭成员在内享受国家统一规定的免费医疗待遇。由于医疗费用上涨过猛，为遏制浪费，规定每张处方个人需交2.2英镑的手续费，还有一些其他收费项目。

2. 加拿大

加拿大医疗保险制度主要筹资途径是联邦政府、省政府和投保者本人，但以联邦政府和省政府投入为主。加拿大医疗保险资金的主要来源是政府税收（收入所得税和商品销售税）。加拿大医疗总支出占国内生产总值的9.5%，占政府总收入的16.2%。政府在医疗保险方面的总支出占全国医疗保险总开支的70%，个人占30%（来源于私营保险公司、雇主提供的医疗福利，或者直接由就医者支付）。加拿大大多数雇主为雇员购买补充医疗保险，作为雇员的一种福利。

3. 我国香港特区

香港公立医院的经费主要来源于税收，由政府通过财政预算提供。政府采取预算拨款的形式给公立医疗机构提供经费。医生和有关人员均享受公务员待遇，接受政府统一规定的工资待遇；所有香港市民看病只需交付少量的费用。

（二）社会医疗保险模式

社会医疗保险模式是国家通过立法形式强制实施，由用人单位和劳动者按一定比例缴纳保险费，建立社会医疗保险基金，支付劳动者医疗费用。该模式的突出特点是横向统筹、互助共济。

1. 德国

德国的医疗保险系统有两根支柱：以法定医疗保险为主，私人医疗保险为辅①。德国法律规定：在参保限额（2008年年收入为48 150欧元，月收入为4 012.5欧元）之下的所有公民，都有义务参加社会医疗保险，在250个法定医疗保险公司中选择一家参加保险；而收入超过该标准的人可以自由选择加入法定医疗保险或私人医疗保险。约90%的投保人在法定保险机构，而10%的人则参加私人保险②。保险公司在收取保费时，费率各有不同，一般是就业者税前收入的14%左右，由就业者和他们的雇主各付一半。此外，

---

① 参见翟少华．漫谈德国医疗保险体系及其改革．欧华导报，2006-09-04

② 参加私人保险的主要收入超过一定标准的高收入人群。参见乌日图．医疗保障制度国际比较．北京：化学工业出版社，2003.38

还有10多万人没有医疗保险。法定保险机构奉行团结互助的原则，即不管是男女老幼，体壮病残，都享受同样的医疗保障。所有的人一律按其收入的百分比来缴纳保险费，而且当工资收入超过一个上限值时，只有该值以内的工资收入才按照保险费率来征收保险金。保险费率和参保工资收入上限值由政府按照医疗费用和保险金收入的变化每年调整。失业者、残疾人、投保人的配偶及子女等弱势人群，可以少缴或不缴医疗保险费。按照“家庭免费联动保险原则”，在一个家庭中，如果主要收入者参加了社会医疗保险，那么孩子、低收入配偶将跟在其名下，不用缴纳社会医疗保险费用，免费享受医疗保险。同时，政府对贫困者的医疗保险费给予补贴，这种安排实际上是高收入者为低收入者提供了帮助，体现了社会医疗保险“团结互助、社会共济”的宗旨，保证了收入再分配的公平。①

2. 法国

从医疗保险基金的筹集途径来看，法国医疗保险基金筹集主要有以下三个渠道：（1）参保者个人缴纳一部分；（2）企业雇主缴纳一部分；（3）各种社会性资助补贴一部分。此外，国家财政也予以一定的财政资助，但近年来逐年减少，政府以渐进的方式淡化国家财政资助作用，强调卫生改革，逐渐从提供财政资助中退出。根据该国医疗保险制度规定的保险费率，参保者个人按工资收入的6.8%缴纳，雇主按雇员工资的12.8%缴纳，雇员的保险金由雇主从工资中统一代扣代缴。养老金的领取者和失业人员也要缴纳医疗保险费，他们要缴纳养老金的1.4%，若领取的是私人养老金，则缴纳其养老金的2.4%，失业者应缴纳其最低保障收入的2%，失业救济金和培训津贴的1%。此外，政府以机动车辆附加保险费、石油及制成品税、烟草酒精税、医药广告税等特种税收的一部分予以补助。

3. 韩国

韩国企业职工保险费缴纳按照以下公式计算，即：月保险费＝标准月酬数×保险费率。其中，一般劳动者与公务员的保险费由雇主和被雇佣者各负担50%，私立学校教职员由被雇佣者、雇主、政府分别负担50%、30%、20%。

（三）混合模式

混合模式的典型代表就是美国，兼具福利国家保险模式和商业医疗保险模式的部分特征，其中商业医疗保险模式是由商业保险公司承办、以营利为目的的一种医疗保险模式，其筹资不是强制性的，而是由投保人自愿选择保

① 陈翔，王小丽．德国社会医疗保险筹资、支付机制及其启示．卫生经济研究．2009，12：20

险项目，并缴纳相应的保险费。该模式突出特点是参保自由，差别付费。几乎世界上各国都有商业医疗保险模式，但主要是起一种补充作用，只有美国等少数国家将这种模式作为本国医疗保险的基本制度模式。

美国的贫困医疗保险计划和儿童健康保险计划都是具有财政拨款的救助性质的制度，凡是符合条件的群体不用缴费都能享受相关待遇，属于政府医疗保险模式。但是对于美国的1.4亿工作人员则完全由工作单位为其购买商业保险计划来解决其医疗保险问题。美国政府鼓励公司和业主为雇员提供医疗保险费并按保险费用额度给公司免税。自我雇佣的私人业主，医疗保险费的25%可以抵税。因此，美国公司一般都乐于为雇员支付部分甚至全部医疗保险费，一般的做法是公司负担80%～90%①。根据美国劳工部的统计，49%的中小企业为雇员提供医疗保险，而在大公司，这个比例可能达到98%。相对而言，美国人自己承担的保险费不是特别高。由此可以看出在美国医疗保险制度中，政府负责最需要帮助和保障的老弱病残等弱势人群，而把有自保能力的一般居民的医疗保险留给个人负担。②

三、《社会保险法》制定过程中的相关争论

（一）缴费负担重

草案征求意见时，一些人士提出，近年来各地社会保险费增幅偏快，职工和企业的负担很重，一些收入较低者缴费后工资已所剩无几，影响了正常生活。很多地方规定，工资收入低于当地平均工资60%的参保人员以及个体工商户从业人员，以当地平均工资的60%为缴费基数，低收入要按高基数缴费。而且当地平均工资的统计和计算不透明，普遍偏高。所以有人建议，缴费基数以劳动者实际收入为准，与当地平均工资脱钩，明确社会保险费的提高必须慎重，须经法定程序，接受各方监督。有意见反映下岗职工以自由职业者的身份参加了社会保险，2008年比2007年多缴纳医疗保险费550多元，却只多享受360元的门诊或者药店配药钱，当地的社保部门也难以解释。这是对自由职业者的歧视，极不合理。

（二）退休人员不应该缴费

草案征求意见时有人提到有些地方规定对离退休人员要求其原单位缴纳

① 事实上，美国昂贵的医疗费用不仅没有给所有老百姓带来福利，也成为企业一个沉重的负担。因为美国是主要由企业承担医疗保险的典型，由于医保成本居高不下，企业不堪重负，波音、通用等公司在此次金融危机前就因此濒于破产。由于服务市场过度商业化，政府对医疗机构的控制能力有限，政府被医院协会和医药企业所绑架，不得不持续支付庞大的医疗支出，这也是美国医疗费用节节上涨的原因。

② 买得越早越划算。同样一个40岁的人，假如是20岁开始买保险，每月可能只需要付出几十美元的保险费；如果是40岁才开始买保险，每个月可能要付出200美元。

医疗保险费，否则就不给报销，此规定不合理。建议草案在规定职工退休时累计缴费达到国家规定年限的，退休后不缴纳基本医疗保险费，按照国家规定享受基本医疗保险待遇。同时，明确规定原企业是否缴费不影响退休职工享受基本医疗保险待遇。

（三）最低缴费年限的设置不合理

有意见认为，有的地方规定医疗保险累计缴费年限满 25 年的，退休后才可以享受医疗保险待遇，门槛太高。由于 1998 年建立职工基本医疗保险制度时，国务院没有明确规定视同缴费年限，使得各地政府都不承认基本医疗保险中的视同缴费年限，这就使得 1998 年前已经参加工作几十年的老职工退休后无法享受基本医疗保险。实践中，之前在国有企业工作十几年甚至几年的职工退休可以享受医疗保险待遇，而在国有企业工作几十年的职工退休却享受不到医疗保险待遇，非常不公平。因为在职工基本医疗保险建立前，不是职工不愿意缴医疗保险费，而是国家没有建立相应制度，不应让个人承担责任。

（四）开始缴费、暂停缴费等程序存在问题

关于医疗保险开始缴纳的时间，有的意见反映，在实际的工作中，企业录用员工后往往不是马上缴纳医疗保险，而是等员工试用期通过后补缴医疗保险费。因此试用期员工如果看病就医，就不能享受医疗保险待遇。建议要么明确规定用人单位必须为试用期内员工及时缴纳医疗保险费，要么规定只要用人单位为试用期员工补缴医疗保险费，员工在试用期内就能享受医疗保险待遇。

有意见反映，有的地方规定参加医疗保险必须从 25 周岁开始。如果超过 25 周岁，必须补缴从 25 周岁至缴费日的医疗保险费，如果 29 周岁参加医疗保险就必须补缴 5 000 多元，而前几年生病住院就不能享受医疗保险待遇，这是权利义务的严重不对等，非常不合理。建议规范医疗保险制度，取消各地不合理的缴费形式。

有意见反映，有的地方规定职工基本医疗保险在停缴 3 个月后，以前的缴费年限清零，以后继续缴纳医疗保险费的，缴费年限重新计算，这种规定很不合理，建议社会保险法能明确规定医疗保险缴费年限应当累积计算。

有意见提到，有的地方规定医疗保险必须与养老保险同时缴纳，有些下岗自谋职业者，缴不起养老保险费，而医疗保险费又不能单独缴纳，致使很多人只好不缴任何社会保险费，失去了医疗保险。因此认为医疗保险费应当独立缴纳，不应要求与养老保险费捆绑缴纳。

四、我国职工基本医疗保险的缴费制度的建构和完善

《社会保险法》第 23 条规定：“职工应当参加职工基本医疗保险，由用

人单位和职工按照国家规定共同缴纳基本医疗保险费。”本条规定了职工和用人单位负有共同缴费的义务，但对缴费比例并没有直接作出明确规定。同时对缴费基数和困难企业人员、灵活就业人员等特殊群体的缴费问题也没有规定。因此，总体来说，社会保险法的规定是原则性的，还需要国家另外出台相关规定予以具体规定。

（一）明确退休人员不缴费

《社会保险法》第27条规定：“参加职工基本医疗保险的个人，达到法定退休年龄时累计缴费达到国家规定年限的，退休后不再缴纳基本医疗保险费，按照国家规定享受基本医疗保险待遇；未达到国家规定年限的，可以缴费至国家规定年限。”本条明确规定退休职工如果达到法定退休年龄时累计缴费达到国家规定年限的，退休后不再缴费，但是对累计缴费年限没有明确规定。同时需要注意的是基本医疗保险制度规定退休人员不缴费，但随着参保人群老龄化程度加深，在职退休比变小，要想维持未来基金收支平衡，必然要求增加统筹基金收入，比如提高基本医疗保险费率。但是目前企业的社会保险负担已经很重，企业所要缴纳相当于工资总额33.5%～34.0%的社会保险费，因此提高费率空间不大①。因此，如何合理设计我国职工基本医疗保险的缴费制度，仍需要继续研究。

（二）淡化个人账户

《社会保险法》对医疗保险中的个人账户未作规定，对其进行了淡化处理，为医疗保险基金的扩大统筹做好了准备，这将使医疗保险能更好地发挥其风险分担与共济的功能。职工基本医疗保险个人账户资金归个人管理，无法在所有参保者之间互济使用，因而缺乏医疗费用风险共担机制，发挥不了社会共济的功能。在运行中，个人账户不能区分医疗需求敏感人群和不敏感人群，导致“无病的人不需要、有病的人不够用”，这也诱导了部分人采用非法手段提现，或与药店及超市合谋，利用个人账户资金购买保健品、日用百货，最终导致医疗服务利用的不公平。因此，我国在基本医疗保险筹资机制的改革中，应淡化职工基本医疗保险的个人账户，真正实现社会共济。不设个人账户后，征收的基本医疗保险费全部进入社会统筹账户，这样可以提高社会统筹账户的支付能力，真正起到化解风险、保大病的作用。

---

① 何文炯，徐林荣. 基本医疗保险“系统老龄化”与基金可持续性研究. 第二届中国社会保障论坛优秀论文集：建立覆盖城乡的社会保障体系. 北京：中国劳动社会保障出版社，2007.149

第三节　职工基本医疗保险基金的统筹层次和转移接续

《国务院关于建立职工基本医疗保险制度的决定》规定，职工基本医疗保险原则上以地级以上行政区（包括地、市、州、盟）为统筹单位，也可以县（市）为统筹单位，京、津、沪原则上在全市范围内实行统筹。职工基本医疗保险制度实行属地管理，所有单位及其职工都要按属地管理原则参加所在统筹地区的基本医疗保险，执行统一政策，实行基本医疗保险基金的统一筹集、使用和管理。铁路、电力、远洋运输等跨地区生产流动性较大的企业及其职工，可以相对集中的方式异地参加统筹地区的基本医疗保险。目前，全国共有统筹区域 2 200 多个，其中县级统筹的约 1 900 个。《社会保险法》第 32 条规定了个人跨统筹地区就业的，其基本医疗保险关系随本人转移，缴费年限累计计算。

一、我国职工基本医疗保险基金的统筹层次和转移接续存在的问题

（一）统筹层次低

截至 2009 年年末，全国参加职工基本医疗保险的已有 21 937 万人。但是，职工基本医疗保险统筹层次低导致我国当前的医疗保险制度具有区域封闭管理、制度分割的特点。一方面异地就医受到严格限制，也给医疗保险的结算带来不便；另一方面给资金的筹集带来困难，削弱了医疗保障的互济功能，医疗保险的风险共济功能大大削弱，造成保险基金抗风险能力差。同时，由于统筹层次低，封闭运行的基金数目繁多，虽然医疗保险基金结余总数较多（累计 2 000 多亿元），但分散到各统筹地区的基金中，平均每个基金结余不足 1 亿元，造成基金使用效率低下，不符合医疗保险的大数法则，也不能使现收现付制度很好地发挥其作用。

（二）基本医疗保险关系转移接续制度不完善

改革开放 30 多年来，我国社会结构发生了巨大变化。随着我国经济市场化程度的增加，作为生产要素的劳动力流动越来越普遍，人们在城乡、地区、行业间的流动性日益增强。城乡二元结构逐步被打破，大量农民工进入城镇务工；劳动力市场的流动性大大增强，跨地区流动就业成为常态。目前全国在城镇务工的农民达 1.4 亿人以上，城镇灵活就业人员达到数千万人。人力资源市场呈现出流动性强、就业方式多样化等新特点。而我国的医疗保险制度是在县级统筹的基础上发展起来的，并以城镇企业职工为重点，而且各地的医疗保险关系不能随本人流动实现异地转移接续，致使很多劳动者无法足额享受基本医疗保险待遇，特别是那些收入低、流动性大的进城务工的农村居民。

二、《社会保险法》制定过程中的相关争论

（一）统筹层次问题

草案征求意见时有人认为，目前我国医疗保险的统筹层次各地是五花八门。医疗保险统筹层次低，不符合社会保险的“大数法则”，不能保证待遇支付，也容易形成地方政府利益，阻碍社会保险关系的异地转移接续。同时，也使得各地费率、缴费基数极不统一，造成保险待遇地区差异大的弊端。因此，多数意见要求提高统筹层次，以提高保障水平，方便参保人员就医看病。有些意见希望尽快实行全国统筹，为防止全国统筹方案迟迟不出台，建议制定全国统筹时间表。还有的意见提出，全国统筹难免要涉及地方政府的利益，需要中央财政与地方财政合理分担责任，建议深入研究、精心设计，兼顾各地的实际情况和发展水平。

（二）权益记录和转移接续问题

草案征求意见时有人认为，有关异地转移接续的规定过于简单，可解释的空间太大，操作性不强，到了实践中难免又会“好经念歪”。建议把好事做到底，对个人权益记录要准确、完整，对社会保险关系转移的内容、程序，作进一步的具体规定，不要给各地社保部门留有过大的空间。

三、我国职工基本医疗保险基金统筹层次和转移接续制度的建构和完善

（一）提高统筹层次

关于医疗保险的统筹层次，《社会保险法》中没有明确规定，第 64 条规定：“基本养老保险基金逐步实行全国统筹，其他社会保险基金逐步实行省级统筹，具体时间、步骤由国务院规定。”这仅仅规定了医疗保险基金统筹层次的目标是省级统筹。事实上，医疗保险基金统筹层次既要考虑医疗保险基金互助互济的功能和公平性，还要考虑地区之间经济发展和医疗消费水平的差异。社会各界对提高社会统筹层次重要性的认识都已高度统一，但在立法过程中却难以明确这个问题。

提高医疗保险统筹层次其实是实现医疗保险自由转移接续的前提。应提高统筹层次和统一社会保险关系转续办法，实现参保人员在哪里就业就在哪里参保缴费，医疗保险关系自由转移接续。然而要改变统筹层次确有很多困难。一是我国实行省直管县的财政体制，统筹层次受财政体制制约，基金的收支管理与其直接有关。目前地级统筹的区域都受到不同程度的影响，实现省级统筹也面临着很大的困难。二是提高统筹层次后，地区差距问题将会显现，同一统筹区域内，相对贫穷地区的医疗保险费将转而支付给相对富裕地区，另外，由于医疗资源不平衡，还会产生享受医疗保险待遇的公平性问题。

（二）建立和完善转移接续制度

虽然《社会保险法》没有明确规定医疗保险的统筹层次，但是对医疗保险的转移接续作出了明确规定。征求意见时，很多意见赞同社会保险关系异地转移接续的规定，认为这将避免目前因为异地不能转移接续所带来的退保、同时在两地缴纳医疗保险费、报销医药费来回奔波等不合理现象，必将提高劳动者参保积极性，促进劳动力合理流动，方便参保者享受保险待遇。《社会保险法》第 32 条规定："个人跨统筹地区就业的，其基本医疗保险关系随本人转移，缴费年限累计计算。"该条明确规定了基本医疗保险可以随本人跨统筹地区转移，且缴费年限可以累计计算。

虽然《社会保险法》明确规定了个人跨统筹地区就业的，其基本医疗保险关系随本人转移，但是囿于各地职工基本医疗保险具体制度的差异，实现基本医疗保险关系的移转还需要各地区之间的政策协商和制度协调。

第四节　职工基本医疗保险的待遇水平

职工基本医疗保险的待遇水平，即相对于医疗费用，被保险人可以获得多少补偿、自己还需负担多少医疗费用。待遇水平是由起付标准、按比例共付段和最高支付限额共同确定的，这种设计既有助于控制被保险人的道德风险，又保障了被保险人合理的医疗服务需求能够得到满足。当前的职工基本医疗保险对社会统筹与个人账户规定有明确的各自支付范围。统筹基金和个人账户资金分开管理，区分使用范围，不得相互挤占。个人账户主要支付门诊费用，统筹基金主要支付住院费用。目前，全国年人均个人账户收入约为 400 元，主要支付门诊费用、住院费用中个人自付部分以及在定点药店购药费用。统筹基金用于支付住院医疗和部分门诊大病费用。同时确定了统筹基金的起付标准和最高支付限额，起付标准原则上控制在当地职工年平均工资的 10%左右，最高支付限额原则上控制在当地职工年平均工资的 6 倍左右。参保人员发生的符合规定的医疗费用超过起付标准（即起付线）、在最高支付限额（即封顶线）之内的部分，主要由统筹基金支付，目前全国平均支付比例为 80%左右。超过最高支付限额的医疗费用，可以由个人购买商业医疗保险等途径解决。统筹基金的具体起付标准、最高支付限额以及在起付标准以上和最高支付限额以下医疗费用的个人负担比例，由统筹地区根据以收定支、收支平衡的原则确定。

一、我国医疗保险待遇存在的问题

（一）医保待遇水平相对较低，职工基本医疗保险基金结存率高

由于医保待遇水平相对较低，导致全国范围内个人账户和统筹基金两项都有结余。据初步统计，截至 2007 年年底，统筹基金结余 1 517 亿元，个

人账户资金结余 862 亿元。[①] 2008 年，全年城镇基本医疗保险基金总收入 3 040 亿元，支出 2 084 亿元，分别比上年增长 34.7%和 33.4%。年末城镇基本医疗保险基金累计结存 3 432 亿元，其中统筹基金结存 2 290 亿元，个人账户积累 1 142 亿元。[②] 2009 年，全年城镇基本医疗保险基金总收入 3 672 亿元，支出 2 797 亿元，分别比上年增长 20.8%和 34.2%。年末城镇基本医疗统筹基金累计结存 2 882 亿元，个人账户积累 1 394 亿元。当前我国职工基本医疗保险实行的是现收现付制，即用现在的钱看现在的病，特别是用来互助共济的统筹基金应当用于支付当期的医疗费用，而职工基本医疗保险基金如此高的结余率反映出职工基本医疗保险基金在当前未能充分发挥其作用。

（二）门诊医疗费用上升，个人账户资金难以负担

近年来，门诊医疗费用在各地均呈直线上升趋势。以北京市为例，医疗保险启动初期，参保人员医疗费用构成中，住院医疗费用与门诊医疗费用的比例是 75∶25，门诊医疗费用所占比重较小。但现在，门诊医疗费用所占比重已经接近 50%，增加了近一倍。而在全国范围内，门诊医疗费用通常要占到总医疗费用的 65%以上。在基本医疗保险的干预下，住院医疗费用得到较好的控制，但是门诊医疗费用因为缺乏约束则飞速上升。许多统筹地区仍将个人账户与社会统筹完全分开，各管一块，门诊费用完全由个人账户支付和个人自付。结果一方面健康人群的个人账户资金大量沉淀；另一方面慢性病人和老年人门诊医疗费用高，个人账户金额远远不够。统筹基金只保住院费用不保门诊费用，既不合理也不经济。事实上，绝大多数疾病应在门诊治疗，并得到有效控制。有限的医疗保险基金应优先投入到门诊治疗中去。如果统筹基金保住院费用不保门诊费用，会引起小病不治变大病，小钱不花花大钱。参保人员也会为了得到报销而小病大治，本可以在门诊治疗的疾病却设法住院治疗，结果导致统筹基金支出过多。[③]

（三）老龄化带来的挑战

随着人口老龄化的推进，人均寿命的延长也增加了医疗成本，给保险基金带来巨大的风险。2010 年 9 月 10 日中国社科院发布报告称：到 2030 年，中国将成为世界上人口老龄化程度最高的国家，因此职工基本医疗保险基金将面临人口老龄化所带来的医疗费支出的增加，基本医疗保险基金负担将随

---

① 程乐华．医保基金结余“喜中藏忧”．中国社会保障．2010，7

② 《2008 年度人力资源和社会保障事业发展统计公报》，人力资源和社会保障部，http://w1.mohrss.gov.cn/gb/zwxx/2010-05/21/content_382329.htm，最后浏览：2010 年 11 月 21 日。

③ 林枫．门诊也该“统筹”．中国社会保障．2008，7

着老龄化的推进日趋加重，应提早考虑相应的制度，积极采取各种措施应对这一难题。

二、世界主要国家和地区的职工基本医疗保险待遇水平

（一）欧洲国家医疗保险待遇水平

1. 法国

法国医疗保险的报销比例一般在50%～70%，其余费用由患者个人负担。[①] 在法国，有公立医院、特约私立诊所和普通私立诊所等几种不同类型，其区别不在于医务人员工作质量的高低，而是病人在医疗费用报销比例上有差异。在公立医院和社会医疗保险机构特约私立诊所就诊的费用，可以获得70%比例的报销，药费可以获得65%比例的报销。病人自己需要承担的30%医疗费，在就诊所开出证明书后，可以寄给个人（或企业）购买的补充医疗保险单位，获得相应比例的报销。根据个人所买补充医疗保险合同中规定的比例，余下的35%药费也可报销。但是，如果病人去非特约私立诊所看病，医疗费报销比例则可能非常低。

2. 德国

德国法定医疗保险的投保人可以自由选择医生。如果病人愿意，可以同时看几个医生。德国医疗保险待遇水平的具体运用包括：（1）患者接受一次门诊医生的治疗服务需自付10%的成本费用和10欧元的处方费，长期的牙科服务只需每季度自付10欧元；（2）住院治疗最多每天自付10欧元且每个年度的支付期限不会超过28天；（3）凭医生的处方去药店购买药品、绷带等用品，需要自付10%的成本费用，但自付范围一般限定在5～10欧元；（4）固定金额制，即医疗保险对某些药品制定允许报销的最高限额，如果某种药品的价格超过了规定的最高限价，超出部分不在医疗保险范围内，被保险人需自己支付，德国卫生部会将仍处于专利保护期但疗效并不显著的药物纳入固定金额制。许多民间疗法以及康复措施的费用也都基本可以报销。在出现大病的时候还可以享受专人护理。

3. 瑞典

投保人在按规定缴纳社会保险税后，本人及其16岁以下的子女就可以享受医疗保险待遇。为限制个人负担，瑞典政府规定了最高收费限制，患者累计支付门诊挂号费最高限额为900瑞典克朗，超出部分从第一次门诊算起的一年时间内，免收以后的挂号费。另外，所有的医疗单位对儿童和20岁以下者一律免费就诊。同时，规定患者支付处方药不得高于900瑞典克朗，

---

① 参见法国医疗疾病保险制度. 欧洲时报，转引自，http://www.studyfr.net/news/news/skwh/120080129/1142545.htm. 最后浏览：2010年8月30日。

超过部分享受药品补贴。瑞典的公费医疗待遇主要有：(1) 医疗保健费用，包括医生治疗费、住院费、药费、往返医院的路费等，这些费用先由投保人支付，然后到医疗保险机构按规定的标准报销。(2) 疾病津贴。投保人生病期间的收入损失，从病后的第 4 天起可以享受疾病津贴。疾病津贴一般无时间限制，但在 3 个月后，需要进行检查，以确定能否改做其他工作。如确定可以改做其他工作，则接受再就业的职业培训；如确定不能重新工作，失去劳动能力，疾病津贴便由残疾年金来代替。(3) 牙科治疗补贴。20 岁以下患者，国家承担全部费用，20 岁以上患者国家承担部分费用。(4) 药品费用。患者可以持处方到药店购买优惠药品，购买非处方药需要全部自费。在规定时间内，患者购买药品费用达到一定数额后，将有资格在这之后的一段时期内免费领取药品。

(二) 亚洲国家和地区医疗保险待遇水平

1. 日本

日本 2002 年医疗保险制度修订时，对个人负担比例作了调整。修订后的个人负担比例为：70 岁以上者自负 10%医疗费用（收入在一定水平以上者要自负 20%），3～69 岁者自负 30%，3 岁以下者自负 20%。为确保加大个人负担力度政策的平稳实施，同步还配套实施“高额疗养费制度”，即设定月个人支付医疗费的上限，超过上限后的医疗费予以减免。

2. 韩国

韩国对于在综合性医院、医院（小型）或诊疗所的住院病人需自负住院总医疗费用的 20%；对于门诊病人则根据就诊医院性质等不同，个人自负的比例和金额也有所不同。综合医院由本人负担医疗费用总额的 50%，医院（小型）由本人负担 40%，诊疗所由本人负担 30%。在总费用不超过 15 000 韩元时，65 岁以下者自付 3 000 元，65 岁及以上者自付 1 500 元。

3. 我国台湾地区

台湾的全民健保向全体居民提供适时、适度的包括疾病预防、诊断治疗、健康教育等广泛性的医疗服务。在提供的医疗服务中，涵盖了住院医疗服务和西医、中医及牙医的门诊医疗服务，给付范围包括医师诊察、检查、检验、手术、处方、药品、材料、治疗处置、护理、康复及住院病房费等项目。预防保健服务包括计划免疫在内的儿童预防保健、成人预防保健体格检查（40～64 岁成人每 3 年检查一次，65 岁及以上老人每年检查一次)、孕妇产前检查、妇女子宫颈涂片检查等。在健康教育方面，通过制作各类宣传品和纪念品，如健康手册、人员培训资料、折页、音像制品、刊物及举办健康知识报告会等，开展健康促进活动。为减轻重大疾病患者负担医疗费用的困难，健保管理部门将恶性肿瘤、尿毒症、精神病、先天性畸形、免疫性疾病、烧烫伤、职业病等 31 种疾病纳入重大伤病项目，享有就医免除个人负担部分医疗费的优待，切实减轻了大病重病患者的医疗费用负担。

4. 我国香港特区

香港市民去公立医院和诊所看病只需支付少许费用，经济困难的市民还可以申请看病时减收或豁免个人支付的这部分费用。而政府则要对申请者进行家计调查（调查内容主要包括家庭储蓄、个人工作、劳动能力、年龄等），以确定申请者是否可以减收或豁免看病时的个人支付费用。

（三）域外经验启示

纵观域外基本医疗保险待遇水平，可以得出两点启示：

第一，与亚洲国家和地区相比，欧洲基于其较好的经济基础，医疗保险待遇普遍偏高。这也说明医疗待遇是与经济发展水平挂钩的。我国当前的经济水平客观上制约着医疗待遇的提高。我国职工基本医疗保险的水平要与社会主义初级阶段生产力发展水平相适应，即适应社会主义市场经济体制，根据财政、企业和个人的承受能力，建立保障职工基本医疗需求的社会医疗保险制度。城镇居民基本医疗保险要根据经济发展水平和各方面承受能力，合理确定医疗保险待遇标准，随着经济的发展逐步提高保障水平。

第二，绝大多数国家参保人参与分担医疗费用，有利于增强参保人自我保健意识，进而控制自己的医疗需求行为，达到合理使用医疗服务和控制医疗费用的目的。近年来，随着医疗卫生费用的不断上涨，参保人由于缺乏费用意识，出现过度利用医疗服务的行为，成为引起医疗费用上涨的重要原因之一。因此，我们可以借鉴国外经验合理设计我国的参保人自负比例。

三、《社会保险法》制定过程中的相关争论

（一）医疗待遇较低的问题

草案征求意见时有人认为，职工基本医疗保险实施 9 年以来，累计结余资金已经超过 2 400 亿元，其中社会统筹基金结余额达到 1 600 亿元，保险待遇水平却偏低，报销起点高、报销比例低、封顶线也低，个人医疗费用负担仍较重，导致参保人群的受益水平大大受到影响，个人医药费用负担沉重。这是制约社会医疗保险可持续发展的关键问题之一，建议适当提高医疗保险待遇水平。

（二）大病医疗保险的建立和完善

草案征求意见时有人建议，增加参保者如患重大疾病给予特殊救助的内容。一旦患上重大疾病，对参保者本人乃至家庭将是毁灭性的打击，需要特殊的保障。大病花费很大，一般家庭无力负担，需要社会共济。对于目前普遍施行的大额补充医疗保险制度，将来是否继续施行，是否纳入基本医疗保险制度中，应当明确规定。有的人认为，社会保险法中应该增加重大疾病险的条款，在基本医疗保险之外，增加大病医疗保险或大病统筹，将老百姓无法承受的诸如癌症、尿毒症、白血病等疾病包含到医疗保险中。有的人建议，在医疗保险一章中增加规定“优先实行保大病、保门诊特殊病”，如肾透析、肝移植等，以减少屡见于报端的因病致贫的现象。这样基本医疗保险才能体现保基本的精神，发挥社会保险法的社会效果。

（三）加强对医疗服务机构的监督

草案征求意见时有的意见认为，应加强对医疗保险定点医院的定期检查和监督。现在医院治小病花大钱的现象很多，如果不能控制好医院，医疗保险的作用会打折扣。有人建议，对定点医院和定点零售药店执行医疗保险政策情况进行经常性检查，定期考核；对定点医院和定点零售药店服务与管理工作情况进行年度考核；医疗保险处根据考核结果对严重违反医疗保险规定的定点医院和定点零售药店，视情节扣除部分保证金，并给予通报批评直至取消定点资格。

四、我国职工基本医疗保险的待遇水平的建构和完善

《社会保险法》第26条规定，职工基本医疗保险、新型农村合作医疗和城镇居民基本医疗保险的待遇标准按照国家规定执行。第28条规定，符合基本医疗保险药品目录、诊疗项目、医疗服务设施标准以及急诊、抢救的医疗费用，按照国家规定从基本医疗保险基金中支付。上述两个条文并没有明确医疗保险待遇水平。第30条规定：“下列医疗费用不纳入基本医疗保险基金支付范围：（1）应当从工伤保险基金中支付的；（2）应当由第三人负担的；（3）应当由公共卫生负担的；（4）在境外就医的。医疗费用依法应当由第三人负担，第三人不支付或者无法确定第三人的，由基本医疗保险基金先行支付。基本医疗保险基金先行支付后，有权向第三人追偿。”该条文规定了医疗保险的除外责任。与三审稿相比，删除“应当从生育保险基金中支付的”，新增“应当由公共卫生负担的”，并明确规定了医疗保险基金的先行支付责任和追偿权。

（一）合理确定医疗待遇水平

医疗待遇是与经济发展水平挂钩的。《社会保险法》第3条规定，社会保险水平应当与经济社会发展水平相适应。我国当前的经济水平客观上制约着医疗待遇的提高。随着我国经济水平的不断发展，给付的水平应该逐步地提高。国家事实上已经致力于大幅度提高医疗保障的水平。一是提高基本医疗保险支付限额。到2011年，将职工基本医疗保险的最高支付限额分别提高到当地职工年平均工资的6倍左右。二是提高基本医疗保险基金的支付比例，减轻个人负担。三是在重点保障住院和门诊大病医疗费用的基础上，逐步将门诊常见病、多发病的医疗费用纳入基本医疗保险基金支付范围中。社会医疗保险的保障程度随着社会经济水平的提高而不断提高，人们的医疗需求也会不断增加。法德等国的经验告诉我们，当经济发展趋缓，受福利刚性影响，医疗保障需求居高难下，基金面临极大压力，改革难度较大时，如不能妥善处理，则会出现社会震荡。我国地区间发展不平衡，处在建立社会医疗保险的初期，从全国层面来讲，建立一个统一的低保障水平的平台，实现广覆盖，提高医疗服务的公平性，在此平台上的需求通过互助保障、补充保险等多层次医疗保障方式实现，增加制度的灵活性和适应性，以较快适应经济的变动。

（二）完善保健和预防机制，应对老龄化挑战

老龄化现象在我国也已引起高度重视，由于我国医疗保险基金筹资渠道单一，且退休人员不缴费，给医疗保险基金带来很大负担。为控制医疗费用、发挥单位成本的最大效益，我国应该更加注重发挥基本卫生服务机构的保健和预防功能。关于应对老龄化对社会医疗保险的挑战，日本有成功的经验可资借鉴。日本人口的老龄化进程迅速，而且高龄化趋势明显。据日本厚生劳动省提供的数据显示：目前日本 65 岁及以上人口占全国总人口的 20%（预计中国在 2040 年将达到此比例）。老年人的医疗费支出明显，占总医疗费的比例高，老年人医疗费的增长对国家财政来说是一个很大的挑战。为促进医疗保健事业，日本政府认为有责任保障医疗制度的平稳运行，同时采取各种措施控制医疗费的过快增长。现行政策是 70 岁以上老年人医疗费构成除个人自负 10%外，余下 90%部分由保险资金和财政共同负担。其中，保险资金负担 54%，财政负担 46%（国家 2/3、都道府县 1/6、市町村 1/6）。鉴于目前存在的老年人医疗费增长快、财政负担重、老人医疗制度的运营主体和责任主体不明确等问题，厚生劳动省正积极研究建立全新的老年人医疗保险制度，确定合理的老年人自负比例，明确医疗费负担主体和缴纳保险费主体，从而不再依赖于年轻人保险费的支撑，也可使年轻人缴纳保险费的负担趋于合理，不致过重。力争实现年龄段之间、保险者之间的保险金公平化、制度运营责任主体的明确化。[①] 我们应该借鉴日本以及其他老龄化国家或地区的成功经验，提前考虑设计相关应对制度。

（三）逐步提高大额门诊费用的支付比例

对大额门诊费用，尤其是不需要住院治疗的慢性病的大额门诊费用，各地都开始对其进行统筹补贴支付。比如《河南省新型农村合作医疗统筹补偿方案》规定，为解决部分参合农民患特殊病种大额门诊医疗费用负担过重问

① 参见日本的医疗保险制度简介. 国际教育在线，http://ieol.chsi.com.cn/chuguo/lxsc/hw-sh/200612/20061229/732836.html. 最后浏览：2009 年 11 月 12 日。

题，各地要结合当地发病情况，将部分特殊病种门诊费用纳入大病统筹基金支付范围，按一定比例或按年度定额包干的办法给予补助。

事实上，近几年我国部分省市针对不同人群已经开始探索推行门诊统筹制度，但各地经济水平、疾病状况、人口结构等各异，门诊统筹模式还处于探索起步阶段，还没有形成比较成熟的模式与理论。关于门诊统筹基金的来源，既可以考虑封存个人账户，建立门诊统筹基金；也可以将单位缴费中划入个人账户的那部分用于构建门诊统筹基金。门诊费用统筹的筹资标准要充分考虑与社区卫生服务相结合，重点保障门诊常见病、多发病以及门诊慢性疾病。在实际操作中具体标准应结合当地经济发展状况、疾病发生水平、医疗保障能力等综合确定。门诊统筹的保障范围，参照患病率、就诊率、个人负担比以及现行医疗保险保障水平来设定，一般认为应当包括普通门诊、慢性疾病门诊和健康保健。为预防道德风险，更为合理、科学有效地使用门诊统筹基金，可以设立门诊统筹起付线、按比例共付段和封顶线。比如北京的门诊统筹报销起付线为1 800元，报销比例是70%。根据《北京市大额医疗费用互助暂行办法》，对基本医疗保险参保人员中的在职职工在一个年度内发生的符合基本医疗保险规定的门（急）诊医疗费用，超过1 800元的纳入门诊大额医疗费用互助资金报销范围。此规定所称大额医疗费用涵盖了职工和退休人员在一个年度内累计超过一定数额的门诊、急诊医疗费用和超过基本医疗保险统筹基金最高支付限额（不含起付标准以下及个人负担的部分）的住院医疗费用以及恶性肿瘤放射治疗和化学治疗、肾透析、肾移植后抗排异药的门诊医疗费用。

第五节　职工基本医疗保险支付方式

医疗费用的支付方式是医疗保险中的核心问题。良好的医疗费用支付制度能够较好地处理医疗保险各方之间的关系，从制度上遏制道德风险。我国一直沿用的、运用最广泛的医疗费用结算方式是后付制，也就是“先看病、后报销”的医疗费用结算方式。目前，各地职工基本医疗保险支付方式大都以某种支付方式为主，辅之以其他支付方式的混合模式，采用单一支付方式的较少。对于门诊费用的支付，基本上采取按照服务项目付费方式，从个人账户支付；对住院服务的支付，各地采取不同方式，有按服务项目付费、按服务单元付费、按人头付费、总额预付制、按病种付费等多种支付方式。《社会保险法》第29条第1款规定了参保人员医疗费用中应当由基本医疗保险基金支付的部分，由社会保险经办机构与医疗机构、药品经营单位直接结算。该规定仍然沿用了后付制的支付结算方式，但是简化了医疗费用报销的程序，使得参保人能够及时获得医疗保险待遇。

一、我国职工基本医疗保险支付方式存在的问题

（一）后付制存在弊端

我国绝大多数医院推行按服务项目付费的后付制，在这种支付方式下，服务项目费用是确定付费的最原始的费用依据，也是进行项目成本核算、收费标准制定及调整的根据。虽然对每一个项目都有明确的收费标准，但是对每一个病种来说，整个诊疗过程中医院该使用哪些项目，到目前为止尚缺乏统一的规范。医疗保险机构作为医疗保险的第三方，在医疗服务发生后医院对供方进行事后补偿，这种方式会诱导作为医疗服务供方的医院在自身的经济利益刺激下，对患者过度提供服务，导致医疗成本的巨额攀升。

（二）医疗费用控制难

医疗费用的支付方式关系到医疗费用控制，直接决定医疗保险资金的去向和实际效用，影响着医疗保险体制是否可持续发展。而医疗费用的控制问题是一个世界性的难题，无论发达国家还是发展中国家都面临着医疗费用的高涨。从其他国家和地区的经验来看，实现医疗保险措施的全覆盖之后，马上就面临成本控制的问题，如果成本控制得不好，医疗保险就会成为国家和社会的沉重负担。目前，欧盟各国随着高科技医疗技术的广泛应用，以及人口负增长，老龄化、失业率居高不下，使得医疗费用飞涨，导致医疗保险基金入不敷出，因此，各国也在采取各项措施致力于控制医疗费用。我国也是如此，当前医疗费用高涨，看病贵成为社会性难题。

（三）异地就医结算不完善

异地就医问题是生活中经常面临的，比如出差、旅游时患急性病需要异地就医；因为医疗技术落后等，病人可能主动转移到外地就医；中短期流动、工作岗位不在参保地的人员异地就医；长期异地安置的退休人员，也将面临异地就医问题。医保统筹层次过低无疑放大了异地就医人数和服务量。全国异地就医管理框架和协调机制缺失，目前，全国各地区异地结算的普遍做法是参保人在异地就医后先与异地医疗机构结算，垫付所有医疗费用，再凭有关就医的单据和材料回参保地社保经办机构报销。这种异地就医结算方式造成参保人无法在异地医疗机构直接报销、结算手续复杂烦琐、报销等待时间长、垫付全额医疗费用，造成个人负担过重。异地就医理想的结算方式是参保人所在统筹地区的经办机构与参保人就医的异地医疗机构之间实现异地就医实时结算，但各省市普遍统筹层次低，统筹地区过多，各统筹地区医疗保险政策也不尽相同，报销的起付线、封顶线、报销范围及比例等差别很大，定点医疗机构难以对接，各省市的医疗保险计算机信息管理系统没有全国统一的标准，这些问题成为实现异地就医实时结算的制约因素。

二、世界主要国家和地区的医疗费用支付方式

（一）预付制

预付制，一般是指在医疗费用发生之前，医疗保险方按一定的标准将医疗费用预先支付给医疗服务机构。支付标准在一定时期内是固定的，一段时期后按实际情况的变化再相应调整。预付制主要有总额预付制、按人头支付和按疾病诊断相关分组支付等。

1. 总额预付制

总额预付制即由政府部门或保险机构在考虑医疗服务机构的服务情况基础上，按某种标准，如机构规模、技术、服务人群数及医院的服务量，确定某一医疗机构一定时期的预算总额。医疗保险机构在支付时以此为最高限额。在总额预付制下，医院预算制度一旦确定，医院的收入就不能随服务量的增长而增长，一旦出现亏损，保险机构不再追加支付，亏损部分由医院自负。能否合理确定预算是实施该支付方式的关键环节。我国在进行医院体制改革前，国家对多数公有制医院实行这种付费方法。现在一些地方社保机构也采用这种方法。这种方法的优点是不需要复杂的测算，医院容易接受；同时，医疗服务供方又成为医疗费用支出的控制者，使医院在总额内精打细算，努力以最低成本提供一定量的医疗服务，管理成本低，医疗费用容易得到控制。但是这种支付方式也会使医院主动减少医疗服务的供给，盲目节约成本，为患者提供的服务容易被打折扣。同时，各种因素和标准很难界定，确定预算总额有一定的难度。这种预算制度也削弱了市场作用，还可能阻碍医疗服务技术的更新和发展。①

2. 按人头支付

按人头支付即按照约定医院或医生服务对象的人数和每人规定的收费定额，医疗保险机构根据医院提供服务的被保险人的总人数，定期预先向医院支付一笔固定费用作为医疗服务费用，医院提供合同规定的一切医疗服务，不再另行收费。医院的收入也随着病人数的增加而增加，从而促使作为医疗服务供方的医院自觉采取费用控制措施，如开展疾病预防、健康教育、定期体检等活动，以期最大限度地降低发病率，减少费用开支。这种方式的优点是预算方法简单，减轻工作量；对医疗机构的服务和费用均有高度的控制，促进医院开展预防工作，以减轻将来的工作量，降低医疗费用支出。但是也容易导致为降低费用而减少服务提供或降低服务质量，如诱导医院选择性接收病人，接收症状较轻、住院时间相对较短者，增加患者住院次数来获得更

① 钱海波，黄文龙．医疗保险支付方式的比较及对我国的发展前瞻．中国医疗前沿．2007，1

多的“人头数”；医务人员缺乏提高医疗技能的积极性。[①]

3. 按疾病诊断相关分组支付

按疾病诊断相关分组支付也称按疾病诊断分类定额预付制（DRGS-PPS）。从20世纪70年代起，美国率先对疾病诊断相关分组（DRGS）进行研究，并建立起了按疾病诊断相关分组，即根据国际疾病分类方法，将住院患者按诊断分成若干个DRGS，对每个DRGS分别指定价格，患者在诊疗全过程中一次性向医院支付该指定价格的费用。其原理是使非常复杂和随机的医疗支付过程标准化，把患者的诊疗过程作为一个整体，医院的收入与实际成本无关，而与每个病例及其诊断有关。DRGS是目前国际上较理想的病例组合模式，其综合反映了病种的严重程度、预后（根据经验预测的疾病发展情况）、治疗难度、医疗服务强度及资源消耗程度。这是一种相对合理的医疗费用管理方法和相对客观的医疗质量评价方法。美国、澳大利亚、德国和阿根廷等国家，都将此作为医疗费用支付的主要方式。[②] 这种支付方式的优点是对于医疗保险机构来说，按疾病诊断相关分组支付可以通过制定预付标准控制支出，并借助预算强迫医疗机构分担经济风险、提高经济效益；对于医疗机构来说，可以促使医疗机构主动规范医务人员的医疗行为，增强成本意识，合理使用医疗资源，减少人员、设备、技术的无效投入和诱导性消费，探寻最合理、最经济的治疗方法，确保治疗的有效性，提高服务质量和工作效率。但是此种方式由于现行疾病分类还不是完全科学，不能把疾病的严重程度全部考虑进去，导致同一病种的费用变异过大；而且医疗机构甚至可以通过多次住院、出院，使同一病案获得多次补偿；此外测算各种疾病的费用是一项庞大工程，完善信息系统过程中审查和管理的成本较高。

（二）后付制

后付制，一般指医疗保险方在费用发生后，按被保险人实际发生的医疗费用为基础向医疗服务机构进行支付。我国长期以来采用的就是这种支付制度。后付制主要是按服务项目支付和按服务单元支付等。

1. 按服务项目支付

按服务项目支付（fee for service，FFS）是对医疗服务过程中所涉及的每一服务项目制定价格，按医疗机构提供服务的项目和数量支付医疗服务费用的形式。美国蓝十字、蓝盾医疗保险方案和我国商业性医疗保险都是这种支付方式。此种付费方式的优点是非常方便，患者容易操作；保险人、被保险人和医疗服务提供者关系简单。在该种支付方式下，医院收入和提供的服

① 钱海波，黄文龙. 医疗保险支付方式的比较及对我国的发展前瞻. 中国医疗前沿. 2007，1

② 参见林嘉主编. 劳动法和社会保障法. 北京：中国人民大学出版社，2009. 360～363

务量有关，有利于调动服务提供者的积极性。但此种付费方式也存在其弊端，首先是医疗服务发生后对作为医疗服务供方的医院进行事后补偿，会诱导医疗服务提供方在自身的经济利益刺激下，对患者过度提供服务，导致医疗成本的巨额攀升。即使在医疗服务单价确定的情况下，医疗服务提供者仍能通过增加医疗服务的数量来提高医疗服务费用。其次，需要进行逐项审核，管理成本较高。再次，医疗服务价格难以科学而准确地确定。最后，容易倾向于发展高、精、尖医学科学技术，忽视常见多发病的防治工作。国内外大量实践证明，由于按服务项目支付存在固有弊端，使得许多国家在进行医疗改革时都不采取这种支付方式。

2. 按服务单元付费

按服务单元付费（service unit）又称按平均费用标准付费，是介于按项目支付与按病种支付之间的一种费用支付形式。按照预定的住院日费用标准支付住院病人每天的费用，或者按诊次费用标准支付门诊费用。平均支付标准是通过抽查一定比例的门诊处方和住院病历，并扣除不合理医疗费用支出后统计出来的。它把患者每次住院分解成每住院日或每门诊人次等其他单元来付费。[①] 这种支付方式一方面可以激励医院降低每住院日或每门诊人次成本。但是另一方面也可能导致医院故意延长患者住院日，分解处方，增加复诊，推诿重症病人行为。[②]

（三）域外经验的启示

世界各国医疗费用普遍上涨较快。医疗费用的增长超出经济增长或国民收入增长比率，已成为各国面临的最重要、最紧迫的政策问题。因此，各国政府无不重视医疗支付方式的改革和完善，并把支付方式的改革作为引领医疗改革的关键政策措施。从世界范围来看，传统的支付方式是由医疗保险方在医疗服务发生后对医院进行事后补偿，这种方式会诱导医院在自身的经济利益刺激下，对患者过度提供服务。在当前我国医疗费用不断上涨、急需合理分配和利用医疗资源的形势下，此种支付方式亟待改革。支付方式若能改为预付制，将改变医疗保险方的被动局面，主动控制总支出。目前，世界各国医疗保险支付制度的改革中，支付方式正在由后付制向预付制发展。通过预付制，医疗机构可得到一笔相对稳定并且合理的周转资金，经费的管理权实际上下放给医疗机构，由医院承担起医疗服务和经济管理的双重责任，使其在经费范围内精打细算，合理使用医疗资源，在保证服务供给和服务质量

① 参见武广华. 各国医疗支付方式剖析. 光明日报，2007-07-09

② 于保荣. 医改之路：国际经验与支付方式. 济南：山东大学出版社，2009. 86

的前提下，又能做到控制费用。预付制已成为各国医疗保险改革的方向。[①]

同时值得注意的是，支付方式呈现出由单一支付方式向混合支付方式发展的趋势。各国医疗保险支付机制起源于单一的支付方式，这种单一的支付方式正逐渐向多种支付方式组合、配套的多元化混合支付方式转变。比如我国台湾地区，对医疗服务供方的付费采用多元化的支付办法，由初期的按服务项目付费，逐步推动按服务单元付费，并积极实施医疗费用总额预付制度。这种组合支付方式对抑制医疗服务供方的诱导需求，减少大检查、大处方等发挥了积极的作用。

三、我国医疗保险支付方式的建议和完善

（一）《社会保险法》制定过程的相关争论

《社会保险法（草案）》征求意见时，有人认为，现在医疗保险报销门槛高、手续复杂，已经成为参保人享受医疗保险待遇的一个障碍。建议《社会保险法》对医药费报销制度进行改革，真正做到以人为本，方便参保人。同时，应当在媒体上多做宣传，告诉老百姓怎样快捷报销，让老百姓感觉到政府不仅是积极让大家缴纳保险费，更在积极为大家解决医疗报销的困难。

有意见认为，目前患者看病必须先由本人全额支付医疗费用，事后再报销，这样做有很多弊端：（1）有些患者因支付不起看病所需要的全额费用而不得不放弃治疗；（2）患者看一次病可能排若干次队，付若干次费用，很不方便；（3）报销周期长，加重参保人的负担，大大降低了医疗保险的效率；（4）增加了管理成本，不利于医疗服务水平的提高。因此，建议明确规定医疗保险机构应预先付费或者在就医时即时结算。

（二）我国医疗保险支付方式的完善建议

1. 探索多元化支付方式

《社会保险法》第29条第1款规定："参保人员医疗费用中应当由基本医疗保险基金支付的部分，由社会保险经办机构与医疗机构、药品经营单位直接结算。"这是对医疗保险结算制度的规定。实时结算制度简化了医疗费用报销制度。其实，《北京市社会保障卡就医实时结算实施意见》早就对实时结算制度进行了规定。参保人员持社保卡在门诊和住院就医，发生的医疗费用进行实时结算。其中应由医疗保险基金支付的医疗费用由医疗机构与医疗保险经办机构进行结算，其余自负和自费的医疗费用由参保人员现金缴

① 如法国采取事后报销制，即先由患者向诊治医生支付医疗费用，再凭收据向本地的医疗保险部门按照协议好的收费标准报销。但为应对日益高涨的医疗费用，法国政府在全国实施和推广"总额预算法"这一新的医院投资与财务管理方法，以便在确定医疗目的，保障国民健康的前提下，强化医疗经费的计划与安排，优化卫生资源的配置与使用，从而有助于控制医疗费用的支出。

纳。2010年5月，北京市实现了持卡就医、医疗保险医疗费用实时结算。虽然实时结算制度优化了结算报销的程序，为参保人提供了巨大的便利，但是实时结算制度并没有能够去除后付制的弊端。[①] 这种支付方式与沿用至今的后付制并无本质不同。

在采用后付制国家的医疗保险法律关系中，最容易发生纠纷的是医疗服务方和患者的关系，而预付制则可以较好避免这个问题。我国从1998年开始实行医疗保险改革至今，各地在医疗保险支付方式上不断地进行探索和实践，大部分统筹地区实行总额预算下的按服务单元付费或按服务项目付费，部分地区也逐步探索实施DRGS支付方式。这些预付制支付方式将传统的按服务项目收费变成为包干给医疗服务供方的定额付费，使医务人员参与到医疗保险管理中来，将其利益与医疗服务的提供过程联系起来，能够有效控制医疗费用的过快增长。由医院承担起医疗服务和经济管理的双重责任，使其在经费范围内精打细算，合理使用医疗资源，在保证服务供给和服务质量的前提下，又能做到控制费用。我们应当勇于探索和实践，选择适合各地情况的支付方式，积极进行单病种的医疗费用测算，科学界定适应证（药物、手术等方法适合运用的范围、标准）的检查治疗流程，遏制医疗费用的不合理增长，减少开大处方、过度检查等诱导需求行为。我们应当汲取他国经验，探索多元化支付方式，使各种支付方式去劣存优，互相配合以达到较好效果。

2. 完善异地就医结算机制

《社会保险法》第29条第2款规定：“社会保险行政部门和卫生行政部门应当建立异地就医医疗费用结算制度，方便参保人员享受基本医疗保险待遇。”相比三审稿，增加了第2款规定异地就医医疗费用结算制度。其实各地已经开始尝试异地就医结算机制，比如2009年长三角16个核心城市在医疗保险领域展开合作，通过异地经办机构委托代理方式，首先实现医疗保险异地结算。《社会保险法》用法律的形式将异地就医结算制度固定下来，具有积极的意义。

异地就医涉及现行医疗保险制度的参保政策、待遇政策、基金管理以及医疗服务管理政策和经办管理能力等各个层面，也涉及医疗保险制度改革前后历史债务的处理。虽然《社会保险法》明确规定了要建立异地就医结算机制，但是建立全国性的异地就医结算机制仍然需要时间。在实现异地就医实时结算之前，为满足人员流动较为频繁的省区间异地就医的需求，有条件且

① 当然在实行实时结算制度的过程中，信息化的发展也为限制医生开大处方等不合理行为提供了方便。

有意愿的省区通过签署合作协议，采取委托对方医疗保险经办机构与定点医疗机构结算的方式，开展双方乃至多方异地就医结算合作，方便参保人异地就医结算。2009 年 11 月，海南省与山西、黑龙江、广东、广西、贵州等五省区在异地就医结算上达成共识，正式签署异地就医结算合作协议，约定解决签约省区之间异地就医结算的难题，最大限度地为参保人员异地就医结算提供方便。

现在异地医疗费用结算制度多采取“委托付款”的结算方式。经过费用审核后，由就医地医保经办机构先垫付应由统筹基金和个人账户支付的费用。省级异地结算中心负责监督各统筹区的医疗保险经办机构之间的费用清算和相互划拨。

为了加强医保资金监管，可以建立异地协查机制，降低管理成本，避免纠纷，就医地医疗保险经办机构对参保人员异地就医发生的费用进行审核，扣除不合理费用，并负责对定点医疗机构医疗药品行为的真实性和合法性进行核实，必要时开展稽核，确保医疗保险基金的合理支出。为保证资金安全，规定资金的划转只能通过银行进行，不得以现金形式划拨。①

3. 完善相关配套机制

医疗保险支付方式改革涉及卫生系统的多个层面，涉及多方利益的调整和医疗行为模式的转变，需要多种配套措施的支撑。主要包括以下几个方面：一是完善区域卫生规划，明确各级医疗机构功能定位，强化分工与合作，建立有序的梯度转诊体系，优化医疗资源的配置和利用；二是完善公立医院补偿机制，加强医疗机构成本核算和成本管理，推动医疗服务价格体系改革，使价格真实反映医疗服务的成本；三是建立和实施统一的诊疗规范体系和疾病分类体系，建立科学的临床路径，为规范、监管医疗行为和制定支付标准提供科学依据；四是医疗保险支付方式改革与质量控制、考核评估相结合，兼顾费用控制与质量提高，防止因费用控制而降低服务质量；五是加快各种基本医疗保险制度的衔接，提高统筹层次；六是建立动态的医疗保险定点协议管理，加强信息披露与公示，促进医疗机构之间的良性竞争。②

第六节　城镇居民基本医疗保险

城镇居民基本医疗保险制度，是以大病统筹为主，针对城镇非从业居民

① 李亚林，詹腊梅．应对人口流动形势，完善医疗保险异地就医管理办法．劳动保障世界．2009，12

② 谢春艳等．我国医疗保险费用支付方式改革的探索与经验．中国卫生经济．2010，5

的一项基本医疗保险制度。① 截至2009年年底，我国参加城镇居民基本医疗保险人数18 100万人。② 目前该制度的法律基础主要是《国务院关于开展城镇居民基本医疗保险试点的指导意见》。

一、我国城镇居民基本医疗保险制度概况及问题

（一）我国城镇居民基本医疗保险制度概况

根据《国务院关于开展城镇居民基本医疗保险试点的指导意见》，城镇居民基本医疗保险的主要内容有：（1）参保范围。城镇中不属于职工基本医疗保险制度覆盖范围的中小学阶段的学生（包括职业高中、中专、技校学生）、少年儿童和其他非从业城镇居民，都可自愿参加城镇居民基本医疗保险。（2）筹资水平。没有规定全国统一的筹资标准，各地可根据低水平起步的原则和本地经济发展水平，并考虑居民家庭和财政负担的能力合理确定。（3）缴费和补助。与职工基本医疗保险不同，由于城镇居民多是少年儿童和无职业、无收入的居民，政府在城镇居民医疗保险中承担了财政补助的责任。国家从2010年开始进一步提高各级财政对城镇居民医疗保险的补助标准，从每人每年的80元提高到120元，并适当提高个人缴费标准。（4）待遇。城镇居民基本医疗保险基金重点用于参保居民的住院和门诊大病医疗支出，有条件的地区可以逐步试行门诊医疗费用统筹。根据2009年《医药卫生体制改革近期重点实施方案（2009—2011年）》的规定，到2011年将城镇居民基本医疗保险的最高支付限额分别提高到居民可支配收入的6倍左右。2009年城镇居民人均可支配收入17 175元，即城镇居民基本医疗保险的最高支付限额的全国平均支付水平应该达到10万元。（5）支付方式。城镇居民基本医疗保险只建立统筹基金，不建立个人账户，基金主要用于支付住院医疗和部分门诊大病费用。基金支付比例原则上低于职工基本医疗保险而高于新型农村合作医疗，一般可以在50％～60％。有条件的地方，也可

① 职工基本医疗保险和城镇居民基本医疗保险采用了相似的制度原则：（1）医疗保险水平与经济发展水平相适应。职工基本医疗保险的水平要与社会主义初级阶段生产力发展水平相适应，即适应社会主义市场经济体制，根据财政、企业和个人的承受能力，建立保障职工基本医疗需求的社会医疗保险制度。城镇居民基本医疗保险要坚持低水平起步，根据经济发展水平和各方面承受能力，合理确定筹资水平和保障标准，重点保障城镇非从业居民的大病医疗需求，逐步提高保障水平。（2）强制与自愿相结合的原则。一方面，我国对城镇职工实行强制性的医疗保险。城镇所有用人单位及其职工都要参加基本医疗保险；另一方面，对于城镇居民基本医疗保险，坚持自愿原则，充分尊重群众意愿。（3）明确中央和地方政府的责任。中央政府与地方政府在医疗保险制度的设计、运行过程中应当分工明确，各自履行自己的职责。中央政府负责确定医疗保障制度的基本原则和主要政策，地方政府制定各种具体办法，对参保职工和居民实行属地管理。（4）坚持统筹协调。职工基本医疗保险的基金实行社会统筹和个人账户相结合；城镇居民医疗保险坚持统筹协调，做好各类医疗保障制度之间基本政策、标准和管理措施等的衔接。

② 《2009年国民经济和社会发展统计公报》（国家统计局，2010-02-25）。

以探索门诊普通疾病医疗费用统筹的保障办法，即划出部分资金，专项用于支付一般门诊费用。(6) 基本原则。城镇居民基本医疗保险试点遵循下列原则：一是低水平起步，二是坚持群众自愿，三是明确中央和地方政府责任，四是坚持统筹协调。

（二）我国城镇居民基本医疗保险制度存在的问题

1. 统筹层次低

城镇居民医疗保险制度的统筹层次一般为县、市级统筹。统筹层次低，不仅不利于进一步分散风险，也不利于资金在更大范围内调剂和发挥较强的互助共济作用。

2. 参保居民分类复杂，与新型农村合作医疗参保对象有重叠

城镇居民医疗保险参保居民分类复杂，补助计算工作难度大。国家将参保居民分为普通参保居民、未成年人中的困难人群、成年人中的困难居民（包括低保对象、丧失劳动能力的重度残疾人、低收入家庭 60 周岁以上的老年人等）3 类，按类别给予不同的政府补助。医疗保险经办部门鉴定区分人群、按类登记缴费的工作量大，而且财政部门的分类统计、结算补助等工作也很难。同时，在鉴定困难人群时也容易与参保居民产生分歧、引发矛盾。① 城镇居民医疗保险与新型农村合作医疗之间还存在参保对象重叠的问题，如农村籍学生、进城务工和灵活就业的农民工、一些“城中村”农民、失地农民等，两种基本医疗保险的重叠导致这些人群参加何种医疗保险成为问题。

3. 部分人群参保积极性不高

城镇居民医疗保险试点的对象是不属于职工基本医疗保险制度覆盖范围的中小学阶段的学生、少年儿童、全日制大学生和研究生以及其他非从业城镇居民。这部分人群绝大多数没有收入来源，缴费必须依靠其他有收入家庭成员的资助才能缴费参保。尽管政府对参保人的补助水平较高，但由于城镇居民医疗保险关于起付线、封顶线以及只保门诊大病和住院费用等方面的规定，导致报销水平低、受益率低，相当多的参保人员得不到参保的实惠。许多困难家庭对参加城镇居民医疗保险存有犹疑、抵触的心理，更倾向于参加新型农村合作医疗。另外，由于大学生普遍身体好、患病率低，很多高校都组织学生参加了商业医疗保险，所以大学生参加城镇居民医疗保险的意愿并

① 参见朱彪，袁长海，黄思桂，高利平．山东省城镇居民医疗保险试点中反映的问题及对策．中国卫生事业管理．2010，1

不高。[①]

4. 制度差别大

由于我国东部和西部、沿海和内地差异极大，各地实行统一的城镇居民医疗保险制度可行性比较低。事实上，各地关于城镇居民基本医疗保险政策差别很大，在缴费和支付方式以及待遇各方面都有不同的规定。总体来说，经济发达城市实施力度更大，保障程度更高，经济欠发达地区保障力度相对较低，如有学者所说，我国的城镇居民基本医疗保险全国碎片化制度[②]，将对以后制度整合与统一带来诸多弊端。

5. 户籍制度限制

各地均出现“本市城镇户籍”的限制，比如上海市规定，持有“上海市居住证”的人员以及外省市户籍的人员即本市城镇户籍人员的配偶，暂未报入本市城镇户籍，且无医疗保障的人员和本市城镇户籍人员与外省市户籍配偶所生子女以及上海市农村户籍在本市就读的学生均可以参保。这意味着上海市农村户籍符合条件的人员及持有“上海居住证”的居民和本市城镇户籍人员的配偶子女（外省市户籍）可以与当地城市居民平等参保缴费享受待遇。当地农村户口学生以及外省市户籍在当地就读的学生没有资格参加这项制度。

6. 三种基本医疗保险的衔接制度不完善

部分参加职工基本医疗保险的原国有企业改制后终止劳动关系的人员，享受再就业优惠政策期满后，无力继续缴纳职工基本医疗保险，强烈要求退出职工基本医疗保险，转为参加城镇居民医疗保险。而目前我国建立的职工基本医疗保险制度、新型农村合作医疗保险制度、城镇居民医疗保险制度是根据不同人群设计的。制度的分割运行造成各险种政策不一，缺乏相互衔接，造成了参保者无法在正常区域流动及医保管理机构之间的矛盾。目前，社会流动性越来越大，工作岗位变动越来越频繁，一部分人的身份在短时间内会发生多种变化，而三个基本医疗保险衔接不畅将对社会流动造成阻碍。

二、我国城镇居民基本医疗保险制度的建构和完善

《社会保险法》第25条规定：“国家建立和完善城镇居民基本医疗保险制度。城镇居民基本医疗保险实行个人缴费和政府补贴相结合。享受最低生活保障的人、丧失劳动能力的残疾人、低收入家庭60周岁以上的老年人和未成年人等所需个人缴费部分，由政府给予补贴。”与三审稿的规定相比，

① 参见朱彪，袁长海，黄思桂，高利平．山东省城镇居民医疗保险试点中反映的问题及对策．中国卫生事业管理．2010，1

② 冉密．完善城镇居民基本医疗保险制度的研究．中国劳动关系学院学报．2009，10

该规定删除了缴费和补助标准由省、自治区、直辖市人民政府规定。这是对我国当前各地关于城镇居民基本医疗保险政策差别较大，各地在缴费和支付方式以及待遇各方面都有不同的规定的应对，为改善如前文所述的城镇居民基本医疗保险全国碎片化制度，将全国的城镇居民基本医疗保险制度整合作出的法律准备。

（一）扩大覆盖范围

在实际工作中应该继续解决现存的城镇居民医疗保险参保门槛高、报销限制多、个人缴费负担重等问题，通过具体制度的优化吸引更多的适保人群参保。对于各地采取的对参保人的户籍限制应予改革，可以借鉴发达国家的做法，即由政府规定在当地居住满一定年限的人员可以与当地居民同等缴费享受待遇。根据保险的“大数法则”，一项保险制度只有参保人越多，风险才能在更多人之间共同分担，因此城镇居民基本医疗保险制度应努力扩大其覆盖范围，切实保障所有城镇非从业居民参加到城镇居民医疗保险中来。

（二）理顺三种基本医疗保险制度之间的衔接

在目前尚未实现城乡统一的医疗保险制度条件下，需要对职工基本医疗保险、城镇居民医疗保险和新型农村合作医疗实施过程中的一些问题予以明确，防止制度衔接不紧密，造成一些城乡居民得不到应有的医疗保险服务。如对进城务工的农民工，在企事业单位实现稳定就业、自愿参加职工基本医疗保险的，可以随单位参保；对异地务工、参加职工基本医疗保险的农民工，研究建立返乡务农医疗保险转移制度，允许其将个人账户基金转移回乡，用于家庭参加新型农村合作医疗缴费。对一些无力缴纳职工基本医疗保险费用、自愿参加城镇居民医疗保险的下岗失业人员，可以退出职工基本医疗保险，将个人账户基金带走，转而参加城镇居民医疗保险，其过去参加职工基本医疗保险的连续时间，可视为参加城镇居民医疗保险的连续时间。允许进城务工或灵活就业的农民工、城中村农民，根据自身情况自主选择参加城镇居民医疗保险或新型农村合作医疗，并按规定享受相应待遇。对已在户籍地按家庭参加新型农村合作医疗的农村籍学生，自愿参加城镇居民医疗保险，可以按当地规定的缴费期参保缴费，并按规定终止参加新型农村合作医疗。[①] 通过制度的配合与衔接，使参保人能够灵活顺畅地在三个基本医疗保险中实现转移，同时通过制度的设计使职工基本医疗保险、城镇居民医疗保险和新型农村合作医疗三个基本医疗保险制度规定更趋公平。

（三）加强宣传，增强参保人员积极性

① 参见朱彪，袁长海，黄思桂，高利平．山东省城镇居民医疗保险试点中反映的问题及对策．中国卫生事业管理．2010，1

城镇居民医疗保险作为一项惠民工程，许多群众对城镇居民医疗保险都持欢迎的态度，但由于宣传力度不够，宣传手段单一，一些居民依然徘徊在城镇居民医疗保障体系之外。从另一个方面来看，许多已经参保的居民对城镇居民医疗保险的真正内涵和一些具体细节缺乏了解，对报销程序、起付线的设立、医疗费分段计算等事项不很清楚，续保的积极性不高。因此，应该加强对城镇居民医疗保险相关制度的宣传，使城镇居民在清楚了解相关制度的基础上自愿加入到城镇居民医疗保险中来。

（四）加强配套制度改革

城镇居民基本医疗保险在制度设定的同时应确保患者的利益，也利于保障其他参保者的利益，确保制度的健康运行。通过制度本身的优势来吸引居民积极参保，而要发挥其优势，还需要配套制度改革，如医疗卫生体制改革、医疗服务提供体系的改革、医药生产流通体制改革以及户籍制度的改革、财政体制的改革、社会保障管理体制的改革等，都对城镇居民基本医疗保险制度的完善有积极作用。

第七节　新型农村合作医疗

新型农村合作医疗是为解决农村居民看病就医问题而建立的一项基本医疗保障制度，是以政府资助为主、针对农村居民的一项基本医疗保险制度。其法律基础是2003年的《关于建立新型农村合作医疗制度的意见》。新型农村合作医疗制度的建立，使农村居民医疗负担得到减轻，卫生服务利用率得到提高。

一、我国新型农村合作医疗制度概况及问题

（一）我国新型农村合作医疗制度概况

根据2003年《关于建立新型农村合作医疗制度的意见》，新型农村合作医疗制度的主要内容有：（1）覆盖范围。所有农村居民都可以家庭为单位自愿参加新型农村合作医疗，按时足额缴纳合作医疗经费。（2）缴费方式。没有统一规定，各地坚持以家庭为单位自愿参加的原则，积极探索符合当地情况、农民群众易于接受、简便易行的新型农村合作医疗个人缴费方式。（3）筹资标准。2009年全国新型农村合作医疗筹资水平已确定达到每人每年100元。从2010年起，全国新型农村合作医疗筹资水平基本达到每人每年150元。（4）政府补助。从2010年开始，中央财政对中西部地区参合农民按60元的标准补助，对东部省份按照中西部地区一定比例给予补助；地方财政补助标准相应提高到60元，确有困难的地区可分两年到位。地方增加的资金，应以省级财政承担为主，尽量减少困难县（市、区）的负担。农民个人缴费

由每人每年20元增加到30元，困难地区可以分两年到位。（5）统筹层次。新型农村合作医疗一般采取以县（市）为单位进行统筹。条件不具备的地方，起步阶段可采取以乡（镇）为单位进行统筹，逐步向县（市）统筹过渡。（6）待遇。新型农村合作医疗主要补助参合农民的大额医疗费用或住院医疗费用。有条件的地方，可实行大额医疗费用补助与小额医疗费用补助结合的办法。各县（市）确定支付范围、支付标准和额度。鼓励参合农民充分利用乡镇医疗机构的服务。

自2003年新型农村合作医疗试点以来，农民参加新型农村合作医疗的人数逐年提高，覆盖面不断扩大，提高了农民群众医疗服务的可得性和公平性，在一定程度上缓解了农民因病致贫、因病返贫的状况，提高了农民群众的健康水平。

（二）我国新型农村合作医疗制度存在的问题

由于我国农村经济发展水平不高，国家财政不充裕和农村地区卫生医疗机构基础设施落后①、缺乏专业医疗人员②、定点医疗服务机构的服务水平较低等基础性因素的制约，新型农村合作医疗在运行过程中暴露出了一系列问题。这些问题的存在极大地限制了新型农村合作医疗所应发挥的作用。

1. 财政投入低，筹资模式单一，未形成长效筹资机制

新型农村合作医疗按照个人缴费、集体扶持、财政补贴的方式进行筹资。现阶段农民收入水平还不高，投保能力不强。自家庭联产承包责任制之后，农村集体经济逐渐解体，现在除了东部富裕地区能给予一定数额的资助外，中西部地区资助很少，甚至没有资助。现阶段财政用于支持新型农村合作医疗的资金有限，而且财政采取后续性的补贴方式，只有当农民缴费之后，地方财政才给予配套资金，地方财政资金到位之后，中央财政才给予补贴，从而使一部分低收入农民不能享受补贴，财政有困难的地方不能获得中

---

① 国家在农村公共卫生方面的投入不足，对农村卫生建设重视不够，导致了很多定点医疗服务机构的服务水平比较低。由于历史原因，政府对乡镇卫生院长期投资不足，大多数乡镇卫生医疗机构基础设施落后，我国西部仍有很多乡镇卫生院靠着“体温计、血压计、听诊器”老三件进行简单的检查，大多数乡镇卫生院因为没有配套设备，无法开展心电图、肝功能等普通检查项目。农村定点医疗机构的医疗设备和服务会直接影响新型农村合作医疗的实施效果，从而影响农民的参保意愿。

② 农村医护人员业务能力比较弱，素质偏低，大部分医护人员没有经过正规医学院的学习，难以独立、及时、有效地处置病人。据统计，乡镇卫生院的卫生技术人员中，本科学历以上的仅占1.4%，大专学历的仅占9%，大部分为中专及以下学历。在村级诊疗室从业人员中小学毕业程度的占9.2%，初中毕业程度的占67.8%，大部分是赤脚医生或其后代，没有接受过正规的专业教育。而且参加工作后，大多数医护人员也没有机会接受继续教育、进修培训。这些因素都制约着乡镇医疗服务的水平。

央补贴，从而人为地造成群体间、地区间的医疗保障水平的差异。同时，目前我国新型农村合作医疗筹资一般都是采取“一刀切”的办法，制定一个统一的标准，硬性地规定农民筹资缴费额度和政府相应的补助额度，然后根据这个制定的标准来筹资。这样的筹资标准缺乏弹性，不利于合作医疗的发展。

2. 待遇水平低

新型农村合作医疗主要补助参合农民的大额医疗费用或住院医疗费用。国家、个人对农村合作医疗保障的投入仍然有限。有限的资金相对于广大农村人口来说，决定了他们能享受到的医疗保障水平是比较低的，对一些花费较大的疾病而言，较低的补偿水平难以从根本上缓解农民的医疗负担。另外，目前我国新型农村合作医疗是以收定支，国家还没有资金为合作医疗基金本身的风险进行担保。现在各地合作医疗基金必须自己承担合作医疗报销的风险。一些地方出于慎重的态度和降低风险的目的，对医疗保险报销的比例、封顶线设定得都比较低。目前，即使在现有的“大病统筹”前提下，新型农村合作医疗对“大病”也作了严格的限制，每个地方都对“大病”作了不同的规定，有很多病种都被合作医疗排除在外，如一些慢性病、特殊病种。这些都会影响新型农村合作医疗对农民的吸引力。

3. 费用控制难

由于医疗机构可以从新型农村合作医疗中获得一部分补偿，因此会存在供方诱导需求的状况。农民可以报销一部分医疗费用，会增加其对医疗服务的需求量，甚至可能出现医患合谋，共同骗取医疗补偿的情况。① 现阶段，由于新型农村合作医疗补偿水平低，费用控制并不急迫，但随着新型农村合作医疗补偿水平的提高，参保人数的增加，费用控制问题会日益凸显。

4. 医疗基金结余率高

新型农村合作医疗基金专项用于补偿参合农民的医疗费用后，基金账户年终一般都有数额不等的结余，但是有的县市基金结余数额很大。卫生部、财政部提出要求，新型农村合作医疗当年基金使用率必须达到85%，结余不能超过15%，累计结余不能超过当年的25%。结余率高的原因可能是当地卫生健康状况良好，农民患病率低，但也可能是因为制定补偿政策时，过多考虑风险因素，制定的补偿比例过低，测算不准，或者合作医疗经办机构对办理补偿的时效性没有足够重视，致使农民报销医疗费用不及时或者基金收入管理与核算不规范，引起基金结余虚增。

---

① 参见马利民. 四川荣县骗取新农合基金链条形成. 新浪网，http://news.sina.com.cn/c/2010-09-02/071121022051.shtml. 最后浏览：2010年10月20日。

二、我国新型农村合作医疗保险制度的建构和完善

《社会保险法》第 24 条规定："国家建立和完善新型农村合作医疗制度。新型农村合作医疗的管理办法，由国务院规定。"与征求意见稿和三审稿相比，对新型农村合作医疗的规定单独列为一条且条文顺序提前。但是对新型农村合作医疗的具体制度没有作出规定，而是授权给国务院规定。

（一）提高筹资水平，完善筹资机制

我国国土辽阔，东部和西部、沿海与内地等地财政状况差距很大，并且各地农村由于所处的地理条件和历史、文化背景不同而发展各异，造成各地农民收入、医疗服务的支付能力、医疗需求、当地医疗供给都有很大差别。因此，新型农村合作医疗政策要充分考虑到这些条件，国家应给予各地卫生行政部门更大的自主性，使各地在中央统一政策的指导下，根据各自的实际情况，积极发挥能动性，积极制定适合本地区、有特色的新型农村合作医疗政策，逐渐摸索出与本地实际情况相符的筹资机制。既要满足新型农村合作医疗的需要，又不增加农民和财政的负担。有条件的地区可以开展地市级统筹试点以逐步提高新型农村合作医疗统筹层次和管理层次，增强基金抗风险能力。同时可以根据各地的经济状况和家庭实际经济状况确定最低筹资额，制定不同的筹资标准，采取自愿和强制相结合的办法筹资。经济条件好的村民多筹资，困难的村民少筹资或不筹资，由政府或集体经济组织帮助直接参加合作医疗。只要保证一定范围或一个单元参合农民人均筹资水平不低于最低筹资额就可以。这种做法可以充分体现医疗保险的互助共济功能。

（二）提高医疗待遇水平

新型农村合作医疗补偿封顶线是达到当地农民人均纯收入的 6 倍以上。2009 年全国农民人均纯收入首次突破 5 000 元，即新型农村合作医疗补偿封顶线的全国平均水平是 3 万元。对于大病来说，无法有效缓解农民的医疗费用负担。因此应在经济能力承受的范围之内适当调高封顶线，扩大补偿范围，使新型农村合作医疗对广大农民更有吸引力，切实减轻农民的医疗费用负担，彻底扭转"因病致贫、因病返贫"的状况。

鼓励各地建立完善新型农村合作医疗门诊统筹。从新型农村合作医疗基金中提取一定比例的资金，以统筹的形式进行管理，用于参合人员在定点医疗机构门诊就诊所发生的有效医药费用按规定比例实行补偿，以保障门诊基本医疗待遇，满足参合农民常见病、多发病的诊治需求。各地已经纷纷尝试建立门诊统筹，应继续适当提高基层医疗机构的门诊补偿比例，门诊补偿比例和封顶线要与住院补偿起付线和补偿比例有效衔接。继续扩大对慢性病等特殊病种大额门诊医药费用纳入统筹基金进行补偿的病种范围。结合门诊补偿政策，合理调整住院补偿起付线，适当提高补偿比例和封顶线，扩大补偿

范围。县内难以医治的疑难杂症按规定转外就医的，可适当提高补偿比例，扩大补偿范围，进一步缓解农民患大病的医药费用负担。

新型农村合作医疗应该不断地扩大医疗服务和补偿的范围，努力开发新的服务项目，只有让农民能享受到更多的服务，得到更多的补偿，才能使农民有更大的意愿参加新型农村合作医疗，从而根本促进新型农村合作医疗的发展。

（三）探索有效支付方式

新型农村合作医疗应探索有效的支付方式，门诊统筹要探索门诊总额的预付或总额核算的支付方式，住院要探索单病种定额付费、单病种限额付费等，通过支付方式的改革，来更好地控制医疗费用，逐步形成第三方购买机制，使新型农村合作医疗管理机构对卫生服务机构的行为有更强的约束力，有利于对医疗费用的控制。同时也应制定适合农民群体需求的药品目录、诊疗目录、服务项目标准目录，这在对医疗费用进行控制的同时也降低了新型农村合作医疗管理机构的管理难度和工作量。新型农村合作医疗目前已经基本实现全覆盖，下一步的主要任务就是对医疗费用的控制，而选择科学合理的支付方式能够有效控制医疗费用。

（四）解决结余率高的问题

为解决新型农村合作医疗保险结余率高的问题，各地的经验是建立参合农民免费健康体检制度或者建立大病统筹制度。对于参合农民全年未享受补偿的人员，用合作医疗保险结余基金为他们进行一次健康体检，可制定出具体的体检项目和标准，委托镇级定点医疗机构进行。这能够更好地发挥医疗保险基金的防病功能。农民因病致贫或因病致穷主要是因重病或大病所致，现有的合作医疗保险待遇标准并不能从根本解决其因病致贫的问题。所以，利用结余基金建立大病统筹制度能为农民真正解决因病所带来的经济负担。根据各地经验可以在基金结余中提取20％建立大病统筹基金，专门用于大病救助。

（五）解决失地农民参保问题

失地农民是国家在城市化过程中必然出现的一个正常社会群体。在国家经济建设和社会发展过程中，由于城市化和工业化用地的需要，越来越多的农民失去了作为其生活保障的土地。对于失地农民的基本医疗保险问题如何解决，《社会保险法》第96条规定：“征收农村集体所有的土地，应当足额安排被征地农民的社会保险费，按照国务院规定将被征地农民纳入相应的社会保险制度。”目前，全国还没有对失地农民基本医疗保险问题的统一规定，各地做法不同。有的地方规定，失地农民可以参加新型农村合作医疗保险，如2006年成都新都区规定，农村户籍的农民及未参加城镇职工基本医疗保险的失地农民，都可以在户籍所在地参加新型农村合作医疗。有的地方处理更加灵活，如《浙江省人民政府办公厅关于深化完善被征地农民社会保障工作的通知》规定，对已经就业的被征地农民，通过用人单位依法参加当地城镇职工基本医疗保险，享受基本医疗保险待遇；尚未就业的被征地农民，引导他们参加新型农村合作医疗；有条件的地方，引导被征地农民以灵活就业人员的身份参加城镇职工基本医疗保险。苏州市失地农民可参加征地保养人员基本医疗保险，包括门诊医疗包干和住院医疗保险。江西上饶县建立了由政府组织、引导、支持，个人、集体和政府多方筹资，以住院大病统筹为主的失地农民医疗互助共济制度。①

① 袁杰，吴广明. 我国失地农民医疗保险问题分析. 卫生经济研究. 2008，3。《苏州市征地保养人员基本医疗保险实施办法》（苏劳社医［2004］33号）第2条规定，本办法所称征地保养人员，是指按《苏州市征地补偿和被征地农民基本生活保障试行办法》《苏州市市区征地补偿和被征地农民基本生活保障实施细则》的规定实行基本生活保障、按月领取生活补助费和征地保养金人员。

第四章　工伤保险

工伤保险是社会保险制度的重要组成部分。自人类进入工业社会以来，工人在工作场所就不可避免地受到各种事故以及职业病的威胁，而其救济手段也经历了由工人自我承担到雇主过错责任再到雇主无过错责任的发展，时至今日则形成了多元化救济路径，其中最主要的就是依据社会连带思想建立起来的工伤保险制度，即由全社会共同分担工伤风险并通过共同基金向工人支付工伤保险待遇。

职业伤害是世界各国和地区经济社会发展中所面临的共同问题，因此工伤保险便也成为世界上产生最早、实施范围最广泛的社会保险制度。根据国际社会保险协会（ISSA）的资料，在全球近 200 个国家和地区中，有 172 个国家和地区建立了社会保障制度；有 164 个国家和地区建立了工伤保险，其他 30 多个国家和地区也有与工伤事故方面相关的立法。

我国早在 1951 年政务院颁布的《劳动保险条例》中就正式确立了工伤保险制度，其后历经发展，2003 年国务院颁布的《工伤保险条例》标志着中国工伤保险立法进入一个新的阶段。该条例对保障工伤职工的合法权益发挥了重要作用，然而在施行中也逐渐暴露出一些问题亟待完善。《社会保险法》专设第 4 章“工伤保险”用 11 个条文对工伤保险制度进行规范。其第 33 条至第 43 条分别就工伤保险的费率、缴费额、工伤认定的一般条款、不认定为工伤的情形、工伤保险基金与用人单位的责任分担、工伤保险与养老保险的协调、特定情形下工伤保险基金对用人单位和第三人的追偿权以及停止享受工伤待遇等问题作了调整。作为社会保险的基本法，《社会保险法》的规定较为原则，而在 2010 年 12 月 20 日，国务院根据《社会保险法》的有关规定，结合具体实践，对《工伤保险条例》进行了修订并予以公布。新修订的《工伤保险条例》[①] 以《社会保险法》所确立的立法精神和相关规定为指导，对工伤保险的各项制度作出了更完善、更具体化的规范。然而，这两部新法都有许多值得商榷之处，如何在未来的立法和实践中进一步予以完

---

① 为行文方便，下文将 2004 年 1 月 1 日生效的《工伤保险条例》称为“《工伤保险条例》(2004)”，而将 2011 年 1 月 1 日生效的新修订的《工伤保险条例》称为“《工伤保险条例》(2011)”，以示区别。

善，有必要在理论上加以研究。

第一节　工伤保险的费率

工伤保险是针对劳动者在企业的生产经营活动中所面临的致害风险而设置的一项保障救济措施，从发展历程来看，其与商业性的雇主责任保险存在着一定的“亲缘”性，但也存在着根本性的差异。就商业性雇主责任保险而言，单一保险人即保险公司只需针对特定企业所属行业以及自身运转过程中的特点，运用精算法则计算出个性化的缴费费率，甚至当某类行业或某个企业的风险超过保险公司所能承受的范围时保险公司还可以拒绝承保。而工伤保险制度所面对的是全社会范围内所有依法适格的参保单位，且其显然不享有拒绝承保的权利。当然，工伤保险不以营利为目的，无须像商业保险公司那般计较成本收益，因此我国工伤保险确立的原则是“以支定收，收支平衡”。为实现此目标，工伤保险费率的确定便成为关键因素所在。

然而，我国工伤保险制度运行的实际情况却不尽如人意，远未实现收支平衡的目标。统计资料表明，我国工伤保险基金的结余逐年递增，2000 年全国范围内为 578 542 万元，到了 2007 年则达 2 625 968 万元，7 年间增长了 3.5 倍；而 2000 年享受工伤保险待遇和职业病待遇的总人数为 200 777 人，2007 年该数字达 812 619 人，增长了 3 倍；与之相反，2000 年全国参保人数为 43 502 744 人，2007 年则为 121 733 619 人，7 年间仅增长了约 1.8 倍。[①] 即使考虑工资增长因素在内，工伤保险基金结余的增长速度仍十分惊人。因此，如何对我国工伤保险费率管理进行改革以改变现状成为理论界和实务界人士热议的话题。

一、工伤保险费率的比较法考察

（一）发达国家工伤保险费率的比较

目前，各国工伤保险主要存在三种费率确定机制：一是差别费率机制。通过行业差别费率和企业浮动费率，将行业和企业的缴费费率与其工伤风险相关联，如德国、日本、加拿大。二是统一费率机制。即按照法定统筹范围内预测基金支出的需求，制定出平均工伤保险费率，企业都按照这一比例缴费，如瑞典、以色列、埃及、巴西等。三是市场调节费率机制。如丹麦、葡萄牙等国费率的确定是利用市场原则，由雇主与有资质的保险机构协商确定。

我国现行费率机制采行业差别费率制。考虑到转轨成本和路径依赖因

---

① 历年统计数据可见国家统计局每年度发表的《中国劳动统计年鉴》。

素，不适宜也无必要转变为统一费率制或市场调节制。因此，比较法考察的重点应是同为行业差别费率制的发达国家的具体制度运行，以资我国借鉴。

1. 德国的工伤保险费率

德国的工伤保险实行现收现付模式，每年年底进行当年费用的结算和决定各企业工伤保险费用的分摊数额。在费率方面，德国社会工伤保险实行差别费率，其费率由三个层次的差别费率（系数）共同确定。

第一个层次是按行业划分行业基准利率。其确定方法为：由国家研究确定费率的科学思路和计算办法，各同业公会根据计算办法结合本公会企业的历史统计数据，确定本同业公会的有关费率值；基准费率每年根据基金实际需求作小调整，每3～6年作大调整。在同业公会分别管理的现行制度下，行业之间的工伤保险费用原则上不进行相互调剂，特殊情况下亦有例外。

第二个层次是在行业内部确定的企业风险等级表。每个同业公会都各自确定了企业风险等级表，风险等级表的确定来自于经验数据，经验数据则根据事故造成的损失率等统计数字分析得出。

第三个层次是补充风险等级，即对处于同一风险等级的企业，根据每个企业每年的实际事故发生率及事故的严重程度（可扣除非自然力所能控制的事件和由于不属于公司的原因造成的事故，上下班交通事故亦可不计入在内），对企业事故发生率和事故损失价值不同的企业扣减或增收保险费。这一制度使得处同一风险等级的企业彼此之间缴费相差幅度可达25%。①

通过这三个层次共同确定出的费率，各行业总共达700多个不同费率。需要注意的是，即便是在上浮费率的情况下也不是保险费率的整体追加。因为现收现付模式要求工伤保险基金按需提取，补充风险等级表的制定只是一种分摊方法，并不直接决定基金总量。但通过这一分摊方式所产生的激励效应可减少对支付总量的需求，而支付总量的下降又进一步使整体费率呈向下趋势，进一步减轻了企业负担，从而实现劳动者和企业的“双赢”效果。

此外，德国按年收取5%～10%的基金作为积累金。经过110多年的积累，其积累金已可支付5～10年的工伤保险金，这对稳定费率起到了很大的作用，特别是在经济情况较差时避免了因费率提高而增加企业负担。

2. 加拿大安大略省的工伤保险费率

加拿大工伤保险属于地方保险项目，由各省（地区）自行制定法规，每个省（地区）都有自己的工伤保险计划，各省（地区）都设有专门的工伤赔

① 吕学静. 国外若干典型国家工伤保险费率概述. 见：中国社会保险学会编. 中国社会保险优秀论文集. 北京：中国劳动社会保障出版社，2006. 334

偿机构。[①] 安大略省作为加拿大第二大省，其制造业和生产业位居该国各省前列，行业类别较为齐全，相应地也拥有运行良好的工伤保险制度，能够典型地代表加拿大总体的工伤保险状况，特选取其作为研究对象。

安大略省的工伤保险由工作场所安全与保险委员会（Workplace Safety and Insurance Board）总括负责，由劳动者、雇主及其他社会人士组成董事会作为该委员会的最高领导机构，其对工伤保险诸事宜皆享有极大的权力。[②] 工伤保险费率亦由该委员会负责厘定。委员会每年须对所有组类的企业设定费率，并可以针对不同的组类乃至单个企业设定不同的费率。[③] 行业划分是基础工作，委员会将所有行业划分成 27 个大类并细分为 109 个费率等级，并规定相应的费率代码，每个等级的经济活动就是一个单独的、自主的财政单位，户头上记录有该等级的费用收支情况，同一等级各单位互助共济，共担风险，必要时也可以帮助其他等级单位应付突发事件。

为减少长期基金政策在执行过程中所受影响，保持费率相对稳定，安大略省对费率调整幅度有所限制。多年来调整幅度不超过 15%，到 1988 年已降至 10%，并沿用至今。1990 年工伤补偿署对实际费率持续明显高于或低于其目标费率的费率等级，调整幅度提高到不超过 15%。所谓目标费率是指考虑某个费率等级某段时间的工伤事故发生率、索赔的平均费用和人员变动情况，以及到 2014 年累积未了结的费用、行政费用等相关费用而得出的费率值，而实际费率则是指参照目标费率，根据费率调整幅度调整后所实际执行的费率。[④] 目标费率每年亦须进行调整，调整时以前 3 年的数据为依据，以求更有效地反映企业安全生产方面所取得的绩效。

3. 日本的工伤保险费率

在日本，工伤保险称为劳灾保险，由政府机构强制实施并管理。日本的劳灾保险费一般全部由雇主缴纳，其数额根据社会保险机构规定的保险费率和企业工资总额进行核算。具体到单个企业的缴费，还需根据前 3 年的费率计算出后 3 年的费率。雇员原则上不缴纳工伤保险费，但因通勤事故（即上下班交通事故）导致工伤，雇员在领取疗养补贴时也要缴一部分费，从雇员领取的修歇工补贴中扣除缴纳。

---

① 刘俊. 加拿大工伤保险制度. 中国劳动. 2007，10

② 参见工作场所安全与保险委员会官方网站，http://www.wsib.on.ca/wsib/wsibsite.nsf/Public/home_e. 最后浏览：2010 年 10 月 20 日。

③ Workplace Safety and Insurance Act. 1997. S. 81. http://www.e-laws.gov.on.ca/html/statutes/english/elaws_statutes_97w16_e.htm#BK106. 最后浏览：2010 年 10 月 20 日。

④ 吕学静. 国外若干典型国家工伤保险费率概述. 见：中国社会保险学会编. 中国社会保险优秀论文集. 北京：中国劳动社会保障出版社，2006. 334

日本的工伤保险行业费率划分细密，共分8大产业53个行业，最高行业费率为14.9%（如水电建设），最低行业费率为0.5%（如供水等）。另外，在雇主缴纳的职业伤害保险费率中，有0.1%日后用于通勤事故的费用。行业费率是依据各行业工伤事故状况由厚生劳动省确定，并且根据情况变化每3年调整一次。在行业费率的基础上，对各企业确定缴费的方法有两种：一是对“连续事业”（工厂、商店等）确定按工资总额的一定百分比缴费；二是对“有期限事业”（土建工程等）确定缴费的绝对额。为促使企业注意安全、减少工伤事故，日本实行费率浮动制度。大体的方法是：根据企业前3年实际支取工伤保险金占所缴纳工伤保险费总额比例划档，75%以下的降低费率，在75%～85%之间的不变，在85%以上的提高费率。降低和提高费率的最大幅度为40%。例如某企业所在行业的标准费率是2.0%，那么它的浮动费率区间为1.2%～2.8%。对有期限事业，按30%的幅度调整其缴费绝对额。①

4. 法国的工伤保险费率

法国根据风险的大小和企业的规模，实行分类差别费率和浮动费率，以此筹措工伤保险资金。首先按领薪者的多少把企业分成大企业（至少200个领薪者）、小企业（10个以下领薪者）、中等企业（领薪者数量介于大小企业之间）。大企业按个体化费率缴费（企业浮动费率），该费率是经办机构根据企业最近3年内发生的劳动事故和职业病所造成的损失计算出来的。小企业根据其所属行业每年的集体比例缴纳保险费（行业浮动费率）。中型企业按照综合比例缴纳保险费，该费率是在根据综合考虑企业所属行业的集体费率和该企业的个体化费率的基础上而制定的。② 这种制度设计使“风险与责任统一”的精神在大企业中较好地得到体现，但未能在中小企业中得到充分反映。因此，难以有效调动中小企业特别是风险等级比较高的中小企业预防风险的积极性，留下了较大的风险隐患。③

（二）域外工伤保险费率机制对我国的启示

纵观同采差别费率制的域外制度可以发现，其工伤保险制度运行的共同特征就是高精度、细致化，各项具体制度的设计均根据相应的数理统计和精算理论选取适当样本和参数作为计算依据而得出结果，具有较强的科学性和技术性。主要表现在如下方面：

第一，在行业差别费率以及行业内费率档次方面，各经济实体都对本地

① 石孝军．日本工伤保险制度概览．中国社会保障．2007，2

② ［法］让-雅克·迪贝卢等．社会保障法．蒋将元译．北京：法律出版社，2002.158～159

③ 董溯战．德国、法国工伤保险法律制度的比较研究．宁夏社会科学．2004，5

区经济行业进行了较为细致的划分，并确定了相应的多层级费率档次，如德国共有700多个差别费率档次（也有说是380个），日本有51个，加拿大安大略省有109个、魁北克省有321个。

第二，在浮动费率方面，大多数国家和地区以支缴率（指企业在一个特定的观察期内实际享受的工伤保险数额与该企业同期缴纳的工伤保险费数额的比率）为费率浮动依据，如日本、加拿大、德国的部分同业公会。部分国家和地区以企业在一个特定的观察期内所发生的工伤事故的数量或事故的严重程度或支缴率等复合因素作为浮动费率确定依据。

第三，在浮动档次、幅度和周期方面，日本对于从事连续性生产的企业，在行业基准费率的基础上可上下各浮动8档，上下最大浮动幅度均为40%。对于有期限事业，按30%的幅度调整其缴费额。德国费率浮动的最大幅度为基准费率的30%，加拿大安大略省为15%。德国、加拿大均每年调整1次浮动费率，日本为3年浮动1次。

二、我国工伤保险费率的发展及问题

（一）我国工伤保险费率的发展

我国现行工伤保险费率制度主要由《工伤保险条例》以及相应的部门规章调整，工伤保险费率实行差别费率与浮动费率相结合的模式，在实际运行中各地区又根据各自情况制定了不同的实施细则，少数地区如上海市则实行统一费率结合浮动费率制①，但这仅为个案尚不具普遍意义。总体而言，现行工伤保险费率制度尚能基本满足劳动者工伤保障需求，但同时在实际运行中也暴露出不少问题。

1.《工伤保险条例》的规定

《工伤保险条例》(2004) 第8条规定："工伤保险费根据以支定收、收支平衡的原则，确定费率。国家根据不同行业的工伤风险程度确定行业的差别费率，并根据工伤保险费使用、工伤发生率等情况在每个行业内确定若干费率档次。行业差别费率及行业内费率档次由国务院劳动保障行政部门会同国务院财政部门、卫生行政部门、安全生产监督管理部门制定，报国务院批准后公布施行。统筹地区经办机构根据用人单位工伤保险费使用、工伤发生率等情况，适用所属行业内相应的费率档次确定单位缴费费率。"《工伤保险条例》(2011) 并未作实质性修订，只是将费率决定权由多个行政部门共同

① 《上海市工伤保险实施办法》第10条规定："用人单位缴纳工伤保险费实行基础费率，基础费率统一为缴费基数的0.5%。对发生工伤事故的用人单位在基础费率的基础上，按照规定实行浮动费率。浮动费率根据用人单位工伤保险费使用、工伤事故发生率等情况确定。浮动费率分为五档，每档幅度为缴费基数的0.5%，向上浮动后的最高费率（基础费率加浮动费率）不超过缴费基数的3%，向下逐档浮动后的最低费率不低于基础费率。浮动费率每年核定1次。"

制定改为由社会保险行政部门单独制定。

2.《社会保险法》的规定

《社会保险法》第34条规定："国家根据不同行业的工伤风险程度确定行业的差别费率，并根据使用工伤保险基金、工伤发生率等情况在每个行业内确定费率档次。行业差别费率和行业内费率档次由国务院社会保险行政部门制定，报国务院批准后公布施行。社会保险经办机构根据用人单位使用工伤保险基金、工伤发生率和所属行业费率档次等情况，确定用人单位缴费费率。"相较之前公布的征求意见稿，其变化在于将原有"工伤保险费使用"的表述替换为"使用工伤保险基金"，主要是为了使条文表述更严谨和精确，内容上并无实质性的改变。而与《工伤保险条例》(2004）相比则可以发现，两者在实质内容的规定上基本相同，所不同的只是原由劳动保障行政部门会同国务院财政部门、卫生行政部门、安全生产监督管理部门共同负责的费率制定工作现改由国务院社会保险行政部门独立负责。《工伤保险条例》(2011）顺应《社会保险法》第34条作出相应调整后，两者之间已经不存在差别和冲突。

可见，《社会保险法》第34条保留了现有的工伤保险费率制度，具体制度则授权国务院社会保险行政部门制定。这些新的法律仍旧沿用差别费率与浮动费率相结合的模式，只对一些非实质性的问题作了修正，且相关规定仍过于原则，具体操作性依然不足。

（二）我国工伤保险费率存在的问题

1. 差别费率档次划分"少而粗"，缺乏精确性

《工伤保险条例》(2004）第8条虽然规定国家应根据实际需要确定行业差别费率以及行业内费率档次，但其后颁布的《关于工伤保险费率问题的通知》(劳社部发［2003］29号）仅就行业差别费率作了原则性规定，将具体的行业差别费率交由各统筹地区相关部门会商决定，至于行业内费率档次问题则未予明示。而在各统筹地区实践中则多直接适用《关于工伤保险费率问题的通知》中所规定的0.5%、1%、2%的比率，未根据各自不同情况作出"左右"调整。对行业内费率档次，多数统筹地区均未制定行业内费率档次细目，仅部分统筹地区尝试予以落实。如大连市《关于调整大连市工伤保险缴费率的通知》第2条规定："根据劳社部发［2003］29号关于工伤保险费平均缴费率原则上要控制在职工工资总额1%左右的总体水平要求，按行业类别不同，调整细化工伤保险基准费率，分别确定为：一类甲0.5%、乙0.6%、丙0.7%；二类甲1.1%、乙1.3%、丙1.5%；三类甲1.7%、乙2.0%。"据此将基准费率扩展为8级。但总体而言，与其他国家的费率等级体系相比较，我国费率体系"划分档次过少，虽然易于操作和管理，但是可

能会影响企业参与工伤保险的积极性，对处在同一档次中风险较小的企业就表现出不公平。理论上档次划分越细越体现公平原则，但实际操作起来较复杂同时也增加管理难度”①。

2. 行业缴费费率差别不大

我国将工伤保险缴费的行业分为风险较小行业、中等风险行业、风险较大行业三个大类，行业缴费费率分别为0.5%、1%、2%。这种分类过于简单，没有考虑到行业之间的风险复杂性，导致了行业之间差别不大，高风险的行业缴费比例明显偏低。例如，2002年我国采掘业、制造业、建筑业工伤事故发生数，比2001年分别增长了23%、17%和16%，死亡人数分别增长了12%、15%和24%。这些行业工伤事故发生率明显高于其他行业且有增加的趋势，但这些行业的缴费比例即使按照目前差别费率的最高档缴纳也不过是2%，缴费费率与所在行业的危险性相比明显偏低。②

3. 浮动费率比例偏低

制定浮动费率制度的初衷是为了鼓励企业改善劳动环境，保护劳动者的生产安全。但现有浮动费率比例过低，虽对企业有一定奖惩激励作用但仍不充分。目前，“对于风险较小的行业不实行费率浮动，对于中等和较大风险的行业实行费率浮动，一般1～3年浮动一次，上浮的比例一档为120%、二档为150%，下浮的比例为80%、50%。行业费率再加上浮动费率，工伤缴费费率也不过在0.5%～3%之间，费率的差别总体不大。”② 企业基于成本效益衡量，往往只愿意为劳动者提供较低层次的劳动安全保护，而缺乏主动改善劳动者生产安全保护条件和设施的积极性。

4. 费率管理过于“粗放”

现行费率管理模式明显有违工伤保险基金“以支定收，收支平衡”的原则。工伤保险基金不同于养老保险基金，并非以基金的保值增值和积累最大化为目标，而是以满足当期劳动者工伤保险待遇需求为己任，适当保有一定储备积累以应付大规模、突发性工伤事故发生时的支出。如工伤保险基金的滚存累计额经常性处于高位，对基金管理者而言不仅面临着资金贬值等金融安全问题，更易引发管理上的道德风险，对企业而言则在一定程度上降低了其缴费意愿和积极性，对劳动者而言易对工伤保险制度运行的有效性产生疑虑。而对基金总体规模的控制是立足于对全社会事故发生概率、事故发生频率、事故致害程度、待遇总体支出等进行精算的基础之上的，费率则是这一精算控制手段的直接体现。而现行粗放式的费率体系使得基金的进项收入无

① 陈胜等. 我国工伤保险费率机制的探讨. 中国安全科学学报. 2002，4

②② 翟玉娟. 让工伤保险缴费费率“浮动”起来. 中国劳动保障. 2009，6

法受到精确控制，日积月累导致目标偏差不断扩大。

三、我国工伤保险费率的完善建议

《社会保险法》沿用了差别费率与浮动费率相结合的模式，而将具体用人单位的缴费费率交由社会保险经办机构来厘定。为使工伤保险制度能发挥其真正作用，使经办机构能够依法合理科学地履行确认费率的职能，必须在现有原则性立法的基础上进行精细化立法，进一步改进现行费率机制中所存在的不足并使其更具有可操作性、合理性和科学性。

（一）行业差别费率的拟定

目前，我国统筹地区划分行业风险的依据是《国民经济行业分类》（GB/T 4754—2002）。然而，《国民经济行业分类》的分类标准是依据企业经济活动性质的同一性，即主要按企业、事业单位、机关团体和个体从业人员所从事的经营活动或其他社会经济活动性质进行行业分类，而并非按其生产经营活动风险水平分类。“某一行业，就其实质来说，是指从事一种或主要从事一种活动的所有单位的聚合体。其本质是按照行业主导经济行为划分，而非企业生产经营行为风险特点与程度来划分。大部分两者是一致的，但是有可能从事同样风险水平生产经营行为的企业分到不同行业类别中，不同风险水平生产经营企业分到相同行业类别中。”① 以银行业和仓储业为例，两者目前同属工伤风险的一类行业，但仓储过程中装卸搬运活动遭遇事故的可能性显然较一般银行业务为大。可见，现行行业风险的分类依据实有值得商榷之处。

对此，有学者提议以企业实际发生的风险率代替行业差别费率，“我国由于统计资料缺乏，行业差别费率目前很难制定出来。但……可以算出各企业在过去3年内工伤保险费用支出的比例。因此用企业实际发生的风险率代替行业差别费率不仅是可行的，而且为了促进企业搞好安全生产，确定每一企业所处的风险程度也是必要的。”② 另有学者对此表示反对：“以企业尤其是个别企业发生工伤事故，确定差别费率会带来消极的后果，即企业会隐匿不报工伤事故，尤其隐匿不报一般的工伤事故，所确定的工伤保险行业差别费率不免畸高畸低，缺乏应有的科学性。”③

事实上，无论是否以国民经济行业分类为标准，抑或究竟该采纳企业风险率或行业差别费率，都并非问题的实质所在。应当说，孤立地研究如何确定行业差别费率是毫无意义的，行业差别费率只有同行业内费率档次相结合

① 陈胜等．我国工伤保险费率机制的探讨．中国安全科学学报．2002，4

② 孙树菡主编．工伤保险．北京：中国人民大学出版社，2000.119

③ 郑尚元．工伤保险法律制度研究．北京：北京大学出版社，2004.177

才能发挥其在差别费率中的作用。从德国、加拿大（安大略省）、日本的经验来看，行业费率的确定亦从来不是差别费率的核心问题所在，三国虽都对行业进行了大类划分，但实际发挥作用的显然是各大类下的经过细分的费率等级。实际上，行业差别费率的重要作用在于便捷地对全社会的总体工伤保险费率实行总量控制，只需对某一层级的所有行业类目进行归纳统计计算，再通过其将控制指标逐级分解传递给各子类别行业，就可有效地实现费率水平的平稳控制。

因此，行业差别费率的拟定应建立在行业内费率档次拟定基础之上。具体来说，在对行业内费率档次作出明细规定的前提下，可以通过两种模式来确定行业差别费率。第一种是类似德国的模式，即由国家研究确定费率的科学思路和计算办法，并根据各行业以往工伤保险的使用情况所获得数据得出相应的行业差别费率。所不同的是，德国由于其历史传统是由同业公会承担具体的费率确定工作，而我国既然没有这一传统，也无须为此而专门组建全国范围内各行业的同业公会，具体工作可由国家社会保险行政部门下设专门机构负责。此种模式下的行业分类标准可仍然沿用国民经济行业分类，可选取 20 个门类或 98 大类作为划分依据，至于大类之下的中类和小类则因划分过细可不予考虑。第二种则是在我国现有三等风险行业的划分基础上进行精细化操作，首先以国民经济分类的中类层级为依据测算行业费率，然后将所有中类行业按费率值排序，最后界定不同风险等级的费率区间值，例如将费率为 0.5%～1%的行业定义为一级风险行业，将 1%～1.5%的行业定义为二级风险行业，以此类推。此种模式的前提是要求费率间距须足够大，例如欧美等国煤矿、建筑等高风险行业的最高费率达到 8%左右，与低风险行业的费率差距较大，而我国最高基准费率仅为 2%，有必要适当上调。

（二）行业内费率档次的拟定

行业内费率档次的拟定就其实质而言是一项纯粹技术性操作，是基于数理精算理论，通过对相关行业一定时间段内工伤保险事故发生率、死亡率、损害程度等数据进行统计分析后核定出费率值。因此，关于行业内费率档次的法律规范其性质属于纯粹法技术规范，是对上述操作过程的法律规制。当然，法律作为社会生活的控制手段之一从来就带有立法者的价值判断，在法律技术规范中此种价值判断表现为对相关数据计算模型以及相关参数的取舍。对行业工伤风险的测算方式和计算公式具有多样性，但立法所要选取的并不一定是能够最精确反映行业实际风险发生率的理论，首先须遵循的仍是“以支定收，收支平衡”原则，此外还须考虑到企业和全社会的负担能力以及对经济社会发展的总体影响。

从别国实践来看，德国的行业内费率档次是由各同业公会确定本行业内的企业风险等级表，该表依据损失率等经验数据制成，日本则由厚生劳动省根据各行业工伤事故情况予以确定，总体而言各国的风险测算和档次划定在方法选择上显然存在差异，但并无孰优孰劣之分。就我国而言，《社会保险法》仍旧将使用工伤保险基金、工伤发生率作为主要参数以勘定行业内费率档次。由于一直以来各统筹地区缺乏划分行业内费率档次的实践，因此当务之急是要在各地切实落实此项工作，为检验参数的有效性，可选取大连市等已经有一定经验的地区作为试点，经过一定时期的观察和积累，再经由国务院发布具体操作细则指导全国范围的实践。至于此处行业的进一步细分建议可以国民经济分类中的中类为参照。

此外，前述行业差别费率中的费率间距问题亦与行业内费率档次的间距直接相关。从世界范围看，日本最高行业费率为14.9%，最低为0.5%；瑞士的缴费费率在0.04%～10.3%；墨西哥的缴费费率在0.34%～10.035%；卢森堡的缴费费率在0.5%～6%；韩国的缴费费率在0.4%～35.1%；加拿大安大略省内保费率从最低0.15%的会计师到最高32.6%的大树修剪工人。[①] 平均费率方面，德国为1.4%，法国为2.26%[②]，澳大利亚为2.3%，加拿大为2.5%。[③] 我国在工伤保险差别费率运行初期基于行政命令将费率水平控制在1%，费率间距为0.5%～2%，与各国相比均显偏低，考虑到经过多年来的实践已经取得了可观的数据积累，建议在未来重新测算总体费率水平和费率间距。

（三）浮动费率的拟定

行业差别费率、行业内费率档次、浮动费率分属费率的宏观、中观、微观三个层次的问题。在完善的行业差别费率以及行业内费率档次分级基础上，浮动费率所针对的是统筹地区具体缴费企业所适用的缴费费率。但是，浮动费率与企业差别费率并非同一概念，后者是指依据各企业差别费率水平（即过去3年内工伤待遇支出与缴费工资总额的比例）来确定工伤保险费率。[④] 企业差别费率在一些国家是作为基准而代替行业差别费率在费率机制中发挥作用，而浮动费率则是对行业差别费率下特定企业费率的调整机制，从本质上来说是一种奖惩手段而非决定因素。采企业差别费率制须为所有企业建立并维持经常性数据库，我国幅员辽阔，企业数量众多且增减变化快，故行业差别费率更符合实际需要。

① 翟玉娟．让工伤保险缴费费率“浮动”起来．中国劳动保障．2009，6

② 参见穆怀中等．发展中国家社会保障制度的建立和完善．北京：人民出版社，2008.5，32

③ 陈胜等．我国工伤保险费率机制的探讨．中国安全科学学报．2004，4

④ 李征宇．合理确定企业工伤保险费率．中国社会保障．2000，12

我国现行浮动费率制上下浮动共 4 档，浮动幅度为±50%，在具体操作上由统筹地区制定详细方案。从各地的操作规程来看，我国对浮动费率的运用情况是比较良好的。以深圳市为例，2007 年发布的《深圳市工伤保险浮动费率管理暂行办法》明确将工伤保险费收支率和工伤事故率作为浮动费率的决定因素，同时还对除外因素以及不得下浮费率的情形作了列举，相关规定极具可操作性。《天津市工伤保险浮动费率管理暂行办法》也有关于工伤保险支缴率及其具体规定。比较而言，我国浮动费率制无论是浮动幅度还是制度设计都与各国主流做法相近。而该制度目前之所以未能充分发挥对企业安全生产的有效激励作用，主要是受制于行业差别费率以及行业内费率档次的不健全，随着我国工伤保险费率机制的完善，浮动费率制的作用必然会逐渐显现。此外，由于费率浮动幅度不能无限放大，还可考虑对严重漠视劳动安全的企业另外加收一定比例的附加费。

（四）特殊的费率确定方法

除了体系化的行业差别费率机制外，对于一些特殊行业和特殊主体可以采用特殊的费率确定方法，比如“按工程造价比例提取”和“吨煤提取”等。按工程造价比例预先提取工伤保险费的方式来源于日本，是指按照建筑工程造价的一定比例（一般为 20%左右）确定工资基数，再按照工资基数的一定比例提取工伤保险费。目前，这种确定费率的办法已被我国的湖南省岳阳市、福建省厦门市等地学习使用。湖南省岳阳市、福建省厦门市两地与当地建设行政主管部门联合发文，在建筑项目立项之初就从工程预算中按比例提取工伤保险费（岳阳市的提取比例是工程造价的 20%的 1.4%，厦门市的提取比例为工程造价的 20%的 1%）。另外通过“实名制”从制度上实现对建筑企业流动工人工伤保险制度的“全覆盖”，解决了建筑施工企业工人流动性大、参保工资基数确定难等实际问题。“吨煤提取”方式的原理与“按工程造价比例提取”基本一致。① 此种针对特殊行业的特殊费率确定机制能够有效弥补行业差别费率的不足，值得继续探索并在全国推广。

此外，未来我国的工伤保险极有可能覆盖事业单位、社会团体、民办非企业单位等组织的劳动者，由于行业差别费率主要基于企业特征而构建，可能不适用于事业单位等组织，因此对于这几类主体也可以考虑按照工资总额确定固定费率或缴费的绝对额。值得注意的是，修订中的《工伤保险条例》在第 10 条增加了第 3 款“对于难以按照工资总额计算缴纳工伤保险费数额的行业，国务院人力资源和社会保障行政部门可以对该行业用人单位缴纳工

① 参见周永波. 关于我国工伤保险费率问题的思考. 中国社会保险学会，http://www.csia.cn/hknr/200712/t20071226_171178.htm. 最后浏览：2010 年 5 月 4 日。

伤保险费的具体方式作出变通的规定”。可说是为特殊行业的特殊费率机制预留了法律空间。

第二节 工伤认定的标准

《社会保险法》第36条规定：“职工因工作原因受到事故伤害或者患职业病，且经工伤认定的，享受工伤保险待遇；其中，经劳动能力鉴定丧失劳动能力的，享受伤残待遇。”这是我国首次在立法中明确规定工伤认定的一般条款。所谓工伤认定一般条款，是指“规定工伤的法律概念或者对工伤进行抽象的、概括的规定的一种具有普适性、开放性的法律规范”[①]。据此，职工能否获得工伤待遇主要是看其所遭受的损害或疾病是否是因工作原因引起的。因此，未来我国工伤认定的立法和实践都应将伤害与工作间的因果关系作为工伤认定的核心标准。

关于因果关系的认定本身在法学领域便是一个理论与实践的难题。对于因果关系讨论最多的是在民法侵权领域，在大陆法系有条件说、相当因果关系说和盖然因果关系说等，在英美法则有事实上的因果关系与法律上的因果关系之区分，具体操作则交由法院行使裁量权。工伤认定在我国虽属行政行为，但其本质与司法裁判活动相类似，是将具体生活事实涵摄入法定事实构成要件的过程。某一具体案例能否被认定为工伤事实，要看其是否符合法定的工伤构成要件。加上工伤保险责任与侵权责任本身即具有“亲缘性”和一定的同构性，因此侵权法上的因果关系可资借鉴。

“几乎没有人对因果关系进行精确的定义，而是通过描述和分析确定因果关系的技术方法来代替因果关系的定义。”[②] 对工伤认定而言，因果关系的定义同样没有太大的现实意义，甚至于定义的存在反而会使问题变得更为复杂，相反，因果关系的认定标准才是问题之要旨所在。

一、工伤认定中因果关系的比较法考察

（一）工伤认定中因果关系的一般原理

从两大法系的理论和实践来看，可以将工伤认定中的因果关系区分为事实上的因果关系和法律上的因果关系。事实上的因果关系是指从纯粹的事实角度观察工作与损害之间的客观联系；法律上的因果关系则是指在确认事实上的因果关系存在的基础上，进一步确认是否构成工伤。此种区分并不是任意的创设，它之所以在各国司法制度中得到普遍接受和运用，是因为它符合

① 林嘉，魏丽．工伤认定一般条款之立法思考．法学杂志．2008，1

② 张新宝．侵权责任构成要件研究．北京：法律出版社，2007.324

因果关系分析框架的基本要求。事实上的因果关系强调的是工作与损害之间的引起与被引起关系，例如某职工甲由于每天从事搬运重物导致的胸肌劳损，其损害在客观上与其工作存在着必然联系。反之，职工乙因私人纠纷而至职工丙单位并在丙工作期间将其打成重伤，则难谓此处有事实上因果关系之存在。而法律上的因果关系则是从法律政策出发肯定或否定此种客观联系在法律上的效力，例如当工伤认定要求包括事故要素时，职工甲的损害因为并非事故造成所以就不能被评价为工伤。事实上的因果关系有时是广泛的，而法律上的因果关系就是决定从何处阻断因果链条并截取出在法律上有效的那部分。通过此种两分法实现“经验世界和法律世界的不同判定，进而实现法律所欲实现的价值观和特定社会的法律政策，具有较强的说服力”①。

在因果关系两分法的基础上，对于两种因果关系亦采取不同的判定标准。就事实上的因果关系而言，各国司法实践一般采用必要条件理论，可表述为如果不是在从事工作，则损害不会发生，则工作是损害的原因；反之，即使不是在从事工作，损害仍会发生，则工作并非损害之原因。就法律上的因果关系而言，德国法上的相当因果关系理论被广为采纳。在工伤领域，该理论可表述为，工作只有在满足以下两个条件时才是损害的相当原因：第一，它必须是这一损害的一个必要条件；第二，它必须极大地增加了这一损害发生的客观概然性。② 简言之，如果工作没有显著地增加损害发生的可能性，那么工作就不是损害得以发生的相当原因。至于如何判断损害可能性是否增加，因果关系理论本身并不能提供答案，需要依赖于法律价值观念或社会生活经验的考量。以上这些标准都并非确认因果关系的唯一依据，根据不同的现实需求各国司法实践有着相应的回应。

（二）工伤认定中因果关系的判断标准

对于如何判断事故与工作之间的因果关系，英美法上有“由工作引起并在工作过程中发生”，日本法上有“业务起因性”和“业务遂行性”，法国法上有“隶属”概念等。实际上，这些标准在判断因果关系时内容基本相同，只是对于因果关系判断一般原则的不同表述而已。因此，不妨以“由工作引起并在工作过程中发生”的表述为基础展开分析。

“由工作引起”表明事故与工作之间存在一种引起与被引起的直接因果关系，这根据事实上因果关系的必要条件标准很容易判断，如被工厂机器扎伤了手等。“在工作过程中”是一个十分模糊的表述，实践中一般认为包含三个要素：时间、地点、行为，即劳动者在工作时间内且在工作场所从事与

① 张新宝．侵权责任构成要件研究．北京：法律出版社，2007.399

② 张新宝．侵权责任构成要件研究．北京：法律出版社，2007.351

工作有关的事情发生的事故即被视为“在工作过程中”发生的事故。[①] 可见，时间、地点、行为等因素实质上是被用来作为法律上因果关系的基准，以此来推定事故与工作之间的因果关系。在此，“工作时间”“工作地点”应当从劳动关系的“从属性”本质来界定，即劳动者在雇主明示或默示指挥支配下从事工作的时间和地点。在各国实践中，“工作时间”不仅指日常的工作时间、加班时间，而且也应当包括劳动者基于生理需要于作业时间内的中断或休息时间，如去盥洗室、饮水、抽烟的时间，及由于工作职责需要或者雇主临时指派从事工作的时间，如出差时间、陪客户吃饭的时间等。“工作地点”不仅指日常的工作场所，而且包括工作场所的附属建筑如职工食堂、职工宿舍、盥洗室等，以及由于工作职责需要或者雇主临时指派从事工作的地点。

而如何判断“由工作引起并在工作过程中发生”是否增加了劳动者受到伤害的风险，美国法上将与工作有关的风险分为三种。（1）职业风险，即因工作而产生并广泛存在的风险，由此产生的损害当然属于工伤。（2）个人风险，即因劳动者自身行为所引发的风险。此种风险因与工作无关而当然不受工伤保护。（3）中性风险，即伤害的原因不能清楚地被界定为职业因素或个人风险，或者伤害本身原因不明，包括不可抗力、自然灾害、被陌生人袭击、公共场合的风险以及无法解释原因的死亡等。可见，中性风险是引发现实中各类争议和疑难案件的“灰色地带”，早期美国司法实践中曾有近似原因原则、特殊风险原则等，皆因对劳动者过于严苛而先后被废弃，如今主要采用三种原则。（1）风险增加原则，需证明工作增加了风险，但不要求此风险是该职业所特有的。（2）实际风险原则，即使在雇佣中面临的风险并未高于普通公众，但是在工作中发生，该风险导致的伤害就是可赔偿的。（3）位置风险原则，因雇佣关系而使雇员处在风险发生的位置，由此导致的伤害可获得赔偿。[②] 具体适用何种原则由法官视具体案件而决定。该种分类以及相应的确定原则值得我国借鉴。

虽然“由工作引起并在工作过程中”是一个通用的判断因果关系的标准，并可依据相应的理论原则进行确认，但是即使在英美这样的判例法国家也引起了很多的争议和复杂的诉讼。这一认定标准虽然概括的程度比较高，涵盖的外延比较广，作为一般原则而言能够覆盖相当数量的工伤案件，然而

---

① Wikeley, Ogus & Barendts'. The Law of Social Security (5th edition). Butterworths, 2002. p. 726～727

② Steven L. Willborn, Stewart J. Schwab, John F. Burton, Jr, Employment Law Cases and Materials (3rd edition). LexisNexis, 2002. p. 912.

对于一些诸如“工作时间”“工作地点”等基准因素的理解仍存在许多界限不清之处，因此仅有一般原则仍不足以解决所有问题。

二、《社会保险法》制定过程中的相关争论

我国现阶段采取的是全面列举型立法模式，《工伤保险条例》第 14 条具体列举了 7 种应当认定为工伤的情形，第 15 条具体列举了 3 种视为工伤的情形，第 16 条则列举了 3 种排除工伤的情形。从现实运行来看，全面列举模式所表现出的滞后性以及局限性明显弊大于利。早在《社会保险法》制定前，《工伤保险条例》修订征求意见稿即拟对工伤认定范围作出调整，将上下班途中受到机动车事故伤害排除在工伤范围外，并缩小了不得认定为工伤的情形，但修正案公布后对如此修订是否妥当、工伤范围究竟应如何划定却引起了极大的争议。

而在《社会保险法》制定过程中，关于工伤认定范围之争仍在延续。有人建议对工伤认定中的一些关键概念如机动车等在立法中进行界定。有人建议将饮酒后驾驶机动车、无有效机动车驾驶证驾驶机动车、驾驶无有效证照的机动车造成伤亡的情形，排除在工伤认定范围之外。① 有学者则针对全面列举型立法模式的缺陷建议将我国工伤认定立法改造为“一般条款＋全面列举”的模式。② 而针对《社会保险法》征求意见稿中的一般条款，有人也认为规定过于粗线条，不具有可操作性。③

从表面上看，上述这些争论主要是围绕工伤认定情形、工伤认定范围而展开，但究其实质则是对工伤认定的标准存在不同看法，各种主张的背后都对应着对认定标准的不同理解。在《社会保险法》引入了工伤认定一般条款的当下，在正确理解和运用一般条款中所确立的工伤认定的因果关系标准的基础上，就可以对这些争议作出明晰的回应。

三、我国工伤认定中因果关系的完善建议

《社会保险法》最终引入了工伤认定一般条款实是立法的一大进步。虽然该条文在操作性上稍显不足，但毕竟明确了因果关系在工伤认定中的核心地位，为后续立法和实践指明了方向。应当看到，无论是事实上因果关系还是法律上因果关系，其认定标准在面对纷繁复杂的现实时都不是完全周延的，对于何为事实上之必要、如何判断损害发生的可能性被相当程度地增加，都并非仅仅依赖客观经验法则即可得出结论，而在很大程度上渗透了法律政策或者法律价值的判断。此间，工伤认定机构虽享有一定的自由裁量

①③　参见各地人民群众对社会保险法草案的意见（二）．中国人大网，http://www.npc.gov.cn/npc/zt/2009-02/01/content_1468688_5.htm.最后浏览：2010 年 11 月 4 日。

②　林嘉，魏丽．工伤认定一般条款之立法思考．法学杂志．2008，1

权，但如同司法裁判一样同样须将法律调整的安定性、可预见性、统一性作为首要的法律政策和法律价值判断的出发点，并以公平正义作为裁量的最终目标。

（一）工伤认定中因果关系的类型化

从比较法可知，将“由工作引起并在工作过程中发生”作为工伤认定因果关系的基本判断标准是比较可行的。据此，传统意义上劳动者在工作场所、工作时间因执行职务而遭受的伤害可以视为因果关系的典型情形。而在典型情形外则还有许多模糊地带，为避免认定机构在认定过程中的妄断和不公，有必要对工伤认定中的因果关系进行类型化处理，将现实中涌现的各类工伤案件予以分类，确定不同类型案件中因果关系的判断标准，以便为实践提供指导和依据。需注意者有三：其一，类型化主要是针对法律上因果关系展开，事实上因果关系受法律政策和价值判断影响较小，更多依据经验法则即可确立，而法律上因果关系自由裁量余地更大，更有规制之必要；其二，类型化不同于我国现有的全面列举模式，其更为强调每种类型中所适用的判断因果关系是否存在的原理和方法，而我国现有认定模式导致认定机构严格限于文义解释而按图索骥，以致失于变通而有违正义；其三，类型化是建立在经验基础上对实践中经常反复出现的情况尝试进行归类，并不能穷尽所有案件，对于无法归类的以及新出现的案件仍需认定机构基于公平正义行使自由裁量。

1. 上下班途中交通事故引发的伤害

关于上下班途中交通事故所引起的伤害，少数国家如英美对此原则上不予认可。依照美国法院判例，雇员在“准备出发”以及往返于工作场所途中因事故受到的伤害通常无法主张工伤赔偿，即使雇主为雇员提供了交通补助，雇员也不能主张工伤赔偿①，但在特殊情况下，例如伤害的发生是由于雇主工作场所附近特殊的危险引起，由于法院认为这种危险和工作有关，法院有时会认定伤害为工伤。而其他多数国家则认为上下班途中的交通事故原则上属于工伤，除非有其他因素阻断因果关系。例如，欧盟 23 个实行工伤保险的国家中有 17 国明确工伤保险包括上下班途中交通事故②，日本将之称为通勤事故并纳入保障。

我国《工伤保险条例》（2004）规定上下班途中受到机动车事故伤害的

① 谢增毅.“工作过程”与美国工伤认定——兼评我国工伤认定的不足与完善. 环球法律评论. 2008，5

② 参见 Questions and Answers about EU Member State Work Injury Insurance. 中欧社会保障合作项目网站，http://www.eucss.org.cn/index.php?id=105. 最后浏览：2010 年 5 月 7 日。

属于工伤。然而，在国务院2009年公布的修订征求意见稿中拟将此条删去，一时间引起极大争议。实则该做法不能不说是工伤立法之倒退，其虽列有五条理由以论修改之正当性，却存在颇多值得商榷之处。第一，机动车交通事故责任强制保险虽属强制性责任保险，但其性质仍属商业保险，与依照社会连带思想建立的工伤保险并无重复。受害人能够通过商业保险、社会保险、民事赔偿获得多种救济途径是现代社会发展的趋势，亦是社会文明进步的重要体现。当前立法应着力解决的是诸种救济手段间的协调衔接问题，而非简单地删减救济途径了事。第二，现行条例仅规定机动车事故伤害属于工伤应被视为立法时表述不严谨所致疏漏，本该借此修法之际予以完善，将非机动车致害一并纳入。然而修订稿却反以该条引起争议为由将其删去，似误解了民间“要求修改”之真意。第三，既然可将上下班途中视为工作时间工作场所的延伸，就应提供保护，如此方符合“建立工伤保险制度的原理”。如以所谓“工伤保险核心情形”为标准则工伤保险几无存在之必要。第四，以“争议繁多、操作难度大”为由更属荒谬，直接与“依法治国”理念下的“有法可依”要求相悖。正因为现实关系复杂引发争议不断，才更需要有明确的法律依据来进行调整，法官不能以法无明文规定为由拒绝裁判，法律制定者更不能逃避其责任。第五，从上述世界各国立法看，仅少数国家将在途事故作了除外规定，大部分国家仍认可了其工伤的性质。工伤保险立法的目的不是为了简便、可行，简便、可行应当是为了更好地为劳动者提供保护，否则便是本末倒置。因此，不仅不应在条例中删去机动车事故伤害，更应进一步完善，将非机动车事故也纳入到工伤范围内。值得欣喜的是，《工伤保险条例》(2011) 在权衡多方意见的基础上，最终不仅保留了原规定，还将认定范围作了扩大，规定“在上下班途中，受到非本人主要责任的交通事故或者城市轨道交通、客运轮渡、火车事故伤害的”都应认定为工伤。

之所以应将上下班途中的交通事故伤害认定为工伤，是因为劳动者在上下班途中遭遇交通事故与工作之间存在因果关系。就事实上的因果关系而言，工作构成交通事故的必要条件，即若不是因为需要经过交通系统从住宅到达工作场所，劳动者就不会受到交通事故风险的威胁。就法律上的因果关系而言，上下班途中多被认为是工作时间和工作地点的延伸，则劳动者在此间遭遇的伤害被推定与工作具有因果关系，其同样增加了劳动者遭受伤害风险的可能性。然而，既是基于法律拟制的“工作时间”“工作地点”而作出的推定，其“因果链条”较之通常情况更为脆弱，更易被介入因素所阻断。从这一点来看，修订后的新法将职工是否对事故承担主要责任作为因果关系的阻断因素，显然存在着不足之处。其一，该条违反了工伤保险的无责任补偿原则。所谓无责任补偿原则，是指工伤保险的补偿不问是否存在责任主体，也不问责任主体对伤害的发生是否需承担责任，只要伤害符合因果关系标准，职工就可以依法获得工伤保险待遇。而根据新法，职工如果对交通事故承担主要责任，就不能认定为工伤，也就无法获得工伤待遇。这显然不符合“无责任补偿”原则的要求。其二，该条的表述存在模糊之处，“非主要责任”的要求究竟仅限于交通事故，还是包括了其后的城市轨道交通、客运轮渡、火车事故在内，在适用中必然会引起争议。实际上，无论是交通事故，还是城市轨道交通、客运轮渡、火车事故，其因果关系的阻断因素都应该是职工存在故意或过失，而不应以是否承担主要责任作为判断标准。

在德国，事故同前往或者返回受保险的工作地点的必经之路间必须具有因果关系，以二者之间最短的或是通常的交通线路并且与工作有内在的、时间上的联系即为已足。受保险人可以在各种交通工具间进行选择。如果选择一条不是最短的而是人们认为不会发生危险和符合目的的道路，也受保险保护。但在来回途中因私人原因下车或绕道而行的则不属保险范围。① 在日本，通勤灾害中的因果关系是指工人为实现工作目的，按合理的路线和方法往返于住地与工作单位之间；如非因工作性质而偏离正常往返途径或中断该往返途径，这种偏离或中断过程及此后的往返不再被视为“通勤”。但是，如果此种偏离或中断对于一般工人来说是因为迫不得已的事由而进行的日常生活所必需的行为，且是在最小限度范围内的活动，则在除去该偏离或中断过程恢复到合理途径后仍可被视为“通勤”，该类行为包括购买日常用品、在公共职业能力开发机构或学校接受职业或教育培训、在医院或诊所接受诊断或治疗等类似活动。②

上下班途中存在多种风险和因素可能导致事故发生，工伤保险不能将所有这些风险皆纳入到保障范围内，况且，因不合理绕行或中断等而引致事故是由于劳动者自主意志下的行为而增加了遭受事故的可能性。可见，只有在通常情况下一个合理人所选择的合理路线上所生事故方被认为与工作有因果关系。相反，如因私人原因等因素的介入而使路线发生不合理的偏移，则因果关系被切断而不再受保险保护。就我国而言，目前尚不具备将劳动者购买日常生活用品、接送子女上学等过程皆纳入上下班途中的条件，因此可将因果关系暂时限定于由通常居所至用人单位指定之工作场所间的合理路线上所生事故，待条件成熟时逐步扩大。

2. 工作外的娱乐和社交等活动

① 参见［德］霍尔斯特·杰格尔．社会保险入门——论及社会保障法的其他领域．刘翠霄译．北京：中国法制出版社，2000.139～140

② 参见冯英等编著．外国的工伤保险．北京：中国社会出版社，2009.74

现代企业通常十分注重企业文化建设和对劳动者的人性化培养，因此常组织、鼓励甚至要求劳动者参与各类娱乐和社交活动，例如单位组织的郊游、晚会、运动会等。这些活动不以工作时间为限，也不一定局限于工作场所内，就事实上因果关系而言，劳动者所受伤害往往是由于活动中发生的事故或意外所造成，其必要条件之构成较容易判断。唯此类伤害是否构成与工作相关的法律上因果关系，仍需斟酌不同因素予以界定。

相较而言，美国司法实践中所采用的判断标准更具有正当性和可操作性，其核心即在于雇佣合理期待理论和实质性利益理论的应用。所谓雇佣合理期待理论，是指雇员参与这些活动是与雇佣本身有关并且雇主期待雇员参加，则出现的伤害应当得到赔偿。反之，如果雇员参与此类活动与工作职责无关则不能纳入工伤范围。而实质性利益理论则是指雇主是否从雇员的活动中获得了实质性的利益，如果雇主从活动中获得了利益，雇员即可获得伤害赔偿。[①] 据此，如果娱乐或社交活动是雇员工作的一部分，雇员肯定受工伤保护，例如雇主要求雇员参加一项公司主办的社交活动。如果活动不是公司举办的，且公司未要求雇员参加，则除非雇员能证明雇主可以从雇员的出席中获得“有意义的雇用利益”，否则通常不受工伤保护。[②] 而如果活动在雇主场所之外由公司举办，公司并没有要求雇员必须参加，只是鼓励雇员参加，则当此种鼓励满足以下两个因素时雇员在活动中所受伤害属于工伤：第一，雇员确信他的参与是雇主所希望的；第二，雇员被要求参与的信念是合理的。[③] 综上，雇主明示的或默示的意志是决定因果关系存在的重要因素，此种意志可以通过期待或利益来予以推定，而雇员参与娱乐和社交等活动的自我意志和自我目的则是因果关系的阻断因素。

3. 工作过程中的嬉戏和不当行为

劳动者在工作过程中经常存在相互打闹、取乐、恶作剧等嬉戏行为，该类行为虽发生在工作时间和工作地点，但并不能因此而认为必然存在因果关系。通常情况下，劳动者或者是被动地卷入其他劳动者发起的嬉戏行为，或者是主动挑起或参与嬉戏行为。在前种情况下，劳动者通常可以得到工伤保护，即使其他雇员从事的是禁止行为也不影响其获得工伤赔偿，因为其他雇员的过错不影响因果关系之成立。在后种情况下，则应进一步区分不同情形而分别对待。

---

① 参见翟玉娟. 职业灾害救济法律制度研究. 厦门：厦门大学出版社，2009. 110

② 谢增毅. “工作过程”与美国工伤认定——兼评我国工伤认定的不足与完善. 环球法律评论. 2008，5

③ California Court of Appeals 194 Cal. Rprt. 90 (1983).

（1）积极性的嬉戏行为，即如果雇员鼓动或参与嬉戏而导致自身受到伤害，一般不受工伤保护。如此行为者在行为过程中暂时“脱离了工作”，由此所致伤害不再与工作有因果关系，但如果法院认为不给予雇员工伤保护是不公平时，则会通过其他途径使受到伤害的雇员获得工伤保护。

（2）如果是由于工作环境为嬉戏的发生提供了条件，即使是挑起或参与嬉戏的雇员也应受到保护。

（3）已经成为工作环境正常特征的嬉戏以及纯属个人行为的孤立的嬉戏。前者是指雇员在雇佣过程中经常进行的且被雇主明示或默示接受的嬉戏行为，以致该类行为已成为工作环境的一部分，对此属于工伤范围；后者则是指雇员一时兴起所为的嬉戏行为，且这些行为不能被合理地认为与工作环境相关，故不受工伤保护。实践中，“大部分法院的立场是，如果雇员有理由相信其嬉戏属于可以被接受的活动，法院就推定雇主接受此类嬉戏，使受到伤害的雇员受工伤保护。”[①] 因此，如果雇员经常用嬉戏来减少沉闷或打发空闲时间，此类行为通常可以受到保护。

（4）如果在通常情况下，在雇佣过程中沉溺于嬉戏并不足以导致他实质性地离开工作岗位，则即使是挑起或参与嬉戏的雇员也应得到赔偿。[②] 反之，如果证据表明雇员的嬉戏严重偏离他们的正常工作，因此而受到的伤害通常不受工伤保护，因为雇员严重偏离工作岗位的行为足以阻断因果关系。是否构成实质性地偏离工作可从四个方面来判断：一是偏离的程度和严重性，二是是否完全放弃职责和脱岗，三是嬉戏的实际情况已经转变成雇佣可以接受的部分，四是雇佣的性质本质上有可能包含了如此嬉戏的程度。

4. 工作场所突发性疾病

此处所称的突发性疾病并不包含职业病在内，而是指非因接触职业危害因素所致的普通的突然发作的疾病，例如劳动者在工作中突发心脏病、休克、中风等，从广义上来看突发性疾病亦属于事故的一种。按照《工伤保险条例》的规定，在工作时间和工作岗位，突发疾病死亡或者在 48 小时之内经抢救无效死亡的视同工伤。根据体系解释可以推断，此类情形被归入工伤是由于法律根据疾病发生时间与地点的表面联系推定其中存在因果关系，然而此种因果关系推定不仅将劳动者与工作无关的偶发性疾病视同工伤而导致违背工伤保险本质，更将劳动者在工作场所休息期间突发疾病或抢救超过

① 谢增毅.“工作过程”与美国工伤认定——兼评我国工伤认定的不足与完善. 环球法律评论. 2008，5

② Steven L. Willborn，Stewart J. Schwab，John F. Burton，Jr. Employment Law Cases and Materials（3rd edition）. LexisNexis，2002. p. 989

48小时后死亡的情形一律排除在工伤保险之外，由此引发极大的不公。可见，对工作场所突发性疾病不能仅依照外在因素进行简单处理，而仍需探究突发疾病与工作之间是否存在实质上的因果关系。

从实践来看，工作场所突发性疾病的起因或是由于劳动者个人身体素质的原因，或是由于工作因素所导致，而多数情况下则是两者的结合所引发的，即所谓的竞合起因问题。对此，德国法上采用主要条件理论来解决，即如果某个事故的发生既有工作方面的原因也有个人方面的原因，就应分析事故的内因，如果在保险范围内的工作越来越成为事故的主要原因，则应认定为工伤；如果其他原因占主导原因而企业工作的原因是次要原因，则应排除工伤。[①] 至于如何分辨何为主要原因何为次要原因，可以借助侵权法中的原因力理论。所谓原因力，“就是在构成损害结果的共同原因中，各个原因对于损害结果的发生或扩大所发挥的作用力。”[②] 原因力的大小决定于各个共同原因的性质、原因事实与损害结果的距离以及原因事实的强度。直接原因的原因力优于间接原因，原因事实距损害结果近的原因力优于原因事实距损害结果远的原因力，原因事实强度大的原因优于原因事实强度小的原因。[③] 因此，如果劳动者在从事与日常风险相当的工作过程中突发疾病，且该项工作通常并不会引发此类疾病，则可认为主要原因是劳动者自身健康问题，但如果有合理理由认为劳动者所从事的工作经常引发此类疾病或劳动者在发病时所从事的工作风险高于其日常工作的，则劳动者突发疾病显然主要是由工作引起的。如果二者原因力相当，则出于保护劳动者的原则可以适当考虑由工伤保险基金给予一定补偿。

5. 出差过程中发生的伤害

劳动者根据雇主的指示而外出工作，在此期间可能从事完全属于工作业务的事务，也可能从事一些与工作相关而满足个人需要的行为，或者从事完全属于个人的行为。对于完全因从事工作业务而引起的伤害，应属工伤无疑。而对于虽属私人事务但与所从事工作有关的，例如在出差住宿宾馆期间用餐、洗澡等过程中遇到伤害的，这类行为符合雇主预期因而可以纳入工伤。劳动者在出差过程中处于随时待命状态或出差到较远的地方并持续相当长的时间的，受保护的个人事务的范围还可适当扩大，只要该事务符合通常情况下的合理性。劳动者在出差期间参与纯私人活动或处理纯私人事务的，由于与工作间不存在因果关系而不受工伤保护。

---

① Matthias von wulffen. 中德两国工伤保险制度比较分析. 中德劳动与社会保障法：比较文集. 北京：中信出版社，2003. 184

②③ 杨立新. 侵权法论（第三版）. 北京：人民法院出版社，2005. 193

（二）工伤认定因果关系的除外规定

从因果关系角度来看，某些情形下所造成的伤害与工作之间固然可能存在事实上的因果关系，但出于法律政策等因素的考量否定其存在法律上因果关系的存在，这些情形就属于对因果关系的除外规定。根据《工伤保险条例》(2004) 第16条，因犯罪或者违反治安管理伤亡的、醉酒导致伤亡的、自残或者自杀的不认定为工伤，但该条在实践中被指过于严苛和宽泛，有不尽合理之处。《工伤保险条例》修订稿将其修改为犯罪的、醉酒或吸毒的、自残或者自杀的；《社会保险法》三审稿则将除外条款规定为除责任事故之外的犯罪、醉酒、自残或者自杀，而最终稿则规定了故意犯罪、醉酒或者吸毒、自残或者自杀以及法律、行政法规规定的其他情形这四项。《工伤保险条例》(2011) 第16条则照搬了《社会保险法》的规定。从历次修订来看，除外规定日趋限缩且合理，但仍有不足之处。

1. 关于第一项故意犯罪

首先，《工伤保险条例》修订稿和《社会保险法》都不再将违反治安管理的行为排除。对此，《工伤保险条例》修订稿认为“对于违反治安管理行为和违反道路交通安全管理行为，与犯罪相比社会危害性较小，不宜将因这两种行为导致的事故伤害排除在工伤认定范围之外”。该项修正及其理由实值称赞。但需注意的是，违反治安管理所致伤亡仍须与工作存在因果关系方能被认定为工伤。其次，《社会保险法》三审稿将责任事故犯罪纳入工伤范畴。我国刑法所设责任犯罪主要见于交通领域、生产作业领域、危险物品管理领域以及公共卫生管理领域等，这些领域通常与劳动者所从事的工作密切相关，因此，劳动者纵使因责任事故而构成犯罪，其自身所受伤害仍能享受工伤待遇。最后，《社会保险法》最终将过失犯罪所致损害亦纳入到工伤中。而根据刑法原理，过失犯罪包含所有责任事故犯罪，因此较之三审稿除外规定进一步受到限缩。此种变迁所体现的扩大保护范围的立法精神对实践具有重要的指导意义。

2. 关于第二项醉酒或者吸毒

学者认为将醉酒一律排除在工伤之外并不妥当。劳动者醉酒存在多种原因，如果“雇主由于工作需要要求雇员喝酒或者强烈建议雇员喝酒，雇员因此遭受伤亡的，完全禁止其主张工伤赔偿也不尽合理”[①]。因此仍应考量饮酒与工作间的因果关系，如果劳动者醉酒既非雇主所期待也非为了雇主利益，而纯粹是因为个人贪杯所致，由此引起的损害不能认可为工伤。反之，

① 谢增毅. “工作过程”与美国工伤认定——兼评我国工伤认定的不足与完善. 环球法律评论. 2008，5

如果劳动者为了雇主的公关需要等工作原因而醉酒以致伤亡的，则即使并非在工作时间、工作场所，仍应受到工伤保护。此外，《工伤保险条例》修订稿以及《社会保险法》新增吸毒作为除外因素，其合理性值得商榷。劳动者吸食毒品本身既存在故意或过失，又显然难谓与工作相关，因此任何企业都不会以吸毒作为其工作内容。但吸毒本身并不当然足以阻断伤害与工作间的因果关系。如果劳动者因吸食毒品而导致产生幻觉、行为失控等后果并因此而受到伤害的，即使是在工作时间、工作场所内亦不能认为与工作相关。但如果劳动者虽吸食毒品，但其后所受伤害主要仍是由于工作原因而导致的，此时的检验标准应为一个未吸毒的劳动者在当时情况下是否会遭受同样的损害，如是，仍应认定为工伤；反之，若非因为吸毒就不会导致或可能避免损害的，则即使是工作原因引起的亦不能归入工伤。

3. 关于第三项自杀或者自残

迄今为止的条文都明令自杀自残不能作为工伤事由，其主要目的在于防止劳动者骗保而引发道德风险，此项初衷无可厚非。然而随着社会生活节奏加快，职场竞争日趋激烈，劳动者在工作中所受压力越来越大，以致引发相当数量的自杀自残行为，能否对此通过工伤进行保护争议甚多。自杀自残终究是劳动者自我意志使然，从法理而言很难断言自杀自残与工作间必然有或没有因果关系，也不能以一般合理人之标准来衡量个案，故此完全是一个法律政策问题。权衡各方面因素，可考虑由工伤保险基金按标准支付一次性伤残补助金或丧葬补助金，而其他津贴、供养亲属抚恤金和一次性工亡补助金等则不宜支付。此外，可允许相关人员通过民事诉讼手段获得民事救济，尤其是精神损害赔偿。

4. 关于兜底条款

《社会保险法》相较其他法律草案新增了第四项“法律、行政法规规定的其他情形”作为兜底条款。通常而言，兜底条款的作用在于使法律规范保有一定的弹性以适应现实变化所需。但除外规定的作用是将劳动者遭受伤害的特定情形排除在工伤之外而不能享有救济，其关涉劳动者利益甚巨，若仅凭行政法规即可进行限制实难保不违背立法原意而作出不当排除，此项规定实属不妥。未来的行政立法如欲增加除外事项必须以因果关系为衡量指标而谨慎为之，不得违反《社会保险法》扩张保护的立法原意。

第三节　工伤认定程序的合理化

工伤认定程序是连接劳动者所受伤害与工伤待遇的桥梁，在具体案例中劳动者最终能否获得工伤救济取决于认定机构在认定程序中如何正确地理解和适用法律规定。工伤保险制度的设立目的之一是使劳动者遭遇伤害时能够迅速地获得救济和帮助，在第一时间获得治疗以便尽快恢复健康和工作能力，同时为其提供生存所需的物质和实物给付。因此，工伤认定程序如同司法裁判程序一样须遵循程序正义原则，以确保个案认定结果能够符合制定法律之原意或目的。现行工伤认定程序包括工伤认定、职业病诊断和鉴定，从各项程序的具体操作运行来看未能很好地实现工伤保险制度的设立初衷，在《社会保险法》和《工伤保险条例》的制定和修订过程中要求改革工伤认定程序的呼声甚高。《社会保险法》第 36 条第 2 款明确提出“工伤认定和劳动能力鉴定应当简捷、方便。”《工伤保险条例》（2011）亦对工伤认定程序进行了实质性删减，其目的都是为了简化认定程序，使工伤待遇不致成为“迟来的正义”。然而，当前我国工伤认定由统筹地区人力资源和社会保障行政部门负责，而工伤认定则相应地被定性为行政确认行为，以此为出发点所构建的认定程序及其争议解决机制恰恰是导致目前认定程序烦琐低效的主要症结所在，因此应当在立法中确认工伤认定程序合理化、便捷化的改革方向，并以认定程序的社会化作为制度完善的目标。

一、工伤认定程序的比较法考察

从各主要国家和地区的工伤认定程序立法来看，其最明显的特征就是快速、及时，强调雇员或雇主在第一时间向雇主或主管机构的报告义务。

法国《社会保障法》规定，在劳动事故发生后，受害人在 24 小时内告知雇主，雇主一方面须为受害人填写事故表，以便转交给受害人的医生，另一方面须在 48 小时内将事故报告基层保险所，再由基层保险所告知劳动监察官。如果事故可能导致受害人死亡或全部丧失工作能力，社会保险所应当在收到雇主事故声明和医生医疗证明的 24 小时内派出一名宣过誓的职员，对事故原因及其发生的场所、受害人和他的权利所有人身份等进行调查。[①]

德国《社会法典》第 7 卷第 193 条规定，如果受保险人死亡或者身体受到伤害，以致 3 天以上不能工作，企业主在获悉工伤事故之后的 3 天内向事故保险营运机构报告。死亡事故要用电话或者电报迅速报告警察。[②]

在美国，各州有自己不同的工伤报告和认定程序。按照《宾夕法尼亚州劳工补偿法》的规定，劳动者如欲获得工伤补偿，必须在受伤后立刻报告雇主或主管机构，报告的内容为受伤的事实以及受伤时间和地点，否则就可能延迟甚至被拒绝支付补偿。报告必须在 21 天内提出，最迟不得超过自受伤

① ［法］让-雅克·迪贝卢．社会保障法．蒋将元译．北京：法律出版社，2002．108

② ［德］霍尔斯特·杰格尔．社会保险入门——论及社会保障法的其他领域．刘翠霄译．北京：中国法制出版社，2000．140

之日起120天。[①] 而在华盛顿州，雇员在受伤或患病后同样须在第一时间通知雇主并就诊，而主治医师则须填写工伤报告（the report of industrial accident）以及医师初步诊断报告（physician's initial report），并将报告直接寄给雇主或州劳动和工业部。[②]

在加拿大卑诗省，如果有工人在工作时受伤，受伤工人本人、雇主或医生应在3天内向劳动安全局报告该宗工作意外，申请赔偿。雇主一经获悉有关意外，就有责任向劳工安全局递交表格，其中包括雇主提交的工伤或职业病报告、急救护理报告以及工伤事故调查报告。劳工安全局收到受伤工人、雇主或医生递交的所需表格后，将立即着手处理申请。[③]

二、我国工伤认定程序存在的问题

（一）工伤认定的程序过于烦琐

在我国，劳动者如欲获得工伤救济，需要首先向行政部门申请工伤认定，该申请或者由用人单位提出，或者由劳动者或其直系亲属、工会组织提出。疑似职业病的劳动者还需首先依《职业病防治法》的规定进行职业病诊断和鉴定。行政部门作出认定结果后，用人单位或劳动者对该结果不服的需先提起行政复议，对复议决定仍不服的则需通过行政诉讼途径解决。而对于未参加工伤保险的劳动者就工伤问题申请仲裁、提起诉讼的，仲裁机构和法院也要求劳动者首先经过工伤认定程序，部分地方法院对未经工伤认定的案件甚至不予受理。而一旦对劳动关系是否存在发生争议，则劳动者还将踏上劳动争议仲裁和诉讼的漫漫长路。据统计，在2004年1月1日前，也就是《工伤保险条例》正式实施前，一个劳动者从发生工伤到确定为工伤需要1 074天，而2004年1月1日之后则需1 077天，整整将近3年时间。[④] 在这3年期间，劳动者除了要自行支付相关的医疗费用外，还不得不在忍受病痛的同时花费大量的时间、精力、财力奔波于一个又一个的程序之间，更何况在此期间劳动者因无法工作而必然失去工资收入，许多劳动者因为实在无法承受如此之大的求偿成本而最终选择放弃或接受不公平的调解。广东法院的调研结论认为："审判实践表明，工伤认定的行政诉讼，虽然在一定程度上起到了对行政机关认定结论的合法性进行审查的作用，但可能在更大的程

① Pennsylvania Department of Labour & Industry, http://www.portal.state.pa.us/portal/server.pt?open=514&objID=552715&mode=2#wc. 最后浏览：2010年11月4日。

② Washington State Department of Labour & Industry, http://www.lni.wa.gov/ClaimsIns/Claims/Guide/phase2.asp. 最后浏览：2010年11月4日。

③ 冯英，康蕊编著. 外国的工伤保险. 北京：中国社会出版社，2009. 126

④ 周立太. 民工维权的尴尬. 见：李真主编. 工殇者. 北京：社会科学文献出版社，2005. 132

度上阻碍了伤亡职工获得损害赔偿的及时性。”①

（二）工伤认定的形式要件过于严苛

除了程序上的烦琐外，工伤认定程序的形式要件也极为严苛，使劳动者常有“门槛太高”之叹。在上述程序中，作为申请者还需要提交一系列申请文件，按照《工伤保险条例》要求包括工伤认定申请表、与用人单位存在劳动关系（包括事实劳动关系）的证明材料、医疗诊断证明或者职业病诊断证明书（或者职业病诊断鉴定书），其中要求劳动者提交劳动关系证明材料这一项最为学者所诟病。虽然《劳动合同法》的颁行很大程度上改善了劳动合同的签订情况，但即使签有劳动合同，劳动者也可能出于某种原因而无法提出证明材料，而对于仍在相当范围内存在的事实劳动关系而言，要求劳动者对此加以证明无疑是难上加难。遗憾的是，《工伤保险条例》（2011）却没有能够对此作出回应和改进。

而相较于一般工伤认定，职业病诊断和鉴定的形式要件要求则已经到了荒谬的地步。依照卫生部《职业病诊断与鉴定管理办法》，申请职业病诊断须提供职业史及既往史、职业健康监护档案复印件、职业健康检查结果、工作场所历年职业病危害因素检测、评价资料以及诊断机构要求提供的其他必需的有关材料。其后卫生部虽然在《关于职业病诊断鉴定工作有关问题的批复》中表示凡用人单位没有对劳动者进行职业健康监护以及没有开展工作场所职业病危害因素监测、评价，导致当事人在申请职业病诊断、鉴定时无法提供相关材料的，可以用劳动者自述材料、相关机构及人员提供的材料代替，但因其并非强制性规定而在实践中收效甚微。而有些诊断机构甚至还要求劳动着提供单位同意诊断的证明。这些材料专业性极强且大都由用人单位保管，劳动者无论在事前还是事后都很难接触或者获得，能否提供在很大程度上依赖于用人单位的态度，实质上将劳动者置于与虎谋皮的境地。究其原因则在于传统行政管理思维方式对于形式要件的要求，以及行政机关出于怕担风险以及逃避责任，防止在行政诉讼中败诉的考量而采取的对策。

（三）工伤认定的结果无法获得司法救济

在工伤认定行政诉讼中，法院只能判决维持或撤销社保局的工伤认定具体行政行为，责令重新作出具体行政行为，却不能直接在法院查明事实的基础上判决确认工伤，直接判决工伤申请人所应享受的各项工伤保险待遇，这是现行工伤认定制度的一个重大缺陷，由此导致工伤申请人反复提起复议、诉讼却始终无法获得救济。因此，有人建议增加工伤认定条款，把工伤认定的最终确认权赋予人民法院，使司法程序成为真正有力的最终救济手段。如

① 王建军．工伤认定：行政与司法的冲突及消除．社会科学研究．2007，2

果社保局发现了新的证据足以推翻法院的生效判决，可以提起申诉，通过再审程序，维护工伤保险基金的安全。①

三、我国工伤认定程序的完善建议

（一）进一步简化工伤认定环节

《工伤保险条例》（2011）针对工伤认定程序作了一定改进。首先，取消了工伤认定争议的行政复议前置程序，改为“或复议或诉讼”的模式；其次，对行政部门不予受理工伤认定申请的决定不服的，也可以无需经劳动仲裁或行政复议而直接提起诉讼；再次，对于事实清楚、权利义务明确的工伤认定申请，认定机构应当在15日内作出工伤认定；最后，明确了劳动能力再次鉴定和复查鉴定的时限按照初次鉴定的时限执行。这些改进很大程度上缩短了工伤认定所需时间，但仍然有进一步的完善空间，例如对哪些申请属于“事实清楚、权利义务明确”应当明确界定，否则赋予了工伤认定机构过大的自由裁量权，极易在实践中被架空而沦为具文，也容易引发争议。此外，在《工伤保险条例》征求意见稿中曾尝试引入工伤报告制度，要求用人单位在事故发生后24小时内向有关行政部门及时报告，该制度虽然最终未能在《工伤保险条例》（2011）中落实，但该项制度本身对劳动者及时获得工伤救济无疑具有重要作用，期待在今后立法中能够得以体现。

（二）放宽形式要件要求

对于目前工伤认定中严苛的形式要件应在立法上予以废除，就一般工伤认定，不应再要求劳动者提供劳动关系证明，改由用人单位对其与劳动者之间不存在劳动关系举证证明，其他材料则仍须劳动者提供。就职业病诊断，只要劳动者出示证据证明其所得疑似职业病与所从事工作间存在表面联系，就应当受理职业病诊断申请，对其他所需资料由行政机关要求用人单位提供，除法定材料外不得再要求劳动者提供其他材料。对于用人单位无法提供或拒绝提供相关材料的，除非有明显证据证明疾病与工作无关，推定劳动者所患疾病为职业病。

（三）贯彻司法最终救济原则

考虑到行政机关担任工伤认定机构的现实在短期内难以改变且仍有其必要性，不能轻言废除，因此在现阶段，最有效的途径莫过于赋予法院工伤的最终认定权，即行政机关不认定为工伤、劳动者起诉至法院的，人民法院应当依照现有证据直接判定工伤是否成立。如前所述，工伤认定的本质是法律适用，其并非专属于某类性质的机构所独有，只是由立法者权衡利弊后依法

① 参见各地人民群众对社会保险法草案的意见（二）. 中国人大网，http://www.npc.gov.cn/npc/zt/2009-02/01/content_1468688_5.htm.最后浏览：2010年11月4日。

作出授权。既然行政机关在认定工伤时有时难以超脱自身角色而做到公正客观，那么授权法院在劳动者无法从行政机关处获得公正结果时提供最终救济则属当然选择。

应注意，赋予法院工伤认定权并不同于现行的行政诉讼救济模式。在行政诉讼中，法院是对行政机构的工伤认定行为本身进行评价，其目的是对行政机关的不法行为进行校正，并不涉及关于劳动者权利享有的判断，而当法院享有工伤认定权时，其实质是对劳动者能否获得工伤待遇作出终局认定，工伤事实的存在与否只是其裁判的重要依据之一，并不涉及对行政机关之前认定行为的评价问题，其关系类似仲裁与诉讼间的联系。如此，法院既可从行政诉讼的桎梏中得到解脱，当事人亦可不再为烦琐的行政复议和诉讼程序而辗转奔波。当然，为防止法院负担过重，仍然可以将行政机关的工伤认定作为前置程序，并可规定凡行政机关认定为工伤的，用人单位不得再行起诉。至于对于未参加工伤保险的劳动者所提起的工伤待遇诉讼，则直接由法院作出判决，无须也不得再要求劳动者提供行政机关的工伤认定结论。

（四）逐步实现工伤认定程序的社会化

从长远来看，可以尝试改由社会化的第三方认定机构来对工伤事实进行认定。考虑到社会保险经办机构已经承担了工伤保险的费用征缴和待遇发放职能，不适宜由其同时承担工伤认定职能，因此，可以考虑组建独立的工伤认定社会机构。在机构组成上，无论是行政机构还是第三方机构，都应由劳动者或工会、用人单位、行政机关三方代表，以及医学、法学等相关领域专家，共同组成工伤认定委员会履行工伤认定职能。该机构的认定是必经程序，凡工伤认定须首先向该机构提出。对该机构作出的决定不服的，当事人可向法院提出诉讼请求。考虑到该类案件本质上既不属于行政案件也不属于民事案件，在未来有必要设立专门的劳动和社会保障法庭来受理此类案件，在案由上既可以是诉请撤销委员会的决定，也可以是径行请求法院确认劳动者享有工伤待遇。

第四节　职业病认定中的特殊问题

所谓职业病，是指在工作过程中因接触有毒有害物质等物理、生物、化学因素或其综合，或由于长期从事某种工作而积累危害风险所导致的各种疾病。职业病就其本质而言属于广义工伤范围的一种，关于其认定亦应当以因果关系作为认定的核心标准。但较之其他工伤事实，职业病在成因上具有复杂性和专业性，且对劳动者身体造成的损害往往更大、更持久，甚至会使劳动者的余生皆生活在疾病折磨的痛苦之中，因此各国往往通过单独立法对其进行特别规制和保护。在我国，关于职业病的法律规范属于工伤保险法的特别法，对职业病的认定主要通过国家颁布职业病目录来进行。鉴于职业病成因的复杂性和专业性，采用此种目录管理模式虽有一定合理性和便利性，但其僵化落后的弊端已越来越不能适应现实需要，需对此加以改进和完善。

一、职业病认定立法的比较法考察

(一) 域外职业病认定立法的比较

1. 德国

在德国，“职业病是指由职业病法认可的、受保险人在从事一项受保险的工作时所得的疾病……认可职业病的条件与受保险的工作有着因果（内在的、时间的和地点的）关系，即疾病必须是由于从事这项工作引起的或者主要是由于从事这项工作而恶化的。”① 基于因果关系，职业病法规定了专门的职业病名录并不断呈扩大趋势。除了法律规定的职业病种类外，如果雇员发生疾病的比例高于一般人，这种疾病有特殊的作用和影响而被认定的，也属于职业病。② 如果是职业病，必须是从第一次进行此种疾病的治疗开始达到6个月不能进行正常工作，此后即可请求提前享受工伤事故养老金。

2. 法国

法国在1993年以前采封闭式列表法，凡是劳动者能够证明他患有名录所列疾病，并曾经从事过足以引起这种疾病的劳动，就可以得到赔偿。但对于名录外的疾病则不予补偿。“1993年以后，即使劳动者从事工作所患疾病没有在名录内，但疾病是直接、主要地由劳动引起，并导致死亡或2/3劳动能力丧失的，社会保障将承担医疗费用。”③

3. 英国

英国《1992年社会保障缴费和补贴法》规定，如果国务大臣确信某个疾病应被看做是职业风险而不是所有人都可能遇到的一般风险，并且确信把某些特殊案例归因于工作性质可以成立或者是根据合理确定因素推测的，那么就可以认为该疾病是指定疾病。而IIAC（the Industrial Injuries Advisory Council）则负责向国务大臣建议和提出新增指定疾病。在具体案例中，IIAC必须确定或者在疾病与特定的受雇领取工资所从事的工作之间一定有联系，或者有流行病学证据能说明对于一个特殊职业群体来说感染该疾病的风险是一般人的两倍，而且可以通过参考工作名称或所使用的工具和物质来定

---

① ［德］霍尔斯特·杰格尔．社会保险入门——论及社会保障法的其他领域．刘翠霄译．北京：中国法制出版社，2000.141

② 翟玉娟．职业灾害救济法律制度研究．厦门：厦门大学出版社，2009.119

③ 翟玉娟．职业灾害救济法律制度研究．厦门：厦门大学出版社，2009.120

义该职业群体。[1] 而事实上，两倍风险往往是IIAC决定是否提出指定疾病的重要的甚至是唯一的标准，即使职业病还有非职业方面的缘由，例如吸烟，但只要职业危害会使患病的风险增加一倍，就仍可被认为是疾病。当然，IIAC承认指定目录的条件可能过于有限，因为它不太重视有关的活动或工具，而是更加注重申请人受雇的行业，因此曾推荐采用欧盟委员会所建议的个人证据制度，即每个具体案件的裁决应根据个人证据，而不是根据对指定疾病的解释。但考虑到个人证据制度的费用问题和行政管理问题以及其他因素，政府并未采纳此建议。

4. 美国

美国各州早期亦采封闭的有限名录制，但在判例中逐渐发现此种做法不足以应对实践中出现的与工作有关的疾病。因此目前所有州对疾病的严格限制都已经被取消，有些州在保留一般性职业病名录的同时还包含一个兜底性条款以覆盖其他职业病。[2]

（二）域外经验的启示

总的来说，目前国际上对职业病认定标准有三种形式，第一种形式是大多数国家采用的列表法，包括开放式列表法和封闭式列表法。前者是指国家职业病管理机构可随时把以前虽没有被列入，但可以证明是职业环境导致的疾病列入职业病范围；后者是指只承认过去列入的职业病，对新增加职业病种类的审核程序极为严格。第二种形式是一些国家只在法律上原则规定有可能导致职业病的疾病，并不确定具体的职业病名单。第三种形式是把凡是职业原因引起的疾病都确认为职业病。[3]

通过考察各国立法可知，封闭式列表法因其固有的僵化落后已逐渐为各国所弃置，而以职业病的一般条款并辅之以开放式列表的模式渐成主流。此种模式既能有效控制职业病认定规模，防止职业病认定请求和工伤保险基金支出的爆炸性增长，又能对确与工作相关的疾病及时进行认定和更新名录。当然，各国对新增职业病都采取了积极同时又谨慎的态度，某项疾病只有在存在优势证据证明与工作存在强势因果关系时才有可能被认可为职业病。

二、我国职业病认定立法存在的问题

我国现行职业病认定在形式上采用一般条款定义与类型全面列举相结合的模式。《职业病防治法》第2条对职业病作了明确定义："本法所称职业

---

① ［英］内维尔·哈里斯等．社会保障法．李西霞，李凌译．北京：北京大学出版社，2006.511

② 翟玉娟．职业灾害救济法律制度研究．厦门：厦门大学出版社，2009.120

③ 穆怀中．社会保障国际比较．北京：中国劳动社会保障出版社，2007.257

病，是指企业、事业单位和个体经济组织（以下统称用人单位）的劳动者在职业活动中，因接触粉尘、放射性物质和其他有毒、有害物质等因素而引起的疾病。”而具体的职业病种类，则根据2002年卫生部和劳动保障部公布的《职业病目录》予以确认。该目录对我国所有职业病进行了穷尽列举，凡不在此目录内的疾病，一律不被认可为职业病。在《社会保险法》制定过程中，社会各界对我国职业病认定所存在的弊端以及完善亦有着不少看法。

（一）现行一般条款缺乏弹性

现行一般条款对职业病界定内涵过宽、外延过窄，以致缺乏其应有的弹性和适应性。一般条款作为一项立法技术，其设置就是为了使法律不至于僵化，能够与时俱进地适应社会变迁，以充分实现个案正义。而《职业病防治法》第2条作为对职业病的定义性一般条款，其在表述职业病的内涵时应考虑到保持定义的相对开放性，以便将随经济社会发展而出现的新的职业病类型都能纳入其中。然而，该条却只将接触有毒有害物质所致疾病规定为职业病，不仅未能前瞻未来，甚至连现有职业病目录中的疾病都未能完全包容，例如中暑、手臂振动病等都非因接触危害物质所致。

（二）职业病目录过于僵化

现行职业病目录的完全列举模式将一般条款彻底架空。一般条款虽存在着不足，但仍可通过一定的法律解释方法对其进行扩展适用以部分适应现实需求。然而，由于我国实践中认定机构在认定职业病时严格遵循目录规定，造成“只认病名不认病理”的怪现象，职业病认定演变为僵化、封闭的体系，由此使得一般条款的功能根本无法得以发挥，完全失去了其存在意义。

此外，《职业病防治法》亦未对职业病目录的更新时间作出规定。参考国外立法例可以发现，在采取完全封闭目录的地区都要求定期更新职业病目录以适应社会发展。而我国职业病目录自2002年制定以来再未有变动，主要原因即在于《职业病防治法》未就有关行政部门应定期更新职业病目录提出强制性要求，而行政机关亦未能从保护劳动者权益角度出发主动进行更新。

（三）职业病鉴定机构的行政垄断

《职业病防治法》规定，职业病诊断应当由省级以上人民政府卫生行政部门批准的医疗卫生机构承担。而职业病鉴定则由相关卫生行政部门组织职业病诊断鉴定委员会负责进行。作为职业病诊断争议解决的手段，由行政机关组织专家进行鉴定尚具有一定合理性，然而职业病的诊断却也必须由行政部门指定的医疗卫生机构承担却毫无理由可言，反而使这些医疗卫生机构成为行政机关的“附庸”而丧失其独立性，以行政命令或意志代替对事实的依法认定，引发劳动者对其行政垄断性质的强烈不满。对此，有人大代表直接指出，目前的职业病诊断和鉴定是部门立法利益化的产物。“立法部门总希望将应该社会化的东西牢牢掌握在自己手里，以显示部门的权威，这是以牺牲社会进步为代价的。”“尽管职业病的诊断要求有专业诊断水平和诊疗设备，但现在越来越多的非职业病防治医疗机构，特别是一些大中城市的三级医院，完全能够胜任诊治职业病。因此，应从法律层面允许有条件的医疗机构进行职业病诊断，方便劳动者做鉴定。”①

三、我国职业病认定立法的完善

应当看到，我国现行职业病立法所确认的一般条款加列举目录的立法框架是先进的，但由于一般条款本身的不完善以及职业病封闭目录对一般条款的架空，使得实践中的职业病认定陷入尴尬境地。而现行职业病认定程序则存在着较大的缺陷，“认定难”“申诉”难的现象较为突出。因此，我国职业病立法有必要从实体和程序两方面加以完善。

（一）对职业病鉴定诊断制度的最新修订

2010 年 11 月 3 日，国务院法制办公布了《中华人民共和国职业病防治法》诊断鉴定制度条文（草案）征求意见稿。其内容主要包括：第一，职业史、职业病危害接触史等资料不再作为申请劳动争议仲裁的必要条件；第二，对用人单位规定了更严格的诉讼时效限制；第三，与职业病相关的劳动争议案件应当有安监、卫生部门的人员和有关医学专家参加；第四，用人单位承担举证不能的不利后果；第五，职业病诊断、鉴定结论应当依据仲裁裁决和病人的临床表现以及辅助检查结果等作出；第六，明确用人单位对仲裁裁决不服、提起诉讼的，诉讼期间，不影响病人的治疗费用按照职业病待遇规定的途径支付。② 从目前公布的内容来看，该稿主要针对用人单位不提供或不如实提供职业病诊断、鉴定所需资料的情形从程序上作出向劳动者有利的倾斜，其立法取向值得赞许。但职业病认定争议是否可以被认为属于《劳动争议调解仲裁法》第 2 条所列举的劳动争议的范畴并非没有疑问，修正案应当做好立法衔接以避免矛盾冲突的产生对法律适用造成困惑。

（二）职业病鉴定实体法方面的完善

此次对《职业病防治法》的修订并未涉及职业病鉴定的实体方面，不能不说是一大遗憾，在今后的立法中应进一步改进。

首先，必须改进对职业病进行定义的一般条款以使其更具弹性和包容

① 张茵，朱丽珍．职业病认定障碍过多　人大代表建议打破机构垄断．中国新闻网，http://www.chinanews.com.cn/jk/news/2010-03-08/2155969.shtml. 最后浏览：2010 年 5 月 16 日。

② 国务院法制办公室关于公布修改《中华人民共和国职业病防治法》诊断鉴定制度条文（草案）公开征求意见的通知．http://www.chinalaw.gov.cn/article/cazjgg/201011/20101100327719.shtml. 最后浏览：2010 年 11 月 4 日。

性。当然，不能简单将职业病定义为因工作引起或与工作相关的疾病，如此会使一般条款过于宽泛并使职业病认定产生较大的不确定性。为此，有必要选择一定的标准或参数来予以限制，可考虑借鉴德国与英国的认定标准，规定如果医学研究表明劳动者罹患某种疾病的比例是一般人的2倍，则该种疾病即使不在职业病目录中也可以被认定为职业病。

其次，在完善一般条款的基础上，现行封闭式职业病目录自然被打破而具有开放性，可以随时应对新情况的发生。但这并非意味着其作用的减弱，事实上一般条款与职业病目录是相辅相成的，职业病目录所列疾病是经过多年积累而成，涵盖了大多数常见的职业病。为防止在适用法律时“向一般条款逃避”而反向架空职业病目录，在认定职业病时仍应首先比照目录并对所列疾病进行严格解释，只有在符合前述标准或不予认定职业病可能导致重大不公的情况下，才能对列表进行突破。

（三）职业病鉴定程序法方面的完善

征求意见稿在鉴定程序方面作出了诸多重大改善，总体而言减轻了劳动者的举证负担，缩短了争议处理时间。然而，此次修订为了“充分利用现有的争议解决机制，尽可能与现行法律制度相衔接，以减少制度执行成本”，试图将职业病鉴定所遇到的问题纳入劳动争议仲裁和诉讼中予以解决或部分缓解，而对现有的职业病诊断和鉴定制度并未进行修改，未免有本末倒置之嫌。须知，职业病诊断鉴定制度的重点是对职工是否患有职业病作出迅速而准确的判断，以使其能够获得及时的待遇支付。而所谓的争议解决制度只不过是提供给劳动者的一种救济手段，不能也不应成为制度构建的原点。况且，在当下各类劳动争议案件爆炸式增长的背景下，法律的修订应尽量取向于减少进入争议处置环节的案件数量，不应再加重争议处理机关的负担。

因此，未来的职业病立法仍应着重加强职业病诊断鉴定环节的完善工作，例如在职业病认定机构方面取消卫生行政部门对诊断机构的指定权，在立法上规定凡符合法定条件的医疗机构所作出的职业病诊断结论都具有法律效力，或者参照工伤认定社会机构的设立，由劳动者或工会、用人单位、行政机关三方代表会同医学、法学专家共同进行认定。

第五节　工伤保险待遇

劳动者在经过工伤认定以及劳动能力鉴定后即可获得工伤保险待遇。工伤保险待遇主要包括劳动者在受伤治疗期间的待遇、经劳动能力鉴定后的伤残待遇以及死亡补偿待遇，分别由工伤保险基金以及用人单位依法承担。目前工伤保险待遇主要存在待遇标准偏低、用人单位承担的支付负担过重等问题。

一、工伤保险待遇的比较法考察

（一）域外工伤保险待遇的比较

1. 德国

在德国，工伤事故发生后，工伤保险首先提供有效的治疗、职业促进康复待遇、社会康复待遇、护理待遇、受损害者津贴、受损害年金、遗属年金和丧葬费。[①] 其中，职业促进康复待遇是指为使劳动者回到工作岗位或适应新岗位所提供的康复待遇；社会康复待遇则包括机动车援助、住宅援助、家务援助等劳动者社会生活所需的帮助；受损害者津贴是指不能工作的被保险人在停发工作报酬后所获得的替代工资收入，但其需经过 6 周的等待期；受损害年金是在劳动者劳动能力降低或丧失的情况下所支付的补偿；遗属年金则是在劳动者死亡时支付给其法定遗属的各类补偿。

2. 法国

法国的工伤保险待遇包括临时性伤残补助金、永久性伤残补助金、医疗补助、丧葬费和遗属抚恤金等。法国社会保障法规定，当事故迫使受害人停止工作，按日赔偿金对他所遭受的工资损失进行补偿。事故发生当日，受害人有权从雇主那里获得预定的工资。从事故之后的第二天起，他就可以从社会保障所得到相当于其工资 60%的按日赔偿金。[②] 永久性伤残补助金的发放则自丧失全部或部分工作能力时起至恢复工作或退休时止。

3. 美国

美国各州的支付项目基本一致。以华盛顿州为例，该州的工伤待遇支付包括医疗补助、替代工资津贴、交通补贴、财产补贴、永久性部分残疾津贴以及永久性完全残疾津贴等。[③] 其中，替代工资津贴是指劳动者因伤无法工作而获得的替代其工资收入的津贴，但受伤后的 3 天为等待期，保险人不支付期间的津贴。交通补贴是指对特定条件下因治疗所需而支出的交通费用的补偿。财产补贴则是对在工伤事故中受到损害的特定财产的补偿，例如衣服、鞋子、个人防护用品等。

4. 英国

英国的工伤保险待遇最主要的就是伤残补贴，其他则还包括连续护理津贴、特殊严重伤残津贴、收入减少津贴和退休津贴。伤残补贴的“目的是赔

① ［德］霍尔斯特·杰格尔．社会保险入门——论及社会保障法的其他领域．刘翠霄译．北京：中国法制出版社，2000.138

② ［法］让-雅克·迪贝卢．社会保障法．蒋将元译．北京：法律出版社，2002.109

③ Washington State Department of Labour & Industry，http://www.lni.wa.gov/ClaimsIns/Claims/Guide/phase2.asp. 最后浏览：2010 年 11 月 4 日。

偿所遭受的伤害，而不用进一步考虑所受伤害对工作能力所造成的影响”[1]，其根据身体受伤害程度评估结果按照不同比例支付，但需经过15周的等待期。连续护理津贴支付给伤残评估程度为100%并需要连续护理的申请人。而需永久性领取连续护理津贴者还可以领取特殊严重伤残护理津贴。收入减少津贴和退休津贴则皆具有工资替代作用。

（二）域外经验的启示

不同国家和地区因其政治、经济、社会发展水平不同，向其国民提供的工伤保险待遇的具体内容也是千差万别，但在大类划分上具有一定的共性。总体而言，工伤保险待遇的支付类别随一国经济社会的发展而逐渐增多，以求能为遭遇工伤的劳动者提供尽可能多的帮助。随着我国经济社会的发展，有必要借鉴他国和地区经验，向劳动者提供更多的工伤待遇支付。

二、我国工伤保险待遇立法存在的问题

工伤保险待遇直接决定着劳动者所受到的保障力度，过高的支付水准固然会加重包括缴费单位在内的全社会的负担，但支付水准过低则无法对劳动者伤残期间的基本生存予以保障。我国目前工伤保险基金存在大量非正常结余，但在基金支出端，劳动者却面临工伤认定困境，即使能够被认定为工伤，其所能获得的工伤保险待遇也十分有限，远未能发挥对劳动者的保护作用。在《社会保险法》制定过程中对此也收到了很多改良的要求和建议。

（一）工伤保险待遇种类少、标准低

我国工伤保险待遇主要分为工伤医疗待遇、停工留薪待遇、因工伤残待遇以及因工死亡待遇几大类，每一大类下又分为若干项具体细目。总体而言，我国工伤保险待遇的种类并不多，仅能维持劳动者极低的生存水平，尚不足以使其恢复到未受伤害时的生活水准。

就工伤医疗待遇而言，工伤保险基金并不承担所有治疗所需的费用，仅负担工伤保险管理部门明确列明的工伤保险诊疗项目、工伤保险药品目录以及工伤保险住院服务标准内的支出，上述目录清单由各统筹地区相关部门根据自身情况拟定。对于超出规定范围的医疗支出，工伤保险基金不再承担，由用人单位或劳动者自己支付。由此导致劳动者大部分情况下不得不另行提起民事诉讼以请求用人单位支付超出部分的医疗费用。有学者认为，既然是治疗工伤所需的费用，工伤保险基金应该全部承担。劳动者在与工伤保险管理部门签订服务协议的医疗机构进行救治，如医疗机构擅自超越目录范围进行诊疗，应由工伤保险管理部门进行监督，但不应由用人单位或劳动者个人

---

① ［英］内维尔·哈里斯等. 社会保障法. 李西霞，李凌译. 北京：北京大学出版社，2006. 515

承担超出部分的费用。①

就因工伤残待遇而言，现有一次性伤残补助金和定期伤残津贴也存在标准过低的问题。按照各国实践，一次性补偿与定期补偿的比例为1∶9，以一级伤残为例，一次性伤残补助金为24个月的本人工资，据此推算我国设计工伤保险待遇时适用的余命标准为20年。而我国劳动者因工伤残的年龄多在30岁左右，即对伤残者的平均寿命估算为50岁，即使考虑到伤残者平均寿命低于我国人口70岁的平均寿命，仍显过低。而定期伤残津贴则是根据工伤职工因工作遭受事故伤害或者患职业病前12个月平均月缴费工资为基数进行计算的。根据判例统计，此项计算结果通常与当地最低工资标准基本持平，未能反映劳动者伤前的真实工资收入水平。② 究其原因，主要与我国劳动者目前工资结构以及计算标准不合理密切相关。《工伤保险条例》(2011)虽然提高了各级伤残的一次性伤残补助金，但提高幅度有限，并未根本改变现状。

（二）工伤保险基金与用人单位负担分配不合理

有人认为，建立工伤保险制度的目的是通过共济形式将用人单位的损失进行分散，但我国的工伤保险没有达到这个目标，即使是用人单位参加了工伤保险仍然要承担较重责任。而征求意见稿延续了工伤保险待遇由基金与用人单位分摊的规定，这种规定是很不合理的。③ 此种安排导致了劳动者因工死亡时由工伤保险基金支付全部费用、用人单位反而无须承担责任的怪现象。不仅如此，现行立法还存在如下弊端：

首先，用人单位缺乏缴费积极性，欠缴、漏缴现象严重。用人单位虽然负有缴纳工伤保险费的义务，但即使参与工伤保险亦不能完全免除其工伤补偿责任，由此导致缺乏驱动其主动积极缴费的正相激励机制，反而增长其侥幸心理。

其次，用人单位对劳动者的工伤认定持排斥态度，利用现有制度缺陷谋求自身利益最大化。在发生工伤事故时，用人单位往往持有能证明事故当时情况的各类证据。但由于劳动者一旦被认定为工伤，用人单位势必需要承担相应的待遇支付责任，因此其在发生工伤事故时必然倾向于选择瞒而不报，或在认定过程中隐藏证据，加之目前烦琐的程序，使得劳动者维权之路愈加艰辛。

---

① 翟玉娟．职业灾害救济法律制度研究．厦门：厦门大学出版社，2009.53

② 翟玉娟．职业灾害救济法律制度研究．厦门：厦门大学出版社，2009.54～55

③ 参见各地人民群众对社会保险法草案的意见（三）．中国人大网，http://www.npc.gov.cn/npc/xinwen/lfgz/lfdt/2009-02/23/content_1471720_3.htm．最后浏览：2010年11月4日。

最后，劳动者不得不在工伤保险与民事赔偿之间辗转波折。即使在被认定为工伤后，由于相当比例的工伤待遇需依赖用人单位支付，劳动者依然面临无法获得稳定待遇支付，尤其是定期待遇支付的风险。而当用人单位拒绝履行责任时，劳动者只能再度通过提起民事诉讼的方式主张权利。此外，劳动者还将面临用人单位倒闭破产的风险，一旦用人单位不复存在则其根本无法再获得相应待遇。

（三）一次性支付项目过多，定期性补偿项目不足

工伤保险待遇不同于其他救济手段的一大特点就在于其能够为处于伤残状态的劳动者提供定期的、持续性的待遇补偿。劳动者因工伤残后暂时或永久丧失劳动能力，以致部分或完全失去伤残前的工作收入，此时稳定的长期性救济对其具有重要意义。一次性支付虽表面看似数额较大，但实质上并不利于劳动者，无法解决其终生收入来源问题。第一，协商的赔付额不足。第二，工人将赔偿金肆意挥霍或者挪作他用以应一时之需。第三，一次性赔偿金不利于工伤工人参加康复活动和从事力所能及的工作。①

从我国实践看，虽有关于定期补偿的详细规定，然而却时常被规避。以一至四级伤残为例，一些统筹地方出于地方利益，对非本统筹地区户籍人员原应享有的定期伤残津贴往往采用一次性支付方式替代，以此终结劳动者与工伤保险基金的工伤保险关系。而在五至十级伤残时，用人单位则往往会与劳动者私下达成协议，通过一次性支付一定数额补偿以使劳动者终结劳动关系或放弃定期支付要求。对此，劳动者或是抱着“落袋为安”的心理，或是迫于无奈而接受，都使得其长远利益难以得到保障。

三、我国工伤保险待遇的完善建议

现行工伤保险所存在的问题部分固然可归因于制度建立时间短、积累不足，尚无法在短期内提供较高的保障水平，例如工伤保险待遇种类少、标准低的问题，要实现对医疗费用的全面保障、提高伤残补助金、提供更多津贴项目等目标，不能一蹴而就，当然亦不能裹足不前，应当分阶段、分层次、分项目地逐步提高待遇。但还有一些问题则是制度设计本身的缺陷所导致的，对此需要从制度建设本身加以改善。

（一）工伤保险应承担更多的待遇支付责任

工伤保险依据社会连带思想而建立，其制度设计初衷是由全社会来分担工伤所生损害，因此除了最大限度保护劳动者以外，也能在很大程度上免除用人单位因劳动者遭受工伤所需承担的赔偿责任。然而，我国现行工伤保险

① ［英］威廉姆·贝弗里奇．贝弗里奇报告——社会保险和相关服务．中国社会保险研究所译．北京：中国劳动社会保障出版社，2004．38

制度的设计思路很大程度上仍受到计划经济时期企业福利本位的影响，用人单位工伤负担仍较重，这显然有违工伤保险制度的基本原理。因此，有必要在制度上减轻用人单位负担，而工伤保险理应承担起更多的待遇支付责任。

以劳动者因伤接受医治阶段为例，最新立法已经采取相关措施减轻用人单位负担。对于医疗期间的有关住院伙食补助、交通、食宿费用，《工伤保险条例》(2011) 以及《社会保险法》都规定不再由用人单位支付而改由基金承担，此外，在五至十级伤残时的一次性医疗补助金也由基金发放，以上修正实值赞赏。但《社会保险法》第 39 条仍规定五级、六级伤残津贴由用人单位承担，此项规定实属不妥。从各国实践来看，无论劳动者伤残级别为何，伤残津贴一般都是由工伤保险基金全面承担。《社会保险法》作为基本法在此反而不应规定得如此细致以致有失制度发展的前瞻性，不利于法的安定性。

除此以外，在未来基金还应当向劳动者支付津贴以弥补其工资损失，用人单位不应再承担停工留薪责任，从前述各国实践看均是如此。目前我国用人单位需支付最长达 24 个月的劳动者原工资福利待遇，此外还需支付相应的护理费用，无论从时间上还是从数量上，责任都较他国为重。因此，应当考虑以暂时性伤残津贴的形式转由工伤保险基金向劳动者支付，初期可先实行较低的工资替代率，例如 50％，剩余部分由用人单位补足，以保证劳动者至少能获得部分稳定的收入来源。在时机成熟时可进一步将治疗期间的护理费用也纳入工伤保险。

（二）加强定期待遇支付

定期待遇支付是一个比较复杂的问题。目前定期支付变相为一次性支付，主要针对外来劳动者和短期劳动者。由于我国工伤保险统筹层次不高，以致对于流动性强的短期劳动者无法很好地实现跨地区的保险待遇接续，从某种程度上一次性支付虽属无奈但却也部分地满足了劳动者的现实需求。但从长远来看，为防止定期待遇被架空而成为谋取地方利益的手段，仍应尝试加以改良。

就一至四级伤残津贴，由于劳动者几乎已经丧失全部劳动能力，无法再继续工作，因此必须禁止各统筹地区对于此类劳动者适用一次性支付的替代方案，强制各地向此类劳动者依法支付定期津贴。有些地方工伤管理部门对定期支付设置了种种程序障碍，例如每年需到工伤保险统筹地核对身份、办理有关手续等，这些不合理的程序都应在中央立法层面予以废止，并要求以便利劳动者为出发点，为劳动者领取定期津贴提供各项快捷途径，例如社会保险卡号绑定银行卡发放。为防止伤残者死后其家属继续冒领津贴，需要进一步加强社会保险数据库建设，同公安机关、医疗机构等实现数据共享和信息通报，以及时更新社会保险卡号持有人的状态。

就五级、六级伤残津贴，用人单位往往以一次性支付为条件换取劳动者同意解除劳动关系。劳动者一旦拒绝，难免引起用人单位不满而怠于履行支付津贴的义务，因此出于种种顾虑劳动者往往只能接受。为此，从根本上解决问题的途径只能是将这部分劳动者的伤残津贴也转由基金来承担，虽然基金亦存在逃避定期待遇支付职责的问题，但比起数量众多的用人单位，对有限统筹地区的规制则要容易得多。而作为权宜或过渡手段，则可考虑要求各省级政府对用人单位的一次性支付数额设置下限，以防止用人单位利用优势地位威逼劳动者。

（三）关于用人单位未参加工伤保险时的待遇支付问题

用人单位应当参加而未参加工伤保险，致使劳动者遭遇工伤时无法从工伤保险基金享受相应待遇，对此问题《工伤保险条例》规定由该用人单位按照条例规定的工伤保险待遇项目和标准支付费用。此条在实践中的执行情况不容乐观，事实上使得劳动者救济无门。为此，《工伤保险条例》修订稿专门对此进行了修正，但主要侧重于加强用人单位的行政责任和行政部门的强制执行权，而劳动者的工伤待遇仍由用人单位承担，虽有进步但却无涉劳动者实益，不能不谓遗憾。

所幸《社会保险法》填补了这一漏洞。该法第 41 条规定："职工所在用人单位未依法缴纳工伤保险费，发生工伤事故的，由用人单位支付工伤保险待遇。用人单位不支付的，从工伤保险基金中先行支付。从工伤保险基金中先行支付的工伤保险待遇应当由用人单位偿还。用人单位不偿还的，社会保险经办机构可以依照本法第 63 条的规定追偿。"相较三审稿，最终稿的变化在于将"用人单位拒不支付的表述"变更为"用人单位不支付"，虽一字之差但意义重大。按照三审稿，劳动者欲获得基金的先行支付需首先证明用人单位拒绝履行其支付义务，此等举证责任显然过于严苛。而按照最终稿，无论用人单位主观上是否愿意支付工伤保险待遇，只要其客观上没有履行支付义务，劳动者都可以从工伤保险基金处获得先行支付，而无须再提供证明用人单位的主观状态。然而，《工伤保险条例》（2011）同征求意见稿一样仅对用人单位不缴纳工伤保险费的行政责任作了规定，而对工伤保险基金先行支付以及追偿权的行使都没有作详细规定，对此应当结合新法颁行后的具体实践在立法上进行更为细致具体的规范。

（四）关于大幅提高工亡补助金标准的问题

《工伤保险条例》（2011）最大的亮点之一就是将一次性工亡补助金标准大幅提高为上一年度全国城镇居民人均可支配收入的 20 倍。而相比而言，《工伤保险条例》（2004）的标准仅为 48 个月至 60 个月的统筹地区上年度职工月平均工资，《工伤保险条例》征求意见稿中的方案一也仅是将计发基数修改为不低于劳动者所在省的月平均工资。可见，无论是计发基数还是计发总量，《工伤保险条例》（2011）的规定都作出了质的飞跃。然而，该条规定的落实却面临着现实困境。首先，新法没有就配套制度进行规定。工伤保险尚未实现省级统筹，各统筹地区的经济发展和基金积累程度各异，对于经济相对落后，尤其是贫困地区而言，如此高额的工亡补助金支付负担势必大大超出其基金的承受能力。而为解决此问题可以采用两种方案：一是“开源”，提高费率、加收工伤保险费，但这势必加重当地企业负担，进一步恶化投资环境；二是“平调”，从经济较发达地区的工伤保险基金中进行调剂，这又势必牵扯到地方利益。究竟如何设计配套制度需要立法作出回应。其次，对工亡职工的近亲属不公平。以全国城镇居民人均可支配收入作为计发基数从全国整体范围看固然是实现了统一补偿、“同命同价”。然而，对于高于全国城镇居民人均可支配收入的地区，其工亡职工近亲属所能获得的补助金显然低于当地生活水准，无法发挥保障功能。而对于低于全国标准的地区，工亡职工近亲属却因其亲属的死亡而获得远超当地收入水平的补偿，存在过度保障之嫌，且有引发道德风险的倾向。该条规定究竟应如何评判有待实践的检验。

第六节　工伤保险待遇请求权与民事损害赔偿请求权的关系

工伤保险领域最具争议也最无定论的问题之一，便是工伤保险待遇请求权与民事损害赔偿请求权的关系问题。从历史发展来看，工伤赔偿模式历经变迁，早期侵权损害赔偿制度作为唯一的救济手段而发挥作用。而进入现代社会以来，工伤保险制度则在其中扮演着越来越重要的角色。“可以肯定的是，人身伤害的赔偿或补偿法律结构的历史走势是：社会保障法在结构中所占比重越来越大，而侵权行为法在结构中所占比重越来越小。”① 然而，鉴于工伤保险的发展水平尚无法达到覆盖社会全体成员并予以充分补偿的程度，侵权法仍然在其中发挥着相当重要的作用。对此，关键在于如何处理好侵权损害赔偿制度与工伤保险制度之间的关系，既能使劳动者获得充分补偿，又不至于浪费社会资源。

一、工伤保险待遇请求权与民事损害赔偿请求权关系的比较法分析

工伤保险待遇请求权与民事损害赔偿请求权的关系问题不为我国所独

① 郑尚元. 工伤保险法律制度研究. 北京：北京大学出版社，2004. 24

有，凡建立起工伤保险制度的国家，都面临着如何妥善处理侵权损害赔偿与工伤保险之间的关系这一课题。对此，“各国规定不同，深受劳灾补偿制度之结构、给付水准、工会运动、社会哲学及经济发展程度之影响。”[①] 归纳言之，主要有四种基本类型。

（一）选择（election）模式

选择模式是指工伤事件发生以后，受害雇员只能在侵权行为损害赔偿与工伤保险给付之间择一行使，即要么选择侵权损害赔偿，要么选择工伤保险给付。此种模式的要点包括：其一，受害雇员在两种赔偿来源之间有选择的权利；其二，两种赔偿方式的适用相互排斥，即一旦选择其中一种方式，就要排除另一种方式的适用，不存在两种方式同时适用的可能。此种模式曾一度为英国和其他英联邦国家早期的雇员赔偿法所采用，但后来均已废止。

从深层次分析，这种模式存在很多缺点，对受害雇员十分不利，主要表现在：（1）从实施结果上看，该模式实质上限制了受害劳动者选择的自由。虽然受伤害雇员可在侵权损害赔偿与工伤保险给付二者之间任选其一，但是由于侵权法上的救济不仅耗费时日精力，而且未必一定能取得胜诉判决，判决之后的执行亦存在相当之风险。纵使侵权损害赔偿能提供更多的赔偿，受害劳动者往往也受制于现实而不得不选择后者。这种模式“实际上剥夺了事故受害人在侵权行为法上的救济权……除非它是为了在特定的情景下，从根本上废除侵权行为责任，否则，在此种选择状态下，不存在任何合理的社会正义”[②]。（2）从实务操作上看，该模式存在诸多困难。[③] 例如，受害劳动者应在多长的期间内行使选择权，受害劳动者能否撤回先前的选择以及如何撤回等，这些问题在实务上滋生诸多困难。上述缺陷也解释了为什么英联邦国家后期均废除这种模式转而采用其他体制。

（二）免除（relieving the tortfeasor）模式

免除模式，又称替代模式，即以工伤保险取代侵权责任，指劳动者在遭受工伤后，只能请求工伤保险给付，而不能依侵权法的规定向加害人请求损害赔偿。换言之，即完全免除侵权行为人的责任，由工伤保险取而代之。然而此种侵权责任的排除并非绝对的，而是相对的，仅适用于特定人（雇主或受雇于同一雇主之人）、特定事故类型（意外事故、职业病或上下班交通事故）、特定损害（通常限于人身损害）及特定意外事故发生原因（通常限于

① 王泽鉴．劳灾补偿与侵权行为损害赔偿．见：民法学说与判例研究（第3册）．北京：中国政法大学出版社，2005．252

② 李清伟．侵权行为法与社会保险法的冲突与融合．见：沈宗灵等编．法理学与比较法学论集．北京：北京大学出版社，2000．1552

③ 吕琳．工伤保险与民事赔偿适用关系研究．法商研究．2003，3

轻过失)。[①] 采用这一模式的国家主要有德国、法国、瑞士、挪威等国，其中以德国最为典型。根据《德国国家保险条例》第636条规定：因劳动灾害而受损害者，仅得请领伤害保险给付，不得向雇主依侵权行为法的规定请求损害赔偿。

免除模式的优越性在于：(1) 该模式免除了雇主的侵权赔偿责任，使雇主的责任得以减轻。在免除模式下，雇主对工伤事故应负的责任仅限于支付工伤保险金，从而将损失分散于社会，符合现代社会实现损失承担社会化的理想。(2) 该模式有利于减少诉讼，避免劳资争议，符合促进劳资关系协调发展的目的。(3) 该模式能节约社会资源，具有较高的效率。工伤事故发生以后，受害雇员直接向有关机构申领工伤保险待遇，无须经过繁杂漫长的诉讼程序；处理工伤保险事务的机构具有很高的专业性，工作效率高。据英国的皮尔森委员会（Pearson Commission）估计，将1美元转化为受害人的赔偿金，通过侵权行为法要花费85美分，而通过社会保险计划只需要不到10美分。[②] 因此，在替代模式下可减少成本，节约社会资源。

然而，免除模式亦存在相当之缺陷，学者对此模式的批评意见主要有两条。第一，认为工伤保险制度不能保证受害人的损失得到完全赔偿。由于现代工伤保险以保障劳动者的生存和劳动力的再生产为目的，赔偿数额通常低于侵权损害赔偿。此外，工伤保险还受制于经济发展水平，尤其是在我国这样的发展中国家，社会保障仍处于较低的水平，很多时候不能完全补偿受害人的损失，并且对精神损害部分不能提供救济。而侵权责任法奉行完全赔偿原则，有多少损失即有多少赔偿，其赔偿范围和额度较高。替代模式会剥夺权利人获得完全赔偿的权利。第二，认为此种模式不利于对工伤事故的预防和制裁，而侵权责任法的教育与惩戒功能有利于预防和减少工伤事故的发生。由于雇主对工伤所负的责任仅限于支付保险金，发生工伤事故后不考虑造成损害的事件或行为是否应受到道德上的评价，从而丧失了制裁功能；同时，雇主承担的工伤责任（支付保险金）与其在预防工伤事故方面是否有积极作为无关，使其丧失了一般的预防功能。因此，这种模式只具备损害填补和分散损失功能，而无法充分地发挥对加害行为的制裁和事故预防功能。[③]

（三）相加（cumulation）模式

---

① 王泽鉴．劳灾补偿与侵权行为损害赔偿．见：民法学说与判例研究（第3册）．北京：中国政法大学出版社，2005．252

② John G. Fleming. Rumination on Tort Law; A Symposium in Honor of Wex Malone: Is There a Future for Tort? The Legal Studies Forum, American Legal Studies Association, May, 1984.

③ 张新宝．工伤保险赔偿请求权与普通人身损害赔偿请求权的关系．中国法学．2007，2

相加模式，又称兼得模式，系指允许受害雇员接受侵权行为法上的赔偿救济，同时接受工伤保险给付，即获得“双份利益”（double recovery）。采用此种模式的国家甚少，英国原先采取的即是此模式。依该国1948年实施的国民保险法，受害雇员除可以获得侵权行为损害赔偿外，还可请领5年内伤害及残废给付的50%。此项规定乃是基于英国工会对政府施加强大压力而制定的，而其主要理由是劳工本身须负担几近半数之保险费。[①]

这种模式与其他模式相比，最大的优越性体现在对受害职工极为有利，即雇员因工伤事故可以同时获得工伤保险给付和侵权赔偿的双重救济，尤其是在工伤保险待遇和民事赔偿标准均偏低的情形下，对受害雇员权益的保障极为有利。这种模式的缺点主要表现在：(1) 违背了工伤保险创设的目的，加重了雇主的负担。在相加模式下，雇主不仅要承担工伤保险费的缴纳义务，而且还可能因侵权行为支付损害赔偿。这与创设工伤保险制度的目的严重背离。(2) 违背了“不应获得意外收益”的基本原则。在相加模式下，受害雇员获得的工伤保险给付和侵权损害赔偿的总和可能会超过其所受的实际损害，即获得超额赔偿或补偿（overcompensation），受害雇员因此而增加额外收益，与“受害人不应因遭受侵害获得意外收益”（windfall）这一公认的基本准则相违背。因而，该模式仅在极少数国家推行，大多数国家的立法和司法实践原则上不允许受害雇员获得以上双重利益。[②]

值得注意的是，英国经过多次改革目前已放弃了兼得模式而改采补充模式。《1997年社会保障（恢复补贴法）》规定，受害劳动者仍可提起民事侵权之诉以获得赔偿，但从事故或受伤之日或达成解决办法之日起（以较早时间为准）5年内所领取的以下三种与补贴相应的赔偿金应该从所有民事赔偿金中扣除并支付给国务大臣：相关期限内收入损失赔偿金、在相关期限内的护理费用赔偿金和在相关期限内的行动损失费赔偿金。而在所受伤害方面的赔偿金不属扣除范围。[③] 可见，民事救济主要是针对工伤补贴未涉及的部分进行赔偿。

（四）补充（supplementation）模式

补充模式系指发生工伤事故以后，劳动者可同时主张侵权行为损害赔偿和工伤保险给付，但其最终所获得的赔偿或补偿，不得超过其实际遭受之损害。一般而言，接受赔偿按以下程序进行：工伤事故发生后，劳动者首先受

① 王泽鉴．劳灾补偿与侵权行为损害赔偿．见：民法学说与判例研究（第3册）．北京：中国政法大学出版社，2005.255

② 吕琳．工伤保险与民事赔偿适用关系研究．法商研究．2003，3

③ 参见［英］内维尔·哈里斯等．社会保障法．李西霞，李凌译．北京：北京大学出版社，2006.525

领工伤保险给付，然后依侵权行为法规定主张侵权行为损害赔偿，但应当扣除其已领得的工伤保险补偿。换言之，劳动者接受工伤保险给付之后，有权就侵权法上的救济与工伤保险赔偿的差额部分，提起侵权行为之诉。目前，采用这一模式的国家有日本、智利及北欧等国。

补充模式是工伤赔偿的现代规则，已经为众多国家的立法和理论所接受。建立补充模式的目的在于一方面避免受害人获得双份利益，减轻雇主的工伤负担，节约有限的社会资源；另一方面又可以保证受害人获得完全的赔偿，维持相关法律制度的惩戒和预防功能。① 但是，这一模式又兼具选择模式和相加模式的缺点：纠纷的处理机制复杂、当事人负担沉重，而且雇主会在缴纳工伤保险基金之后还要承担事先无法预期的赔偿责任，使得企业的经营状况存在较大的不确定性。②

二、我国关于工伤保险请求权与民事损害赔偿请求权关系的争论

关于工伤保险请求权与民事损害赔偿请求权的关系，不仅具有理论上的复杂性，且由于直接关系到劳动者所获补偿的多寡，因此不断引发学术界、实务界和人民群众的热切关注和讨论。

（一）学术界对二者关系的争论

国内学者在试图探寻我国应采取何种方法妥善协调二者关系的过程中，对前述四种模式充分重视，多有评论。

首先，学者对相加模式和选择模式多持否定态度。③ 有学者从公平和效率的角度分析后指出，选择模式是低效率的，因为在请求权竞合（或非真正竞合）时，如何行使选择权，至今仍是理论界和实务界的难题，纷争颇多。另外，该模式也容易造成司法救济的不公正，因此对同一损害后果，当事人会因其法律知识、法律水平的不同乃至运气不同，而得到不同的救济。而相加模式无疑是违背公平原则的，其造成的直接后果是：对于同样的工伤事故，只因加害行为有无第三人的介入而导致不同的救济。在无第三人介入时，受害人只能获得工伤保险赔偿，而在有第三人介入时，受害人则能获得双份赔偿，这显然是极不公平的。④

其次，对于补充模式，肯定说认为其符合工伤保险制度创设的目的，有

① 吕琳．工伤保险与民事赔偿适用关系研究．法商研究．2003，3

② 张新宝．工伤保险赔偿请求权与普通人身损害赔偿请求权的关系．中国法学．2007，2

③ 亦有学者对相加模式持赞成态度，其主要理由有：(1) 工伤保险赔偿与侵权损害赔偿二者不具有互相取代性；(2) 工伤保险赔偿与侵权损害赔偿兼得并不发生不当得利；(3) 兼得模式符合侵权法功能多元化的要求；(4) 采兼得模式符合现行法的规定。详见张平华．郭明瑞．关于工伤保险赔偿与侵权损害赔偿的关系．法律适用．2008，10

④③ 张新宝．工伤保险赔偿请求权与普通人身损害赔偿请求权的关系．中国法学．2007，2

利于工伤职工获得可靠和完全赔偿，同时有利于发挥工伤赔偿法律机制的制裁和预防功能。且较之相加模式，工伤职工获得的赔偿虽然可同时来源于工伤保险给付和民事赔偿，但其获得赔偿的总额不超过其实际损失，不会发生所谓的“溢出利益”或“意外收益”，造成社会资源的不合理分配。① 否定说则强调，这种模式与相加模式和选择模式一样是低效率的，“对一个损害的救济需要提起两次救济程序，增加了当事人求偿的难度，也浪费司法资源。同时，既然工伤保险是为了弥补侵权赔偿制度的诸多缺陷和风险而创设的，在依工伤保险不能获得完全赔偿时再请求侵权赔偿，侵权赔偿制度的诸多缺陷仍然存在，受害人仍然面临着举证不能和执行不能的风险。鉴于求偿的难度，这种补充的救济方式仍然形同虚设。因此，此种模式并不比选择模式高明”③。

最后，对于免除模式，否定说认为其不能对劳动者起到充分予以保护的作用，同时无法发挥侵权法的教育和惩戒功能。肯定说则认为，教育和惩戒功能原本就非侵权法的主要功能，而工伤保险目前赔偿不足的缺陷则完全可以通过提高工伤保险给付水平解决，且提高工伤保险给付水平是社会发展的趋势，并非难以解决的问题。

（二）实务界对二者关系之争论

在我国，由于对如何处理工伤保险待遇请求权和民事损害赔偿请求权的关系一直没有定论，因此立法者在相关法律中规避了对此问题的直接回答，而留下一些含糊不清、模棱两可的表述，由此进一步引起司法裁判的混乱和不统一。

1. 对现行法规定的不同解释

总体来看，就法律层级而言，《劳动法》《民法通则》等基本法律基本上都没有对“工伤保险与民事赔偿之间的关系”问题作出规定。而唯一作出规定的要算《安全生产法》第 48 条，但是对该条如何理解却莫衷一是。相反，在相对低层级的立法中，散见一些关于“工伤保险与民事赔偿之间的关系”的规定。就是在这些仅有的规定中，亦尚未形成统一的认识，甚至多有矛盾抵触之处。以下试就这些规定进行分析。

（1）法律中的有关规定。《职业病防治法》第 52 条规定：“职业病病人除依法享有工伤社会保险外，依照有关民事法律，尚有获得赔偿的权利的，有权向用人单位提出赔偿要求。”2002 年 6 月 29 日，全国人民代表大会颁布的《安全生产法》则是我国最早对工伤保险赔偿与民事侵权赔偿的关系作出明确规定的立法。该法第 48 条规定：“因生产安全事故受到损害的从业人

① 吕琳．工伤保险与民事赔偿适用关系研究．法商研究．2003，3

员，除依法享有工伤社会保险外，依照有关民事法律尚有获得赔偿的权利的，有权向本单位提出赔偿要求。”对《安全生产法》的这条规定存在以下三种不同理解[①]：

第一种观点认为：“工伤社会保险和民事赔偿不能相互取代，从业人员可以享受双重的保障。”[②] 据此，发生安全生产事故后，劳动者不仅可以享受工伤保险待遇，还可以向民事侵权人请求民事赔偿，两种赔偿可以相互叠加，任何一种赔偿的获取都不影响另外一种补偿的取得。这种观点是从“相加模式”出发来理解立法本意的。

第二种观点认为：“发生生产安全事故后，从业人员首先依照劳动合同和工伤社会保险合同的约定，享有相应的赔付金。如果工伤保险金不足以补偿受害者的人身损害及经济损失的，依照有关民事法律应当给予赔偿的，从业人员或其亲属有要求生产经营单位给付赔偿的权利。”[③] 按照此种观点，只要发生工伤事故，在工伤保险金不足以补偿工伤职工时，即可寻求民事补偿以作补充。这和“补充模式”相契合。

第三种观点则认为：“实施工伤社会保险，因生产安全事故受到损害的从业人员的诊疗康复费用及有关的社会保障可以得到相当程度的解决，但是在特定情况下也还有可能难以完全补偿因生产安全事故所受到的损害，这样，因生产安全事故受到损害的从业人员就有权依照有关民事法律的规定，要求生产经营单位进行赔偿。”[④] 可以看出，此种观点和第二种观点极为相近，但略有不同，即只是在特定情况下选择民事赔偿作为补充，但并没有深入论述何种情况下可以寻求民事赔偿。

(2) 行政法规中的有关规定。首先，《道路交通事故处理办法》(1991年9月22日国务院令第89号发布) 第43条规定：“职工因交通事故死亡或者残疾丧失劳动能力的，按照本办法的规定处理后，职工所在单位还应当按照有关部门的规定给予抚恤、劳动保险待遇。”可见，在道路交通事故中存在第三人侵权的情况下，如果该事故被认定为工伤，受害人则可以获得“双份利益”。2004年5月1日颁布的《中华人民共和国道路交通安全法》取代了前述《道路交通事故处理办法》，但新法回避了这个问题，并未给出明确的答案。

其次，国务院2002年5月12日颁布的《使用有毒物品作业场所劳动保

① 周开畅．论工伤保险与民事赔偿的法律适用．华东政法学院硕士学位论文．2004，4：23

② 李适时主编．中华人民共和国安全生产法释义．北京：中国物价出版社，2002.120

③ 卞耀武等．中华人民共和国安全生产法读本．北京：煤炭工业出版社，2002.93

④ 刘左军（全国人大常委会法工委经济法室）主编．《中华人民共和国安全生产法》释义及实用指南．北京：中国民主法制出版社，2002.147

护条例》第45条规定："劳动者除依法享有工伤保险外，依照有关民事法律的规定，尚有获得赔偿的权利的，有权向用人单位提出赔偿要求。"这个规定和《安全生产法》并无本质区别。考虑该条例与《道路交通事故处理办法》同为国务院所颁布，学者多赞成此亦为"相加模式"。

（3）司法解释中的有关规定。2003年颁布的《最高人民法院关于审理人身损害赔偿案件适用法律若干问题的解释》中对工伤保险赔偿与普通人身损害赔偿的关系作出了规定。该解释第11条第1款规定："雇员在从事雇佣活动中遭受人身损害，雇主应当承担赔偿责任。雇佣关系以外的第三人造成雇员人身损害的，赔偿权利人可以请求第三人承担赔偿责任，也可以请求雇主承担赔偿责任。雇主承担赔偿责任后，可以向第三人追偿。"同时，第11条第3款又规定："属于《工伤保险条例》调整的劳动关系和工伤保险范围的，不适用本条规定。"第12条第1款则规定："依法应当参加工伤保险统筹的用人单位的劳动者，因工伤事故遭受人身损害，劳动者或者其近亲属向人民法院起诉请求用人单位承担民事赔偿责任的，告知其按《工伤保险条例》的规定处理。"第12条第2款规定："因用人单位以外的第三人侵权造成劳动者人身损害，赔偿权利人请求第三人承担民事赔偿责任的，人民法院应予支持。"

对该司法解释的上述规定亦存在不同理解。最高人民法院高级法官陈现杰认为：该司法解释"对工伤保险与民事损害赔偿的关系按照混合模式予以规范。混合模式的实质，就是在用人单位责任范围内，以完全的工伤保险取代民事损害赔偿。但如果劳动者遭受工伤，是由于第三人的侵权行为造成，第三人不能免除民事赔偿责任"[①]。此实际可理解为免除模式。也有学者认为，该解释对用人单位的侵权损害赔偿义务与工伤保险赔偿之间的关系未予规定；而对第三人的侵权损害赔偿义务与工伤保险赔偿之间的关系，则采纳了第三种模式，允许劳动者及其近亲属同时请求、同时保有这两种赔偿。

2. 司法实践中的不同处理结果

由于立法层面的混乱状态，几乎四种处理模式在我国都可以找到法律依据。由此直接导致的后果就是法院在司法实践中缺乏统一的判案依据，无法根据现有法律规定作出明确划一的判决。在上位法缺位、下位法存在冲突、司法解释模糊难辨的情况下，法官不得不依据法律的基本原则行使自由裁量权。分析现有相关案例，大致可以得出以下结论：

（1）在无第三人侵权的情形下，很少有劳动者在获得工伤保险赔偿后再

---

① 陈现杰.《最高人民法院关于审理人身损害赔偿案件适用法律若干问题的解释》的若干理论与实务问题解析. 法律适用. 2004，2

向法院起诉要求用人单位另行承担侵权责任，在研究过程中几乎没有触及这种类型的案件，至于其原因是当事人主动放弃，抑或是法院对此类案件不予受理，尚缺乏足够的统计资料支持。

(2) 在有第三人侵权的情形下，劳动者在获得工伤保险赔偿后多倾向于另行起诉第三人，要求其承担侵权责任。对于此类案件，法院或采取相加模式，或采取补充模式。其中，地方性法规对于不同模式的采纳是判决间差异的主要理由之一，这也就意味着，在同一地区内法院判决大体能保持相当之一致性，而在不同的地区间从理论上应当存在着或多或少的差异。由于判决书一般不阐明理由，因此除地方立法这一理由之外，法官对此问题如何理解尚难知晓。

综上，在立法层面存在种种不足的情况下，法官担负起了维持法的相对统一性和稳定性的重任，在现行制度的可能框架内选择了相加模式或补充模式来作为处理问题的手段。然而，此种选择尚缺乏足够的理论论证支持，只能作为实证法的实然状态，为对此问题的研究提供重要的参考。

三、我国工伤保险待遇请求权与民事损害赔偿请求权关系的协调建议

从前述争论可以发现，我国工伤赔偿模式事实上存在着立法漏洞。此种立法漏洞，或因为立法者思虑不周，或因为立法者自觉对拟予以规范的问题了解不足而故意不加以规范，留待司法实践有了较成熟的经验后再上升为一般规则。但无论如何，立法漏洞的存在终非法律调整的常态，法官固然能够在司法实践中凭借一般法律原则以及“法官的良心”对立法漏洞所涉及的问题作出裁判，但长此以往势必损及法律调整的可预见性和安定性。《社会保险法》最终虽仍然回避了此问题，但立法漏洞必须早日通过立法予以彻底的解决。

(一) 以补充模式为基础，以免除模式为发展目标

补充模式虽然存在程序烦琐、当事人负担重等缺点，但其毕竟较好地平衡了劳动者权益保护和社会公正之间的价值取向，在实践中也为大多数法院所接受。因此，现阶段的制度构建仍应以补充模式为主导。同时，基于工伤保险的本质，未来的制度发展应当以免除模式为目标，无论损害发生的原因是源自用人单位的故意或过失、同一组织其他雇员的故意或过失行为、第三人的故意或过失行为还是意外事故，只要是在工作过程中且因工作原因引起的，社会保险经办机构在查明事实的基础上，对符合工伤保险赔付条件的一律予以赔付。

为此，首要目标就是要提高工伤保险待遇支付水平，使其能基本与侵权损害赔偿大致相当。依据学者对工伤赔偿与普通人身损害赔偿项目与标准的比较分析来看，目前主要差距有：(1) 普通人身损害赔偿的赔偿范围大一

些，有些项目是工伤保险给付所没有的；(2) 工伤赔偿的许多项目之赔偿标准十分具体而且缺乏弹性，而普通人身损害赔偿的相当多项目之赔偿标准具有较大的弹性或可选择性；(3) 一些相同的赔偿项目，依据工伤保险给付计算出来的赔偿数额较低，而依据普通人身损害赔偿标准计算出来的赔偿数额则较高。综合观察，普通人身损害赔偿的赔偿范围较宽泛、赔偿标准较高、赔偿的金额较大。[①] 而要提高工伤保险待遇水平，主要应当通过合理扩大工伤保险基金收入来源、合理经营工伤保险基金以实现保值增值等手段来实现。

（二）工伤保险基金对用人单位或第三人的追偿权

由工伤保险以社会分担形式为行为人的侵权行为“买单”与通常的社会道德和正义观念相违背。从工伤保险的本质来看，其免除的是用人单位在日常生产中的通常风险，但对于用人单位的故意或重大过失，以及第三人侵权行为所造成的劳动者伤害，虽然从保护劳动者角度出发应当由基金向劳动者在第一时间提供帮助和救济，但不应由工伤保险基金来承担最终责任。因此，赋予工伤保险基金对实施侵权行为的行为人以追偿权，能够比较好地解决这一问题。德国社会法典即规定，对于企业主或其雇员的故意导致另一雇员遭受工伤，受损害者有法定事故保险待遇权。在有故意或重大过失的情况下，损害者对于社会保险负有赔偿义务。[②]

《社会保险法》首次明确了工伤保险基金在两种情形下所享有的追偿权：一是前述用人单位应缴纳而未缴纳工伤保险费时工伤保险基金先行支付待遇的情形（第 41 条）；二是因第三人原因造成工伤由工伤保险基金先行支付的情形（第 42 条）。第二种情形下的追偿权是第一次见于立法，该条兼顾了劳动者利益保护和工伤保险基金安全，其进步性不言而喻。然而，该条规定工伤保险基金先行支付的前提是“由于第三人的原因造成工伤，第三人不支付工伤医疗费用或者无法确定第三人的”，此规定亦存在值得商榷之处。

第一，应当是第三人成立侵权责任作为追偿权行使的前提。“由于第三人的原因造成工伤”为前提使第三人承担了过重的责任。赋予工伤保险基金追偿权的目的在于避免使基金为他人的侵权责任“受过”。在侵权法下，第三人如在主观上没有故意或过失，或存在法定的免责事由，则无须承担侵权责任。而《社会保险法》采用的却是客观归责原则，只要是第三人的原因造成劳动者工伤，不问其主观状态，亦不问第三人是否有免责事由，都会面临

---

① 张新宝．工伤保险赔偿请求权与普通人身损害赔偿请求权的关系．中国法学．2007，2

② 参见［德］霍尔斯特·杰格尔．社会保险入门——论及社会保障法的其他领域．刘翠霄译．北京：中国法制出版社，2000.145

着劳动者的索赔或基金的追偿，此种结果责任对第三人而言过于严苛。第三人即已免于侵权责任，却仍要求其向工伤保险基金进行赔付，其结果是将原由社会分摊的工伤风险转由无辜的第三人独立承担，显然于法理无据。

第二，劳动者所受伤害虽因第三人原因引起但并未改变其工伤的性质。《社会保险法》第42条在确认劳动者为工伤的前提下，却要求劳动者首先向第三人请求支付医药费，只有在第三人不支付或无法确定第三人时才由工伤保险基金先行支付，显然有违工伤保险的本质，工伤保险基金在任何情况下都应对劳动者的工伤承担第一顺位的责任，对劳动者来说，只要其被认定为工伤就可以依法享受工伤待遇，而不问导致其伤害的具体原因为何，至于工伤保险基金能否依法行使追偿权则是另一法律关系的内容，与劳动者的工伤保险待遇无涉。第42条的规定将导致侵权损害赔偿成为工伤保险补偿的前置程序，劳动者不经民事救济途径就无法获得工伤待遇补偿，大大增加了劳动者维权的周期和负担。

第三，应对“第三人”的范围进行限定。第三人是相对于即存的两方主体而言的，在立法未明确指明的情况下则需采用体系解释的方法来确定第三人所指为何。从《社会保险法》的规定来看，第42条所称第三人包括用人单位以及劳动者以外的所有其他主体，并未对其作进一步的区分对待。而在实践中第三人致害的情况是非常复杂的，至少在两类情况下第三人不应受追偿：其一，第三人是与受害劳动者同属同一用人单位的其他劳动者，此类第三人往往被视为与用人单位具有同一地位，因此仅在其具有故意或重大过失时才可由基金追偿；其二，第三人是受害劳动者的近亲属，例如丈夫搭乘妻子驾驶的汽车在上班途中发生事故致害，经认定妻子对事故负全责。此时若允许基金行使追偿权难免与社会道德相悖。因此，对第三人追偿权的行使不能一概而论，有必要区分不同性质的第三人予以分别规定。

第四，应当规定特定情形下对用人单位的追偿权。通常情况下对于用人单位以及其他受雇于同一单位的劳动者，由于企业缴纳工伤保险费用原本即为了能在发生工伤事故时由工伤保险基金分担风险，因此仅在用人单位或其他受雇劳动者存在故意或重大过失时，方能行使求偿权。原因即在于故意和重大过失较之一般过失，其主观上更具可谴责性，行使追偿权后实质上是由行为人自身承担了侵权赔偿责任，符合通常正义观念。

（三）用人单位故意或重大过失下的惩戒制度设计

总体而言，用人单位有义务为劳动者提供安全的劳动环境、适合的劳动工具、状况良好的机器设备，有义务完善各项安全规章制度和操作守则，最大限度地降低工伤事故的发生率。如果用人单位由于故意或重大过失而使劳动者遭受人身损害，有必要对其进行一定的惩罚。如前所述，在完善我国缴费费率体制的前提下，浮动费率制度将用人单位的工伤发生率与缴费费率挂钩，对于因用人单位故意或重大过失而导致劳动者遭受工伤的，可规定为上浮费率的情形之一。此外，工伤保险经办机构还可以对企业处以一定数量的罚款，而所得款项应当直接归入工伤保险基金。这样，一方面能够对企业的故意和重大过失行为予以惩戒，使其更加注重安全生产制度的建立和完善，防止因工伤保险赔付的存在而心生懈怠；另一方面则能够增加工伤保险基金的收入来源，使其能向广大劳动者提供更高水平的保护。至于对故意或重大过失的认定，工伤保险经办机构应当制定详细的标准预先加以确立，以符合依法社保的原则，防止失之随意。

（四）完善服务待遇给付制度

侵权损害赔偿中受害人可以请求精神损害赔偿，但工伤保险支付项目中并不包括此项补偿。受害劳动者在获得工伤保险赔偿之后，如果存在精神损害，是否可以依据侵权法请求精神损害赔偿，是一个需要解决的问题。

如果损害是由用人单位或其他劳动者的行为造成的，基于工伤保险制度的宗旨，受害人一方在获得工伤保险基金给付以后，即不再享有精神损害赔偿的请求权。此种安排也是节省解决争议的社会成本的必然要求。如果涉及第三人的加害行为，受害劳动者在接受工伤保险基金请求给付后，也应不再享有主张精神损害赔偿的权利。有学者指出，从学理上分析“在将死亡赔偿金和残疾赔偿金界定为财产损害的赔偿之框架下，这样的‘精神损害赔偿’是可有可无的；即使‘有’，数额也是较小的”①。

而事实上，侵权法中的精神损害赔偿完全可以由工伤保险待遇中的服务待遇给付制度予以替代。精神损害赔偿的主要功能在于通过金钱赔偿的方式达到抚慰受害人精神痛苦的目的。而在工伤事故场合，劳动者由于身体遭受创伤也会导致精神上的痛苦。工伤保险制度虽然不能以直接提供精神损害赔偿的方式，但确实可以通过各种服务性待遇的给付，例如疗养、康复等计划而达到同样的效果。例如在日本，其工伤保险待遇除现金和实物给付外，还包括疗养和康复设施的提供、服务等给付。因此，只要配套制度能够得以健全，同样可以使得劳动者在精神上得到慰藉，而无须为此支付专门的精神损害赔偿金。

① 张新宝．工伤保险赔偿请求权与普通人身损害赔偿请求权的关系．中国法学．2007，2

第五章　失业保险

失业保险，是指国家通过立法强制建立社会统筹基金，对因非自愿失业而暂时中断生活来源的劳动者在法定期间内提供物质帮助，以维持其基本生活需要的一项社会保险制度。失业保险通常具有生存保障和促进就业的双重功能，一方面为非自愿失业的劳动者提供基本的生活保障，另一方面则是通过就业指导、培训等促进失业者再次就业。从全球范围来看，相对于养老保险制度等的发展，失业保险发展相对滞后。然而，由于就业人口的增加、就业弹性的系数降低等，失业保险在保障失业人群的生存、促进就业、提升劳动生产率等方面将日渐发挥更大作用。

新中国成立之初，由于工业化程度不高和意识形态等因素的影响，1951年政务院《劳动保险条例》对失业保险未予规定。随着改革开放和市场经济体制的建立，失业问题日渐凸显。[①] 1999年颁布实施的《失业保险条例》是我国现行失业保险法律制度的主要依据，对预防失业、保障失业人员的生存和促进就业都发挥了积极的作用，至今先后有数千万失业人员获得了基本生活保障和再就业服务支持。[②] 截至2009年年底，全国参加失业保险人数为12 715万人，比上年末增加315万人。其中，参加失业保险的农民工人数为1 643万人，比上年末增加94万人。年末全国领取失业保险金人数为235万人，比上年末减少26万人。全年共为108万名劳动合同期满未续订或提前解除劳动合同的农民合同制工人支付了一次性生活补助。全年失业保险基金收入580亿元，比上年降低0.8%，支出367亿元，比上年增长44.7%。年末失业保险基金累计结存1 524亿元。[③]

我国失业保险法律制度仍存在一些问题，也面临着严峻的挑战。我国的失业保险制度如今面临较为严峻的挑战：（1）就业人口不断增加而就业弹性系数在降低。（2）失业人口和城镇登记失业率不断上升。1992年，城镇登

---

① 参见林嘉主编．劳动法和社会保障法．北京：中国人民大学出版社，2009.400

② 参见周正平．《失业保险条例》颁布实施8年来2 400万人受益．北京日报，2007-11-13

③ 参见人力资源和社会保障部．2009年度人力资源和社会保障事业发展统计公报．中华人民共和国政府网，http://www.gov.cn/gzdt/2010-05/21/content_1611039.htm.最后浏览：2010年8月30日。

记失业人数为363.9万人，城镇待业率为2.3%[①]；2009年年底，全国实有城镇登记失业人员为921万人，城镇登记失业率为4.3%。[②] 且城镇登记失业人员不包括未登记的失业人员、下岗职工、进城务工人员以及从学校毕业但未找到工作的高校毕业生。据有关专家估计，中国城市实际失业率大约在8%～10%之间。[③]（3）非正规就业的劳动者、高校毕业生以及进城务工人员的失业保障问题较为突出。

《社会保险法》在第5章“失业保险”中用9个条文对失业保险的缴费主体、支付待遇的条件、失业保险金的给付期限、失业保险金的标准、待遇领取程序等作出了原则性规定。

第一节 我国失业保险法律制度存在的问题

一、覆盖范围过窄

《失业保险条例》第2条规定，我国失业保险适用于城镇用人单位（事业单位、企业）及其职工，包括上述用人单位招用的农民合同制工人。但不包括：（1）乡镇企业及其职工；（2）非全日制劳动者等灵活就业人员；（3）国家机关、社会团体以及民办非企业单位及其职工；（4）城镇个体经济组织及其劳动者。[④] 为适应现实需求，《社会保险费征缴暂行条例》授权省、自治区、直辖市人民政府可根据当地实际情况扩大失业保险的适用范围，将社会团体及其专职人员、民办非企业单位及其职工以及有雇工的城镇个体工商户及其雇工纳入失业保险的范围。各地据此纷纷出台相应的规范性文件，扩大失业保险的适用范围。[⑤]

目前，我国失业保险的覆盖范围仍有以下问题需要注意：（1）部分主体仍未纳入适用范围，如非全日制劳动者等灵活就业人员、乡镇企业及其职工

---

① 参见关于1992年劳动事业发展的公报．人力资源和社会保障部网站，http://w1.mohrss.gov.cn/gb/zwxx/2005-12/14/content_99523.htm.最后浏览：2010年8月20日。

② 参见2009年度人力资源和社会保障事业发展统计公报．人力资源和社会保障部网站，http://w1.mohrss.gov.cn/gb/zwxx/2010-05/21/content_382330.htm.最后浏览：2010年8月20日。

③ 参见吕学静．中国失业保险面临大考．中国社会保障．2009，1

④ 参见王忠池，尚德芳．浅析我国失业保险制度的不足与完善．黑龙江政法管理干部学院学报．2005，1

⑤《社会保险费征缴暂行条例》的授权性规定是否具有合宪性存有争议。因为，社会保障权是宪法所保障公民基本权利，而基本权利必须由法律予以规范。根据《立法法》第8条、第9条的规定，失业保险应由法律规定，如果法律未规定，则可以授权国务院制定行政法规。由于我国失业保险法尚未制定，《劳动法》第73条授权国务院制定相应的行政法规，其规定“……劳动者享受社会保险待遇的条件和标准由法律、法规规定”。但《立法法》第10条规定：“被授权机关不得将该项权力转授给其他机关。”

等。部分地方已出台政策性文件将灵活就业人员纳入失业保险的适用范围，如北京市、南京市等，但都是自愿参保。亦有部分地区将乡镇企业及其职工纳入失业保险的适用范围，如广西壮族自治区玉林市等，但限于乡镇企业的城镇职工。(2) 失业保险的适用对象局限于完全失业者，而对部分失业者却未有相应的保障。(3) 失业保险适用范围的确定坚持城乡二元划分，虽将进城务工的农村居民纳入失业保险的适用范围，但他们无须自己缴纳保费，且失业保险待遇采取一次性给付，有违失业保险的社会性和保险性。

二、失业保险费率不合理

目前我国失业保险采取固定费率制[①]，完全忽视了行业之间、企业之间的差异，对劳动关系较稳定的行业和企业来说是不公平的。因为，劳动关系稳定的用人单位并不会或者很少会解雇劳动者，但这些用人单位所缴纳失业保险费却高于其离职的雇员获得的失业保险金，这意味着失业保险费给这些单位带来了额外负担；而对于解雇频繁、劳动者流动性很高的单位，其离职雇员获得的失业保险金远远大于单位缴纳的失业保险费，从而使得失业保险费已经转化为对单位解雇行为的一种补贴。因此，解雇频繁、流动率高的企业无须对其滥用解雇的行为承担额外的支出，最终将失业人员的保障和再就业的任务推给社会，增加失业保险制度的负担，突出的例证就是在 2008 年 1 月 1 日《劳动合同法》实施前后，有大量用人单位采取大规模裁员的方式规避该法，导致失业人员增多、失业率上升，失业保险基金的支付负担加重。

三、失业保险待遇给付条件不完善

依据《失业保险条例》第 14 条，我国失业保险金领取条件如下：(1) 按照规定参加失业保险，所在单位和本人已按照规定履行缴费义务满 1 年的；(2) 非因本人意愿中断就业的；(3) 已办理失业登记，并有求职要求的。这一规定存在以下问题：

第一，缺乏“失业者需有劳动能力”的规定，即失业人员应为达到法定的劳动年龄，且未超过法定退休年龄。

第二，“办理失业登记，并有求职要求”不能与“主观就业意愿”等同。《失业保险条例》将二者等同，这可能使得不符合条件的失业人员领取失业保险金，造成失业保险基金流失。

第三，未明确失业保险的等待期。等待期是指从被保险人办理失业登记

① 《失业保险条例》第 6 条规定：“城镇企业事业单位按照本单位工资总额的 2%缴纳失业保险费。城镇企业事业单位职工按照本人工资的 1%缴纳失业保险费。城镇企业事业单位招用的农民合同制工人本人不缴纳失业保险费。”

到核准领取失业保险金为止的期限。等待期制度的设置目的在于：（1）基于失业保险基金财务的考量，避免短期失业导致的小额给付，减少给付的次数和人数，减少支出；（2）基于失业保险给付程序的考量，因为失业保险经办机构在收到失业者请领失业保险金的申请后，需要进行失业认定等资格审查。国际劳工组织（ILO）《关于促进就业和失业保护的公约》（第 168 号公约）规定，等待期不得超过 7 天。而我国《失业保险金申领发放办法》第 14 条仅规定失业保险经办机构自受理失业人员领取失业保险金申请之日起 10 日内，对申领者的资格进行审核认定。该 10 日期限仅为失业保险经办机构的审核期，并非是完全意义的等待期。

第四，"非因本人意愿中断就业"不明确。所谓"非因本人意愿中断就业"应包括客观上中断就业和主观上非因本人意愿两个要素。《失业保险金申领发放办法》第 4 条规定："非因本人意愿中断就业的是指下列人员：（1）终止劳动合同的；（2）被用人单位解除劳动合同的；（3）被用人单位开除、除名和辞退的；（4）根据《中华人民共和国劳动法》第 32 条第 2、3 项与用人单位解除劳动合同的；（5）法律、行政法规另有规定的。"该规定仅是明确了"中断就业"的判断标准，而未明确"非因本人意愿"的判断标准。因此，我国除劳动者主动辞职的情形不属于"非本人意愿"中断就业、不能申领失业保险待遇外，似乎其他情形下都属于"非本人意愿中断就业"，哪怕是因劳动者自身过错导致用人单位依据《劳动合同法》第 39 条解除劳动合同的。

第五，"无正当理由，拒不接受当地人民政府指定的部门或者机构介绍的工作"作为停止给付失业保险待遇的规定过于原则，缺乏可操作性。我国台湾地区规定可以拒绝推荐就业的情形为，工资低于离职退保前 6 个月平均月投保工资的 60%，及工作地点距离申请人日常居住处所 30 公里以上。

四、失业保险待遇不合理

首先，失业保险待遇给付标准过低。给付标准的确定应遵循以下三个原则：（1）生存保障原则；（2）低于舒适（less eligibility）原则；（3）权利义务相一致原则。我国失业保险金按照低于当地最低工资标准、高于城市居民最低生活保障标准的水平的标准，由省、自治区、直辖市人民政府确定。但各地的最低工资本身就较低，以此为基础计发的失业保险金数额就更低，全国月均失业保险金水平只有 300 元[①]，若以国有企业职工平均工资比较，我国失业保险的替代率为 25%左右，国际惯例规定的失业金标准替代率应为

① 参见周正平.《失业保险条例》颁布实施 8 年来 2 400 万人受益. 北京日报，2007-11-13

失业前工资的50%。[①]

其次，失业保险待遇的给付方式不合理。一是货币性的直接支付为主，忽视职业介绍和职业指导等方面的支出；二是未建立失业保险金与失业期限的长短联动机制，失业保险金并不会因失业期限的延长而减少；三是未根据失业者年龄、家庭状况、身体健康程度以及怀孕等因素建立区别性的给付机制。

最后，失业保险待遇的给付期限太长。我国失业保险待遇给付期限最长为24个月，最短为12个月。国际劳工组织（ILO）第168号公约所规定的最低标准为26周。美国联邦统一规定，一般的给付期限为26周，但失业率相对较高的州可以再增加13周。因此，比较而言，我国失业保险待遇的给付期限太长。[②]

五、失业保险金和经济补偿金的关系未理顺

失业保险金和经济补偿金在功能上部分重合，都具有保障劳动者离职后的经济安全，具有失业补偿的功能。目前各国关于二者的关系有以下两种立法模式：（1）兼得模式，即在劳动合同终止或解除的情形下，用人单位需要向劳动者支付经济补偿金；劳动者符合失业保险给付条件时，还可申领失业保险金。（2）抵偿模式，即若劳动者在劳动关系解除或终止时，已依法获得经济补偿金的，则失业保险金相应地减额给付。国际劳工组织（ILO）第168号公约第22条规定："当受保护人根据立法或集体合同已直接从雇主或其他来源领取主要用于抵偿他在全失业的情况下造成的收入损失的离职金时，每一成员可在下列情况中作出选择：（a）失业者本可享有的失业津贴可在离职金抵偿收入损失时期内停发；（b）离职津贴可能减少，减少金额相当于在离职金抵偿收入损失的相应时期内有关者有权获得的定期支付款项变换为一次给付金额。"

我国采取兼得模式，因此用人单位承担双重负担，既需负担失业保险费，还需支付经济补偿金。

六、失业保险促进就业的功能发挥不足

失业保险促进就业的功能发挥不足，具体表现为：（1）与失业保险相配套的职业介绍、就业指导和职业培训等制度不完善，导致失业者再就业的机会不足、再就业能力的提升有限，其结果是再就业率比较低。据《中国劳动统计年鉴2007》数字显示，2006年参加职业指导的人数为2 582.4万人，

① 柏灵，王晓龙．我国失业保险制度存在的问题及对策．当代经济．2007，12（上）

② 研究表明，失业保险待遇给付时间的长短将会影响失业者的就业意愿，从而相应增加失业的持续时间。参见聂爱霞．失业保险对失业持续时间影响研究综述．人口与发展．2008，3

而参加职业介绍成功人数中，下岗职工仅有199万人，失业人员为764.5万人，只有不到一半的人通过职业指导再次成功就业。(2) 对困难企业解雇、裁员行为以及企业雇用失业人员缺乏引导和制约机制。(3) 对失业者自主创业缺少必要的扶持和鼓励。

七、失业保险制度运行的社会化程度不高

失业保险制度运行的社会化程度不高，主要表现为：(1) 主要由社保行政部门负责，劳动者和用人单位的代表参与有限，导致失业保险制度过度行政化，政府负担繁重，效率不高。(2) 在失业保险运行过程中过度地依靠行政机构，一定程度上脱离了劳动力市场，缺乏必要的开放性，社会化的职业中介机构、职业培训机构没有获得足够的参与机会，限制了失业者再就业能力的提高以及再就业机会的获得。

第二节 域外失业保险法律制度的经验启示

根据美国社会保障署的《全球社会保障（2010）》所载的资料，笔者对英国、美国、德国、日本、加拿大和西班牙六国的失业保险制度进行了深入的比较，其经验启示如下：

一、失业保险法律制度体系完善，覆盖范围广泛

上述国家失业保险制度的运行得力于较为完善的失业保险立法。如美国1935年制定了《社会保障法》，因应经济形势的需要，1998年又颁布了《劳动力投资法案》，而除了联邦立法，各个州也建立了相应的法律制度体系。完善的法律制度体系，使得上述国家的失业保险能够顺利、规范、稳定地运行，切实发挥失业保障和就业促进的作用。

尽管上述国家失业保险的适用对象有一定差异，但是整体而言，失业保险制度覆盖的范围较为广泛。(1) 将公务人员、家庭雇工、农场工人甚至军方雇主纳入失业保险的覆盖范围，如美国。(2) 雇员人数较少的中小企业允许其自愿加保，如日本。(3) 将部分失业者纳入适用，如德国。此外，对自雇者等排除在失业保险适用范围之外的主体，则提供相应的失业救助，以确保其生存安全，如英国采取社会保险和社会救助模式，自雇者不属于失业保险的适用对象，但是其可申请须经家计调查的求职者津贴。[①]

二、建立互补的多重失业保障体系

针对失业者的不同情形和所处阶段的差异，上述国家建立了多重失业保

① Social Security Programs Throughout the World: Europe, 2010. U. S. Social Security Administration website. http://www.ssa.gov/policy/docs/progdesc/ssptw/2010—2011/europe/unitedkingdom.html.

障体系，为失业者提供全方位的保障。

一是失业保险与失业救助相结合。在构建失业保险制度的同时，对未纳入适用范围、未达到领取失业保险金条件和失业保险待遇给付期限届满后还未就业的失业者，提供相应的失业救助。

二是国家基本保障与行业、企业的补充保障相结合。如美国福特汽车公司自 1955 年起就率先在企业内实施补充失业津贴制度，并逐渐扩大到行业内其他企业乃至其他行业。享受企业补充失业津贴的条件是：(1) 获得领取法定失业保险金的资格；(2) 企业工龄 1 年以上。企业补充失业津贴的费用由雇主和工会共同承担，津贴标准约为本人失业前工资收入的 20%左右，领取期限为 1 年。①

三是一般失业保障与特殊群体的失业保障相结合。上述国家针对失业人员的失业原因以及自身状况的差异，为特殊群体建立了针对性的保障。如美国、日本、德国②以及加拿大③对抚养未成年儿童的失业者都提供特殊的津贴，日本、西班牙针对老年失业者以及因为照顾被抚养的家庭成员而离职的失业者提供特殊津贴，加拿大对老年失业者以及孕期失业者提供特殊的失业补助。④

三、失业保险费率的设定较为科学

除采取贝弗里奇模式的英国采取的是综合费率制外，其他上述国家均是采取单一费率制。费率事关制度的可持续性与参保人及其雇主负担的平衡，总体而言，上述国家的失业保险费率设定方式较为科学。

一是根据雇主解雇情况的差异采取经验费率制。如美国针对雇主的解雇行为设定了从 0 到 10%以上不等的费率，当雇主大量解雇员工时需要相应增加失业保险的税费，以维持失业保险基金的平衡。⑤

二是根据行业间失业情况的差异采取行业费率制。如日本针对农、林、渔或者清酒酿造业以及建筑业失业情况的差异，设定不同的失业保险费率，一般参保人缴费率为月收入（税前的工资和奖金）的 0.6%，而农、林、渔

---

①④ 宫春子，秦悦. 国外失业保险的启示与思考. 辽东学院学报（社会科学版）. 2008，1

② 德国：(1) 缩短工时津贴（short-time work benefit）（社会保险）：用于工作场所的经济转型导致工作时间缩短的工人（short-time workers）。(2) 短期调职津贴（short-time transfer allowance）（社会保险）：用于工作场所的转型被解雇，短期调职的工人。(3) 恶劣天气津贴（bad weather allowance）（社会保险）：用于恶劣天气停工的建筑工人。Social Security Programs Throughout the World: Europe, 2010. U. S. Social Security Administration website, http://www.ssa.gov/policy/docs/progdesc/ssptw/2010—2011/europe/germany.html.

③⑤ Social Security Programs Throughout the World: The Americas, 2009. U. S. Social Security Administration website, http://www.ssa.gov/policy/docs/progdesc/ssptw/2008—2009/americas/canada.html.

或者清酒酿造业的工人为0.7%。雇主缴费率一般为工资总额的0.9%，但农、林、渔或者清酒酿造行业的雇主缴费率为雇员工资总额的1%，建筑业雇主缴费率为雇员工资总额的1.1%。①

三是根据劳动者劳动关系的稳定性差异采取区别费率制，如西班牙规定，一般参保人缴费率为收入的1.55%，订立固定期限劳动合同的雇员的缴费率为1.6%。一般的雇主缴费率为参保雇员工资总额的5.5%，但对全日制固定期限劳动合同的雇员，雇主需承担他们工资总额6.7%的缴费；对非全日制固定期限劳动合同的雇员或者通过劳务派遣提供临时性工作的雇员，雇主则需承担他们工资总额7.7%的缴费。②

四、失业保险待遇支付条件较为完善

上述国家失业保险待遇支付条件的规定较为完备。

一是明确了等待期，如美国、加拿大以及日本。

二是将因劳动者自身不当行为导致的离职排除给付。

三是强化失业保险待遇的给付与失业者积极就业的关系，具体包括：(1) 失业保险待遇的支付以办理求职登记为前提，英国甚至要求失业者应订立求职者协议；(2) 要求失业保险待遇的申领者定期报告求职情况；(3) 对拒绝所提供的工作机会或拒绝参加职业培训等就业帮助的失业者减少或者停止支付。英国要求失业者必须大幅降低对新工作的薪资要求，且要求提供本人经常求职的证明文件。失业者拒绝积极劳动力市场政策提供就业帮助的，要扣发2周的失业保险金，1996年后该期限延长1倍变为4周。③

五、在生存保障与就业促进并重的基础上突出后者

上述国家的失业保险制度体现出了在失业保障与就业促进二者并重的基础上，强化失业保险的就业促进功能的特点。其具体表现为：

一是突出强调失业者个人再就业的意愿及其具体表现的重要性。将失业保险待遇的高低和给付期限的长短与失业者的再就业直接关联，失业保险待遇将随着失业期限的延长逐渐减少，直至给付期限届满而停止给付。

二是通过税收、补贴等优惠措施，鼓励失业者自主创业。如德国采取创业补贴、小额贷款、税收减免等优惠政策，鼓励自主创业。在失业保险方面，失业者自创企业的前9个月可继续领取失业保险金，另外每月还可给予

---

①② Social Security Programs Throughout the World: The Americas, 2009. U. S. Social Security Administration website, http://www. ssa. gov/policy/docs/progdesc/ssptw/2008—2009/americas/united_states. html.

③ 罗兰德·斯哥. 地球村的社会保障——全球化和社会保障面临的挑战. 华迎放等译. 北京：中国劳动社会保障出版社，2004. 229

几百欧元的补贴。[①] 而西班牙失业人员自主创业可将其应享受的失业保险金一次性支付，作为创业启动资金，在其失业保险金领取期内，政府还减免其50%的营业税。[②]

三是通过税收、补贴等优惠措施扶持陷入困境的企业，鼓励其减少裁员，鼓励企业雇用失业人员。如日本的安定雇佣事业为日本失业保险制度的第二大支柱，是为预防被保险人失业问题的出现，政府积极采取应对措施扩大就业机会、保障劳动力市场稳定运行的各项政策的总称。主要包括：(1)对不景气或因产业结构变化而不得不缩小生产规模的企业给予补助，使其有能力对暂时闲置的劳动力进行职业培训、转业培训或发放工资；(2)对雇用退休职工、残疾人、大龄青年的雇主给予补助，这样既能够发挥老年人的余热，减轻养老金压力，又能够防止社会边缘群体的形成，推动经济发展；(3)对处于就业条件差的地区的雇主给予补助，鼓励其开创新事业，为当地居民提供更多的就业机会，缩减地区差异。[③]

四是设立额外的津贴鼓励失业者尽快再就业。如日本规定，失业保险金支付期限为300天，如果重新就业后剩余支付期限在200～300天者，可继续领取120天的再就业补助金；如果支付期限在150～200天者，可领取70天的再就业补助金；如果失业者在其失业津贴领取期结束前100天或还剩一半的时间就找到持续1年以上的工作，则可领取30～120天再就业补助金。[④]

六、失业保险管理机制高效、开放

上述国家失业保险的管理机制高效，切实提高了管理效率。如美国1998年《劳动力投资法案》要求各地建立一站式就业服务中心（career one-stop)，为失业者提供就业核心服务，主要包括工作搜寻和工作安置补贴，职业咨询，个人技能评估，发布诸如空岗信息、工作技能、地方就业趋势、地区和全国经济发展趋势等信息。更重要的是，为避免失业者在重新就业后再次面临失业的困境，还为他们提供强化服务，主要包括个人职业发展规

① 杨文忠．德国的失业保险和促进就业．中国社会保障．2009，4

② 杨文忠．西班牙的失业保险制度．中国劳动保障．2009，8

③ 李文琦．日本失业保险制度的运行及对中国的借鉴．陕西行政学院学报．2010，1．韩国、匈牙利、芬兰等国家也采取了类似的方式。如韩国的失业保险机构对那些虽面临困难，但不解雇劳动者的企业，提供相当于这些劳动者停产工资50%的资助；对企业为职工内部转岗培训所需设施提供长期低息贷款等，每人每年支付36万韩元的雇佣补贴。参见刘燕生．社会保障的起源、发展和道路选择．北京：法律出版社，2001．266；于金财．关于匈牙利失业保险制度的考察报告．劳动保障世界．2010，13；宫春子，秦悦．国外失业保险的启示与思考．辽东学院学报（社会科学版)．2008，1

④ 马永堂．从保障生活到促进就业——国外失业保险制度改革综述．中国劳动保障．2007，1

划、团体和个人咨询、档案管理和短期职业教育前的服务等。美国就业信息服务很广泛，一站式职业服务网为失业者和雇主提供免费的双向选择渠道，其中包括工作银行、职业信息、职业展望手册等组成部分。[①]

此外，上述国家失业保险的管理机制较为开放，与劳动力市场高度整合，社会主体全方位参与，避免过度的行政化趋向。如德国针对失业人员的职业技能培训和职业介绍，除了劳动行政部门统一安排的培训和职业介绍外，失业者享有自主选择培训机构、职业介绍机构，选择所要学习的技能等多项权利。劳动部门为失业者提供培训券和工作介绍券，劳动部门在与失业者就基本教育、工作履历、自由流动等进行沟通后，认定失业者的个人技能缺口，写在培训券上。为保证培训质量，需对给失业者提供培训的学校或机构进行第三方认证，对其提供培训的措施也进行认证。如果失业者通过私营中介结构介绍工作成功，则可以用工作介绍券支付相应的报酬。但只有在劳动局不能帮助其找到工作时，才可以申请工作介绍券，工作介绍券的标准最高为2 000欧元。[②]

第三节　我国失业保险法律制度的建构和完善

一、《社会保险法》制定过程中的相关争论

（一）关于覆盖范围

《社会保险法》中未单独规定失业保险的适用范围，但从条文使用术语"用人单位和职工"来看，仍沿用《失业保险条例》的规定。有人在提及社会保险法覆盖范围的立法模式选择时，提出"现在的草案是分险确立的，分险规范有一定的道理，如个体工商户要参加所有的保险可能负担不起，但是工伤保险是必须参加的，公务员的养老保险可能另行规定，但其他险种却应当纳入统一规范"[③]。此外，有人建议，目前大学生就业形势比较严峻，所以应将毕业后没有找到工作的大学生纳入失业保险的范围。[④]

（二）关于失业保险与其他险种的协调、衔接

劳动者失业不仅涉及失业保险的问题，而且还涉及其他社会保险的缴费

---

① 耿晋娟．美国失业保险制度的变革及其对我国的启示．资治文摘·管理版．2009，4

② 杨文忠．德国的失业保险和促进就业．中国社会保障．2009，4

③ 参见社会保险法的立法原则及适用范围——分组审议社会保险法草案发言摘登（二）．中国人大网，http://www.npc.gov.cn/huiyi/cwh/31/2007-12/31/content_1388097.htm．最后浏览：2010年8月20日。

④ 参见各地人民群众对社会保险法草案的意见（一）．中国人大网，http://www.npc.gov.cn/npc/zt/2009-01/12/content_1467066.htm．最后浏览：2010年8月20日。

和待遇领取。失业期间医疗保险停止缴费，会导致失业人员无法享受相关的医疗保险待遇。由于失业人员无法继续缴纳养老保险费，可能无法达到连续缴费15年的养老保险待遇给付条件，使得很多下岗失业人员处于两难，要么放弃已有的缴费年限，要么在丧失收入来源的同时，承担原本由用人单位承担的缴费以及个人缴费之和。[①] 不仅如此，部分地区失业人员还需承担失业期间欠缴社保费用的滞纳金。因此，有人建议，《社会保险法》应当对失业期间失业职工的养老保险费、医疗保险费、生育保险费的缴纳和衔接作出明确规定。[②]并且规定下岗失业人员在失业期间，可以缓缴社会保险费，明确不得收取滞纳金。[③]

（三）关于失业保险待遇标准

关于失业保险待遇的高低争议较大。有人认为，目前失业保险待遇水平偏低，因此，建议延长失业保险待遇的给付时间，提高失业保险标准，且延长给付期限，最长不超过48个月。但亦有人认为征求意见稿关于失业保险的标准太高了。以个人失业前12个月的月平均缴费工资为基数确定失业保险金，势必会出现失业保险金超过当地最低工资标准，甚至会超出很多的情况，这与失业保险保障失业人员基本生活的制度设计目标不符，也不利于失业人员积极求职。因此，建议《社会保险法》与《失业保险条例》的规定相一致，失业保险金的标准，按照低于当地最低工资、高于城市居民最低生活保障标准的水平，由省、自治区、直辖市人民政府确定。[④]

（四）关于失业保险待遇给付

关于失业保险待遇给付的意见和建议主要有以下两方面：

一是关于给付条件的争论。具体包括：（1）取消缴费1年的条件限制。有人认为，规定领取失业保险金必须缴纳失业保险费1年以上，缺乏必要的合理性。（2）取消户籍限制。非本地户口的失业人员无法享受失业保险待遇，此种现象不合理。（3）取消“非因本人意愿中断就业的”规定。其认为，目前失业的形式多种多样，应注重客观本人是否失业，而不是侧重于非因本人意愿中断就业的。目前诸多企业采取多种方式迫使劳动者离职，如降工资、换岗位，而就劳动者本人而言，如果是企业主动解除的，到其他公司会较难找到工作。因此，大多数情况下是本人不得已自己提出辞职。

二是关于给付方式和地点的争论。具体包括：（1）改变失业保险金的给

---

①②③ 参见各地人民群众对社会保险法草案的意见（一）. 中国人大网，http://www.npc.gov.cn/npc/zt/2009-01/12/content_1467066.htm. 最后浏览：2010年8月20日。

④ 参见各地人民群众对社会保险法草案的意见（二）. 中国人大网，http://www.npc.gov.cn/npc/zt/2009-02/01/content_1468688_6.htm. 最后浏览：2010年8月20日。

付方式，增强灵活性。有人提出，失业期间应当可以暂时不领失业金，到需要时再申领。建议什么时候领取失业金由失业者决定，如同存款，可以累计计算，不受合并限制。（2）失业保险金应该在工作地领取，而非户籍所在地。①

二、《社会保险法》中失业保险制度的建构

《社会保险法》第五章“失业保险”对有争论的上述问题多数都予以了回应。

一是明确规定了失业保险与医疗保险的协调问题。《社会保险法》第48条规定：“失业人员在领取失业保险金期间，参加职工基本医疗保险，享受基本医疗保险待遇。失业人员应当缴纳的基本医疗保险费从失业保险基金中支付，个人不缴纳基本医疗保险费。”

二是明确失业保险待遇的给付条件和给付期限与《失业保险条例》的规定保持一致。《社会保险法》第45条规定了失业保险待遇的给付条件：“失业人员符合下列条件的，从失业保险基金中领取失业保险金：（1）失业前用人单位和本人已经缴纳失业保险费满1年的；（2）非因本人意愿中断就业的；（3）已经进行失业登记，并有求职要求的。”第46条规定了失业保险待遇的给付期限：“失业人员失业前用人单位和本人累计缴费满1年不足5年的，领取失业保险金的期限最长为12个月；累计缴费满5年不足10年的，领取失业保险金的期限最长为18个月；累计缴费10年以上的，领取失业保险金的期限最长为24个月。重新就业后，再次失业的，缴费时间重新计算，领取失业保险金的期限与前次失业应当领取而尚未领取的失业保险金的期限合并计算，最长不超过24个月。”

三是取消了最低工资标准作为失业保险待遇标准上限的规定。征求意见稿与《失业保险条例》的规定一致，但《社会保险法》第47条规定：“失业保险金的标准，由省、自治区、直辖市人民政府确定，不得低于城市居民最低生活保障标准。”从而取消了《失业保险条例》中最低工资标准作为失业保险金标准上限的规定。

尽管《社会保险法》厘清了部分争议，但对失业保险的覆盖范围、失业保险与养老保险的协调以及失业保险待遇的给付地点等问题未作出明确的规定。

三、我国失业保险法律制度的完善建议

（一）逐步扩大失业保险的适用范围

① 参见各地人民群众对社会保险法草案的意见（二）. 中国人大网，http://www.npc.gov.cn/npc/zt/2009-02/01/content_1468688_6.htm. 最后浏览：2010年8月20日。

第一，从适用对象来看，应将乡镇企业以及进城务工的农村居民、非全日制劳动者等灵活就业人员、国家机关公务人员乃至高校毕业生毕业后未能及时就业者等纳入失业保险的适用范围。从立法技术来看，我国失业保险适用范围的扩大，首先应与《劳动法》和《劳动合同法》第2条适用范围的规定相协调，将属于劳动法调整范围内的用人单位及其职工都纳入失业保险的适用范围。此外，对《劳动法》适用范围之外的主体，如果符合一定条件也可纳入适用范围。如毕业后未能及时就业的高校毕业生，目前已有部分地区将其纳入失业保险基金的补助范围。如河北省劳动和社会保障厅、民政厅、财政厅《关于印发河北省应届高校毕业生失业补助金申领发放暂行办法的通知》(冀劳社〔2007〕55号）规定，对于生源地为河北省户籍，经有关部门认定为困难家庭，当年年底未就业并进行失业登记的普通高等学校应届毕业生，可以在毕业后第二年1—6月向失业保险经办机构申领失业补助金。

第二，从失业保险所保障的失业类型来看，不仅应为完全失业者提供保障，也应逐步将部分失业者纳入保障范围。国际劳工组织（ILO）第168号公约督促各会员国应尽力在规定条件下，将失业认定范围扩大到下列情形：(1) 因部分失业（即因暂时缩短正常或法定工时）而导致收入损失；(2) 因暂时停工导致收入中断或减少，特别是因经济、技术、结构或类似因素而中断劳动关系的。此外，各会员国应尽力提供津贴给事实上正在寻求全日制工作的部分工时者，该津贴加上部分工时者非全日制工作收入的总额，应以维持在能刺激他们接受全日制工作的水平为宜。

（二）完善失业保障体系，构建多重保障机制

目前，我国只对失业者建立了失业保险制度，而未对未参保、未达到失业保险待遇领取条件、失业保险待遇给付期满仍未就业的失业人员建立失业保障制度，尽管其中符合相应条件的可以申请城镇居民最低生活保障，但“低保”待遇水平较低，而且也无法体现就业促进的功能。因此，笔者认为，我国应根据经济发展情况，完善失业保障体系，构建多重的保障机制。一是要逐步建立失业救助制度，以弥补失业保险的不足；二是应该鼓励企业建立补充性的失业保障制度；三是要建立针对特殊群体的失业保障制度，如家庭补贴、照顾补贴等。

（三）重新设计失业保险费率

我国应在现行单一比例费率制的基础上，引进行业差别费率制、分段费率制和经验费率制，以确保失业保险制度的公平性，提高缴费单位的缴费积极性。行业差别费率在各行业不同失业率的基础上，将对各行业失业保险费用征缴的比率与该行业的失业风险程度结合起来，失业风险越高的行业，缴纳失业保险金的比率相应越高。分段费率制以宏观经济的不同景气阶段来决

定失业保险的费率，经济景气时，就业率高，雇员的工资标准也可能较高；经济不景气时，就业率低而失业率高，雇员的工资水平也相应较低。经验费率制则是通过失业保险费率的变动对于用人单位的解雇行为施以经济上的约束，当用人单位滥用解雇，导致其所雇用的劳动者失业率上升时，则可相应地提高失业保险费率；而当用人单位严格遵守劳动合同，谨慎解雇员工时，则可以相应地降低其所承担的失业保险费率，对其予以鼓励。①

（四）完善失业保险待遇的给付条件

首先，应强化失业人员在失业期间的就业登记和就业报告。其次，应明确界定“等待期”“非本人意愿中断就业”和“无正当理由，拒不再就业”等概念和条件。如等待期可根据国际劳工标准的规定设定为7天；非本人意愿中断就业不包括主动离职和因自身过错导致离职；“无正当理由，拒不再就业”的标准包括新工作对劳动者健康及安全危害程度、生理上适任与否、该工作与劳动者原有专业训练、经验、工资待遇间的差异及该工作地点与住所之间的距离等。再次，应将拒绝所提供的工作机会或者再就业培训的，作为不给付或者少给付失业保险金的条件。最后，应确立失业保险金与经济补偿金的“抵偿模式”，劳动者在劳动关系解除或终止时已依法获得经济补偿金的，则失业保险金相应地减额给付。

（五）改变失业保险待遇的给付标准，提高给付水平，缩短给付期限

失业保险金的给付具有所得替代的功能，因此，基于失业保险待遇给付的权利义务相一致原则，应改变我国现有的失业保险金给付的方式，而采取工资比例制，但不得低于最低工资标准。前文所述国家多是采取以参保收入的比例方式确定失业保险待遇，从而在参保收入与失业待遇之间建立直接联系，强化“多缴多得”的原则。

此外，还应基于权利义务相一致原则和失业人员自身再就业能力的高低，适当缩短失业保险待遇的给付期限，如参保时间长的失业人员，享受失业保险待遇的期限也相应延长。然而，参保时间越长则意味着该失业人员从业时间越长，年龄越大，则其再就业的能力会比年轻的失业人员低，因此，可相应提供较长期限的失业保险待遇。瑞典和德国即是如此。瑞典规定55岁以下的给付期为150天，55～69岁为300天，60～64岁为450天；德国规定42岁以下的至少能领取156天，最多能领取312天，年岁较大的失业者领取保险金的时间要长些，但最长不超过832天。②

（六）强化失业保险制度的就业促进功能

① 参见林嘉．社会保障法的制度、理念与实践．北京：中国人民大学出版社，2002.209

② 宫春子．国外失业保险的启示与思考（下）．金融与保险．2008（6）

从各国失业保险制度的发展来看，失业保险制度已从单一的失业救济向就业促进转变，我国也应突出失业保险促进就业的功能，逐步将失业保险转变为就业保险。具体措施如下：

一是通过失业保险基金和政府的财政支出，强化对失业人员的职业介绍和职业培训工作，建立健全就业服务体系，大力发展公共就业服务机构，加快建设劳动力市场信息网络，推动劳动力供求信息的交流。

二是强化就（失）业登记与失业保险待遇给付的关联性。突出公共就业服务机构的地位，劳动者失业后应在当地指定的公共就业服务机构办理失业登记，公共就业服务机构在收到失业登记申请后，应在一定期限内（等待期）安排失业人员进行职业培训或者推荐就业，如果无法安排职业培训或者推荐就业不成功的，则应作出失业认定，发给失业登记证明，且同时通知社会保险经办机构准备支付失业保险待遇。

三是建立失业人员提前实现再就业的激励机制。一方面，强化失业保险待遇高低与失业时间长短的关联性，确立待遇递减的规则，鼓励失业人员尽早就业；另一方面，对符合失业给付请领条件但在失业给付期限届满前就业的失业人员，可以提供就业奖励津贴等。

四是通过提供补贴等方式帮助困难企业减少裁员，鼓励企业雇用失业者。2005 年《国务院关于进一步加强就业再就业工作的通知》（国发[2005] 36 号）规定，对招用持“再就业优惠证”人员，且与其签订 1 年以上期限劳动合同并缴纳社会保险费的商贸企业、服务型企业（国家限制的行业除外）、劳动就业服务企业中的加工型企业和街道社区具有加工性质的小型企业实体，提供相应的税费优惠、社会保险补贴以及贴息贷款，以鼓励企业吸纳就业。

五是通过补贴等方式鼓励失业人员再就业。对失业人员再就业的，应由失业保险基金提供相应的资金支持或者技术支持。《国务院关于进一步加强就业再就业工作的通知》规定，对持有“再就业优惠证”人员从事个体经营的（国家限制的行业除外），提供税费优惠和小额担保贷款，以鼓励自谋职业和自主创业。

第六章　生育保险

生育保险，是指针对妇女生育及其特点，通过国家强制的方式筹集生育保险基金，为怀孕和分娩的参保妇女提供收入补偿、医疗服务和生育休假，以确保参保妇女在生育期间的生活维持和健康养护，从而维持社会人口再生产的一项社会保障制度。① 生育是人类社会得以延续和发展的必要条件，不仅是个人行为，也是社会行为，因此生育保险具有社会性。

我国生育保险法律制度最初源自1951年政务院颁布的《劳动保险条例》(1953年修订)，而现行生育保险制度的依据是劳动部1994年颁布的《企业职工生育保险试行办法》，该办法确立“生育保险实行社会统筹”，从内容、标准、形式等方面对生育保险制度进行了改革。截至2009年年末，全国已有30个以上的省、自治区、直辖市出台了生育保险办法。但与其他险种相比，生育保险制度在我国发展相对缓慢，存在着诸多不足。

《社会保险法》第一次在法律的层面规定了生育保险制度，第六章“生育保险”用4个条文对生育保险的适用范围、生育保险资金的来源、生育保险待遇的条件、生育保险基金的支付、生育保险待遇的内容等方面作出了规定。

第一节　我国生育保险法律制度存在的问题

一、生育保险立法相对滞后，法律位阶不高

与其他社会保险项目相比，生育保险立法滞后，发展相对缓慢。《社会保险法》出台前，失业保险、工伤保险已有层级相对较高的行政法规，养老保险、医疗保险也有国务院发布的法规性文件，而规范生育保险的立法主要是1994年劳动部《企业职工生育保险试行办法》，属于部门规章。由于其效力位阶较低和缺乏强制力，相当多的企业没有参加生育保险，使女职工的生育保护难以落实。此外，《企业职工生育保险试行办法》已实行十余年而未修订，其中有些规定已无法适应社会发展的需要。

---

① 林嘉主编．劳动法和社会保障法．北京：中国人民大学出版社，2009.414

二、生育保险覆盖范围狭窄

《企业职工生育保险试行办法》第 2 条规定“本办法适用于城镇企业及其职工”。国务院 2001 年《中国妇女发展纲要（2001—2010 年）》提出，在生育保险方面的发展目标是要普遍建立城镇职工生育保险制度，到 2010 年，城镇职工生育保险覆盖面达到 90%以上。据不完全统计，2006 年全国生育保险覆盖面占城镇企业职工总数的 56%，评估结果基本达到中期完成指标。① 由于将生育保险覆盖范围限定在城镇单位在岗职工，能享受生育保险待遇的仅占每年 1 600 万出生人口的 12%（不足 200 万人）左右，与社会保险广覆盖的目标要求相差甚远。② 2006 年劳动和社会保障部办公厅《关于生育保险覆盖范围的复函》提出，各地可制定适合本地实际的生育保险办法，扩大生育保险制度覆盖范围。有些地区根据本行政区域的具体情况对生育保险覆盖范围作了调整，如上海市规定生育保险办法适用于具有本市城镇户籍并参加社会保险的失业生育妇女，内蒙古将个体经济组织及其劳动者纳入生育保险范畴，陕西省将事业单位、社会团体、民办非企业单位及其职工纳入生育保险范畴。但地方性规定的效力层级和适用范围相对有限，没有从根本上全面解决生育保险适用范围狭窄的问题。

根据现行立法，未被纳入生育保险制度的包括：(1) 国家机关、事业单位、社会团体、民办非企业单位及其职工；(2) 乡镇企业及其职工；(3) 非全日制劳动者、自由职业者等灵活就业人员；(4) 城镇个体经济组织、工商户及其劳动者等。此外，进城务工的农村居民群体相对庞大，但参加生育保险的比例却很低。根据国家统计局《2009 年农民工监测调查报告》，2009 年度全国外出农民工 1.45 亿人，女性农民工占 3 成左右。在雇主为农民工缴纳的各种社会保险中，生育保险的参险率最低，仅为 2.3%，比失业保险还低 1.6%。③ 另一份资料显示，2008 年年底，全国女职工 8 168.7 万人，占职工总数的 36.3%，除城镇企业职工之外，有很大一部分是女性农民工、自由职业者和城镇的个体工商户，当然也包括部分失业妇女，这些人都没有被纳入生育保险的范畴。④ 我国享受生育保险待遇的人数尽管每年都有所提高，但其增长幅度不大，受益群体仍相对局限（见表 6—1）。

---

① 中华人民共和国劳动和社会保障部编．中国劳动和社会保障年鉴 2007．北京：中国劳动社会保障出版社，2008．295

② 赵梓涵．生育保险应普惠更多女性．中国妇女报，2010-03-10

③ 参见任然．统计局：外出农民工女性占三成生育保险参险比例最低．中国妇女报，2010-03-25

④ 九三学社中央信息中心．关于扩大生育保险的覆盖面的建议．九三学社中央委员会网，http://www.93.gov.cn/partic/people/2028894827153442225.shtml．最后浏览：2010 年 8 月 2 日。

表6—1　　2001—2009年我国生育保险参保人数、基金收支及享受待遇情况一览表

年份	年末参保人数（万人）	基金收支情况（亿元）			享受待遇人次（万）
		基金收入	基金支出	累计结余	
2001	3 455	13.7	9.6	20.6	24
2002	3 488	21.8	12.8	29.7	28
2003	3 655	25.8	13.5	42.0	36
2004	4 384	32.1	18.8	55.9	46
2005	5 408	43.8	27.4	72.1	62
2006	6 459	62.1	37.5	96.9	108
2007	7 775	83.6	55.6	126.6	113
2008	9 254	113.7	71.5	168.2	140
2009	10 876	132	88	212	174

数据来源：历年人力资源和社会保障事业发展统计公报。

三、生育保险资金来源有限

《企业职工生育保险试行办法》第4条规定，生育保险的资金筹集原则是“以支定收，收支基本平衡”，由企业按照其工资总额的一定比例向社会保险经办机构缴纳生育保险费，建立生育保险基金，职工个人不缴纳生育保险费。也就是说，用人单位缴纳生育保险费是生育保险资金来源的唯一渠道。职工不缴纳生育保险费，体现了用人单位对生育妇女所承担的社会责任。但由于我国生育保险制度将生育保险覆盖面局限为城镇企业及其职工，将相当一部分群体排除在外，由于个人不缴纳生育保险费，导致这部分群体无法纳入生育保险体系。此外，生育行为也是社会行为，不仅企业有义务为职工缴纳生育保险费，政府也应当承担相应的责任。但从现行规定来看，政府责任并未有所体现。

四、生育保险待遇的支付条件不完善

根据现行规定，享受生育保险待遇的条件包括：（1）具有合法婚姻；（2）符合国家计划生育规定；（3）职工所在的企业已缴纳生育保险费。由于我国的生育保险制度与计划生育政策挂钩，国务院《女职工劳动保护规定》第15条明确规定，女职工违反国家有关计划生育规定的，其劳动保护应当按照国家有关计划生育规定办理。因此，未婚先育的女性和已婚但不符合计划生育政策而生育的女性都无法享受生育保险待遇。

五、生育保险统筹层次不高

目前，在实行生育保险的地区，对生育保险基金的统筹，有的地方规定

为市级统筹，但大多数地区仍为县级统筹。统筹层次低，意味着基金的抗风险能力不高，基金的调剂功能也相对较差。生育保险统筹层次低，也影响了生育保险在异地之间的移转接续。

六、生育保险待遇的标准较低

生育保险待遇包括生育医疗费用和生育津贴，职工在生育前后还享有产假。确定合理的生育保险待遇标准，关系到女职工生育期间的基本生活是否有保障，也关系到子女的健康成长。从实践来看，我国生育保险待遇的标准并不高。

第一，关于生育医疗费用。《企业职工生育保险试行办法》第 6 条规定，女职工生育的检查费、接生费、手术费、住院费和药费由生育保险基金支付。超出规定的医疗服务费和药费（含自费药品和营养药品的药费）由职工个人负担。各地方的生育保险立法在生育医疗费用的支付上规定不一，主要有以下几种情况：一是同《企业职工生育保险试行办法》的规定，如北京市；二是实行“实报实销”，如湖北省、福建省、辽宁省、陕西省；三是有限额的实报实销，如江西省；四是确定具体的费用并有最高限额，如《内蒙古自治区企业职工生育保险试行办法》规定，正常产 700～1 000 元，难产 1 400～1 800 元，封顶 3 000 元，流产 200～600 元。有的地方生育医疗费用高，有的地方则相对较低。

第二，关于生育津贴。国际劳工组织通过的生育保护国际公约及其建议书都明确要求，生育津贴应当足以维持产妇和婴儿的生活和健康，在可行的情况下，生育津贴可达产前收入的 100%。《企业职工生育保险试行办法》第 5 条规定，产假期间的生育津贴按照本企业上年度职工月平均工资计发，由生育保险基金支付。实践中，由于我国工资收入构成多样，包括基本工资、绩效工资、奖金等形式，基本工资仅占收入的一半左右，因此女职工领取的生育津贴并不高，即使按工资的 100%领取，由于缺少奖金、津贴等项目，与产前收入相比，收入水平明显下降。北京市 2002 年对北京市女职工劳动保护状况的调查显示，不同类型的单位给予怀孕女职工产假期间生育津贴的标准有明显的差别：港澳台商投资企业中，只有 24.2%的怀孕女职工能享受 100%的原工资，而在外商投资企业，根本无此待遇；上述两类单位中，还有 15%～17%的怀孕女职工只能享受最低工资以下的待遇。[①] 这在一定程度上反映了城镇企业女职工能获得的生育津贴标准较低，而农民工群体

① 北京市妇女儿童工作委员会女职工劳动保护状况调研课题组．北京市女职工劳动保护状况调查研究报告，http://beijing.qianlong.com/3825/2005/03/06/1060@2538871.htm．最后浏览：2009 年 10 月 12 日。

能获得生育津贴的更少，全国妇联2007年1月公布的“全国农村妇女权益状况和维权需求调查”显示，只有12.8%的单位能报销女性农民工生育时的医疗费用；只有14.4%的单位能发给产假工资，21.1%的单位发一部分产假工资，而没有任何产假工资的单位比例为64.5%。①

第三，关于产假。国务院《女职工劳动保护规定》第8条规定，女职工产假为90天，其中产前休假15天，难产的增加产假15天，多胞胎生育的，每多生育一个婴儿，增加产假15天。国际劳工组织2000年《保护生育公约》（第183号）将1952年公约的产假标准由12周提高到14周，与此公约相配套的191号建议书要求成员国应努力将公约所规定的产假延长至18周。与国际劳工标准相比，我国的产假标准还有待提高。

七、生育保险的管理有待完善

生育保险制度的发展和完善离不开高效率的生育保险管理手段。目前，我国生育保险社会化管理程度不高，与生育保险事业的发展不协调。在一些开展生育保险社会统筹的地区，管理还停留在企业与社会保险经办机构直接结算的方式上，这加重了参保企业的事务性负担。具体的问题包括：首先，生育保险经办机构与医疗机构管理不协调，管理制度不规范，没有建立对医疗机构费用的监督和检查机制，管理处于被动地位；其次，服务不到位，部分地区的生育津贴和医疗费实行包干的办法，个人还要承担部分医疗费；再次，管理手段落后，程序复杂，职工领取或报销有关费用的手续烦琐，一些地区参保职工或单位主管人员为了办理生育保险手续，常常往返于社保经办机构和医疗机构之间，给参保单位带来许多困难，同时也给生育保险扩面工作带来了阻力。②

第二节　域外生育保险法律制度的经验启示

根据美国社会保障署《全球社会保障（2009）》《全球社会保障（2010）》所载的资料，笔者对英国、德国、美国和日本四国的生育保险制度作了较为深入的比较，有以下经验启示：

一、生育保险立法相对完善

上述各国的生育保险立法都具有较长的历史，经过多次修改完善形成现行的制度体系，为生育保险的制度化、规范化运行提供了坚实的制度基础。

① 杨维汉. 调查显示：大多数女农民工未能享受产假待遇，http://news.163.com/07/0102/10/33QSV20N000120GU.html. 最后浏览：2010年5月20日。

② 乌日图主编. 生育保险实用手册. 北京：中国劳动社会保障出版社，2002. 249~250

如英国早在1911年就有了关于生育保险的立法，后经历了多次修改和完善，如1977年颁布了《国民健康法案》，1992年出台了《社会保障综合立法》，2007年又颁布了《关于福利改革的法案》。①

在立法模式上，上述国家有的是单独立法，更多的是将生育保险与疾病保险（医疗保险）规定在一起，如美国②，或者将生育保险的一些内容作为家庭津贴的一部分。据不完全统计，世界上共有130多个国家进行了相应的生育保险立法，其中有13个国家建立了单独的生育保险制度，而大多数国家将生育保险作为疾病保险制度的一部分。③

二、生育保险覆盖范围较广

上述国家生育保险制度的覆盖范围较广。部分国家采取国民保险与雇员生育保险相结合的模式向全体国民提供生育保障，如日本。部分国家采取救助与保险相结合的模式，对符合条件的人可以领取生育津贴，而不符合条件的则可以申请生育救助补贴，如英国。这种多层次的生育保障体系能够有效地扩大生育保险制度的覆盖范围，在德国甚至覆盖被保险人的配偶或同性伴侣或满18岁的子女（如果是学生或者学徒，则到25岁）。④

三、生育保险领域的男女性平等保障

尽管生育保险制度具有较强的性别特征，因为人类社会的自然分工原因使得女性承担了生育的职责，但是部分国家也将男性纳入了生育保险的适用范围，并为男性提供了相应的待遇，当然最终享受相关生育保险待遇的应是男性雇员的配偶。如英国，雇主需向配偶即将生产且周平均收入不少于97英镑的男性雇员支付法定的男性生育津贴，其标准为每周124.88英镑，周收入低于该标准时，支付周平均收入的90%，支付周期为1～2周，雇员可自主选择。

四、生育保险资金来源多元化

在生育保险基金来源上，多数国家规定由被保险人、雇主和政府三方或雇主与雇员两方负担。如日本的健康保险（含生育保险）的来源由三部分组成：被保险人缴纳其薪金的4%，雇主负担同样的数额，政府负担给付费用

①④ Social Security Programs Throughout the World: Europe, 2010, U. S. Social Security Administration website. http://www. ssa. gov/policy/docs/progdesc/ssptw/2010—2011/europe/unitedkingdom. html, last visited 2010-09-28.

② Social Security Programs Throughout the World: The Americas, 2009. U. S. Social Security Administration website. http://www. ssa. gov/policy/docs/progdesc/ssptw/2008—2009/americas/united_states. html, last visited 2010-09-28.

③ 吕学静. 生育保险他山石. 中国社会保障. 2010，8

的16.4%及行政费用。[①]

在生育保险基金的筹集上，多数国家采取社会保险基金的传统筹措方法，将生育保险的资金筹措与其他社会保险项目的资金结合起来，并向雇主和雇员双方征收单一的保险费。[②]

五、生育保险待遇支付条件完善

上述国家都有较为完善的生育保险待遇支付条件。由于各个国家所采取的生育保险模式不同，在支付条件的规定方面也有差异。如英国要求生育津贴的申领者必须在生育前66周里至少工作26周且在产前13周内周平均收入至少有30英镑；而日本的国民保险则要求居住在日本。

六、生育保险待遇水平较高

上述国家的生育津贴整体较高，使被保险人在生育期间能够享受较高的保障水平。如英国规定，生育津贴从预产期前的15周开始支付，产后支付11周，共计26周，标准是每周124.88英镑（从2010年4月起），如果周平均收入低于该标准，则支付周平均收入的90%。德国规定，对有雇佣合同参加疾病保险的女性雇员，生育保险补助为前3个月平均纯收入的100%（疾病保险基金每天支付13欧元，其余的由雇主支付），产前支付6周，产后支付8周（早产儿或者多胎者支付12个月）；其他成员享受的生育保险补助同医疗保险补助。如果纯收入远远大于生育保险补助的最高额度，雇主必须支付差额作为补助。[③] 日本规定，雇员医疗保险中，生育津贴最高为平均日基本工资的66.67%，产前42天（多胎者为98天），产后52天，如果被保险人收到了工资，生育津贴则暂停或者部分减免。并向被保险人或者其亲属一次性发给35万日元的育儿津贴。[④]

第三节　我国生育保险法律制度的建构和完善

一、《社会保险法》制定过程中的相关争论

（一）关于生育保险的地位

关于生育保险地位的观点可分为两个方面：

①④　Social Security Programs Throughout the World: Asia and the Pacific, 2008, U. S. Social Security Administration website. http://www. ssa. gov/policy/docs/progdesc/ssptw/2008—2009/asia/japan. html, last visited 2010-09-28.

②　林嘉主编．劳动法和社会保障法．北京：中国人民大学出版社，2009.193

③　Social Security Programs Throughout the World: Europe, 2010, U. S. Social Security Administration website. http://www. ssa. gov/policy/docs/progdesc/ssptw/2010—2011/europe/germany. html, last visited 2010-09-28.

第一，是生育保险还是国家保障。有人认为，不应当将其纳入社会保险体系，而应纳入国家保障范畴。因为，生育是每一个人而非劳动者的健康权利。因此，不适合使用社会保险制度来解决，应当通过国家税收体系，向每一位生育妇女免费提供，非洲一些国家已经做到向生育妇女提供免费住院分娩。如果通过社会保险体系来解决的话，首先有悖于公平的理念和要求，将会在就业妇女和非就业妇女以及城乡之间造成新的更大的不公平。目前，在全国实现免费住院分娩的条件已经基本具备，建议将生育保障纳入国家保障范畴。

第二，生育保险是独立险种还是与医疗保险合并。由于生育保险与医疗保险密切联系，对于生育保险是否有必要成为独立险种，争论较大。有人认为，《社会保险法》中没有必要单独设置生育保险制度，因为生育保险相关待遇完全可以作为基本医疗保险的支出内容。单独设置生育保险，不仅浪费行政开支，而且用人单位没有参保积极性，生育保险参保扩面工作非常困难。支持者则认为，生育保险与医疗保险合并有弊无利，这样只能推动生育保险走向消亡，不利于妇女权利的保护，与妇女权益保障法所确定的立法精神相违背，对女职工就业产生极大的消极作用。①

（二）关于生育保险的覆盖范围

生育保险的覆盖范围是争论的焦点之一，不同观点可以分为两种：

第一，多数观点主张扩大生育保险的覆盖范围。有人认为，现行生育保险制度只覆盖城镇职工，覆盖面太窄，而草案也只规定了职工的生育保险，没有提及非职工、农民和农民工的生育保险，这是立法缺憾，建议生育保险应当覆盖全体公民。而因外地户口不能参加工作地的生育保险，其诟病也为人所指出，认为生育保险不能成为部分人群才能享有的特殊待遇，不能因户籍而将非本地户口的劳动者排除在生育保险范围之外。也有人提出，从前参加过工作但因为升学等原因离开原单位的人不能享受生育保险待遇，这不公平，应当关注生育年龄的在校硕士生和博士生的生育保险问题。有人提出，有些地方规定限制自由职业者享有参加生育保险的权利，这对其并不公平，应当将生育保险的覆盖范围扩大到自由职业者。

第二，个别观点主张将生育保险的适用范围限于未生育青年。有人提出，与养老保险、医疗保险覆盖全民相比，生育小孩并不是每人都有的机会，尤其是在新政策实施之前已经生育过的人群，其生育时没有享受到生育保险待遇，将来也没有机会再生育，因此他们缴纳保险费并不能受益。缴纳

① 各地人民群众对社会保险法草案的意见（二）．中国人大网，http://www.npc.gov.cn/npc/zt/2009-02/01/content_1468688_6.htm. 最后浏览：2010年7月18日。

保险费应当是权利与义务相对应的，将生育保险费的征收范围扩大到已生育人群缺乏公平性，建议《社会保险法》将生育保险的适用范围限于未生育青年。①

（三）关于生育保险待遇的给付

关于生育保险待遇给付的争论主要包括：

第一，在生育保险待遇的给付条件上，有人认为生育保险与失业保险一样都具有较强的预期，应当为生育保险设置等待期制度和缴费年限与享受待遇挂钩的制度。

第二，在生育保险待遇标准上，不少劳动者提出目前的生育保险待遇过低，不能满足现实需要，应当提高生育保险待遇。

第三，在生育保险生效时间的问题上，有人指出目前各地方立法规定不统一，有的规定生育保险纳入医疗保险，与医疗保险同时生效；有的规定只要缴了生育保险下个月就生效，但享受待遇后不能退保；有的则规定连续缴满一年生育保险费的，才能享受生育保险待遇。如果生育保险必须连续缴满1年才能享受待遇，对参保职工相当不利，一旦用人单位没有连续缴费满1年或者中间有间断，经办机构就不允许补缴，职工也不能享受生育保险待遇，这时，参保职工的生育就处于“三不管”状态。希望《社会保险法》明确规定生育保险生效时间，取消不合理的门槛，让更多的女性能够享受到生育保险的实惠。

第四，在生育保险待遇的领取上，有人认为生育保险待遇应当体现多缴多得原则，这符合社会保险兼具公平原则和效率原则，职工工资有高有低，缴费也有高有低，虽然是企业缴费，但企业为高收入员工缴纳了较高的保费也是不争的事实，如果均按平均水平领取生育津贴，企业没有按实缴费的积极性，生育医疗费执行同样的标准已体现了公平原则，建议生育津贴多缴多得以体现效率原则。

第五，在生育保险关系的异地转移接续上，有人认为生育保险关系不能异地转移接续，将导致生育时无法享受生育保险待遇，这很不合理。②

二、《社会保险法》中生育保险制度的建构

《社会保险法》第六章“生育保险”主要对生育保险的缴费模式、生育保险待遇的内容和享受情形等方面作出了规定，并回应了生育保险是否作为独立险种的问题。从实践来看，由于生育保险与医疗保险存在着交叉和重合，有些地方立法规定生育保险可以和医疗保险合并实施，其结果将导致生

①② 各地人民群众对社会保险法草案的意见（二）. 中国人大网，http://www.npc.gov.cn/npc/zt/2009-02/01/content_1468688_6.htm. 最后浏览：2010年7月18日。

育保险逐渐被忽视，降低其对女性的保护力度。征求意见稿第54条曾规定了“省、自治区、直辖市人民政府根据实际情况，可以将生育保险与职工基本医疗保险合并实施”。但《社会保险法》删除了该规定，由此可知立法者更倾向于明确生育保险作为独立险种的地位，突出其生育保障的功能。

《社会保险法》厘清了生育保险的独立险种地位，但关于生育保险的规定不够完善，对生育保险的覆盖范围、生育保险待遇标准、生育保险待遇的给付等问题并没有作出明确或具体的规定。

三、我国生育保险法律制度的完善建议

（一）提高生育保险的立法层次

完善的生育保险立法是推行生育保险制度顺利实施的有效手段。如前所述，各国都重视生育保险立法，无论是首先建立社会保险制度的德国，还是促进社会保险新发展的美国，都通过立法来建立和实施社会保险。《社会保险法》第六章对生育保险作出规定，结束了我国生育保险制度无法律层面规范的历史，但该法仅对生育保险作出了原则性规定，生育保险制度在实践中的操作还需要尽快制定细致具体的配套法规。

（二）完善生育保险体系，构建多重保障机制

从其他国家的经验来看，一些国家建立了雇员医疗保险和全民生育保险相结合的制度，将保险对象确定为全体国民或全体居民。而我国在养老保险和医疗保险中都建立了针对不同群体的多层次的保障体系，但生育保险体系尚未完全建立多层次的保障体系。笔者认为，我国应该在扩大生育保险适用范围的基础上，逐步完善生育保险的多层次保障体系，使得越来越多的人能够享受生育保障。

（三）进一步扩大生育保险的适用范围

生育不仅仅是个人的行为，更是社会行为，笔者建议逐步将育龄妇女全部纳入参保范围，让生育保险制度惠及更多的女性群体。具体可分为两个步骤：第一，生育保险涵盖所有的企业、机关和事业单位及其职工；第二，在有效保障城镇女职工生育保险的基础上，进一步拓宽覆盖范围，将城镇企业职工以外的群体纳入生育保险覆盖范围，逐步实现从育龄女职工到全体育龄妇女都受生育保护的目标。可参考其他国家的经验，建立参与生育保险的选择机制，允许未被纳入生育保险覆盖范围的群体通过自愿的方式缴纳生育保险费，加入到生育保险体系中。

（四）提高生育保险基金的统筹层次

统筹层次影响着基金的抗风险能力和调剂功能，统筹层次越低，基金的抗风险能力也越低，基金的调剂功能也越差；反之亦然。目前，我国生育保险基金统筹绝大多数是在县级统筹层次。因此，应适当提高生育保险基金的

统筹层次，使生育保险基金在更大的范围内实现调剂，提高生育保险基金的抗风险能力。

（五）完善生育保险待遇的支付条件

《企业生育保险试行办法》未规定生育保险待遇的支付条件，各个地方的规定不尽相同，一般包括以下三个方面：（1）建立合法有效的婚姻；（2）符合计划生育政策；（3）缴费满一定的期限。但是各地要求的缴费期限不一，有些地方要求生产前缴费满 12 个月，而有些地方要求缴费满 10 个月。笔者认为，我国生育保险待遇支付条件的完善应注意以下几点：一是要全国统一最低缴费年限，如失业保险的最低缴费年限为 1 年，生育保险亦可如此；二是应弱化婚姻和计划生育政策的影响，逐步与婚姻和计划生育政策脱钩。生育保险所保障的应该是生育的风险，生育职能的承担与婚姻和计划生育政策之间没有必然联系，我国给生育保险附加了太多的价值，也间接影响了生育保险制度的发展，随着社会的发展以及人口老龄化，对于婚姻和计划生育的社会认知乃至政策管制都将不可避免地适度放开。

（六）合理提高生育保险待遇标准

生育保险待遇标准的高低，关系到职业女性在生育期间的基本生活保障以及子女的健康成长。目前，我国生育保险待遇中医疗费用的支付基本能够满足实际支出的需要，但是问题在于生育津贴部分，各个地方的计算标准不一，生育津贴多数情况低于职工在职期间的工资。笔者认为，我国应提高生育津贴的标准，使得生育职工不因履行社会生育职责而面临收入降低，进而影响生活水平。

（七）加强政府职能和职责的发挥

从域外经验来看，政府承担生育保险补助与生育保险具有社会性是相一致的，可以借鉴国外的经验，生育保险基金由用人单位缴费和政府提供补贴，当生育保险基金支付不足时，由政府提供补助。

（八）重视男性生育角色和作用的发挥

目前多数生育保险待遇都是为女性提供的。但是，从社会发展来看，为男性提供相应的生育保障，吸引更多的男职工参加生育保险，可以扩大生育保险基金的规模，增强风险预防能力。而且，强化男性生育保障也有利于优生优育，提高人口质量。目前，男职工除了享受生育保险待遇中计划生育费用的支付外，在计划生育政策中还针对男性职工提供了相应的假期以及假期的工资补贴，但是这毕竟是不属于生育保险制度的内容，应在生育保险制度中对男性的待遇享受予以明确规定。

第七章　社会保险费征缴

社会保险费征缴是指社会保险费征收机构按照规定的基数和费率，依法对社会保险缴费单位及其职工和缴费个人征收社会保险费的过程，包括申报受理、缴费核定、费用征收、欠费管理等环节。[①] 社会保险费是社会保险基金的重要组成部分，与社保基金支出是一种正比关系。征缴收入额直接关系到参加社会保险人员的待遇水平，而社保待遇的高低会对人们参加社会保险的积极性产生促进或抑制的作用，反过来后者又会对社会保险费的征缴产生积极的或消极的影响，所以社会保险费征缴是维持社会保险正常运转的关键环节之一。

我国目前社会保险费征缴面临许多问题，漏缴、少缴、拒缴现象严重，对社会保险制度的正常运行和持续发展带来了困难。随着社会保险基金支付压力逐年增大，为保证社会保险待遇正常支出，急需规范社会保险费的征缴问题，因此，《社会保险法》第七章对社会保险费征缴进行了规定，全章共7个条文，涉及用人单位的社保登记及其变更、注销；社保费征收机构的义务；社保费的申报、缴纳；用人单位未按规定申报缴费数额和未足额缴费的处理，且明确社会保险费实行统一征收，实施步骤和具体办法由国务院规定。但《社会保险法》回避了理论界和实务界就社会保险费征缴所争论的关键问题：(1) 社会保险基金应以什么形式征缴（“税”还是“费”）；(2) 由谁来征缴（社保部门还是税务部门）；(3) 社会保险费征缴费率的确定[②]，等。

第一节　我国社会保险基金的征缴形式

一、社会保险基金征缴的“费”“税”之争

针对社会保险费征缴过程中存在的问题，有人建议改变社会保险基金的

---

① 参见王石．社会保险费征缴的主要环节．中国社会保障．2007，3

② 我国社会保险征缴费率偏高是社会各界的共识。我国目前社会保险总体费率超过40%，高于一般的发展中国家，甚至部分发达国家。高费率已成为抑制社会保险费征缴扩大覆盖面的一个重要因素。但是在基本社会保险中，最不合理的费率主要集中到养老保险上，其他费率与一般国家持平，而此问题已在养老保险一章中有较详细的论述，限于篇幅，本部分就此问题不再讨论。

征缴形式，变社会保险“费”为社会保险“税”，而对此，理论界与实务界一直存在着激烈的争论。

主张采用社会保险费征收的学者的主要理由是，社会保险费与国家税收的性质和特点都不相同，如果通过税收来筹集社会保险资金，会弱化个人账户机制而加重政府的直接财政责任。具体理由如下①：（1）税收采取的是普遍征收的方式，而社会保险费只对特定对象征收；（2）税收进入国库成为财政收入，而社会保险费构成社会保险基金，不属于财政收入；（3）税收主要用于公共项目的开支，且不具有对价性；（4）个人账户的私有性与税收的性质矛盾；（5）开征社会保险税后，政府对未来社会保险支出负无限责任，会使政府重新陷入沉重负担的困境。

主张采用社会保险税征收的学者比较一致的理由是，缴费制无法适应现代社会保险基金筹集的需要，存在许多弊端。（1）通过缴费方式筹资，普遍存在政出多门、标准不一、缺乏协调的问题；（2）缺乏法律强制力，刚性不足，导致缴费率低；（3）缴费方式使社保机构将工作重点放在收费和资金管理上，却将本职工作如企业离退休人员待遇的审核、养老金的发放、离退休人员的管理与服务等工作推给了企业和单位，社保经办机构实际上成了“只收钱不办事”的部门。② 相反，社会保险税具有许多优势：（1）可以提升征缴权威性，提高征缴率；（2）可以提高统筹层次和扩大征缴面；（3）实行收支两条线，有利于健全社会保险基金的监督机制，保证基金的安全；（4）可以与国际接轨，费改税是国际改革的大潮流。

上述两种主张都具有一定的合理性，但是二者各有利弊，如何取舍则需深入地了解二者制度构建背后的逻辑基础，因此，笔者将从国际立法趋势，社会保险费和税的性质、特点，结合我国实际情况来分析此问题。

二、世界主要国家和地区社会保险基金征缴形式的考察

社会保险费改税的动议由来已久，在多年来的争论中，一直占上风的始终是从税派，甚至出现了“一边倒”的现象。其中一个很重要的根据是：国外一百多个国家实行的都是社会保险税，而不是费。多数人认为费改税是大势所趋，我国应与国际接轨，跟上这个国际大趋势。但是以郑秉文为代表的少数学者认为，这种说法与事实不符。国际潮流不是费改税，而是弃税改费。社会保险费改税的潮流主要发生在 20 世纪 80 年代以前。自 19 世纪 80 年代现代社会保障制度在德国诞生以来，全世界社会保障制度的征缴形式大

① 林嘉. 社会保障法的理念、实践与创新. 北京：中国人民大学出版社，2002.286

② 龙卓舟. 开征社会保障税：社会保障制度的本质要求. 财经理论与实践（双月刊）. 2008，3

致经历了一个“费—税—费”之字形的曲折改革道路。①

（一）社会保险“费”“税”的国际发展趋势

社会保险税是在特定的历史条件下产生的。第二次世界大战以后，随着英国在 1946 年宣布建立福利国家，欧洲国家纷纷效法英国模式即贝弗里奇式制度，实行普享型的社保制度。从 1946 年至 20 世纪 80 年代初，各资本主义国家处于高度发展的黄金时期，财政状况非常好，人口年轻，“婴儿潮”导致社保供款人口增长十分稳定，收入大于支出，这个时期是西方福利制度历史上真正的或说唯一的费改税时期。但是从 20 世纪 80 年代初开始，受 1973 年第一次石油危机和经济全球化的影响，美国和英国出现改革思潮，以及以智利为代表的社保私有化改革实行，税改费开始，这个时期至今尚未结束。

以美国为例，美国是公认的采用社会保险税的国家。20 世纪 80 年代以后，美国收入和财富不平等状况不断加剧，现在已是自 1929 年以来最严重的时期。自 1975 年以来，尽管大部分男性雇员的平均受教育程度一直稳步提升，但是其实际工资却没有增加，甚至比他们 30 年前的实际工资还低 13%。工资收入的减少带来的是生活成本，尤其是健康保险、教育、住房成本、娱乐支出、储蓄和退休金等均下降。这种趋势已经严重打击了中产阶级的发展前景，扩大了贫富差距。另外，美国在未来的几十年内，退休人口的增量预计会高于就业人口的增量，2005 年美国就业人口与退休人口的比例是 3∶1。但是 25 年以后，这个比例可能会达到 2∶1。为了保障长期的支付能力，退休金必然下降，或税率上升，或二者兼而有之。如果税率保持不变的话，退休金必然下降 33%。未来退休人员要补偿社会保险金的这种可预期的下降，只有通过现在更高的私人储蓄来补偿。当然，一些家庭会马上以最佳的方式对退休收入的可预期的下降作出准备；但是其他许多家庭本身可能没有多余的储蓄，对这部分人口来说，其社会保险金的大幅度下降是一个现实问题。于是美国人认为其社会保险改革是必然，其中一个很重要的改革方向就是增加个人账户，一旦增加个人账户就意味着要改税为费，税收是不可能进入到个人账户中去的。

目前，欧洲、亚洲和拉丁美洲等几乎所有发达国家和发展中国家都面临着与美国相似的情况，人口老龄化、实际收入下降等，使得社会保险机构通过税收的方式取得的社会保险金已无力负担全部的社会保险支出。于是各国掀起的改革目标之一就是对社保和福利制度进行大面积的“瘦身手术”，从减少税种税目到削减税收水平，从税改费到降低税率，等等。例如，近年来

① 郑秉文．从国际发展趋势看我国不宜实行社会保险费改税．宏观经济研究．2007，3

英国社会保障制度的改革，以强调国家与个人共同责任为主要特征。其社会保险采取强制性缴费制度，由国家财政、雇主和职工共同负担，其主要收入来源是每个劳动者向社会保障部门缴纳的社会保险费。但是德国社会保障制度中的给付基本上不是国家通过税收向全体居民免费提供的，而是被保险人通过缴纳保险费获得要求偿付的权利。在养老保险方面，保险资金来源于缴费和政府补助，其中缴费是社会保险资金的主要来源。保险金的偿付是依据公平偿付的原则。所以在德国，通过缴纳保险费所得到的社会保障权利，虽然是一种公法性质的权利，但它与通过纳税获得的权利不同，享有准私人财产权的保护。①

综上，社会保险税并非国际潮流，主张“采税制符合‘与国际接轨’”的理由不成立。而且从上述国家和地区的政策选择可以看出，各国均是根据本国国情，以社会保障制度的长远发展为出发点，适时地调整本国社会保险制度，而不是一味地要跟上所谓的国际潮流，或者固定于某一制度一成不变。这才是最值得我国借鉴的经验。

（二）对世界主要国家和地区社会保险征缴形式特点的总结

国际上不同国家对社会保险基金的征缴形式没有统一的表述，例如，美国称为工薪税（payroll tax），英国则称为国民保险税或国民保险捐助（national insurance contributions），也有叫社会保障捐助（social security contributions）、社会保障付款（pay related social security）和特别税（special assessments）的，等等。正如称谓的不同一样，社会保险费（税）的设置方式、社会保险供款与各国社会福利支出间关系等方面各国有所不同（见表7 1）。

表 7—1　社会保险费（税）的设置方式比较

设置方式	社会保险费（税）与社会保险支出的对应关系（征、用是否挂钩）	主要优点	主要缺点	典型国家
按承保项目分项设置（分项型）	征用挂钩 社会保险基金基本上通过社会保险税筹集 缴款人缴纳的款项与其应得的福利之间存在联系，这种联系使福利水平随着每个缴款人缴纳款项多少而变动	专款专用、返还性极强、可根据不同项目支出数额的变化调整税率	工作在未被社会保险所覆盖的行业中的人们不能享受福利	德国 瑞典 比利时

① 史探径. 社会保险法研究. 北京：法律出版社，2000. 414～416

续表

设置方式	社会保险费（税）与社会保险支出的对应关系（征、用是否挂钩）	主要优点	主要缺点	典型国家
按参保对象分别设置（对象型）	征用没有明确挂钩 对不同的收益对象进行征收，如对一般雇员、对全体自营者、对自愿投保希望取得享受失业保险金的失业者等分别征收国民保险税	针对不同人群的特点采用不同的税率，针对性强，且便于执行	征收与承保项目没有明确挂钩，社会保险税的返还性不强	英国
既按承保项目，又按参保对象设置（混合型）	存在部分挂钩 社会保险税不是一个单一税种，而是由一个针对大多数承保对象和覆盖大部分承保项目的一般社会保险税与其他税种所组成的税收体系。如在美国由工薪税、铁路员工退职税、联邦失业税和个体业主税组成	适应性强，既可以满足一般社会保险的需要，又可以让特定的承保项目在保险税收支上自成体系	管理不够便利，返还性不够充分和具体，且累退性较强，再分配的效应受到抑制，该税种的社会公平功能减弱	美国
普享型	无挂钩 社会保障计划对每个公民来说是自动实现的 政府通过预算拨款为每个公民提供社会保障福利	获得社会保障的群体广泛	一般纳税人所缴纳的税收与其所受福利之间没有特别的联系。因而人们往往希望能够向政府施加压力，通过预算来实现福利的增加，而不是提高纳税额	加拿大

注：原文未严格区分社会保险税和社会保险费，统一使用社会保险税的名称。

资料来源：陈汪茫．社会保障税的国际比较及对我国实践的可行性思考．劳动保障世界．2010，7；黄菡．社会保障税的国际比较及对我国实践的借鉴．财经问题研究．2005，6

从表7—1关于不同的保险费（税）的模式来看，由于财政体制、社会保障模式等因素的差异，导致国家之间具体的实施方式存有较大的差别。但比较社会保险费和社会保险税两种模式，二者的主要区别在于：(1) 一般来说，缴税制国家通常强调政府只为公民提供最基本的生活保障，以美国为例，美国社会保障制度采取基本保障由政府负担、鼓励私人机构为公民提供多种形式补充保障的方式，所以相应地社会保险税率较低（20%左右）。缴费制国家政府承担的社会保障水平相对更高，社会保障资金来源于企业、个人和国家，以德国为例，费率达40%以上。（2）实行缴税制的国家，社会保险税的收入直接构成政府财政收入，成为政府财政预算的重要组成部分，社会保障收支平衡状况直接影响政府财政的综合平衡，例如加拿大。实行缴费制的国家，一般由企业和雇员缴费形式筹集保险基金，社会保险基金由政府或国会指定专门机构负责管理和运营，不直接构成政府的财政收入，不足部分由财政专款补助，如德国。

为理解社会保险费和社会保险税产生以上区别的原因，我们需要从理论上分析界定社会保险费与社会保险税的关系。

三、社会保险“费”与“税”的界定及区别

（一）一般意义上的费与税

费是指国家行政、司法机关及事业单位为行使特定的社会管理职能而向被管理者或受处罚者收取的一定数量的货币或同值资产，具有灵活性和受益性特点。税是国家依据法律，为满足实现其职能的需要，通过行使行政权力向纳税人无偿收取的收入，具有强制性、无偿性和固定性特点。费与税的共性在于：征收主体都是政府及其授权的职能部门；均属于财政性资金，都是为了实现政府的职能。主要区别是：（1）是否存在“无偿性”。费的缴纳者应从公共部门所提供的公共物品和公共服务中直接受益，其缴纳数量与受益程度之间基本上存在一一对应关系，具有一定的返还性，属“有偿交换”关系。税的缴纳者与从公共部门提供的公共物品和公共服务中获得的收益没有直接的对应关系，是无偿的。税的无偿性决定了税收收入无须直接偿还给原纳税人，可由国家统筹安排使用。（2）征收对象不同。费的征收对象是特定的受益者，税的征收对象具有普遍性。（3）强制性不同。费具有灵活性，税具有严格的强制性。

（二）社会保险费与社会保险税的界定

国内多数学者在将社会保险费与社会保险税进行比较时均是从一般意义上的费与税的角度为之，将两种方式区别对待。但也有学者注意到社会保险费和社会保险税与一般的费和税不同，指出社会保险费和社会保险税这两个名称是同义使用。[①] 笔者认为，社会保险费和社会保险税确实是不同于一般意义上的费和税，二者之间的关系是既趋同又有差别。

1. 社会保险费区别于一般的费

社会保险基金征缴形式不论是采用社会保险费还是采用社会保险税均具有强制性的特点，公民没有选择的权利，这就决定了社会保险费区别于一般

① 李芳．对社会保障税和社会保障缴费的分析．中国青年政治学院学报．2005，4

的费。一般的费尽管也具有强制性，但主要指公民要享用某种公共产品或服务就必须付费，这就如同在市场上购买东西一样，要想获得某种商品，就必须付相应数额的对价，但是对公民是否选择购买这种公共服务，一般的费是无法强制的。但是对于社会保险缴费，公民则无权自主选择是否购买社会保险这种公共产品。社会保险费作为一种公共收入，具有准税收的性质。

2. 社会保险税区别于一般的税

社会保险税以薪金所得或工资所得为课税对象，具有“专税专用”的特点，性质上属基金性收入，其收支自成体系，单独管理。在采用社会保险税的国家，以美国为例，工薪税的收入与政府一般性税收收入相分离，工薪税收入大于社会保障福利支出的盈余存入社会保障信托基金，用于弥补未来工薪税收入小于社会保障福利支出的差额。从理论上讲，在政府仅仅通过社会保险税来筹集社会保险基金的情况下，社会保险税的收入水平反映了政府履行社会保障职能的资金供给能力，两者之间必然存在均衡关系。

3. 社会保险费与社会保险税的关系

社会保险费与社会保险税二者均具有强制性、基金性等基本特点。就我国现行的社会保险费而言，其作为一种特殊的缴费，“费”中亦含有“税”。现在的社保基金承载着偿还一定历史债务的功能，每年国家财政对社保基金的补助性支出都达到数百亿元之多，亦表明社保基金的征缴含有边缘税收的意味。但是费与税的一些区别在社会保险费与社会保险税中也有所体现。

一是政府的责任区别。由于社会保险税不仅仅是一种带有基金性的税种，更是一种权利税，所以政府征收税款的同时就意味着必须履行确保纳税人享受相应的社会保障资格的义务。社会保险税的开征通常并不仅仅意味着财政增收，而且还意味着政府将承担社会保障的无限责任。

二是从各国经验看，社保费和社保税在“返还性”上存在重要区别。社会保险费具有明显的补偿性，受益人相对固定，受益群体有很强的针对性，是一种直接受益的关系，其缴费数量与受益程度之间基本存在着一对一的对称关系，在缴费者与国家之间存在着一种“有偿交换”的关系，具有一定的返还性质。对于社会保险税来说，虽然它在缴税人与政府之间也存在一种“交换”关系，但却是无偿的，缴税后就取得了享有国家提供的公共产品的权利，这个权利与其缴税关系不大，并且缴税的数量与其从国家提供的公共物品和公共服务中获得的收益也不是完全对称的，这是缴费与纳税之间最本质的区别。区别“费”和“税”的重要标志是看缴款人的当前供款与未来待遇之间是否存在比较紧密的精算关系。如果存在这种关系，就应该属于费；反之，则是税。如果我们的制度设计需要这种联系，强调个人和企业的缴费激励，那就应该选择缴费制；反之，才应该选择缴税制。

三是就我国的现实来看，灵活性仍然是二者之间的重要区别。灵活性是费相对于税所具有的优势，费的收取一般可以由不同部门、不同地区根据实际情况灵活确定。我国《社会保险法》中有十余处交由“国务院规定”，就是在利用社会保险费的灵活性特点，允许国务院根据各个险种的特点，具体问题具体分析，灵活规定。

四、我国社会保险基金征缴形式的选择

综上可知，就我国的现实情况，现阶段宜采取社会保险费的方式筹资，这符合《社会保险法》的规定。主要理由如下：

（一）我国目前不具备实施社会保险税的条件①

首先，社会保险制度模式决定社会保险筹资方式。我国的基本养老和基本医疗保险制度实行社会统筹和个人账户相结合的混合模式。② 社会统筹部分实行现收现付，个人账户部分实行完全积累。其中社会统筹的部分可能以税收的形式征收，但个人账户部分由于具有很强的私有性，不适宜采取征税制。其次，通过社会保险税筹集社会保险基金，意味着社会保障支出也要同步纳入国家财政支出范畴，税制意味着政府取代个人和企业成为了社会保险制度的主要责任主体，在我国现阶段收入差距不断扩大、城乡二元结构、大量灵活就业人员存在，特别是人口老龄化危机的压力下，国家财政无力承担这种负担，制度的持续性难以保证。社会保障支出负担的沉重，一直是制约我国财政部门征收社会保险税的重要因素。③ 最后，我国发展极不平衡的社会经济状况、城乡二元经济结构和东部与中西部二元经济结构的存在决定了社会保险制度安排应具有多样性，社会保险税的固定性特点要求社会保险一体化，而社会保险费因具有灵活性，可以根据不同的制度征集社会保险基金，适应社会保险统筹多层次的要求。

主张采税制的最重要的两个理由：一是，税制可以打破地区、行业等条块分割，实现人力资源的合理流动；二是，收支两条线可以使各部门相互制约、相互监督，提高基金的安全性。但是笔者认为这不足以构成我国实行社

① 周圆．对社会保障“费”“税”之争的探讨．科教文汇．2008，6；李建平．社会保障“费”改“税”的制度性约束．中央财经大学学报．2005，7

② 需说明的是，原医疗保险制度一直实行社会统筹和个人账户相结合的模式，但是《社会保险法》在基本医疗保险中未规定个人账户。

③ 现任国家财政部部长谢旭人在2010年4月1日的《求是》杂志上发表署名文章《坚定不移深化财税体制改革》，提出要“完善社会保障筹资形式与提高统筹级次相配合，研究开征社会保障税”。这是作为具体主管财税政策的部门高官首次明确提出要开征社会保障税，引起社会各界广泛关注。但鉴于开征社会保障税的社会条件尚不具备，所以其作为一项正式的国家政策出台尚需时日，例如在国务院确定的2010年的九项改革任务中，并没有开征社会保障税的内容；是否将这一改革纳入正在起草的“十二五”规划，也存在争议。

会保险税的充分理由。首先，要实现人才的自由流动，达到资源的合理配置，不是只有税制才能实现。通过提高社会保险费的统筹层次，同样能够达到目标。其次，收支两条线，可以使各部门相互制约、相互监督，例如，广东省2009年6月1日开始实施的《广东省社会保险基金账务核对管理暂行办法》紧密结合广东省采取的“地税全责征收、财政专户管理、社保记账核发、银行（邮政）社会化发放”的社会保险基金管理模式，明确社会保险经办部门、财政部门、地税部门三方在社会保险基金征缴、存储、支出管理过程中的对账责任，以达到规范对账三方基金管理行为，完善相关工作流程，来确保社会保险基金账实、账证、账账、账表相符的结果。从理论上讲，这个征缴体制和流程似乎问题不大，但随着社保制度的不断完善和社保基金规模的不断扩大，体制运行中的矛盾会越来越突出，尤其是机构臃肿与我国政治体制改革不断精简机构的趋势不符。如果制度设计合理的话，社会保障部门一个部门是可以管理好的。现行由税务征收也存在各种弊端，如管理成本高、环节多等。所以是否采用税收体制不是解决我国目前社会保险筹资方式弊端的关键所在。

（二）征税制也无法解决目前社保基金征缴所存在的问题

由于我国目前缴费体制主要弊端体现在费率过高、覆盖面过窄、统筹层次较低等，导致目前我国社保费的征缴存在漏缴或少缴问题。但是改为税制也不能解决该问题，因为即使是税收也存在偷、逃、漏税等避税情况。要解决此问题，关键是一方面国家应适当降低费率，减轻企业负担；另一方面是增强社会保险费征缴的强制性。郑功成教授曾分析过：对社会保险制度而言，强制性是否强，并不决定于“费”与“税”的名称，而是取决于法律的规范、执法的力度和当时当地的经济发展状态。有的国家完全能够通过征费方式来实现筹集社会保险基金的目的，而有些国家虽然采取了征税方式，但一旦遇到经济危机亦难以完成社会保障的筹资任务。所以，如果我们加强社会保险征缴立法，加大执法力度，增强责任，同样能够解决拖欠社会保险费的问题。

（三）我国应坚持缴费制

费税之争并非简单征缴形式之争，必然涉及采取何种制度模式。我国社会保险制度目前采用统账结合的部分积累模式，税收的公共性质与个人账户的私人性质不相容，这也就在社会保险基金筹资方式上排斥了税收的手段。我国现行社会保险费征缴存在的问题更重要的是历史原因造成的，即使采取社会保险税的方式，也只会增加国家财政的负担，并无其他较“费制”更多的优势。而且从新中国成立初期实行劳动保险开始至20世纪90年代初我国实行社会保险改革以来，一直采用社会保险费的方式筹集资金。从征收机构、征缴方式、征收管理、资金运作等各个方面均已形成一套较为成熟的体系，若要彻底改变征收模式，成本高昂。目前的社会保险制度模式已逐渐深入人心，占主体地位的养老、医疗保险均采用统账结合模式，为维护政府形象和信誉，不宜变费为税，改革的必要性需慎重考虑。正是基于上述原因，《社会保险法》也确认了社会保险费的征缴方式。其在法律条文中明确采用“费”的形式，如基本养老保险费（第10条）等。

第二节　我国社会保险费的征收机构

尽管我国现在采取缴费的方式筹集社会保险基金，但是由于部门利益以及征缴的强制程度等因素的影响，使得全国目前存在税务机关征收和社会保险经办机构征收并存的问题。《关于企业职工养老保险制度改革的决定》（1991年6月国务院颁布）和《社会保险费征缴暂行条例》确认社会保险经办机构和税务机关均可作为社会保险费的征收机构。但双重征收体制存在许多弊端，因此《社会保险法》制定过程中，许多人建议应该尽快明确，以避免一些不必要的收管混乱。[①] 但是《社会保险法》仅规定“社会保险费实行统一征收，实施步骤和具体办法由国务院规定”，虽改“双重征收”为“统一征收”，但仍未明确具体的征收机构，而是授权国务院决定。

一、我国社会保险费征收机构的现状

我国自确立社会统筹与个人账户相结合的社保制度后，社会保险费的征缴工作一直由社会保障部门负责。但是随着国有企业改革的深入发展，大量企业职工被下岗分流，许多中小国有、集体企业破产，社会保险费的征缴形势严峻。此外，随着各项社会保险待遇支付额越来越高，基金支付缺口越来越大，甚至入不敷出。为改变这种状况，加强征缴工作，一些地方开始尝试由税务部门代征社会保险费。1999年国务院发布的《社会保险费征缴暂行条例》进一步确认劳动保险行政部门和税务部门均可作为社会保险费征缴机构，形成了“双重征收”体制。这种征缴体制，尤其是在同一地区将一些险种交由社保经办机构征收，另一些险种交由税务部门征收，造成我国社会保险费征收成本高，环节多；不方便参保对象申报及缴费，浪费行政资源，降低征缴效率；在一定程度上导致资金在归集、管理、支付等诸多环节出现问题，甚至相互“扯皮”，责任不清，衔接不畅。

① 黄庆畅.“保命钱”：怎么收？如何管?. 中国人大网，http://www.npc.gov.cn/huiyi/cwh/1106/2008-12/24/content_1464006.htm，最后浏览：2010年11月3日。

二、世界主要国家和地区社会保险费征收机构

从世界范围看，在社会保险制度产生伊始，社会保险基金一般是由社保行政管理机构征收；从20世纪三、四十年代开始，一些发达国家开始转向由税务部门征收；发展到现在，社保部门和税务部门这两种征缴主体的比重在世界各国大约各占一半，由税务部门征收的比例稍多一些。由基金管理公司等私人机构作为征收机构，并不是一种主要的征收模式，一般仅将其看做是特殊情况（见表7—2）。[①] 所以我们主要讨论社保部门与税务部门作为社保基金征收机构的情况。

表7—2　　不同的社会保险费征收机构国家和地区列表

税务部门征缴	社保部门征缴	基金管理公司（或法人实体机构）征缴
阿尔巴尼亚、阿根廷、澳大利亚、保加利亚、加拿大、克罗地亚、爱沙尼亚、芬兰、匈牙利、冰岛、爱尔兰、拉脱维亚、黑山共和国、新西兰、荷兰、挪威、罗马尼亚、俄罗斯、塞尔维亚、斯洛文尼亚、瑞典、英国、美国	奥地利、比利时、巴西、捷克共和国、中国、德国、希腊、印度尼西亚、日本、墨西哥、菲律宾、波兰、葡萄牙、韩国、斯洛伐克、瑞士、乌拉圭、马来西亚、新加坡	智利、萨尔瓦多、秘鲁、中国香港、法国

资料来源：BARRAND P，ROSS S，HARRISON G. Integrating a Unified Revenue Administration for Tax and Social Contribution Collections：Experiences of Central and Eastern European Countries，2004. 转引自：郑秉文，房连泉．社会保障供款体制国际比较与中国的抉择．公共管理学报．2007，10

由社保部门或税务部门征收的情形可再具体分为：一是由社保部门自行负责征缴的德国体制；二是统一由税务部门代征的英美体制；三是按不同险种分工或按协议另行约定的荷兰体制（例如由社保部门征收“费”的部分，由税务部门征收“税”的部分）；四是按照不同人群划分某些群体由税务机构征收而某些由社保部门自己征收的方式。[②]

由社保部门征收的国家大都存在于西欧。这些国家社保制度主要以传统的就业关联型社会保险计划为主，供款来自于雇主和雇员的共同缴费。由税务部门作为征收机构的国家包括部分北欧国家、一些英语国家以及部分中东欧国家，其中有些国家的社保计划属于全民普享型，社保基金具有税的性

① 除法国外，以基金管理公司等民营机构为征收机构的征缴模式，大都发生在社保制度私有化改革的拉美国家。

② 郑秉文．社保基金违规的制度分析与改革思路．中国人口科学．2007，4

质，如瑞典、美国、英国等。考察世界主要国家和地区，发现一国征收主体的确定主要考虑三个因素：较高的征收效率、尽可能少的成本、不断扩大的社保覆盖面。国情不同，上述三个因素的排列顺序相应不同，对其权衡取舍的优先性亦有差异。发达国家的实践可以证明这三个因素的重要性。例如以税务部门为征收机构的国家主要是两种情况：一是与社会保险基金的征收方式相对应，社会保险基金采取“税”的方式，自然征收主体是税务部门；二是社保体制不仅非常成熟，而且社保与税务部门之间的合作具有悠久的历史作为其坚实的基础。此外，征收主体的选择与社保制度模式也高度相关。一般来说，实行现收现付制的征收主体既可采取社保部门征收方式，也可采取税务部门征收模式；而实行积累制个人账户式的绝大多数国家则采取私人机构或社保部门征收。① 因为个人账户的私人性与税务部门的税的公共性相违背，不适宜税务机关征收。这些经验是确定我国社会保险费征收机构的重要考量因素。

三、我国现行征收机构的利弊分析

（一）税务部门和社保部门征收的利弊分析

1. 税务部门作为征收机构的利与弊

税务部门征收的优势在于：（1）税务部门执法手段强，征收力度大，有一套较为成熟的征收体系，征收效率高；（2）收支两条线，便于监管，避免腐败，同时有利于社保部门集中精力加强社保基金的管理；（3）与其他税种合并征收，既便利纳税人，又节约成本；（4）税务部门社保税与个人所得税密切相关，由税务部门征收便于检查管理。

税务部门征收的劣势在于：（1）征缴目标比较单一，任务比较单纯，工作重点和精力容易简单地聚集在“钱”上。欠缺实现社保制度长期建设目标的动力、义务和责任。（2）增加中间环节，降低管理效率。

2. 社保部门作为征收机构的利与弊

社保部门征收的优势在于：（1）从长远利益看，社保部门更加了解就业人员的信息，有利于扩大社保覆盖面。（2）社保部门作为社保政策的制定者、制度的设计者，若与征收主体合一，则有利于征缴行为与支付行为统筹考虑、紧密结合，减少中间环节，降低交易成本。

社保部门征收的劣势在于：（1）刚性不足，征收力度弱，缺乏强制性；（2）不符合收支两条线的要求，不利于社保基金的安全。

（二）影响征收机构选择的因素

征收主体的确定主要考虑三个因素：较高的征收效率、尽可能少的成

① 郑秉文，房连泉．社会保障供款体制国际比较与中国的抉择．公共管理学报．2007，10

本、不断扩大的社保覆盖面。我国立法者所采纳的判断标准也是“谁收更有利于行政成本的降低，效率更高，更有利于方便老百姓，更有利于事业的成功开展”①。因此我们从此三个方面权衡税务部门与社保部门作为征收机构的利弊，遵循“两利相权取其重，两害相权取其轻”的原则，确定最适宜的征收机构。

1. 扩大覆盖面因素

税务部门作为征收机构的几个理由当中最被学者推崇的是“征缴力度大”。在过去的几年里，社保覆盖面的扩大确实在相当程度上取决于“征缴力度”。“但在未来十几年里，面对遍布城乡、泱泱几亿人的流动就业人口和犹如一盘散沙的个体农民，单一的‘征缴力度’对扩大覆盖面的贡献率将明显不如以前在城镇的表现。相比之下，更为重要的应该是改善‘制度能力’”。② 通过好的制度吸引更多的人参加社会保险，这是未来扩大覆盖面的主要驱动力。特别是在非正规就业群体大量参加社会保险的情况下，税务部门变得越来越难以掌握真实费源情况，只能是依据从社保部门提供的资料来进行日常管理工作，在执行过程中对于政策解释权和管理权严重脱节，缴费单位容易发生少报、虚报和漏报等道德风险，社保费容易出现漏征漏管现象。③ 这与我国要不断扩大征缴覆盖面的最根本目标相违背。

2. 征收效率因素

根据《社会保险费征缴暂行条例》的规定，社会保险管理部门负责受理社保登记、审核缴费基数、稽核、建立缴费记录、记录个人账户等职责；税务机关只有受理申报、征收的职责。表面看似乎分工明确，但在实际运行中矛盾重重。例如社保费登记，税务部门在工作中发现漏户，只能通报社保部门或督促该户办理登记手续，如该户不登记，税务部门无权纠正。再如申报环节，缴费人必须进行缴纳社会保险费的双重申报：先向社保部门申报审核，经其审核后，再向地税局申报缴纳，地税只能按照社会保险部门核定的数额征收社保费，无权核定缴费基数或直接受理未经每月审核的社保费申报。双重申报既不方便缴费人，增加了缴费环节，又造成缴费成本高、时间长、征收管理与社会保险基金管理相脱节，还增加了社会保险基金的管理成本，最后多部门共管的一个可能结果是，主体不明、责任不清，造成部门间相互掣肘，增加内耗，降低社保费征缴工作效率。有学者以养老保险费的征

---

① 全国人大常委会法工委、人保部有关负责人谈《社会保险法（草案）》的修改. 中国人大网，2008-12-25，http://www.npc.gov.cn/huiyi/cwh/1106/2008-12/25/content_1464545.htm，最后浏览：2010年11月3日。

② 郑秉文，房连泉. 社会保障供款体制国际比较与中国的抉择. 公共管理学报. 2007，10

③ 张雷. 社会保险费征收体制的效率比较分析. 社会保障研究. 2010，1

收为例，针对 2001—2004 年基本养老保险费社保征收省份与税务征收省份平均征缴率采用定量分析的方法，最后得出的结论竟然是“实行基本养老保险费税务征收方式并不能提高征收效率。就平均水平而言，实行基本养老保险费税务征收的省份征缴率反而低于社保征收省份，平均而言低 3.3 个百分点”。

3. 征收成本因素

税务部门征收的一个优势是可以充分利用税务部门的现有资源，与其他税种一起征收，降低征收成本。这确实是税务部门优于社保部门的一个优势。但考虑到收支两条线问题，该优势也会因交易成本的提高而大打折扣。如有学者指出，党的十六届六中全会提出，到 2020 年建立基本覆盖城乡的社保体系。要完成这个制度目标，就要深化改革社保制度，使之能够适应二元经济结构，这就涉及“三个统筹”问题：社保供款征缴与支付要统筹考虑，城镇与乡村要统筹安排，近期改革与 2020 年全覆盖目标要统筹设计。这“三个统筹”要求征缴行为与支付行为越紧密效率就越高，征缴主体和社保主体合作越密切交易成本就越低。所以合二为一为最优。①

经过这三个方面的考量，我们发现，税务部门作为征收机构的优势，从社会保险制度的长远可持续发展来看，将不再存在；反观社保部门的优势却越来越显著，并且其现有的劣势也可以随着制度的不断完善得到改变。

（三）我国社保费征收机构的选择

综上，笔者认为，应在加强征缴强制性的同时，将社会保险基金的征缴权限赋予社会保险经办机构。其原因在于：

第一，筹资模式决定征收机构，费由社会保险经办机构征收，理所当然。社会保险费征收的整个过程均由社会保险经办机构管理，有利于减少环节，提高效率。可以避免征收和开支分开，导致社会保险经办机构也不了解征收情况，从而为管理带来许多麻烦。

第二，从我国的现状看，由社保部门征收的地区更多。截至 2008 年年底，五项社会保险费全部由社保经办机构征收的有 15 个省份、新疆生产建设兵团和大连、深圳、青岛 3 个计划单列市，占全国的 51.3%。五项社会保险费全部由税务机关征收的只有安徽省和宁波、厦门 2 个计划单列市，占全国的 8.1%。五项社会保险费按险种或者市县的不同，既有社保经办机构征收，也有税务机关征收的有 15 个省份，占征收地区的 40.6%。②

① 郑秉文，房连泉．社会保障供款体制国际比较与中国的抉择．公共管理学报．2007，10

② 摘自我国社会保险业务经办的基本情况和主要问题．中国人大网，http://www.npc.gov.cn/npc/zt/2008-12/23/content_1463592.htm，最后浏览：2009 年 7 月 17 日。

第三，从长远发展和制度建设的持续性来看，也应由社会保险经办机构统一征收社会保险费。因为“制度建设和制度完善是长期的和漫长的，从参保到退休需要几十年，这个特殊性要求，决策者离资金源头越近就越有利于制度的长期建设与观察，制度运行的执行者离缴费者越近就越有利于扩大覆盖面，决策者与执行者离得越近就越能明确责任主体，进而就越有效率”①。

第四，从国际经验看，德国医疗保险经办机构是全部社会保险费的征收机构。医疗保险经办机构收到社会保险费后，24 小时内将各项社会保险费分别划到各个保险经办机构。这些工作基本上都是在电子数据处理平台上完成。在德国，对用人单位和劳动者而言，缴费是一件理所当然的事情，因此征收只是一项纯技术性的事务，所有社会保险费的征缴率能达到 95%。为保证社会保险费的征收，德国也有对用人单位的检查制度，尽管全德国大约有 320 万家企业，而检查人员只有 2 500 名，但征收秩序良好。所以强制性、执法队伍人数并不是提高缴费比例的关键，只要制度设计合理，保障力度足够，用人单位和劳动者对社会保险制度认可，自然可以提高缴费率。

① 周立权，丁文杰. 我国社保资金征缴体制的“二元结构”当终结. 经济参考报. 2008，3

第八章　社会保险基金

近年我国社会保险基金结余规模越来越大，截至 2009 年年底，全年五项社会保险（不含农村社会保险）基金收入合计 16 116 亿元，比上年增长 2 420 亿元，增长率为 17.7%。基金支出合计 12 303 亿元，比上年增长 2 378 亿元，增长率为 24.0%。① 2010 年 1— 9 月，全国五项社会保险基金总收入 12 904.5 亿元，增长 17.8%；总支出 10 643.9 亿元，增长 20.2%，结余 2 260.6 亿元。②

随着社保基金结余数额的不断增大，社会保险基金管理、运营、保值增值的科学化、法制化成为全社会共同关心的问题，为此，我国先后出台了多部相关的政策法规，《社会保险法》在这些政策法规的基础上，在第八章“社会保险基金”中用 8 个条文对社会保险基金的组成、财务管理、统筹层次、收支平衡以及预决算进行了规定。其中值得关注的是，首次明确了我国社会保险统筹层次的目标。《社会保险法》出台之前，我国社会保险的五个险种均以地方统筹为主，其中养老保险基本实现省级统筹，但是医疗保险和生育保险的实际统筹层级是绝大多数县（市）级统筹，只有少数城市实现了市级统筹。社会保险统筹层次低、基金分散存在较多的问题：（1）影响社会保险基金的风险防御能力；（2）限制流动人口社会保险权的实现；（3）增加了社会保险基金监管的难度。因此，《社会保险法》第 64 条规定，基本养老保险基金逐步实行全国统筹。其他社会保险基金实行省级统筹，具体时间、步骤由国务院规定。

第一节　社会保险基金预算

一、我国社会保险基金管理存在的问题

社会保险基金与国家财政性资金的关系问题一直是理论界与实务界关心

---

① 参见 2009 年度人力资源和社会保障事业发展统计公报．人力资源和社会保障部网站，http://w1.mohrss.gov.cn/gb/zwxx/2010-05/21/content_382330.htm。最后浏览：2010 年 8 月 20 日。

② 参见前 9 个月五项社会保险基金总收入 12 904.5 亿元．网易，http://news.163.com/10/1022/14/6JJVGKL700014JB5.html。最后浏览：2010 年 10 月 22 日。

的重要问题，从社会保险基金运行的实践看，由于缺乏社会保险基金预算制度的约束，对社会保险基金的安全性带来了以下不利影响：

（一）不同基金之间串用，“拆东墙、补西墙”情况普遍

20世纪90年代中期，由于管理制度不健全，一些地方挤占挪用社会保险基金现象比较严重。为加强管理，1996年《国务院关于加强预算外资金管理的决定》规定，“社会保障基金在国家财政建立社会保障预算制度以前，先按预算外资金管理制度进行管理，专款专用”，自此，社会保险基金开始逐步纳入财政专户，实行收支两条线管理。1999年，财政部、劳动保障部共同制定的《社会保险基金财务制度》进一步明确规定，各项社会保险基金应纳入单独的社会保障基金财政专户，实行收支两条线管理，并对社会保险基金预算的编制、执行、调整和决算作了规定，初步建立起部门间相互支持、相互制约的社会保险基金管理体制，强化了社会保险基金的财政管理和审计监督，有效防范了基金被挤占挪用的风险，社会保险基金的安全性大大增强。但是，在2010年我国实行社会保险基金预算制度之前，全国大部分地区社会保险基金还没有纳入预算管理，基金收支只有事后的决算，没有事前统一规范的计划、预算，执行中缺少必要的依据和约束力，财政补助责任不明确，常常是临时性的安排。各级地方政府在不同基金项目之间“串用”，“拆东墙、补西墙”的现象十分严重。

（二）社会保险制度中的政府责任不明

由于我国社会保险基金尚未实现全国统筹，因而各级政府对社会保险基金都负有管理职责，在社会保险基金出现支付不足时，各级政府对此也负有财政义务，即应当对财政资金缺口予以补助。以往由于社会保险基金预算制度缺位，各级政府无法预判、提前考量社会保险基金的资金缺口。当社会保险基金缺口出现时，又寄希望于基金之间的相互拆补或者只能求助于上一级政府，因而在制度上并没有体现政府对于社会保险基金的补助责任，也不利于保证社会保险基金的政府补助来源。

（三）不利于社会保险基金的安全监管

近年来，社会保险基金规模越来越大，如此庞大的资金规模，长期在预算外运行存在较大风险。经济学以及法学家都认为，社会保险基金纳入预算管理，有利于进一步加强基金监管，提高基金管理的法律效力，增强基金管理的透明性，确保了基金的安全完整。纳入预算管理后，社会保险基金收支的预算管理具有法律约束，还要接受人大代表等社会的严格监督，基金的安全性有较大幅度提升，从财政角度来看，相比预算外资金，纳入预算的资金

将得到有效保证，有利于保证社会保险事业的健康稳定发展。[①]

二、社会保险基金预算与政府责任

社会保险基金的性质与一般的国家财政预算资金有明确的界分。首先，社会保险基金并不属于一般的财政预算内资金。按照《社会保险法》第64条的规定，“各项社会保险基金按照社会保险险种分别建账，分账核算，执行国家统一的会计制度。社会保险基金专款专用，任何组织和个人不得侵占或者挪用”。由于社会保险基金主要是由雇主与参保个人缴费形成的各项社会保险基金，它不是财政资金，也不是社保机构的资金，而是所有参保人的公共基金，因此，社会保险基金必须分别建账、分账核算，专款专用，这是社会保险基金性质的必然体现。但是《社会保险法》对社会保险基金的性质未作明确规定，甚为遗憾。

在社会保险基金预算制度中，最核心的是解决好社会保险预算资金与国家财政资金的关系问题，即社会保险预算与政府公共预算之间的关系。社会保险基金与国家财政的关系可以概括为三种模式：紧密结合型、松散结合型和完全分离型。这三种模式中，国家财政对社会保险基金的责任是递减的。根据我国的国情，社会保险基金预算宜采取与政府公共预算相区别的模式，将社会保险基金纳入政府预算，同时又强调社会保险基金不同于政府公共预算资金，各级政府不得随意侵占或挪用。[②]

但是社会保险预算与政府责任之间具有密切联系。一方面，通过独立预算制度可以确保社会保险基金的独立性，不至于被财政挪用、挤占；另一方面，通过预算也可以清晰地确定政府的责任，因为，通过预算可以确定社会保险基金的缺口。因此，《社会保险法》草案征求意见阶段，有人提出，草案规定了政府责任，但仍然是一种概括性责任，而不是一种具体、明确的责任。政府的补助既缺乏明确的计算基准，也缺乏明确的责任条款。建议对政府责任作进一步规定，如每年政府补贴法定比例的社会保险费，或者从税收中拿出一定的比例来明确补助社会保险基金。还有人建议，规定各级财政应将财政收入的20%补助社会保险基金，同时，明确国有企业职工视同缴费部分由政府补助，对低收入者、下岗失业人员、残疾职工、工伤职工等社会弱势群体参加社会保险，给予财政补助。[③] 有学者提出，《社会保险法》是一部重要的法律，它属于社会法。社会法是私法公法化的产物，在社会法的

---

① 参见胡鹏. 专家学者高度评价建立社会保险基金预算制度，http://sbs.mof.gov.cn/zhengwuxinxi/diaochayanjiu/201003/t20100311_275468.html，最后浏览：2010年7月29日。

② 参见郑功成. 论社会保险财政问题及其政策取向. 中国社会保险. 1997，2

③ 参见各地人民群众对社会保险法草案的意见（二）. 中国人大网，http://www.npc.gov.cn/npc/zt/2009-01/12/content_1467066_3.htm，最后浏览：2010年8月25日。

理论中，国家的功能逐渐转换为保障人民具有人格尊严最低生存条件的给付行政。《社会保险法》主要调整政府与劳动者的关系，处理政府与劳动者的基本问题，因此，在《社会保险法》中，政府的责任必须详细而明确。政府在社会保险制度中，事实上承担着财政支持、行政监督与公共服务等三种责任，但社会保险法中，对政府承担的责任规定较少，并且政府的各项责任仍然是一种“应当”的概括性责任，而不是一种“必须”的具体责任。①

三、社会保险基金预算模式的国际比较②

（一）政府公共预算模式

政府公共预算型模式是将社会保障资金全部纳入预算内，同政府其他收支混为一体，国家全面担负起社会保障事业的财政责任，采取此种模式的代表性国家为英国、瑞典及北欧国家等。在这种模式下，并不存在名副其实的社会保障预算，而政府对于社会保险基金负有无限责任。政府公共预算型模式可以切实保障每一位公民或居民的基本生活，体现了较高的福利水平；福利开支体现了政府的理想、意志和政策，政府能够控制社会保障事业的进程，直接参与其具体的管理工作。但是由于没有专户管理，社会保险基金与行政资金可能相互挤占，政府可能利用社会保险基金的结余来弥补行政预算赤字，在这种方式下，只能实行现收现付制，无法实行基金积累制。

（二）政府专项预算模式

政府专项预算模式是指在编制政府公共预算时，将社会保障资金收支单独划出来，编制一个子预算。较政府公共预算形成了一定的独立性；将政府的行政职能与国家在社会保险中的组织者身份相区别，能够相对完整地反映社会保障资金收支情况。但是由于没有完全独立，造成社会保障预算管理权限不明，未根本解决社会保障基金管理体制的弊端，使社会保障预算的编制流于形式。

（三）一揽子预算模式

一揽子预算模式是把来自社会保障基金的收支和来自政府公共预算安排的收支合为一体，全面反映社会保障收支、结余投资及调剂基金的使用情况。一揽子预算模式能够全面反映社会保障资金收支情况和资金规模，体现国家社会保障整体水平；可以对社会保障的资金需求作出全面、统一的安排，有利于社会保障事业的协调发展；体现了社会公众对社会保障事业的监督管理；国家对社会保障事业的财政负担既不是过重，又有所承受，均在合

---

① 杨思斌．社会保险法草案存在问题研究．中国劳动关系学院学报．2009，4

② 参见郭士征．社会保险基金管理．上海：上海财经大学出版社，2006．290～291；林义．社会保险基金管理．北京：中国劳动社会保障出版社，2002．153～155

理的限度内。但是此种模式由于涉及部门利益的重新调整，实施难度很大；具体编制方法比较复杂，技术处理有一定难度。此外，当前社会保障事业多头管理，易于造成预算编制权限的割裂，影响社会保障预算的编制与执行。

（四）基金预算模式

基金预算模式中，社会保障事业的财务状况以基金的形式来反映，被排除在政府公共预算外，代表性的国家为新加坡和美国。社会保障是其最大的信托基金，包括养老、医疗保健、失业、福利等项目，收入来源主要是社会保险税、捐税和联邦基金的拨款（预算内安排的支付），支出绝大部分用于福利，一小部分用于管理费（约占总支出的1%左右），并反映基金结余及其投资情况。基金预算模式独立于国家预算之外，接受社会公众的监督，均依法律运营，透明度高，政府参与的程度小，所担负的责任小，有利于财政运行。但是政府有可能失去对社会保障事业的控制，使其成为独立性很大的单纯的社会福利事业，而政府承担着对社会保障事业的总担保责任，因此对政府的运转构成潜在威胁。

综上，预算模式的选择与社会保险模式密切相关，在采取福利模式的国家则会采取政府公共预算的模式，如英国、瑞典等，而采取完全积累模式的国家则会采取基金预算模式，如新加坡等。但是无论采取何种模式，其前提是明确政府对社会保险基金的责任，通过预算的方式确保政府财政投入的准确性和规范性。而从国际经验看，只有明确了政府对社会保险基金的责任，才能明确社会保险制度的基本目标与定位，最终才能真正实现社会保险制度的目的。

第二节　社会保险基金监管及运营

我国社会保险基金监管可以概括为政府主导型的纵向层级垂直隔级监管与横向上的碎片化管理。1997 年，我国实行社会保障基金收支两条线管理模式，财政部介入社会保障基金的管理和运行并承担相应的财务监管职能。1998 年，劳动和社会保障部设立了社会保险基金监督司，各地劳动和社会保障部门也设置了相应的基金监督机构，初步确立了我国社保基金监管体系。从纵向上看，社保资金的管理形成了中央、省、地市、县市的层级结构，在中央监管部门对多个统筹单位的监管跨度里，中间隔着省和地市两级政府。中央到地方信息传递严重损失，权力过度弱化，中央政府对地方政府和劳动保障部门只具有业务指导权而无管辖权。从横向上看，由于社会保险基金统筹层级低，各个地方基金形成的上万个“碎片”导致地方政府的权力绝对化、隐蔽化和政绩化，在片面追求高速增长的环境下，地方政府对其使用管理的目标就可能与中央政府的总目标发生冲突，产生背离，它们便会采取各种办法予以变通，千方百计突破限制，以确保地方政府的经济目标。[①]从而导致了社会保险基金监管事实上处于十分松散的状态。这种松散的政府主导型监管模式在投资运营模式上也存在问题。[②]

一、我国社会保险基金监管与运营中的主要问题

根据2009年中国政法大学法与经济学研究中心“社保基金监管立法研究”课题组在全国15个省、自治区、直辖市开展社保基金监管情况的调研，我国社会保险基金监管中的主要问题是[③]：

（一）立法层次太低，基金监管部门执法无力

社会保险基金是一项特殊的公共基金，既决定着人民生活和社会稳定，又与经济建设和资本市场发展密切相关，应该实现依法监督管理，在《社会保险法》出台以前，只在《劳动法》和《社会保险费征缴暂行条例》中作了原则规定，具体监管依据只是部门规章和规范性文件，法律层次很低。随着社保基金管理体制的变化，除社保经办机构外，财政、税务、银行、邮政储蓄等部门相继介入社保基金日常管理，面对诸多部门和机构，基金监督工作环节增多，链条加长，使得社保基金监管部门在横向对有关部门、纵向对地方政府时，监督和被监督的主体不明确，没有处罚权，约束效力差，基金监管部门执法无力，严重影响基金监督管理工作的开展。

（二）基金保值增值问题严重

近年随着通货膨胀率的上升以及基金结余规模的扩大，社会保险基金保值增值的问题不断凸显出来。

1. 基金规模的不断扩大与贬值压力

全国大部分地区的统筹部分结余基金，都是按规定存入国有商业银行或购买国债。银行利率已低于工资增长率，加上近几年的CPI上调，意味着基金的实际贬值。按现行的政策规定，只有全国社保基金理事会允许进行国债、银行存款之外的投资，而省级以下单位结余的社保基金均不享有投资权。随着近年来社保制度的逐步完善，各省级以下单位结余的社保基金规模不断增大，面临贬值所造成的基金流失压力也越来越大。数额如此巨大的基金，如果进行恰当的投资将会带来巨大收益，政策的束缚却使得省级以下的社保基金成为“死水”，被压抑的正常投资带来了基金安全的隐患。目前的现实情况是，主要来自于财政转移的1 330亿元的“全国社保基金”独善其

---

① 郑秉文．社保基金违规的制度分析与改革路径．中国人口科学．2007，4

② 冯果，李安安．滥用与规制：我国社保基金的监管缺失及其补救．当代法学．2007，4

③ 参见胡继晔．对社保基金监管立法的几点思考．法制日报，2009-07-22

身，有法可依，轰轰烈烈；而完全来自于个人缴费的沉淀于地方的1 600多亿元则无章可循，处于“放养”状态，各行其是的结果将潜藏着投资风险和干扰金融市场秩序的危险。[①]

2. 个人账户做实后的客观需求

2001年，国务院决定开展做实个人账户试点，目前已有13个省份开展试点，2009年这些试点省份做实个人账户的资金超过1 500亿元，并因此带来投资问题。面对投资渠道匮乏和CPI上涨的现状，做实个人账户的资金越多，贬值就越多。以辽宁省为例，到2005年年末，个人账户基金已经达到201亿元，面临巨大保值增值压力的同时也产生极为强烈的投资需求。但即使能够进行投资，还面临如下两个方面的问题：一方面中国目前的资本市场是否有能力吸纳巨额的个人账户基金，另一方面个人账户基金能否在资本市场取得高收益率。正如学者郑秉文坦言，“投资运营问题不解决，做实账户就是傻子”[②]。

二、社会保险基金监管与运营模式的国际比较[③]

（一）社会保险基金监管模式的国际比较

在国际上，多数国家通过立法的形式来加强对社保基金的监管，将监管行为制度化和规范化。如新西兰在2001年建立养老基金的同时通过了《养老基金法案》，法国在建立国家储备基金后，相应修改了社会保障法案。这些法律对基金的资金来源、管理架构、投资运作模式等均有明确而具体的规定。[④] 再如美国1974年颁布了《雇员退休收入保障法》，这是一部关于私人养老计划与个人储蓄计划的法案。在此后的几十年中，美国根据实践需要对此法案进行不断修订，并形成了以其为基础的养老基金监管法律体系。主要发达国家的社会保险基金监管模式见表8—1。

（二）社会保险基金运营模式的国际比较

从国际上来看，社保基金的运营模式主要从高度集中的政府主导模式或高度分散的基金运营模式向适度集中型的模式转变（见表8—2）。一般认为，以往对于社会保险基金运营方式各国政府主要有两种基本理念。一是审慎性监管，又称信托监管，根据审慎性原则对基金进行监管，即下文提到的高度分散的运营模式。在这种模式下，监督机构较少干预基金的日常活动，

---

① 参见彭森主编. 中国经济体制改革的国际比较与借鉴. 北京：人民出版社，2007. 370

② 社保基金结余2万亿 13年来利息损失6 000亿. 新京报，2010-10-29

③ 参见吴春明. 中外社会保障模式的比较与借鉴. 学术交流. 2005，3；郭士征. 社会保险基金管理. 上海：上海财经大学出版社，2006. 316～320；林义. 社会保险基金管理. 北京：中国劳动社会保障出版社，2002. 232～271

④ 项怀诚. 关于全国社会保障基金的几个问题. 中央财经大学学报. 2006，1

表 8—1　　主要发达国家的社会保险基金监管模式

国家	负责监管机构	具体经办机构	特征
美国	劳工部、国内税务局、社会保障局、养老金收益保险公司、社会保障信托基金委员会等，联邦社会保障计划的监管组织以财政部和独立的社会保障局为主，劳动部配合；作为第二支柱的私有养老计划的监管以劳动部为主，财政部等起配合作用	联邦政府的社会保障署，在全国有1 000多个分支机构，具体从事社会保障税缴纳情况记录、受益资格认定、咨询以及资金发放等工作	行政与监管分立
日本	监管机构包括中央和地方两级，中央行政管理机构为厚生省和劳动省，地方行政管理机构为都道府县，其国民年金课负责有关年金的行政管理工作，并对所辖市村町进行指导；保险课负责健康保险的实施及指导、监督工作。执行机构也分中央和地方两级	中央执行机构为社会保险业务中心，负责汇总、处理地方执行机构的投保人资料。地方执行机构为社会保险事务所（全国共304家），负责投保人加入健康保险和年金的资格认证、注册、档案记录和保险费收支手续等方面的工作	行政与监管分立
英国	由社会保障部集中统一领导，并由各相关机构分级执行	社会保障部不仅是其监管机构，亦是直接办理组织，从个人保障账号的管理、待遇资格的审查，到资金的发放，都由社会保障部负责，社会保障部既是规则的制定者，又是规则的执行者、监督者	行政与监管统一
瑞典	社会保障基金统一由国家社会保障委员会进行管理，该委员会设在国家社会保险局	各级地方政府成立专门的社会保障管理机构，形成从中央到地方的独立、统一的专门网络	行政与监管统一

表 8—2　　社会保险基金运营模式的类型

主要类型	特征	优缺点	代表国
政府高度集中型	中央政府通过强制手段，将社保基金集中到一家中央基金，由政府专门机构直接进行管理	具有较为明显的规模效应，可有效降低市场参与成本，同时也有利于国家宏观经济目标的实现，但易产生行政干预过多、加剧道德风险、专业管理欠缺、收益率低及服务质量不尽如人意等弊端	美国、新加坡、马来西亚

续表

主要类型	特征	优缺点	代表国
高度分散型	社会保障的参与人根据国家法律建立个人账户，然后从国家核准的基金管理公司中自由选择某家公司，委托其管理自己的个人账户，基金管理公司只要符合相关法律的规定，原则上可自由进出市场	其虽可克服高度集中型的弊端，但其也具有资金规模相对较小、缺乏规模效应、基金管理公司市场推销费用不菲、投保人信息搜寻成本较高、易产生无序竞争以及国家监管难度加大等缺陷	智利
适度集中型	由政府机构统一征收投保人的社会保障款，再由其公开选择若干家经营良好的基金公司等金融机构，具体管理运作社保基金，或者根据投保人的个人选择，确定具体的基金公司		目前绝大多数国家

只是在当事人提出要求或基金出现问题时才介入；在很大程度上，监管机构依靠审计师、精算师等中介组织对基金运营进行监督。二是严格的限量监管，即政府高度集中型模式。在这种监管模式下，监管机构独立性强，权力较大，除了要求基金达到最低的审慎性监管要求外，还对基金的结构、运作和绩效等具体方面进行了限制性的规定，监管机构根据这些规定，通过现场和非现场监管的方式密切监控基金的日常运营，一旦出现问题马上采取行动。在严格限量监管下，政府对社保基金投资具有明确的限制性规定，体现出强烈的政府管制色彩。① 而在审慎性监管模式下，政府较少干预社保基金的日常管理，主要是依靠社会中介组织来监督基金运营。当前社保基金监管正在从严格限量监管走向审慎性监管。即传统的严格限量监管与审慎性监管均发生变化，逐渐开始向适度集中型转移。

当今市场经济国家几乎都选择了资本市场，作为社保基金保值增值的主渠道，并通过一系列的制度设计，来确保社保基金的安全。寻求社保基金安全与保值增值之间的平衡成为监管者孜孜以求的目标。事实上，又由于社保基金的运作是一项专业性很强的工作，国外往往将社保基金交由专门的基金投资管理机构来管理。世界银行的调查表明，由民营机构经营管理的社保基金的收益率普遍高于由政府部门经营管理的社保基金。这主要是因为民营机

① 张新民．社会保险基金投资监管法律制度比较研究．现代法学．2005，4

构在负责社保基金运营时，在投资方面受到较少限制，可以充分利用自身的专业性经验来确保社保基金赢得较高的投资回报率。另外，民营机构可以不受政府经济政策的变迁所引发的短期行为的影响。[①]

三、《社会保险法》制定过程中的相关争论

在草案审议过程中，有人认为，草案对于社会保险基金的限制使用的领域采取列举模式存在问题，因为，从立法技术角度考虑，这种“不得……”的列举不全面。[②] 此外有的委员认为，草案没有一个条文或相关内容明确地表述谁可以对社保基金进行投资，以及如何确定投资运营的机构。“只有确定谁可以来进行投资，后面的一些管理、报告和监管的条文才可以按照监管分离的原则比较合理地加以确定。”如果投资的机构是由社会保险经办机构来指定或选择的，那么由它再来进行投资情况报告和监督的话就不合适，需要第三方来监督。[③]

《社会保险法》第 68 条对社会保险基金存入财政专户，并授权国务院制定具体管理办法。第 69 条规定了社会保险基金可在保证安全的前提下进行投资运营，具体的管理措施授权国务院制定。第 69 条第 2 款还对社会保险基金设定了禁止性规定，即“社会保险基金不得违规投资运营，不得用于平衡其他政府预算，不得用于兴建、改建办公场所和支付人员经费、运行费用、管理费用，或者违反法律、行政法规规定挪作其他用途”。

四、我国社会保险基金监管与运营模式的发展方向

（一）强化社会保险基金的监督管理

社保基金是保障国民福利重要的公共基金，如前文所述，目前国际上各国都建立了法律法规以确保基金的安全管理与运营。各发达国家社会保险基金的监管组织各具特色，但都表现出以下特点：社会保险行政管理部门都注重强化执法权威，确立监管主体独立性，加强垂直管理，并确立各监管主体的协调机制。

由于我国社会保险基金长期处于地方政府条块分割的现实背景下，应当

---

① 本节关于外国社会保险基金的运营问题主要参见：冯果，柴瑞娟．市场与管制的迷思——兼论我国社会保障基金的运营及其监管．现代法学．2008，1；郭殿生．集中投资还是分散运营——中国社会保障基金投资管理模式选择．税务与经济．2003，3；宋晓梧．中国养老保险个人账户基金管理运营和监管．北京：中国财政经济出版社，2005．11～19；张新民．社会保险基金投资监管法律制度比较研究．现代法学．2005，4；李珍等．中国社会养老保险基金管理体制选择——以国际比较为基础．北京：人民出版社，2005．40～49

② 与会人员热议社保基金“不得违规投资”．中国人大网，http://www.npc.gov.cn/npc/xinwen/lfgz/2010-10/26/content_1600859.htm，最后浏览：2010 年 10 月 29 日。

③ 加强对社保基金的社会监督．中国人大网，http://www.npc.gov.cn/npc/zt/2009-01/12/content_1467066_6.htm，最后浏览：2010 年 10 月 29 日。

采取严格的集中型监管模式，即行政机关应当对社会保险基金有较强的权威监管。从中国现实来看，要提高监管的权威性与效率，首先应当提升统筹层级，唯有如此，才能减少在市县一级数千个处于监管链条末端的基金主体，减少中央社会保险行政部门的监管成本。在提升统筹层级基础上，应当重视公众对社会保险经办机构的监督。例如《社会保险法》第70条规定，社会保险经办机构应当定期向社会公布社会保险基金的收入、支出、结余和收益情况。但如果社会保险经办机构不履行该项义务，相对人是否享有请求其公开的权利，或者相对人对账目存有疑问，是否享有请求查阅社会保险基金相应账目的权利，都还可以通过法律进一步规范。

（二）适度拓宽社会保险基金投资运营渠道

有关社会保险基金管理模式，目前国际上通行的做法主要有政府高度集中型、高度分散型与适度集中型。欧美发达国家社会保险基金监管向市场化发展，一些社会保险比较发达的国家如美国、德国都非常注重社会保险基金的保值增值。同时，拉美、东欧国家社会保险基金监管市场化的步伐亦在加快。如果社会保险基金不能有效地投资运营，仅仅存入银行或一些收益不高的国家债券，就不可避免地造成社会保险基金贬值，从长远来看就会造成支付困难。而笔者认为，从我国国情及长远的制度稳定出发，可采用适度集中的基金运营模式。具体而言，地方社会保险基金中的医疗保险、失业保险、工伤保险、生育保险和养老保险中的统筹账户均为短期支付项目，具有现收现付和运转简单的特点。由于其留滞时间不长，积累效应不明显，同时对流动性和安全性要求高，以备即期支付之需，应当主要保证其流动性和安全性的实现，由社会保险经办机构存入银行或购买短期国债是比较好的保值增值方式。养老保险中的个人账户基金由于具有支付期长的特点，应当交由专业基金公司运营，其中，对于投资的途径、范围、标准都应当由法律明确规定，以确保“养命钱”的增值与安全。

第九章　社会保险经办

《社会保险法》第 9 章“社会保险经办”实际上全部是关于社会保险经办机构的规定。社会保险经办机构，是指为了保障社会保险制度高效、安全、独立运行而设立的，依法承担社会保险各项具体业务的组织、管理、执行职责的法定服务机构，其具有社会性、独立性、服务性、非营利性的特征。

我国社会保险实行政事分开，由人力资源和社会保障行政部门主要负责与社会保险有关的政策、法规的制定，而社会保险经办机构主要负责贯彻落实国家有关社会保险的政策、法规，承办社会保险具体工作。我国现行的社会保险经办机构分为中央和地方两个层次。中央机构即人力资源和社会保障部社会保险事业管理中心是最高经办机构，主要履行指导和管理职能。地方社会保险经办机构包括省、地（市）和县（市）三级，省、地两级负担指导和经办的双重职能，县一级机构主要负责经办工作，在一些乡镇和城市社区还设有社会保障事务所，作为业务的平台，从事社会保险经办工作。①

“社会保险经办机构”的表述最早见于 1993 年国务院发布的《国务院批转国家体改委关于 1993 年经济体制改革要点的通知》，此后相关的规范性文件都沿用了该表述，但是均未精确界定其内涵。《社会保险法》亦是如此，其在总则第 8 条对社会保险经办机构作了原则性规定，并在第 9 章以专章形式从第 72 条至第 75 条分别就经办机构的体系和设置、制度构建以及支付待遇、登记和保管缴费信息资料、提供权益记录等权利义务作了规定。社会保险经办机构属于社会保险管理机制的一部分。

第一节　社会保险经办机构的比较法考察

一、域外社会保险经办机构比较②

（一）德国的社会保险经办机构

---

① 孟昭喜主编. 社会保险经办管理. 北京：中国劳动社会保障出版社，2005. 18

② 社会保险经办机构实质上是执行社会保险业务管理职能的组织，在各国的称谓不尽相同，为行文方便统称这些组织为社会保险经办机构。

德国的社会保险经办机构又称社会保险营运机构，按照不同险别采取分类管理模式。

1. 养老保险机构

由于历史原因，德国经办法定养老保险的机构具有多样性，其中最主要的是州养老保险局（LVA），负责管理工人的养老保险，目前全德共有23个州养老保险局。其次是联邦职员养老保险局（BFA），负责管理职员的养老保险。而海员保险局、铁路保险局及联邦矿工联合会作为特别机构负责统一管理本行业工人和职员的养老保险。[①] 此外，农民养老保险经办机构自成体系，联邦有3个、州有16个自治的农民养老保险机构。虽然机构不同，但是所有人员统一适用法定养老保险待遇，养老保险资金统一，工人和职员缴费率一致。上述法定养老保险机构根据自愿原则组成德国养老保险联合会（VOR），其核心任务是咨询和对工作人员的培训。

2. 疾病保险机构

德国疾病保险包括法定疾病保险和私人疾病保险，其中法定疾病保险覆盖90%以上的人口，是疾病保险的主体制度。按照疾病保险基金会承办的人群范围，疾病保险经办机构有7大类全国性组织：海员疾病保险机构、农业疾病保险机构、工人补充疾病保险机构、联邦矿工联合会、手工业疾病保险机构、企业疾病保险机构、职员补充疾病保险机构。除此之外还有一般地方疾病保险机构。其组织架构如前所述。

3. 护理保险机构

由于护理与疾病密切相连，因此德国的护理保险机构设立在疾病保险机构内部。护理保险机构是有自己的管理机构的公法上的独立团体，有自己的章程，护理保险机构的组织是疾病保险机构的组织，护理保险机构雇员的雇主是疾病保险机构。疾病保险机构的管理费用由护理保险机构在一定的标准内偿还。[②] 此种安排充分体现了效率原则。

4. 失业保险机构

《社会法典》第3卷第1条规定，德国联邦劳动局（Bundesagentur für Arbeit）承担劳动促进以及失业保险管理的职责。该局现隶属联邦劳动和社会事务部（Bundesministerium für Arbeit und Soziales）。2002年联邦劳动局开始进行改组，2004年完成。改组后其由政府机构转变为一个具有竞争能力的服务性企业。它的领导结构发生变化，由经理取代官员；在第一线的

---

① 赵立新. 德国日本社会保障法研究. 北京：知识产权出版社，2008. 81

② ［德］霍尔斯特·杰格尔. 社会保险入门——论及社会保障法的其他领域. 刘翠霄译. 北京：中国法制出版社，2000. 66～67

工作人员也由目前的8 500人增加到2.4万人；此外，其领导机构由一个三人董事会组成，该董事会要受政府任命的一个监事会的监督。① 改组后的联邦劳动局以更为社会化、市场化的方式向社会提供高效的就业促进和失业保险服务。

5. 法定事故保险机构

《社会法典》第7卷第114条至第143条规定，法定事故保险营运机构是同业工伤事故保险联合会以及联邦、州和市工伤事故保险营运机构。而同业工伤事故保险联合会则包括工商业同业工伤事故保险联合会、海洋同业工伤事故保险联合会、农业同业工伤保险事故联合会等。② 事故保险运营机构要用所有适当的手段对预防工伤事故、职业病和危害健康的劳动条件以及有效的急救予以关注。

6. 保险事务所

在市和县的行政区域内设立保险事务所。它们对社会保险的所有问题提供咨询，接受向年金保险提出的保健措施的申请和年金申请，引导人们监督法定保险营运机构。联邦保险事务所监督联邦直属营运机构。③

（二）法国的社会保险经办机构

法国的社会保险制度是一套非常庞大和复杂的体系，组成方面十分零碎，主要包括强制性的法定制度以及自愿性的补充制度。法定制度包括一般制度、农业社会互助制度、领薪者特别制度以及独立职业者的老年和疾病自治制度。其中一般制度是法定制度的基础，也是覆盖最广泛的制度。④ 与这种庞杂的社会保险体系相对应，法国的社会保险经办机构也呈现出多样性和复杂性，包括保险所、民间机构、互助会和保险公司等，其中各类保险所发挥主要作用。

1. 一般制度的经办机构

1967年改革前，一般制度由全国社会保障所、地区和基层社会保障所以及家庭补贴所进行管理。1967年改革后，按照风险分立原则以三个全国所取代了原先的全国社会保障所，每个所负责一个不同的分支：疾病和与之相当的风险（全国领薪劳动者疾病保险所，CNAMTS）、老年保险（全国领薪劳动者老年保险所，CNAVTS）和家庭补贴（全国家庭补贴所，CNAF）。由于家庭补贴不属于社会保险，因此家庭补贴所并非经办机构。

---

① 萧烨. 德国经济苦度寒冬. 国际金融报，2002-04-05

②③ ［德］霍尔斯特·杰格尔. 社会保险入门——论及社会保障法的其他领域. 北京：中国法制出版社，2000. 16～17

④ ［法］让-雅克·迪贝卢等. 社会保障法. 北京：法律出版社，2002. 32

经办机构由行政管理委员会负责管理，该委员会由雇主和雇员选举相同数量的代表组成。

（1）疾病保险组织。疾病保险组织实际上负责疾病、生育、残疾和死亡（即除老年和寡居之外的整个社会保险），以及劳动事故和职业病保险的管理。具体包括全国领薪劳动者疾病保险所、16 个地区疾病保险所以及 129 个基层疾病保险所。

（2）老年保险组织。根据 1967 年的改革法令，对老年和寡居风险的管理由全国唯一的机构——全国领薪劳动者老年保险所负责。全国所尤其应该统一并发放给付，并从事有关老年人方面的特殊的社会行动。全国领薪劳动者老年保险所可以得到地区疾病保险所的合作。在前者的监督下（而不是在全国领薪劳动者疾病保险所的监督下），后者可以参与对老年和寡居保险的管理。

（3）负责分摊金征收的组织。所谓分摊金就是指社会保险费。在法国负责分摊金征收的组织包括社会分摊金征收管理处（URSSAF）以及社会保障组织中央局（ACOSS）。社会分摊金征收管理处以前仅是基层疾病保险所和家庭补贴所的共同机构。自 1960 年以来，它们则变成了由法律设立的、由中央局负责和管理下的独立组织。法国国内总共有 105 个地区的社会分摊金征收管理处，在省的范围内它们负责分摊金的征收和有关分摊金的征收的监督和诉讼。社会保障组织中央局根据 1967 年法令所设。其主要使命有二：一方面对地区社会保障和家庭补贴征收管理处进行监督（在与全国领薪劳动者老年保险所及全国家庭补贴所相同的条件下），另一方面负责管理本制度中的各种不同的基金。

2. 独立职业者的老年和疾病自治制度经办机构

该制度主要针对不愿被纳入一般制度的工商界人士、手工业人士以及自由职业者而设立，包括老年保险自治制度以及疾病和生育保险制度，其经办机构各有不同。老年保险自治制度由如下机构进行管理：（1）地区、省、地方、行业或行业间的基层所；（2）旨在“互补”的全国所：就工商行业的制度而言是“全国工商业自治组织补偿所”（ORGANIC），就手工行业的制度而言则是“全国手工行业老年保险补偿自治所”（CANCAVA）。这些所由在职或退休的利害关系人所选举的行政管理委员会管理。疾病和生育保险制度由保障所和执行组织负责。保障所包括地区互助所和全国所：前者主要负责社会被保险者的登记和注册，以及与执行机构之间的关系；后者统领地区所，集中资金并以拨款形式分发到地区所，此外还行使全部监督与协调职能。执行组织是指受地区所委托执行收取分摊金和发放给付任务的具备条件的互助会或保险公司，由地区所与其签订协议，被保险人可在签订了协议的组织间进行选择。

3. 农业社会互助制度经办机构

农业社会互助制度主要适用于农业人口，其管理主要由一系列保障所负责。这些保障组织构成农业社会互助会。农业社会互助制的组织即农业社会互助所，是建立在特殊的全国所领导的全部省级多风险保障所基础上的，包括省级农业社会互助所和全国所。在省级范围内一般只有一个农业社会互助所，专门负责对农业界及类似人士的制度管理，但并不独家管理农业经营者疾病保险和事故保险。全国所即农业社会互助制中央所，负责统领各省农业社会互助所。农业经营者疾病保险和事故保险遵循自由选择原则，参保人可以为自己、配偶以及家庭帮手选择设有相应保险的农业社会互助所或经认可的互助组织或保险组织签订合同。此时这些机构都承担保险经办职能。

（三）英国的社会保险经办机构

英国并没有真正意义上的社会保险经办机构，所有有关社会保险的管理和执行工作几乎都由政府社会保障部门单独或协同其他部门负责，但健康保险除外。目前，英国就业及年金部是国民保险基金的管理机构和直接办理机构，从个人保障账号的管理、待遇资格的审查到资金的发放都由其负责。

1. 英国就业及年金部

按照统一管理的思路，英国政府于 1966 年正式成立了社会保障部（Ministry of Social Security）对社会保险和各项国民补助和津贴进行综合管理。1968 年社会保障部与卫生部合并成立了卫生和社会保障部（Department of Health and Social Security），后于 1988 年再次分立。2001 年社会保障部改革为就业及年金部（Department for Work and Pensions），除继续承担原有社会保障职能外还接管了国家就业促进工作。目前，就业及年金部由就业及年金大臣（Secretary of State for Work and Pensions）和四位国务大臣（Ministers）领导，国务大臣分别负责就业、年金、儿童和家庭、残疾人的保障工作。①

2. 英国皇家税务与海关总署

英国的社会保险费又称为“国民保险捐”（National Insurance Contributions）。在英国，社会保险事务虽然由就业及年金部负责统一处理，但社会保险费的征收工作却是由英国皇家税务与海关总署（Her Majesty's Revenue & Customs）来进行管理的，即皇家税务与海关总署是社会保险费征收机构。税务与海关总署将与缴费人有关的所得税和社会保险费一并征收，其中

① 参见英国国家档案馆网站，http://www.ndad.nationalarchives.gov.uk/AH/48/detail.html#n1，最后浏览：2010 年 4 月 27 日。

雇员应缴纳部分由雇主代扣代缴。

3. 英国卫生部

英国是第一个实行全民健康保险的国家。与养老、失业和工伤保险不同，英国的健康保险由政府直接举办，单独设立健康保险基金，经费由基金和国家财政共同负担，基金通过税收形式筹措。具体事项由英国卫生部（Department of Health）负责，在全国各地分设100多个地区卫生管理局和委员会，负责管理国民保健的具体实施。

（四）美国的社会保险经办机构

美国社会保险经办机构主要包括：社会保障署（Social Security Administration）、财政部（Department of Treasury）、劳工部（Department of Labor）、国家养老基金管理机构（National Institute of Pension Administration）、津贴理事会（American Benefits Council）、卫生和公共服务部（Department of Health and Human Services）、医疗照顾医疗援助中心（Centers for Medicare and Medicaid Services）、公共卫生协会（American Public Health Association）、蓝盾蓝十字健康保险（Blue Cross Bluse）和税收政策中心（Tax Policy Center）等。[①] 美国的社会保险经办机构呈多元化，既兼顾联邦和州、地方政府的分工，又充分发挥社团、公司和私人的作用，具有统一管理和分工管理相结合、专业管理与顾问参与相结合的特点。

1. 联邦政府

联邦政府主要管理部门包括社会保障署、社保和医疗统筹基金信托董事会、社会保障顾问理事会、财政部和国内税收局等。总体而言，社会保障署对社会保障工作实行垂直领导和统一管理，但只负责管理企业员工的老年、遗属、残疾保险，医疗保险由卫生和公众服务部下属的卫生保健财务管理署负责。失业保险和工伤保险由各州政府负责管理，缴费采征税制，由州政府统一征收。劳工家庭的医疗保险由企业自行管理，费用由雇主和雇员分担。[②] 但具体到各险种，各部门往往分工合作，密切配合，共同进行管理。如联邦政府派出的州社会保障署负责监督各州的社会保障管理工作，并协调州与联邦政府在社会保障方面的关系，为公民提供与联邦社会保障有关的服务。

2. 州政府

各州内部设立了各自的社保基金管理机构来负责本州自己设立的公共养

① 陈蒙蒙. 美国社会保障制度研究. 南京：江苏人民出版社，2008. 107

② 陈蒙蒙. 美国社会保障制度研究. 南京：江苏人民出版社，2008. 107～108

老保险、疾病和生育社会保险、工伤保险、失业保险等。[①] 1935 年国会通过立法授权各州政府建立失业保险制度，失业保险项目由州政府指定的就业保障代理机构来管理，包括州法律规定的有关失业保险记录、失业保险税筹集、受益人资格的确定、索赔过程和失业救济金的支付等。这些代理机构包括独立的就业保障董事会或委员会、指定的州政府某个独立部门以及州政府现有的某个劳动部门。

3. 私人机构

美国的私人机构主要在医疗保险领域发挥作用。在美国，80%以上的国家公务员和 70%以上的私营企业雇员都参加商业医疗保险制度。美国的商业医疗保险有多种形式，如一般商业医疗保险以及由保险公司直接参与医疗保险整个运行过程管理的管理式医疗保险，组织机构有多种形式，包括非营利性组织，如由医生组织发起的蓝十字组织和医院联合会发起的蓝盾（Blue Shield）组织，以及营利性组织，如健康维持组织（HMO）。无论采取何种形式，美国的私人机构都是通过市场化运作方式来进行经营和管理，这与其他国家的社会保险社会化运营存在很大不同。

（五）日本的社会保险经办机构

由于地缘、文化等因素，日本的社会保险经办机构呈现出与中国相近的特色。尽管日本的社会保险经办机构随着社会保障管理体系的革新而不断变迁，然而日本社会保障管理体系所具有的行政主导特色始终没有改变，始终由中央省厅和各地行政分支机构承担包括决策和管理在内的所有工作。

1. 中央社会保险经办机构

1962 年为了适应“全民皆保险”的形势，日本政府对厚生省负责社会保险的部门进行了行政改革，实行计划与运营相分离政策，社会保险的计划、立案等政策性业务由厚生省下的保险局和年金局掌管，医疗及年金保险的具体业务则由从厚生省分离出来的独立的社会保险厅统一担当。[②] 2001 年，厚生省与劳动省合并为厚生劳动省，社会保险厅地位和性质不变，但不负责工伤保险。

具体而言，社会保险厅是厚生劳动省的外设机构，负责国民年金保险、厚生年金保险、政府管理的医疗保险以及海员保险的实际运作，其职责包括管理被保险人记录、保险费征收、对年金申请的确认、年金支付以及咨询

① 陈蒙蒙. 美国社会保障制度研究. 南京：江苏人民出版社，2008. 109

② 赵立新. 德国日本社会保障法研究. 北京：知识产权出版社，2008. 158

等。[①] 社会保险厅下辖的社会保险业务中心则是经办业务的承担主体。

工伤保险由厚生劳动省劳动基准局负责管理。其中，由劳动保险征收科具体负责劳动保险的适用及征收、劳动保险事务组合的业务监督、劳动保险特别会计征收勘定经理的管理以及社会保险咨询师管理等相关事宜；由劳灾补偿部负责劳动者灾害补偿保险事业的综合管理，包括基于劳灾保险法的各种保险给付的支付、与劳灾保险相关行政事件的诉讼、与劳灾保险相关的保险给付的记录等。[②]

2. 地方社会保险经办机构

日本的地方社会保险经办机构主要是指各地方政府相关部门。各都道府县的主管部门均设有保险课及国民年金课。保险课主管健康保险、船员保险和厚生年金，同时对各保险组合、厚生年金以及医疗机构进行指导和监督。除地方政府相关部门外，社会保险厅还在各地设有地方社会保险事务局和社会保险事务所作为派出机构，担当社会保险费的征收和发放、保险加入的批准等大部分实际业务。[③]

3. 独立的互助组合及其联合会

在日本，特定行业或被雇用者通过互助组合的形式获得保障。目前主要包括国家公务员互助组合、地方公务员互助组合、私立学校职员互助组合及农林渔业团体职员互助组合四种。互助组合是依法成立的独立法人，每一组合都有专门法律对其进行调整。组合还可以组成联合会以便提升统筹层次，提高组合共同抵御风险的能力。联合会亦是独立法人。关于组合和联合会的设立、职能、福利给付等，各相关法律均作出了详细规定。组合及其联合会的年度财务状况由财务省负责进行审核。

二、域外经验对我国的启示

（一）各国社会保险经办机构的个性化

通过比较研究不难发现，各国的社会保险经办机构体系都不完全相同，体现出鲜明的个性化，究其原因有二：

一是社会保险经办机构的构建与一国经济、社会、文化、历史传统，尤其是政治体制架构密切相关。从某种意义上说，社会保险管理体制与政治体制有许多相似之处，同样具有决策机构（社会保险政策制定者）、执行机构（社会保险经办机构）、监督机构（社会保险监督机构）。社会保险的政策制

① 参见厚生劳动省网站，http://www.mhlw.go.jp/english/org/policy/p41.html，最后浏览：2010年4月28日。

② 参见日本电子政府综合窗口：政府机构一览，http://search.e-gov.go.jp/servlet/Organization?class=1050&objcd=100495&dispgrp=0110，最后浏览：2010年4月28日。

③ 赵立新．德国日本社会保障法研究．北京：知识产权出版社，2008.158

定者往往是政府，而利益享受者则是国民，有时此二者的利益并不一致。尤其是当筹集了数额巨大的社会保险基金时，政府往往因担心经办机构能否处理和运用好这笔资金而倾向于对其进行干预，而民众则担心无法对政府的干预行为进行有力监督以致基金可能被过度热心的政府挪作他用，因此需要设计制度以实现此三者之间的彼此牵制和制衡。受主流政治思想理念影响，该种制度设计往往与政治体制一脉相承。作为整体社会保险管理体系的一部分，社会保险经办机构自然呈现出较大的差异性。

二是社会保险经办机构直接受到一国所采用的社会保险模式的影响。各国虽主要都是由政府、雇主、雇员三方共同出资形成社会保险基金，但在资金的分配、积累、运用等各方面，各国都依照本国实际设计了相应的社会保险模式，因此对社会保险经办机构的地位、形式、体系、职能等都提出了不同的要求。而社会保险经办机构即是为该国所量身打造，其个性化的体系安排实属必然。

（二）各国社会保险经办机构的复杂性

各国社会保险经办机构层层叠叠、纷繁复杂，机构间常有交叉重复，整体制度体系非常庞大。从理论上说，社会保险经办机构应当遵循效率原则，在机构设置和职能承担上都应当注重以更小成本获取更大效益。而现行各国经办机构虽仍然在不断改革试图提高效率，但机构臃肿、职能重叠的弊病都未能得到很好的解决。其原因：一是因为随着人口的不断增长和人口老龄化的加速，社会保险经办机构的工作量大大增加，原有机构已无法处理不断攀升的各类社会保险申请；二是因为各国的社会保险制度建立历史较久，以致有一些习惯做法已延续了许多年而形成路径依赖，由于“沉没成本”（已经付出且不可收回的成本）的存在而导致改革阻力较大；三是与各国的多党政治体制相关，各种部门改革方案往往由于涉及部门或党派利益而难以获得通过。

（三）各国社会保险经办机构均强调其服务性

各国的社会保险经办机构虽然性质各不相同，但均强调其对于参保人的服务职能。在各国立法中，对于经办机构的职责义务均有较为明晰的规定，参保人借此可依法向经办机构主张其权利。此外，其机构设置、办事流程等处处体现出便利参保人的特质，例如各国经办机构均设有专门的业务网站，参保人可以通过网络、电话等迅速地查询和办理相关的社会保险业务。各国还设有相应的监督申诉机构，对于经办机构的不作为，参保人有权向相关机构提出申诉或听证申请，要求就其主张进行复核或举行听证会。

第二节　我国社会保险经办机构的建构和完善

一、《社会保险法》制定过程中的相关争论

（一）社会保险经办机构设置、名称的争论

目前，在中央层面实现了单一部门统一负责社会保险管理各项事务的目标，并通过其下设的直属事业单位社会保险事业管理中心来对全国各地的社会保险经办机构业务进行指导。但就地方层面而言，由于中央授权各省自行构建社会保险经办机构，导致各省经办机构存在着机构设置不统一、机构规格和名称不统一、系统内部管理不规范等问题。仅以机构设置为例，除个别地区的省级社会保险经办机构实行五险合一外，其他地区按险种分设了多个经办机构，且各经办机构的工作流程、职责范围亦千差万别。因此，《社会保险法》制定过程中，许多群众反映各地社会保险机构设置、名称不统一的问题。①

（二）社会保险经办机构性质定位的争论

关于社会保险经办机构属于何种性质的组织，在立法过程中争议极大。实践中，中央和各地社会保险经办机构的性质均为事业单位。有人主张，现实中一些地方将养老和失业保险的经办机构定性为参照公务员法管理的单位，但医疗、工伤、生育保险经办机构却没有参照公务员法管理，建议在立法中统一回归行政序列。②但也有群众反映，某些地方的社会保险经办机构以行政机关自居，“门难进，脸难看，事难办”，对参保人了解和行使自己的权利造成很大障碍，因此十分有必要在立法中摆正其位置、明确其性质。有人则建议，社会保险经办机构应当定位为代表政府办理社会保险具体业务，直接隶属于省级政府的政府部门，应当脱离社会保险行政部门，避免社会保险行政部门既是运动员又是裁判员的尴尬身份。③

（三）社会保险经办机构的现行管理模式的争论

目前各地社会保险经办机构虽属事业单位，但有的地方直接规定其在行政上隶属于当地人力资源和社会保障部门，有的地方虽然名义上仅在业务方面受本地人力资源和社会保障部门“指导”，但实际上并没有摆脱行政部门的实质影响。由此导致的结果就是政事分开有名无实，一些地方政府部门超

---

①② 各地人民群众对社会保险法草案的意见（一）. 中国人大网，http://www.npc.gov.cn/npc/zt/2009-01/12/content_1467066_7.htm，最后浏览：2010 年 11 月 4 日。

③ 各地人民群众对社会保险法草案的意见（三）. 中国人大网，http://www.npc.gov.cn/npc/xinwen/lfgz/lfdt/2009-02/23/content_1471720_4.htm，最后浏览：2010 年 11 月 4 日。

越行政管理范畴，直接干预社会保险基金的支出，动用社保基金用于市政建设、弥补财政赤字等违规行为。这样既无法切实履行行政管理和监督职能，又无法使社会保险业务真正发挥保障作用，加之监督机制的缺位，直接危及缴费人和被保险人的合法权益。因此有人建议，有必要推广社会保险经办机构的垂直管理模式，打破行政上狭隘的地方利益保护思想。①

（四）社会保险经办机构的工作程序的争论

由于缺乏统一规定，各地社会保险经办机构都制定有各自不同的经办工作程序。有些工作制度未贯彻便利参保人的原则，给群众查询和办理相关社会保险工作带来了极大的不便。对此，有人建议国家应当建立社会保险账户网络查询系统，充分利用高科技的信息系统，更好地提高查询服务，方便广大人民群众查询，接受广大人民群众的监督。有的建议社会保险经办机构统一办公地点、业务申报。企业和群众在办理社会保险事务时，只要填报一个表格，在一个窗口统一申报，后台数据统一处理，各险种经办人员依照各自的业务范围进行相关数据处理和业务办理，实现一个平台、各险种分类管理的目标。②

二、我国社会保险经办机构的完善建议

（一）统一机构名称和机构设置

《社会保险法》并未规定社保经办机构的名称和机构设置。但从社会保险各险种的发展趋势来看，提高统筹级别、实行统一管理应当是未来制度构建的目标。而随着劳动人口流动的增大，异地保险转移接续业务将会迅速增多，从社会保险制度本身的属性来看，经办机构的名称统一和机构统一均有利于参保人办理社会保险业务。再者，统一经办机构名称，将各险种纳入单一经办机构一体管理，不仅能够节省社会保险管理成本，还能有效提高经办机构的工作效率，充分发挥流水线、集约化处理流程的优势。

考虑到机构改革中所必然面临的问题和阻力，可先从统一机构名称入手，参照中央社保经办机构将上下级以及同级经办机构之间的名称作统一规定。就机构设置而言，可以将已经实行五险合一的地区的经办机构作为典范，要求各地参照样板，加快分险种经办机构的合并速度，必要时可指定一些地区作为试点，妥善处理好机构合并中的人员安置和工作交接工作，使得经办机构得以平稳过渡。

（二）明确社会保险经办机构的职能定位

《社会保险法》在总则部分增加规定了第 8 条：“社会保险经办机构提供

①② 各地人民群众对社会保险法草案的意见（一）. 中国人大网，http://www.npc.gov.cn/npc/zt/2009-01/12/content_1467066_7.htm，最后浏览：2010 年 11 月 4 日。

社会保险服务，负责社会保险登记、个人权益记录、社会保险待遇支付等工作。”而第7条则规定中央和地方各级社会保险行政部门负责社会保险的管理工作。据此，社会保险经办机构的职能定位即为社会保险服务机构，以与社会保险行政部门的管理职能相区别。这是我国首次在立法中明确规定了社会保险经办机构的职能定位，对于立法过程中的各种争议和意见作出了回应，具有十分重要的意义。这就意味着未来经办机构及其工作人员应当明晰自己的定位，将服务参保人员作为自己的法定义务，积极履行其法定职责，否则就需承担相应的法律责任。

需注意的是，经办机构作为事业单位在履行其职责过程中仍享有必要的行政管理职能。事实上，根据《事业单位登记管理暂行条例》的规定，事业单位是指国家为了社会公益目的，由国家机关举办或者其他组织利用国有资产举办的，从事教育、科技、文化、卫生等活动的社会服务组织。可见，社会保险经办机构原本并非也不应成为行政机关，其虽行使一定的行政管理职能，但都是为了更好地履行其服务职能，不应本末倒置。

（三）完善社会保险经办机构的管理模式

《社会保险法》关于社会保险经办机构管理模式的规定仍比较模糊。第72条第1款规定：“统筹地区设立社会保险经办机构。社会保险经办机构根据工作需要，经所在地的社会保险行政部门和机构编制管理机关批准，可以在本统筹地区设立分支机构和服务网点。”据此，既然社会保险经办机构有权力经批准设立分支机构，则各级经办机构之间应当形成的是上下级之间的垂直领导关系。而社会保险行政部门则只对各级经办机构负有监督职责，不应再视为具有领导关系。但是此种解释是否是立法者原意，能否在实践中据此将经办机构从行政机关剥离，使其独立履行义务、承担职责，需要进一步的立法或司法解释予以明晰。从当前经办机构的职能定位以及与行政机关的职责划分来看，垂直管理模式更符合我国未来社会保险制度的构建目标，能够更好地保障资金安全、业务独立，为参保人提供更好的服务。

（四）明晰社会保险经办机构的体系构建

《社会保险法》第72条同样对社会保险经办机构的体系构建作了原则性规定。然而，统筹地区设立什么样的社会保险经办机构，社会保险经办机构被授予的设立分支机构的权限有多大，分支机构所履行的职能是否有限制等，这些问题在立法中都没有进一步的体现。虽然《社会保险法》作为社会保险领域的基本法主要在于为各项具体立法提供框架性指导，然而过于宽泛的授权性条款可能引发社会保险经办机构自身或是社会保险行政管理部门自由裁量权的滥用，从而导致财政拨款和社会资源的浪费，无法实现经办机构的效率价值。因此，有必要在今后的立法中加强对经办机构体系构建、机构设置的监督工作，防止机构膨胀、人浮于事的情况发生。

（五）简化社会保险经办机构的办事程序

关于社会保险经办机构的办事程序新法并未提及。在统一机构名称和统合机构设置的基础上，未来有必要对经办机构的办事程序进行规范。考虑到我国各地情况差异较大，颁行统一适用于全国的办事规则可能难度较大且不具有现实性。但可以由中央社保经办机构制定经办机构办事手册作为参考和样本，各地可根据办事手册的原则和精神以及相应内容，结合本地区实践实行相应的办事流程，严禁违背《社会保险法》立法目的和基本价值取向而制定不当的办事程序或前置条件。参保人对于不当或不合理的办事规则可以向社会保险行政部门提出申诉，由行政部门勒令其改正。

第十章　社会保险监督

社会保险监督是社会保险制度的重要组成部分，是社会保险制度得以建立和顺利运行的基础和保障。社会保险监督主体在监督体制中发挥主导性作用，只有明确了监督主体的范围及其权责才能合理分配监管资源，保证监管效果，提高监管水平。因此，社会保险监督体制建立的重心在于明确监督主体和被监督主体的范围及其法律关系。此外，随着社会的发展和科技的进步，监督体制的信息化水平成为检验监管体制成熟程度及其有效性的重要指标，因此，我国应当着力建立健全社会保险信息系统。

《社会保险法》通过之前，我国社会保险监督体制的立法工作相对滞后，在实践中暴露出较多的漏洞和问题。因此，《社会保险法》强化了社会保险监督的规定，其在第十章“社会保险监督”用8个条文规定了立法监督、行政监督和社会监督等多种监督形式。

第一节　社会保险监督机构与职责

一、我国社保监督机构的现状及问题

我国现行的社保监督制度较为分散，其外部监督主要是以行政监督、审计监督为主，而内部监督则是由各级社会保险经办机构①和全国社保基金理事会（以下简称“社保基金理事会”）内部设立的机构实施。各地屡屡曝光的社保基金被挪用的案件表明，现行的社保监督机构及其职责的发挥不甚理想，究其原因在于：

一是从外部监督来看，过度地依赖行政监督，而社保经办机构与社保行政部门之间具有密切“亲属”关系，因此，社保行政机构对于社保经办机构的监督在一定程度上是自己监督自己，难以发挥真正的监督作用。此外，审计监督机制不完善，缺乏制度基础，而在审计过程中，多数情况下仅审计社保基金的收入和支出环节，未审计全过程。

二是从内部监督来看，依靠社保管理机构内设的监督机构来实施监督，

① 根据财政部2006年发布的关于加强与规范财政资金专户管理的有关文件的规定，基本养老保险基金专户等财政资金专户的管理权统一收归财政部门下属的国库部门。

效果不甚理想。各地的社会保险经办机构的名称、级别以及职责范围不尽统一，使我国各级社会保险经办机构在内部监督机构设置和内部监督机制方面也难以实现统一。而社保基金理事会作为全国社会保障基金管理机构，直属于国务院，是负责管理运营全国社会保障基金的独立法人机构。[①] 在社保基金理事会九个常设机构中，负有监督职能的部门共有六个。其中基金财务部、投资部、境外投资部和股权资产部四个职能部门的监督职能主要是代表社保基金理事会对基金的外部委托投资等行为进行监督，是一种对外监督，而不是内部监督。而法规及监管部主要承担全国社保基金的内部稽核职能，属于行政管理部门中内部监督部门。机关党委（人事部）负责机关纪检工作，也负有内部监督职能。在这两个内部监督部门中，法规及监管部更加侧重于从业务的角度对各职能部门进行合规审查及相应的内部监督。

在社保基金理事会三个非常设机构中，投资决策委员会和风险管理委员会[②]在投资决策和风险管理相关工作过程中，具有内部监督的功能。社保基金理事会在进行重大投资时，都要经过投资管理委员会审议通过，还要经过风险管理委员会审议通过[③]，以保证两个委员会能够行使其监督职能。从委员会人员构成情况上看，投资决策委员会和风险管理委员会的主任委员多由理事会的理事长或者副理事长兼任。

二、《社会保险法》制定过程中的相关争论

（一）关于社保监督体制的争论

有的意见认为，社会保险行政部门必须加强对社会保险基金的监管，但目前社会保险基金监管体制不合理。社会保险经办机构是社会保险行政部门的下属机构，而具体行使监管权的也是社会保险行政部门的下属机构，因此社会保险行政部门集行政监管人与投资运营人于一身，自己监管自己，这是一个极大的制度隐患。建议理顺社会保险基金监管体制，建立相对独立的、规格较高、代表三方利益的监管机构。

（二）关于加强社会保险基金监督的争论

要确保基金的安全和保值增值，必须加强监督，构筑全面、严密、科学、有效的监督体系。目前社会保险基金结余数量很大，对基金运营行为的

---

① 参见全国社会保障基金理事会．社保基金会简介．全国社会保障基金理事会网站，http://www.ssf.gov.cn/web/Column.asp?ColumnId=10。最后浏览：2008 年 1 月 18 日。

② 2002 年社保基金理事会成立了投资决策委员会和风险管理委员会，并同时制定了《投资决策委员会工作暂行办法》和《风险管理委员会工作暂行办法》。但是，笔者未能从公开渠道获得《投资决策委员会工作暂行办法》和《风险管理委员会工作暂行办法》两项文件的内容。

③ 参见项怀诚．社保基金投资“安全至上”．和讯网，http://insurance.money.hexun.com/3855_624107A.shtml，最后浏览：2008 年 3 月 16 日。

监督不容忽视。为保证社会保险基金进入财政专户后及时转存定期存款和协议存款，提高基金运营效益，促进基金的保值增值，建议增加有关运行不当给基金造成损失行为的法律责任。

三、《社会保险法》的立法选择及分析

（一）《社会保险法》的立法选择

《社会保险法》对于上述意见和争论中涉及的大部分内容作出了规范和调整。

第一，《社会保险法》明确了社会保险行政部门的监督职责。《社会保险法》第77条规定："县级以上人民政府社会保险行政部门应当加强对用人单位和个人遵守社会保险法律、法规情况的监督检查。"

第二，《社会保险法》明确了财政部门和审计部门的监督职责，同时明确了立法机关的监督职责，避免社会保险行政部门"自己监督自己"情况的发生。

第三，《社会保险法》明确规定国家对社会保险基金投资运营实行严格监管："社会保险基金不得违规投资运营，不得用于平衡其他政府预算，不得用于兴建、改建办公场所和支付人员经费、运行费用、管理费用，或者违反法律、行政法规规定挪作其他用途。"同时将全国社会保障基金纳入规范范围，并明确了财政、社会保险行政以及审计部门的监督职责。

（二）《社会保险法》的立法分析

1. 明确立法监督机构的监督权

《社会保险法》第76条对各级人民代表大会常务委员会行使监督权作出了明确规定，各级人大常委会不仅有听取专项报告的权力，同时还具有组织对本法实施情况进行执法检查的权力。明确立法机关的监督权十分重要。对立法机关而言，"和立法同等重要的事，是对政府的严密监督"①。从美国②等西方法治国家的经验来看，立法机关的重要职能就是对行政机关行使权力的监督。在我国，行政监督主体对于社会保险监督体制的运行具有关键性影响。如果行政监督主体怠于履行监管职责或者滥用监管权，将直接影响到社会保险制度的正常运行，并可能诱发寻租行为。因此，立法机关在通过立法形式对行政监督主体的法定监督义务作出规定的同时，还应当对行政监督主体的执法情况实施监督，督促行政监督主体适当履行职责，保证社会保险监

---

① ［美］威尔逊. 国会政体. 北京：商务印书馆，1986. 164

② 美国国会两院通过的一些法案以及一些法律提案中，明确规定了法案相关执行部门负有向国会报告的义务，例如，美国财政部在向国会提交的金融救助提案中的第4部分明确规定了向国会相关职能委员会的报告义务。参见 TEXT-U. S. Treasury proposal for asset-purchase fund，http://www.reuters.com/article/idUSN2034655520080920，最后浏览：2010年1月7日。

督法律制度的实施效果，这既是立法机关的权力，也是其应履行的义务。

在我国，国务院对于行政监督机关具有较强的影响力和监督作用。但是，其身份更多地表现为上级行政机关而非立法机关，即更多的是行政权在发挥作用，而不是立法监督权在发挥作用。诚然，根据《地方各级人民代表大会和地方各级人民政府组织法》的规定，县级以上的地方各级人民代表大会常务委员会有权监督本级人民政府工作，并受理人民群众对政府机构和国家工作人员的申诉和意见。但是，此类监督性规定过于笼统，缺乏针对性。此次《社会保险法》对各级人民代表大会常务委员会的监督权作出明确规定，是我国社会保险立法的重要进步。

2. 规范行政监督机构的范围与职责分工

从《社会保险法》的规范内容来看，各行政监督机构的职责各有侧重。

(1) 社会保险行政部门。《社会保险法》明确规定，社会保险行政部门应当加强对用人单位和个人遵守社会保险法律、法规情况的监督检查，同时有权对社会保险基金和全国社会保障基金的收支、管理和投资运营情况进行监督检查。在此基础上，《社会保险法》还对社会保险行政部门依法可以采取的措施以及用人单位和个人的配合义务作出了明确规定。

(2) 财政部门与审计部门。《社会保险法》规定，财政部门、审计机关按照各自职责，对社会保险基金和全国社会保障基金的收支、管理和投资运营情况实施监督。此外，《社会保险法》还授权国务院制定财政专户的具体管理办法。

(3) 其他行政监督部门。《社会保险法》还规定，卫生行政部门等部门对属于本部门、本机构职责范围的举报、投诉，应当依法处理。

纵观《社会保险法》对于行政监督机构范围和职责的规定，有以下几方面内容值得关注：

首先，确立了“一方主导，多方制衡”的监督模式。《社会保险法》明确社会保险行政部门在社会保险行政监督中的主导地位，财政部门、审计部门等其他行政监督主体分别依法履行财政监督和审计监督等监督职能，对社会保险行政部门的监督权力进行必要的补充和制衡。从国际经验来看，许多国家在社会保险监督领域采取多个行政监督主体共同实施监督的模式。例如，美国的监督机构包括劳工部、国内税务局、养老金收益保险公司、社会保障咨询理事会等。英国的监督机构包括社会保障部职业养老金局、国税局养老金计划办公室等。捷克的监督机构包括财政部、养老保险与保险监管司等。[①] 这一监督模式符合国际趋势。这一监督模式的确立有其历史和现实的必然性。我国历史上曾采取过一方主导的行政监督模式，但事实证明，一方主导的模式很容易导致监督失灵和寻租行为的发生。从权力制衡的角度来看，引入其他的行政监督主体符合权力制衡的需要。

其次，确立了主动监督与举报、投诉受理相结合的监管方式，强调行政监督机构的主动性。《社会保险法》在强调社会保险行政部门等行政监督机构主动监督权的同时，着重强调了各相关行政监督机构在受理举报和投诉时应当做到依法处理、依法移交，及时处理、不得推诿。这一规定针对监督实践中存在的行政监督机构互相推诿，不及时处理举报、投诉的情形，强调了行政监督机构的主动性。不仅督促行政监督机构适当履行监督职责，还对社会监督的实现提供了重要保障。

最后，部分行政监督机构监督权的行使方式有待明确和细化。《社会保险法》在社会保险监督一章用了很大的篇幅，对社会保险行政部门监督权的行使方式，以及相关被监督主体的配合义务作出了规定。这与社会保险行政部门在行政监督体制中的主导性作用有着密切的关系，有利于社会保险行政部门依法行使监督权，履行监督职责。此外，《社会保险法》对于财政部门的监督职责，则在财政部门对各级社会保险基金的预决算审核，以及财政专户管理等方面也作出了相应规定，但是以授权性规定为主。而作为社会保险监督制度的重要组成部分，审计监督制度的具体内容在社会保险法中却缺乏明确的规范，有待进一步明确和完善。

3. 明确社会监督机构的组织形式

《社会保险法》十分重视发挥社会监督的作用，在总论、社会保险监督等章节的多个条款中对社会监督作出了规定。其中，规定统筹地区人民政府成立专门的社会监督机构，即社会保险监督委员会，是《社会保险法》在社会监督方面的重要制度设计。《社会保险法》制定过程中，对社会保险监督委员的职能设计进行了不断完善，规定“社会保险监督委员会发现社会保险基金收支、管理和投资运营中存在问题的，有权提出改正建议；对社会保险经办机构及其工作人员的违法行为，有权向有关部门提出依法处理建议”。

关于社会保险监督委员会的规定，是立法机构采纳全国人大常委会委员、人大代表和地方、部门意见统筹修改后的结果。[②] 从职能定位来看，社

① 李连友，赵孟华．集中监管还是分散监管——社会保险基金监管组织结构分析．湖南社会科学．2004，4

② 参见全国人大常委会．关于《中华人民共和国社会保险法（草案）》修改情况的汇报．中国人大网，http://www.npc.gov.cn/npc/xinwen/syxw/2008-12/28/content_1465140.htm，最后浏览：2008年12月30日。

会保险监督委员会的职能是实施社会监督。从人员构成来看，社会保险监督委员会委员既包括了主要利益方，即用人单位和参保人员代表，也包括了专家等专业人士，还包括了工会代表等相关组织的代表。从监督措施来看，法律赋予了社会保险监督委员会聘请会计师事务所对社会保险基金的收支、管理和投资运营情况进行年度审计和专项审计，对社会保险工作提出咨询意见和建议的权利。这一监督措施进一步完善了社会保险审计监督制度，为会计师事务所作为独立的第三方实施审计监督提供了法律依据。

较之于现行规范体系，《社会保险法》强化了社会监督的力度，并通过确立社会保险监督委员会的形式给予社会监督以制度和组织保障。在制度设计上，成立专门的社会保险监督委员会实施社会监督，有利于提高社会监督机制的实施效果，保证社会监督的有效性。但是，在监督实践中，要实现上述立法意图，还需要完善相应的制度保障。

4. 内部监督机构立法有待加强

从内外部监督机构的立法规范来看，《社会保险法》呈现出明显的“重外部监督，轻内部监督”的特点。社会保险监督一章并未对内部监督机构作出明确规定，仅在社会保险经办一章中对社会保险经办机构建立健全业务、财务、安全和风险管理制度作出了概要性规范。与社会保险外部监督机构相比，社会保险内部监督机构在条文数量、规范内容等方面均存在着明显的差距。诚然，社会保险外部监督是保证社会保险监督有效性的重要基础，而社会保险内部监督的效果往往受到独立性等方面因素的制约，但是在立法层面上过度弱化社会保险内部监督机构的作用，不利于构建完整的社会保险监督体系，也不利于发挥立法的导向性作用，实现监管资源的优化配置。因此，对社会保险内部监督机构立法应当予以加强。

四、世界主要国家的社保监督机构及其职责的经验

世界各国的社会保险基金管理方式可以分为三类：第一类是加拿大、日本等发达国家采取的部分基金制；第二类是以新加坡、马来西亚等国为代表的中央公积金集中管理模式；第三类是以智利为代表，在一些拉美国家和东欧国家实施的以个人账户为基础，私营化管理的基金模式。[①] 我国社会保险基金管理制度从其发展方向来看，与以智利为代表的私营化管理模式差异较大。因此，我们将主要选取前两类国家中的加拿大、新西兰、新加坡三国相关社会保险管理机构与我国社保基金理事会进行比较研究。

(一) 加拿大养老金计划投资委员会

1997 年 12 月 18 日，加拿大通过了《加拿大养老金计划投资委员会法

① 吕学静，张寿琪. 社会保险基金管理与监督. 北京：中国劳动社会保障出版社，2005

案》(以下简称"委员会法案"),并建立加拿大养老金计划投资委员会(CPPIB,以下简称"养老金委员会"),专门负责养老金基金的投资管理。[①]根据委员会法案的规定,一个由12名理事(其中包括一名主席)组成的理事会负责委员会管理工作。[②] 财政部部长负责理事人选的推荐,由总督任命。财政部部长在进行推荐时会着重考虑理事会中应有足够数量的具有财政金融等方面专业知识和相关工作经验的成员。[③] 在现任理事中,有多人具有担任公司首席执行官、首席财务官等公司高级管理职务的经历。

根据委员会法案的规定,当存在利益冲突时,理事依法负有对利益冲突进行披露的义务[④]。当理事作为与养老金委员会交易或者被提议的交易的一方,或作为与养老金委员会交易或者被提议交易的交易主体的执行人或者管理人,或对该交易主体存在实质性利益时,理事必须就所涉及利益的性质和范围以书面形式向理事会进行披露。[⑤] 委员会法案中,还对理事履行披露义务的时间以及理事的回避义务等相关事项作出了明确规定。

审计委员会是养老金委员会的重要内部监督机构。根据委员会法案的规定,审计委员会主要负责审核、评估和批准内部控制程序;会见养老金委员会的审计人员,商讨养老金委员会的年度财务报告和审计报告;审查所有可能对养老金委员会的投资收益产生负面影响的投资和交易;会见养老金委员会的内部审计长或者其他履行相应职责的人员,以及养老金委员会的管理人员,商讨内部控制程序的实施效果等。[⑥] 此外,根据委员会法案确定的有关职责和工作指引,审计委员会主要承担审查财务报告和其他财务信息、内部控制与信息系统及风险管理、内部审计、外部审计、特别检查方面等内部监督工作。[⑦]

审计委员会的主席应当为会计或相关财务管理领域的专家。[⑧] 同时,为了保证审计委员会工作的公正性,理事会主席不应成为审计委员会的成员,

---

① 项怀诚主编. 养老储备基金管理——国际经验与中国实践. 北京:中国财政经济出版社,2005. 100~101

② Canada Pension Plan Investment Board Act, Section 7.

③ 项怀诚主编. 养老储备基金管理——国际经验与中国实践. 北京:中国财政经济出版社,2005. 102

④ 根据《加拿大养老金计划投资委员会法案》的规定,除理事外,受雇于养老金委员会管理人员在存在利益冲突时,也须进行披露。

⑤ Canada Pension Plan Investment Board Act, Section 22.

⑥ Canada Pension Plan Investment Board Act, Section 31.

⑦ Terms of Reference for The Audit Committee, CPP Investment Board.

⑧ 关于委员在会计或相关财务管理方面经验的确定,主要在于考察其既往在财务或者会计领域中的工作经验、会计执业资质以及能够证明其对财务或会计专业十分熟悉的相关经验或者背景,例如曾经担任过首席执行官、首席财务官或其他财务方面的高级管理职务等。

但是其可以参加审计委员会的会议。[①] 养老金委员会为审计委员会开展工作提供各种必要保障。审计委员会有权介入养老金委员会的管理，有权获取与其职责相关的各种文件。[②]

（二）新西兰退休基金监管人

根据2001年颁布的《新西兰养老金法案》的规定，新西兰正式建立退休基金作为公共养老保险基金。该法案规定，应当依法设立新西兰退休基金监管人，监管人是为实现1989年《公共财政法案》所规定目的而成立的皇家团体。[③] 监管人的主要机构及其职能如下：

1. 监管人委员会

新西兰养老金监管人委员会负责执行法定的各项职责。监管人委员会具有管理和指导或者监督监管人管理和经营活动所需的一切必要权力。[④] 监管人委员会由5～7名委员组成，委员会委员由新西兰总督从财政部部长和国会其他政党代表协商推荐的名单中任命。[⑤] 从委员的构成上看，委员会设立之初便十分重视委员在金融、投资管理领域的能力和经验。《新西兰养老金法案》专门通过附则的形式，对监管人委员会作出进一步的规定。该法案对于委员会委员所负有的利益关联披露义务作出了明确规定。[⑥] 委员会委员在意识到其对于涉及实体的某项交易或者被提议的交易存在利益关联时，应当立即进行利益登记。如果证明该委员是有关公司或者个人的股东、董事、管理人员、成员或者受托人，并被认为在与上述公司或者个人的交易中存在利益关联，那么在该委员就此项利益关联进行登记或者作出披露后，则认定其已就该项利益关联进行了充分披露。[⑦]

2. 审计与风险控制委员会

审计与风险控制委员会独立于基金管理部门，其成员均为监管人委员会委员，但是监管人委员会主席不兼任该委员会主席。审计与风险控制委员会具体承担如下几方面职能[⑧]：负责监督财务报告的完整性；负责审查所有法

①② Terms of Reference for The Audit Committee，CPP Investment Board.

③ New Zealand Superannuation Act 2001，Section 48.

④ New Zealand Superannuation Act 2001，Section 53.

⑤ 项怀诚主编. 养老储备基金管理——国际经验与中国实践. 北京：中国财政经济出版社，2005. 23

⑥ New Zealand Superannuation Act 2001，Schedule 3 Further provisions relating to board of Guardians of New Zealand Superannuation，Section 19，20.

⑦ New Zealand Superannuation Act 2001，Schedule 3 Further provisions relating to board of Guardians of New Zealand Superannuation，Section 21.

⑧ Guardians of New Zealand Superannuation Board Committee-Audit and Risk Committee Terms of Reference，2007.

定账目下需要提交王室的财务报告和财务报表，并提请监管人委员会通过；对所有审计报告进行审查并发表意见；审查有关制度确保符合法律包括相关文件的规定，并确保符合投资指令、投资政策以及管理章程的要求；审查外部审计计划，评估审计工作范围的适当性和审计工作的有效性；批准并监督内部审计的审计范围、审计方案和审计工作的实施；批准和审查风险管理制度等。

3. 责任投资委员会

责任投资委员会负责研究、制定和执行与责任投资相关的政策、准则和程序。据此，责任投资委员会具体承担如下几方面职能[①]：从监管人委员会的角度，制定责任投资方面的政策、准则和程序，以完成相关法案规定的职责；依据监管人委员会的要求监督基金的运营，并定期报告；要求基金管理部门提供所有已经实施的具体责任投资行为的说明；审查有关责任投资事项的意见，并就此向监管人委员会提出建议等。

（三）新加坡中央公积金管理局

中央公积金制度是新加坡社会保护网中最重要的制度，是一个以个人账户为基础的、强制性的、公共管理的既定供款计划。[②] 新加坡中央公积金管理局负责新加坡中央公积金计划的管理工作。它既负责养老保险基金的日常支付，又负责实施基金管理和投资运营，遵循《中央公积金法案》和《信托法》进行资金投放。[③]

根据新加坡《中央公积金法案》的规定，中央公积金管理局设中央公积金理事会，理事会由一名主席、一名副主席和理事组成。理事会作为常设机构，可代表中央公积金局进行对外诉讼。此外，理事会还拥有其他相关权力，并应当履行法律或者劳工部部长指定的职责。[④] 理事会主席、副主席由劳工部部长任命，每届任期 3 年，可以连任。理事会理事同样由劳工部部长任命，其中包括 2 名政府官员、2 名雇主代表、2 名雇员代表，此外劳工部部长还可以根据需要最多任命 7 名理事[⑤]，但是国会议员不得担任理事会理事。劳工部部长还可以任命总经理作为理事会理事。除理事会主席和副主席

---

① Guardians of New Zealand Superannuation Board Committee-Responsible Investment Committee Terms of Reference，2007.

② 李珍，孙永勇，张昭华．中国社会养老保险基金管理体制选择——以国际比较为基础．北京：人民出版社，2005. 112

③ 殷俊，李志明，孙如斯．养老保险基金监管研究：国外模式及中国的政府监管选择．湖北社会科学．2005，8

④ Central Provident Fund Act，Section 3.

⑤ Central Provident Fund Act，Section 4.

外，劳工部部长可以随时撤销对理事会理事的任命。① 可见，新加坡并未为中央公积金设立独立的管理人②。

理事会应当任命总经理。实行理事会领导下的总经理负责制，依法独立工作，其他部门不得干预其日常事务③。总经理就其职责范围内的管理和经营相关事项向理事会负责，其职责界定和管辖事务活动应当与理事会制定的政策相符。在基金管理部门方面，总经理直接管理副总经理和内务审计部，副总经理之下设立若干职能部门。④

在中央公积金局管理机构中，理事会负责管理整个组织机构的运作，监督中央公积金的运营活动。在理事会之下，总经理统筹负责基金的具体管理工作。内务审计部门在基金管理部门中具有较强的独立性，直接隶属于总经理，履行内部审计监督职能。

五、我国社会保险监督的完善

（一）细化审计监督立法，强化审计监督机构作用

审计监督的重要作用毋庸讳言。从国际范围来看，许多国家都将审计监督作为社会保险监督的重要手段，在相关立法中对其作出明确规定。为保证审计监督的顺利进行，一些国家设立专门的政府机构或者任命专职审计人员负责社会保险审计监督工作。例如，法国 1998 年 3 月 1 日通过了有关建立一个经济及金融监管部门负责管理老年保障基金的政府命令，并在《退休储备基金政府法令》中规定了有关金融审计官对社保基金具有的监管权。⑤ 此外，在挪威社会保险监督体系下，作为监督制度的一个重要组成部分，国家审计署可定期对挪威石油储备基金⑥进行审计。⑦ 我国《社会保险法》中对于审计机构履行监督职责的规定十分笼统。社会保险立法应当对审计监督制度作出明确的规定，以为审计监督机构发挥其应有的监督作用提供必要的法律依据和制度保障。

---

① Central Provident Fund Act，Section 4.

② Yasue Pai，Comparing Individual Accounts in Asia：Singapore，Thailand，Hong Kong and PRC，2006. P16，The World Bank.

③ 李珍，孙永勇，张昭华. 中国社会养老保险基金管理体制选择——以国际比较为基础. 北京：人民出版社，2005. 112

④ CPF Broad，Annual Report 2007，http://mycpf. cpf. gov. sg/NR/rdonlyres/ED3D1DA9-D360-493D-A2C0-160925631F4A/0/AR2007PDF. pdf.

⑤ 项怀诚主编. 养老保险储备基金管理——国际经验与中国实践. 北京：中国财政经济出版社，2005. 88～91

⑥ 挪威国家养老储备基金为弥补国家养老保障资金的不足而建立，类似于我国社保基金理事会管理的全国社保基金。

⑦ 项怀诚主编. 养老保险储备基金管理——国际经验与中国实践. 北京：中国财政经济出版社，2005. 67

第一，应当明确审计监督机构对社会保险经办机构的审计监督职责。在现行审计监督机制下，更多强调的是财政财务审计，绩效审计[①]所占的比重很低。未来，应当逐步提升绩效审计在审计监督中的比重，督促社会保险经办机构通过建立完善科学的管理制度，提升社保基金的收益水平，有效控制基金风险，提高社会保险制度的运行效率。监督机构对社会保险机构绩效实施监督在国际上已有先例。在德国，养老保险基金管理机构依法负有按照成本效益原则有效管理基金的职责。依据相关规定，主管的监督行政机构可以对养老保险机构的预算提出异议；监督的标准是遵守公平正义和法律，这种监督被视为是一种事前的监督手段。[②] 这种监督措施针对的是社会保险管理机构的管理绩效问题。由于监督标准除了法律规定外，还包括公平正义等较为抽象的判断标准。因此，对于监督机关而言，对社会保险管理机构管理绩效的监督具有较强的主观判断色彩。在我国，如何在监管实践中做到科学制定标准，并妥善把握评判标准，需要结合我国国情和养老保险基金管理实践做进一步研究。即使在德国，在检验经济性和节约性原则时，合法性监督和合目的性监督之间的界限也会变得模糊起来。[③]但是，关注社保机构管理绩效的监管思路，值得我国在相关制度设计中加以参考。

第二，应当明确审计监督机构实施审计监督的周期性。由于审计工作所具有的独立性和客观性的特点，保证了审计信息的真实性和可靠性。审计监督机构的审计信息是社会保险监督信息的重要来源。而我国社会保险审计监督的制度化和周期化还有待加强。从既往的经验来看，一些社会保险领域的重大案件，往往成为强化审计监督的“导火索”。这种审计监督的持续性缺乏法律制度的支持和保障。

从国际经验来看，许多国家都将审计监督作为一种周期性的监督措施。以德国法定养老保险监管为例，德国联邦保险局各相关职能部门多将审计工作作为其重要职责。[④] 对于养老保险基金及其管理机构实施的持续的审计监督是联邦保险局的重要信息来源，也是联邦保险局履行监督职责的重要基

① 财政财务审计是指对被审计单位财政财务收支的真实性和合法合规性进行审查，旨在纠正错误、防止舞弊。绩效审计，也称经济效益审计，是指对被审计单位经济活动的效率、效果和效益状况进行审查、评价，目的是促进被审计单位提高人财物等各种资源的利用效率，增强盈利能力，实现经营目标。在西方国家，经济效益审计也称为“3E”（efficiency，effectivity，economy）审计。参见中华会计网校网，http://www.chinaacc.com/new/635_653_/2009_8_31_su5840141555113890025082.shtml，最后浏览：2010 年 1 月 3 日。

②③ ［德］乌里奇·贝克尔．德国社会保险的自治权——理念、组织安排和改革．见：郑功成，贝克尔主编．社会保障研究．北京：中国劳动社会保障出版社，2005．61

④ Brief report on structure and tasks of the German Federal (Social) Insurance Authority，http://www.bundesversicherungsamt.de/.

础。每年年初，联邦保险局都会提出本年度的审计计划，当年的审计工作将据此进行。[1] 审计监督已成为德国法定养老保险监督制度的重要基础。在德国社会保险监督制度下，审计监督的周期性和制度化得到了很好保证。

相比之下，我国社会保险审计监督机制仍有待改善和提高。借鉴国际经验，我国应当进一步完善社会保险审计监督立法，使审计监督制度化、规范化、周期化。避免出现在发生社会保险重大案件后，再集中力量对社保基金进行全国性大规模审计的做法，应当始终将社会保险审计作为审计工作的重点，给予持续关注。在社会保险立法过程中，应当将审计监督机构对社保基金的周期性审计监督通过法律规定的形式加以明确规定。

（二）完善社会保险监督委员会的制度

首先，应当保证社会保险监督委员会工作的独立性。作为社会监督的重要组织机构，社会保险监督委员会应当保持其工作的独立性，这是其有效发挥社会监督作用的重要基础。在缺乏独立性保证的情况下，社会保险监督委员会很可能演变成行政部门下设的准行政机构，成为行政监督机构的附庸，难以有效发挥社会监督的作用。为此，社会保险立法应当对社会保险监督委员会的独立性问题作出明确规定，尤其要防止行政机构的干涉和影响。

其次，应当为社会保险监督委员会履行监督职能提供必要的物质保障。必要的物质保障是保证社会保险监督委员会独立履行监督职能的重要前提和基础。社会保险监督委员会的独立运作以及独立审计监督的实施都需要以相应的物质保障为基础。在缺乏物质保障的情况下，社会保险监督委员会的独立运行以及有效行使监督职能都将难以实现。

最后，应当建立意见和建议答复机制。社会保险监督委员会有权对社会保险工作提出咨询意见和建议，有权提出改正建议，有权向有关部门提出依法处理建议。为了保障上述权利的有效实现，并能够引起相关行政主管机关及社会保险经办机构等意见接收主体的重视，避免这一制度设计在实践中流于形式，应当建立相应的意见和建议答复机制。要求意见接收主体在收到意见和建议后，在一定时间内，对意见和建议的接受和处理情况进行答复。

（三）完善社会保险内部监督机构立法

在社保基金理事会方面，其更加接近国际先进的社保基金管理和内部监督模式，且基金保值增值能力显著高于各地社会保险经办机构。从发展的角度来看，为了实现社会保险基金的有效保值增值，社会保险经办机构的基金管理职能向社保基金理事会趋近，是大势所趋。因此，可以考虑将社保基金

① Brief report on structure and tasks of the German Federal (Social) Insurance Authority, http://www.bundesversicherungsamt.de/.

理事会作为蓝本，设计未来社会保险经办机构内部监督机制。通过对社保基金理事会内部监督机构的研究，可以为未来社会保险经办机构内部监督相关立法进行前期研究和探索。同时，对于完善社保基金理事会现有内部监督机构也具有积极意义。

基于以上对加拿大、新西兰、新加坡等国相关机构的考察，笔者认为，有以下几方面经验，值得我国参考和借鉴：

第一，重视立法工作，制定专门法律。加拿大、新西兰和新加坡三国均有针对本国社会保险基金的专门立法。日本、瑞典、挪威等国家也通过立法途径，制定专门法律，规范社会保险基金的管理和运营。其中，加拿大还专门制定了《加拿大养老金计划投资委员会法案》，对社会保险管理机构作出规范。相关立法对于社会保险管理机构的产生、职责、内部机构设置等方面作出了明确规定，为社会保险管理机构内部监督机构的建立和有效运行提供了法律基础。

第二，强调决策机构[①]人员的管理和投资背景。从决策机构人员的选择方式来看，我国与加拿大、新西兰和新加坡三国基本一致，均由相关政府部门负责选择基金决策机构组成人员。这一制度设计可以保证政府对基金管理决策机构的有效监督，控制基金风险。从决策机构人员构成来看，在上述三国的相关决策机构中，都有具备企业管理或金融投资管理背景的人士参与。

从我国社保基金理事会的人员构成来看，多为现任或者前任政府部门官员。从内部的投资决策监督和风险控制的角度来看，理事会应当更多地吸收具有金融、投资等方面工作经历和管理经验的专业人士，以完善人员结构。

第三，重视内部审计部门，将其作为内部监督机制的重要支柱。审计监督是内部监督机制的重要组成部分。通过对上述三国的考察可以发现，三国均十分重视内部审计监督，虽然机构设置形式不同，但是三国均设有负责内部审计监督工作的部门，并为其履行监督职责提供相应的制度保障。

在我国社会保险内部监督制度建立过程中，应当对内部审计监督机构作出明确规定，为建立健全社保基金理事会、社会保险经办机构等机构的内部审计监督机制提供法律依据。在机构设置上，可以借鉴国际经验，采用审计委员会与内部审计部门相结合的方式。

第四，建立利益关联披露机制。利益关联披露机制是在社保基金决策机构或者管理机构成员的利益与基金的利益存在关联时，要求其对该利益予以披露，并采取回避等措施，避免由于利益冲突或者利益关联而影响其工作的

---

① 这里的基金决策机构是指加拿大养老基金理事会、新西兰退休基金监管人委员会和新加坡中央公积金理事会。

公正性，以保障基金安全。这有助于保证社会保障基金管理决策的公正性，防止利益输送等危害基金安全的行为发生。我国应当借鉴有关国家的经验，建立利益关联披露机制，并明确相关内部监督机构的监督职责。

第二节　社会保险信息系统

社会保险信息对于社会保险监督体制的有效运行具有重要作用。建设社会保险信息系统对于提高社会保险监督体系的信息化水平，整合监督资源，提高监督效率，具有不可替代的作用。而社会保险信息的获取、披露和保密是社会保险信息系统的重要内容。

一、《社会保险法》制定过程中的相关争论

（一）社会保险信息系统建设责任问题

《社会保险法》对社会保险信息系统只作原则规定是不够的，建议明确按照统一原则建立社会保险信息系统，做到系统兼容、信息共享，防止各行其是、资源浪费，确保系统能适应社会保险制度高效运行的需要，方便参保人查询。同时，要规定各级政府的责任分担、建设步骤和目标，以及相应的责任追究机制。

（二）社会保险信息的保密性问题

在《社会保险法》修改过程中，一些全国人大常委会委员提出，用人单位和个人的信息安全是社会普遍关注的问题。社会保险行政部门、社会保险经办机构和社会保险费征收机构及其工作人员掌握用人单位和参保人员大量信息，对于这些信息，应当保密，不得泄露。

二、《社会保险法》的立法选择与立法分析

（一）立法选择

首先，《社会保险法》第 75 条规定，全国社会保险信息系统按照国家统一规划，由县级以上人民政府按照分级负责的原则共同建设。明确了政府在社会保险信息系统建设方面的责任。

其次，《社会保险法》第 57 条第 3 款对相关政府部门的信息提供义务作出了规定："工商行政管理部门、民政部门和机构编制管理机关应当及时向社会保险经办机构通报用人单位的成立、终止情况，公安机关应当及时向社会保险经办机构通报个人的出生、死亡及户口登记、迁移、注销等情况。"

最后，《社会保险法》第 81 条明确规定，社会保险行政部门和其他有关行政部门、社会保险经办机构、社会保险费征收机构及其工作人员，应当依法为用人单位和个人的信息保密，不得以任何形式泄露。同时，第 92 条对泄露信息的法律责任也作出了明确规定。

（二）立法分析

1. 社会保险信息获取

在信息获取方面，《社会保险法》通过第57条、第58条、第74条和第79条等条款分别作出规定。其中，不仅对相关主体信息提供义务作出了规定，同时也对行政监督机构主动开展的信息收集行为提供了法律依据，这有利于加强对于社会保险费征缴和社会保险金发放等环节的监督。同时，通过法律形式明确工商、民政等有关部门的信息提供义务，将对社会保险信息的有效共享起到积极的推动作用。然而，实现社会保险信息共享的最佳方式是建立统一的社会保险信息系统。建立全国统一的社会保险信息系统是实现基金全国统筹、社会保险关系转移接续的重要技术保障。[①]《社会保险法》应当将信息占有部门与社会保险经办机构之间点对点的信息传递，转变为社会保险相关部门共同参与的社会保险信息系统。而由于《社会保险法》中对于上述信息提供主体不依法履行上述信息提供义务缺乏相应的法律责任约束，在实践中，也将影响上述规定的实施效果。

2. 社会保险信息披露

《社会保险法》中的信息披露制度主要包括社保基金信息披露、个人信息披露和监督信息披露三部分。

第一，关于社保基金信息披露的规定涉及三个重要方面。(1) 信息披露的主体和范围。《社会保险法》明确规定了社会保险经办机构与全国社会保障基金（以下简称全国社保基金）理事会作为基金管理人依法负有信息披露义务，而信息披露的范围则是面向全社会。这一规定明确了基金管理主体的披露义务，同时面向社会公布可以提高基金管理的透明性，便于接受社会监督。(2) 信息披露的内容和方式。《社会保险法》第70条规定社会保险经办机构应当向社会公布基金的收入、支出、结余和收益情况，第71条规定全国社保基金理事会应当向社会公布收支、管理和投资运营情况。上述内容涵盖了披露信息的主要方面，但较为笼统，仍需出台更为具体和具有可操作性的规范来指导信息披露工作。(3) 信息披露的周期。《社会保险法》作出了“定期”披露的规定。有建议提出，《社会保险法》应当建立社保基金每季度向社会公布制度。[②] 关于披露周期问题，笔者认为，应当综合考虑信息发布

---

① 参见全国人大常委会：关于社会保险法草案征求意见的情况（三）. 中国人大网，http://www.npc.gov.cn/npc/xinwen/lfgz/lfdt/2009-02/23/content_1471721.htm。最后浏览：2009年5月6日。

② 孙瑞灼. 对社会保险法草案提三点建议. 原载于中国证券报，转引自证券之星网，http://fund.stockstar.com/info/darticle.aspx? id=JL，20090109，00000906&columnid=947。最后浏览：2009年1月20日。

成本和必要性等方面因素加以确定，但是披露周期不应长于一年。

第二，在个人信息披露方面，《社会保险法》取消了征求意见稿中的以“个人要求”为前提的披露方式，而采用了定期提供的方式，其第74条规定“社会保险经办机构应当及时、完整、准确地记录参加社会保险的个人缴费和用人单位为其缴费，以及享受社会保险待遇等个人权益记录，定期将个人权益记录单免费寄送本人”。这一调整有利于保障个人的社保信息知情权，为个人及时了解社保个人权益状况，依法行使监督权提供了信息基础。

第三，在监督信息披露方面，《社会保险法》第79条规定社保基金检查结果应当定期向社会公布，此外社会保险监督委员会获得审计结果也应当向社会公开。上述规定，不仅可以使社会公众及时了解社保基金运行安全情况，同时对于相关监督机构而言，也会起到必要的督促作用。《社会保险法》没有涉及监督信息披露的具体内容，有待今后立法予以完善。同时，“定期”的概念仍较为含糊，信息披露的具体时间周期也应加以明确。

3. 社会保险信息保密

《社会保险法》特别强调了对社会保险信息保密性的要求，作出了较为全面的规定。从规范主体上看，社会保险行政部门和其他有关行政部门、社会保险经办机构、社会保险费征收机构及其工作人员均被纳入规范范围，其针对的对象不仅包括机构还包括机构中的工作人员。从保护对象来看，则是用人单位和个人的信息。从法律责任来看，为保证上述主体遵守保密义务，《社会保险法》第92条专门规定了相应的法律责任，违反保密性规定的行为不仅要承担处分的后果，还需对遭受损失的用人单位和个人承担赔偿责任。法律责任条款的存在明确了违法后果，增加了违法成本，为社会保险信息保密制度的实施提供了重要保障。

《社会保险法》建立社会保险信息保密制度是采纳社会各方意见的结果，是完善社会保险信息法律制度的重要举措。社会保险机构掌握了大量的公民个人信息，在公民信息安全状况不甚理想的今天，对用人单位和个人的信息实施立法保护十分必要，否则社会保险信息很可能被任意泄露和滥用，从而损害相关主体的隐私权，同时也将损害社会保险制度的严肃性。

三、社会保险信息法律制度的完善建议

（一）明确政府部门的信息提供义务及其法律责任

目前，很多政府部门将本部门管理的公共信息作为本部门的私有资源，在信息提供和披露方面存在消极和抵触态度。政府部门之间的“信息割据”问题，给社会保险信息系统的建设造成了很大困难。《社会保险法》将社会保险信息系统的规划和建设责任赋予了各级政府，但却未对相关政府部门的违反信息提供义务所应承担的法律责任作出明确规定。实践中，受部门和地

方利益的影响，在缺乏法律责任规制的情况下，各级政府部门在建设社会保险信息系统过程中将面临很多困难和阻力。

虽然《社会保险法》第57条中对于相关政府部门的信息提供义务和内容作出了规定，但将该规范作为社会保险信息系统构建过程中的法律保障，在规范内容和可操作性上仍显不足。其一，该规定并非明确针对社会保险信息系统的规范要求。其二，该规定没有相应的法律责任条款作保障。由于缺乏明确的法律责任规范，使该规定在实践中的执行效果存在较大不确定性。因此，有必要通过专门条款，对社会保险信息系统相关各方的信息提供义务及其法律责任作出明确规定。首先，应当明确规定相关信息占有主体，尤其是相关政府部门，具有法定信息提供义务。其次，相关主体承担的信息提供义务应当是一种主动的信息提供义务，即其在获得社会保险相关信息后，应当主动向社会保险信息系统管理机构提供。再次，信息提供者应当保证信息的及时性、完整性和真实性。最后，违反信息提供义务有相应的法律责任规范，相关主体如未能适当履行信息提供义务，应当追究其法律责任。

（二）借鉴国际经验，完善社会保险信息披露立法

监督活动通常涉及一种常规性的或者定期的报告制度，以及更加积极的监督信息收集活动，以为监督主体作出判断和实施适当的监管行为提供基础和依据。同时，通过这种信息提供或披露制度也将使社保基金的管理和运营处于一种更加透明的状态。[①] 为此，各国立法纷纷对社会保险管理机构的披露行为作出规定，以明确其信息披露义务。

美国《职员退休收入保障法案》（ERISA）规定，养老基金的行政管理人必须履行以下两方面信息披露和报告义务：（1）向参与人和受益人提供信息披露的义务。各个雇员受益计划的行政管理人，必须向本计划所覆盖的各个参与人和接收本计划受益的各个受益人提供概要性计划陈述和其他信息资料。（2）向监管当局备案的义务。行政管理人有义务就年报、终止和补充报告等信息资料向秘书处和养老金受益担保公司备案。[②] ERISA中也对年报、终止和补充报告中应当披露的信息内容作出了详细的规定，其中包括的具体内容达数十项之多。[③]

英国《信息披露法》规定，职业养老计划必须披露的信息范围包括以下两个大类：（1）关于养老计划的日常和持续性信息。该类信息由两部分组

① Richard P. Hinz and Anca Mataoanu，Pension Supervision：Understanding International Practice and Country Context，The World Bank，2005. P7.

② 郑木清．养老基金投资监管立法研究．北京：中国法制出版社，2005. 192

③ Employee Retirement Income Security Act-ERISA-29 U. S. Code Chapter 18，Section 1021 and 1023.

成：一是关于养老计划的基本信息；二是与养老计划有关的主要文件。(2)年度性的信息或特定场合的信息。该类信息由三部分组成：一是年度受益报表，二是其他特定场合或终止时的报告，三是年报。[①]

新西兰 2001 年通过的《新西兰养老金法案》也对养老基金管理人提交的年度报告的内容作出了详细规定，其第 68 条规定：监管人[②]在每个财政年度根据《1989 年公共财政法》第五部分编写的年度报告必须包括（除任何其他要求如实体自己的财务报表之外）——（1）根据第 66 条编写的该财政年度的财务报表……（7）监管人在该财政年度使用的投资经理和管理人一览表和每个人负责的投资类别。[③]

社会保险信息涉及的范围十分广泛，内容庞杂。如何保证披露信息的有效性，是社会保险立法工作需要考虑的问题。《社会保险法》对于信息披露内容的规定较为笼统，缺乏必要规制，而实践中则需要更为详细、明确的信息披露规范，指导社会保险信息披露工作，以保证信息披露制度能够有效运行，进而为社会保险监督制度的顺利实施提供信息保障。目前，在实践中，主要通过部门规章的形式对相关披露事宜予以规范。在社会保险经办机构信息披露方面，劳动和社会保障部于 2007 年发布了《关于建立社会保险信息披露制度的指导意见》（劳社部发［2007］19 号）。在此基础上，各省市分别制定了适用于本地的信息披露办法，例如，福建省制定的《福建省社会保险信息披露试行办法》等。在全国社保基金信息披露方面，财政部、劳动和社会保障部于 2001 年发布的《全国社会保障基金投资管理暂行办法》中对全国社保基金的信息披露义务作出了较为详细的规定。《社会保险法》出台后，有必要根据法律规定，对现有规范进行一次全面的梳理和细化。在《社会保险法》确定的基本原则和规范要求下，应借鉴国际经验，通过国务院行政法规的形式对社保基金信息披露制度作出统一、具体的要求。

① 郑木清. 养老基金投资监管立法研究. 北京：中国法制出版社，2005.195

② 根据该法案第 51 条的规定，监管人的职能是根据本法运作和管理基金。因此，此处的监管人相当于基金管理机构。

③ 项怀诚主编. 养老储备基金管理——国际经验与中国实践. 北京：中国财政经济出版社，2005.47

第十一章　社会保险法律责任

社会保险法律责任是指违反社会保险法上的义务，或者不当行使权力、权利产生的，由行为人承担的不利后果。它具有惩戒、救济和预防的功能。由于社会保险法具有公私兼容的社会法属性，因此，有学者提出“社会保障法中的法律责任属于第三法域责任，有别于传统公、私法责任，是一种新型的法律责任”①。社会保险法律责任具有以下特点：

一是多样性。具体体现为：(1) 承担法律责任的主体多样。涉及用人单位、个人、社会保险经办机构及其工作人员、医疗机构、药品经营单位、社会保险费征收机构、国家机关工作人员等多个主体。(2) 法律责任的类型多样。社会保险法律责任的类型涵盖了民事责任、行政责任、刑事责任。

二是强制性。通常法律责任都具有强制性，因为责任的追究是保障法律实施最后的手段，是维护法律的权威性所必备的。社会保险法律责任的强制性体现在以下两方面：一是社会保险法律责任通常不允许当事人通过协议的方式予以豁免，因为社会保险法具有公私兼容的属性，某个违法行为所违反的义务不仅仅是私法上的义务，还是公法上的义务，如用人单位未足额缴纳社会保险费的，不能因劳动者的认可就能予以豁免；二是社会保险法律责任较多的是公法上的责任，即行政责任和刑事责任。

《社会保险法》第 11 章“法律责任”共 11 个条文，其中第 84 条、第 85 条、第 86 条分别规定了用人单位不办社保登记、拒不出具离职证明以及未按时足额缴纳社会保险费的责任，第 87 条规定了社会保险经办机构以及医疗机构、药品经营单位等社会保险服务机构骗取社保基金的责任，第 88 条规定了骗取社会保险待遇的责任，第 89 条规定了社会保险经办机构及其工作人员的责任，第 90 条规定了社会保险费征收机构及其工作人员的责任，第 91 条规定了隐匿、转移、侵占、挪用社会保险基金或者违规投资运营的责任，第 92 条规定了泄露用人单位和个人信息的责任，第 93 条规定了国家工作人员在社保监管中的违法责任，第 94 条规定了违犯《社会保险法》的刑事责任。本章将重点分析第 86 条用人单位未按时足额缴纳社会保险费的

---

① 董保华等. 社会保障法的法学观. 北京：北京大学出版社，2005. 308

责任、第87条骗取社会保险基金支出的责任和第88条骗取社会保险待遇的法律责任。

第一节 用人单位未按时足额缴纳社会保险费的法律责任

一、用人单位未按时足额缴纳社保费责任的义务基础

法律责任是违反法定义务而产生的不利后果，因此，责任的承担往往需要以法定或者约定的义务为前提和基础。用人单位未按时足额缴纳社保费的责任的义务基础为《社会保险法》和《社会保险费征缴暂行条例》的相关规定。《社会保险法》第60条规定："用人单位应当自行申报、按时足额缴纳社会保险费，非因不可抗力等法定事由不得缓缴、减免。职工应当缴纳的社会保险费由用人单位代扣代缴，用人单位应当按月将缴纳社会保险费的明细情况告知本人。无雇工的个体工商户、未在用人单位参加社会保险的非全日制从业人员以及其他灵活就业人员，可以直接向社会保险费征收机构缴纳社会保险费。"而《社会保险费征缴暂行条例》第4条规定："缴费单位、缴费个人应当按时足额缴纳社会保险费。"第12条规定："缴费单位和缴费个人应当以货币形式全额缴纳社会保险费。缴费个人应当缴纳的社会保险费，由所在单位从其本人工资中代扣代缴。社会保险费不得减免。"

二、现行用人单位未按时足额缴纳社保费的责任追究的不足

《社会保险法》出台之前，我国对用人单位未按时足额缴纳社保费的责任追究存在以下不足：

一是行政监督监察不足，导致对用人单位未按时足额缴纳社保费的违法行为的查处力度不大。目前由于社会保障监督执法队伍力量薄弱以及地方政府的袒护等原因，使得我国对用人单位未按时足额缴纳社保费等违反社会保险法的行为监察执法不足，用人单位的诸多违法行为逃脱了处罚，因此，《社会保险法》草案在征求意见过程中，有人建议，应加强对用人单位参加社会保险的监督检查。①

二是欠缴社保费的责任太轻，无法发挥惩戒警示的作用。对于用人单位不按规定申报应缴纳的社会保险费数额的，《社会保险费征缴暂行条例》规定，由社会保险经办机构暂按该单位上月缴费数额的110%确定应缴数额。但是，如果用人单位采取以瞒报缴费基数的方式来减少缴费数额的，何以确

① 参见各地人民群众对社会保险法草案的意见（一）. 中国人大网，http://www.npc.gov.cn/npc/zt/2009-01/12/content_1467066_8.htm。最后浏览：2010年9月28日。

定其上月缴费基数的准确性，其很可能连续数月瞒报，如此则导致按上月缴费数额的110%确定应缴数额的话，单位可能仍不是足额缴费。

《社会保险费征缴暂行条例》规定，单位欠缴的，责令限期缴纳；逾期仍不缴纳的，除补缴欠缴数额外，从欠缴之日起，按日加收2‰的滞纳金。该规定的问题在于一方面滞纳金需在责令补缴期限届满后仍不补缴的才加收，使得用人单位可能存有侥幸心理：若违法行为不被查处，则可以规避缴费的义务；若被查处，仍有补缴期限，而无须承担相应的责任。另一方面对补缴期限届满仍不补缴的，缺乏配套的责任。此外，实践中，部分地区对于用人单位欠缴社会保险费的，由于劳动者就业改变、超过时效等原因，无法责令单位补缴，有些地方甚至要求愿意补缴的参保人个人承担给付滞纳金的责任。

三是用人单位未按时足额缴纳社会保险费的民事责任机制不完善。一方面用人单位未按时足额缴纳社会保险费的，劳动者若要寻求救济，除了向社保行政部门举报、投诉外，只有选择提起劳动争议仲裁，而这势必将影响到其劳动关系的继续，并且《劳动争议调解仲裁法》所规定的仲裁时效仅为一年，且未规定追讨社会保险费的，是否如追讨劳动报酬一样，可在劳动关系终止之日起一年内提出；另一方面对于追讨社会保险费的劳动争议仲裁和诉讼，目前各地仲裁机构和法院采取限制受理的方式，导致受到侵害的参保人无法获得司法救济。

四是用人单位未按时足额缴纳社会保险费的采取“单罚制”，仅单位承担相应的责任，而单位负责人无须承担责任。因此，对于单位的主要负责人缺乏制约和强制，难以真正督促单位切实履行缴费义务。

五是缺乏对应的刑事责任，欠缺强制力度。目前，我国法律中对用人单位未按时足额缴纳社会保险费的欠缺对应的刑事责任规定，使得社保法关于用人单位按时足额缴纳社保费的义务强制力不够。

三、《社会保险法》的立法选择及其完善建议

《社会保险法》第86条对《社会保险费征缴暂行条例》的相关规定进行了较大的修改，主要体现在以下两方面：(1) 滞纳金加收日期提前，从欠缴之日起加收，即取消了征缴条例中补缴期限的间隔；(2) 补缴期限届满仍不补缴的，处欠缴数额1倍以上3倍以下的罚款。但是，第86条降低了滞纳金的比例，由原来的每日2‰降低为每日万分之五，从某种程度上抵消了第(1) 点改进所产生的积极效果。

笔者认为，我国对用人单位未按时足额缴纳社会保险费的责任追究机制仍需完善。

第一，应强化社会保障行政部门的监督监察的职责，应明确社会保障行

政部门主动的执法监督监察的职责。《社会保险法》第 77 条规定："县级以上人民政府社会保险行政部门应当加强对用人单位和个人遵守社会保险法律、法规情况的监督检查。"该规定虽明确了强化监督检查的职责，但未有相应的责任机制督促社保行政部门履行相应的职责。对此，澳大利亚的 Centrelink 非常值得借鉴。在社会保险的征缴和支付环节，澳大利亚的 Centrelink 采用了"数据匹配"技术，通过税务机关、投资和证券委员会之间的协作，可以查询公司注册股东（包括所有董事及持股前 20 名的股东）的相关记录，根据其收入、资产申报、交叉持股登记的情况进行检查，如果这些数据之间不匹配，则根据其税务申报情况进行进一步的交叉检查，从而发现其中的问题。在 2005—2006 年度，通过对 43 627 个社会保险待遇支付所进行的超过 190 万个数据的匹配检查，发现其中 2.8 万个支付中存在着多付现象，从而直接挽回损失 21.43 亿澳元。①

第二，应完善追讨社会保险费的民事责任机制。一方面，应考虑社会保险制度的特殊性，对于追讨社会保险费设立比现行一般仲裁时效长的特殊仲裁时效，如设定 3～5 年的仲裁时效；另一方面，仲裁机构和法院应将追讨社会保险费纳入劳动争议案件的受案范围，为参保人提供司法救济的渠道。

第三，应采取"双罚制"，不仅追究单位的责任，还需追究单位的主要负责人的责任。

第四，应建立对应的刑事责任。因为，一是社会保险具有预防生老病死的作用，对于参保人以及整个社会都具有重要作用，用人单位不按时足额缴纳社会保险费，将直接侵害到参保人的社会保险权益，具有较为重大的社会危害；二是从国际比较来看，多数国家和地区对于用人单位不缴纳或者欠缴社会保险费的都设定了相应的刑事责任，如美国阿拉斯加州《劳工补偿法》规定雇主不参加保险的，处以 B 级或者 C 级重罪（可分别或者同时处以 1 年以下监禁和 10 000 美元的罚金）；主管机关可能将禁止其雇用劳工。② 关于雇主不参加工伤保险的责任设定，各国几乎都有监禁的规定。有学者提出应在刑法上设定如下三个罪名：其一，偷逃社会保险费罪。此罪是指负有缴纳社会保险费义务的单位，违反有关财务、会计、统计的法律法规规定，采取伪造、变造、隐匿、擅自销毁有关账册、材料或者不设账册，或者不按规定申报应当缴纳的社会保险费，数额较大的行为。偷逃社会保险费数额虽未

---

① 参见胡继晔. 社会保险反欺诈立法初探. 中国—欧盟社会保障合作项目网站，http://www.eucss.org.cn/fileadmin/research_papers/policy/found_manag/Anti_fraud_law_in_China_Final_cn.pdf.

② 参见 2001 年劳工补偿法分析. 张洪涛主译. 北京：中国人民大学出版社，2004. 10～19

达到较大，但因偷逃社会保险费已被社会保险征收机构给予两次行政处罚的，应以犯罪论处。其二，抗拒缴纳社会保险费罪。此罪是指负有缴纳社会保险费义务的单位，故意违反有关社会保险的法律法规，采用暴力、威胁方法拒不缴纳社会保险费的行为。其三，逃避欠缴社会保险费罪。此罪是指负有缴纳社会保险费义务的单位，超过法定的或者社会保险机关指定的缴费时限，未按时缴纳社会保险费，并在社会保险机关追缴期间，转移或者隐匿财产，致使社会保险费无法追回，且数额较大的行为。[①] 上述建议具有一定的合理性，值得立法机关及学界进一步论证。

第二节　骗取社会保险基金支出和骗取社会保险待遇的法律责任

一、骗取社会保险基金支出和骗取社会保险待遇的关系

《社会保险法》出台之前，《劳动保障监察条例》第 27 条第 2 款规定："骗取社会保险待遇或者骗取社会保险基金支出的，由劳动保障行政部门责令退还，并处骗取金额 1 倍以上 3 倍以下的罚款；构成犯罪的，依法追究刑事责任。"该规定将骗取社会保险基金支出的责任和骗取社会保险待遇的责任并列，且未作明确区分，导致实践中乃至立法中常常混淆二者。例如 2010 年 2 月 1 日起实施的《重庆市骗取社会保险基金处理办法》虽然名称上针对的是骗取社会保险基金的行为，但是其实质则是针对骗取社会保险待遇的问题。《社会保险法》对二者进行了明确的区分，分别规定在两个条文。

笔者认为，《社会保险法》将二者分别规定的原因可能是基于以下几点考虑：

一是行为主体可能存有差异。作为骗取社会保险基金支出行为主体的社会保险经办机构负有社会保险基金的监督管理职责，而医疗机构、药品经营机构等社会保险服务机构基于定点服务协议的约定和诚信原则，负有真实支取社会保险基金的义务，因此，骗取社会保险基金的责任承担主要是因为违反对社会保险基金的先行义务；而骗取社保待遇的单位或个人，除参加社会保险的外，原则上对社保基金并不负有事先存在的义务，因此，他们的责任承担更多的是侵犯公共财产的所有权。此外，从结果来看，待遇的给付对象通常为单位和被保险人（参保或未参保的单位和个人），从本质上具有一定的对待给付的关系；而基金的支出则不具有对待给付的关系，因此，通常不包括参保单位和个人。

① 齐聚峰．社会保险的刑法保护．湘潭大学 2002 年硕士学位论文．

二是违法行为的目的可能存在差异。骗取社会保险基金支出和骗取社会保险待遇在违法目的上存在差别。前者的违法目的不限于工作人员的个人目的，也可能是为了单位目的，如医疗机构为了单位盈利；而后者则主要是基于个人的私利，意图占有社会保险待遇。

三是在未构成犯罪的情形下，主体的责任形式、责任承担方式等方面都存在差异。若将二者并列规定在一个条文，则无法协调此种差异。尤其是在合谋实施违法行为，但尚未构成犯罪的情形下，分别规定的益处更为明显。如个人与社保经办机构工作人员合谋骗取社会保险待遇，尚未构成犯罪的，则个人和社保经办机构工作人员所需承担的责任存有较大的区别。

综上，由于二者行为主体的性质以及违法行为的目的存在差异，若不区分二者，则可能导致实践中的适用困难，因此，《社会保险法》将二者分别规定。在下文的论述中将按照《社会保险法》的规定，对骗取社会保险基金支出的责任和骗取社会保险待遇的责任分别讨论。其中，未涉及社保待遇的，则在骗取社会保险基金支出责任部分讨论；若涉及骗取社会保险待遇，即具有特定身份的社保经办机构以及医疗机构等社保服务机构的工作人员与不具有特定身份的人合谋骗取社会保险待遇的，则在骗取社会保险待遇责任部分讨论。

二、骗取社会保险基金支出的责任构成

（一）骗取社会保险基金支出的责任主体

社会保险基金是指为了保障保险对象的社会保险待遇，按照国家法律法规，由缴纳单位和缴纳个人分别按缴费基数的一定比例缴纳以及通过其他合法方式筹集的专项资金。对于社会保险基金性质，在学界有不同认识。有学者认为，社会保险基金的财产性质并不单一，既非公共财产，也非集体财产，更非私人财产，而是三者的统一，其性质尚待法律进一步明确和完善。① 也有学者认为，失业保险基金、工伤保险基金、生育保险基金、养老保险基金及医疗保险基金社会统筹部分属于公共财产，医疗保险基金、养老保险基金个人账户部分属于私人财产。② 其原因在于，个人账户资金在被保险人死亡时，其继承人可以继承。

笔者认为，从统筹基金和个人账户基金的资金来源和使用方面，二者确实存在差别，但是若从社会保险基金监督管理者的角度来看，二者都应属于公共财产。③ 尽管个人账户资金来自于个人缴费且可以继承，但是其处于社

① 参见周宝妹，郎俊义．试论社会保险基金的刑法保护．法学杂志，2001，4

② 参见张海峰．社会保险基金之刑法保护．福建警察学院学报．2009，1

③ 参见林嘉．社会保障法的理念、实践与创新．北京：中国人民大学出版社，2002.277

会保险经办机构的监督管理之下，从《刑法》第 91 条关于公共财产的界定来看，处于国家机关、国有公司、企业、集体企业和人民团体管理、使用或者运输中的私人财产，以公共财产论。

根据《社会保险法》第 87 条的规定，骗取社会保险基金支出的责任主体包括以下几类：

1. 社会保险经办机构

社会保险经办机构性质上属于事业单位，其主要负责社会保险的登记、社会保险待遇的支付、社会保险基金的管理和运营。根据《社会保险法》的规定，社会保险经办机构的人员经费和经办社会保险发生的基本运行费用、管理费用，由同级财政按照国家规定予以保障。但是，在实践中，由于部分利益的影响，可能存在部分统筹地区的社会保险经办机构通过种种手段骗取社会保险基金的支出，用于经办机构及其工作人员，因此，社会保险经办机构是骗取社会保险基金支出的责任主体。

2. 医疗机构、药品经营单位等社会保险服务机构

在医疗保险、生育保险以及工伤保险中，医疗机构、药品经营单位作为辅助主体，协助社会保险经办机构履行相应的社会保险义务，但是，除了医疗机构、药品经营单位外，随着社会保险制度的逐步发展，日后可能更多的辅助机构出现，如养老保险中的老年照护机构、失业保险中的职业培训和职业中介机构等，因此，《社会保险法》第 87 条规定中提到了“医疗机构、药品经营单位等社会服务机构”。在社会保险法律关系的运行过程中，上述服务机构可能基于自身利益的考量会采取种种措施骗取社会保险基金的支出，如虚报服务项目、销售假药等。

《社会保险法》草案征求意见过程中，就有人针对实践中医疗机构、药品经营单位骗取社会保险基金支出的现象提出建议，应当规定“药品经营单位不得销售假冒伪劣药品和非药品，保护参保人员合法权益不受侵害。”同时，在法律责任部分应当增加对医疗机构、药品经营单位的法律责任条款，明确规定违法者分别取消定点资格、给予经济赔偿和追究刑事责任的处罚，依法惩处侵害参保人合法权益的违法违规行为。①

（二）骗取社会保险基金支出的行为方式

《社会保险法》第 87 条规定的骗取社会保险基金支出的行为方式主要是

① 参见陈仰东．社保法草案五大缺憾评析．中国社会保障．2009，2．需要说明的是，《城镇职工基本医疗保险定点医疗机构管理暂行办法》（劳社发〔1999〕14 号）对定点医疗机构规定有法律责任。该办法第 27 条规定：“……对违反规定的定点医疗机构，劳动保障行政部门可视不同情况，责令其限期改正，或通报卫生行政部门给予批评，或取消定点资格。”

指以欺诈、伪造证明材料或者其他手段骗取社会保险基金支出，而在实践中，社会保险经办机构和医疗机构、药品经营单位等社会保险服务机构所具体采取的骗取行为可能不尽相同。社会保险经办机构多采取伪造社会保险基金开支的方式骗取社会保险基金支出，具体包括：(1) 虚增社会保险待遇的领取人数；(2) 已经终止享受社会保险待遇的人，不办理终止支付手续，而继续支付等；(3) 虚增支出项目，如在医疗保险中，虚设被保险人未曾接受的医疗服务项目，以增加开支等。

药品经营单位等社会保险服务机构采取的具体的骗取社会保险基金支出的行为包括：(1) 挂床住院，指病人在病情尚未达到住院治疗的情形下接受病人住院治疗，从而使医院创收；(2) 分解住院，指在较短期限内，将一次住院分解为若干次，从而使医院能依法获得医保机构拨付的统筹基金供患者治疗；(3) 降低住院标准，指医院采取报销"门槛费"甚至不收"门槛费"方式，引诱不需要住院但可享受医保的小病患者住院，从而从医保基金中获得收益；(4) 开"大处方"，指通过开价格高药品处方，使医院获得较高收益；(5) 医院主动换药，指医院针对同一病人的同一病情，采用两种不同的药物进行治疗，从而从医保机构获得两笔报销费用；(6) 医院伪造公费处方，指病人需要自费药或者医保目录以外的药品，医务人员按其要求办理，之后再以公费医疗的处方将此类消耗药品补上，从而获得收益；(7) 提供票据服务，指医院通过采取伪造住院病历、伪造门诊医药费处方等行为，骗取医疗保险基金；(8) 换药品，指医生为患者治疗时应患者要求将非《医保药品目录》药品换成《医保药品目录》药品，并在微机系统及病历中作相应技术处理，从而可获得收益。①

（三）骗取社会保险基金支出的责任形式

从《社会保险法》第 87 条的规定来看，骗取社会保险基金支出的责任采取双罚制，而从责任形式来看，主要包括：

一是行政责任。对社保经办机构和医疗机构、药品经营机构等社会保险服务机构处骗取金额 2 倍以上 5 倍以下的罚款；对定点医疗机构、药品经营机构等社会保险服务机构，解除服务协议；直接负责的主管人员和其他直接责任人员有执业资格的，依法吊销其执业资格。当然，如果社会保险经办机构的工作人员存在滥用职权、玩忽职守、徇私舞弊的，也应承担相应的行政责任。

---

① 参见夏俊，朱闵敏，王莉燕．医疗"骗保"行为分析及对策．医学与社会．2007，8；刘震．1998—2006 年国内医疗骗保行为的评析与对策．武汉冶金管理干部学报．2007，2；马蔚姝，张再生．医疗保险市场中骗保行为产生的经济学分析．现代经济探讨．2008，11

二是刑事责任。对于骗取社会保险基金支出的刑事责任的认定，应区分以下情形：（1）社会保险经办机构或医疗机构、药品经营机构等社会保险服务机构单独实施的犯罪行为。如果社会保险经办机构的工作人员利用职务便利，采取上述行为方式，以达到侵占、挪用社会保险基金，构成犯罪的，则应认定构成贪污罪或者挪用公款罪。如果医疗机构、药品经营机构等社会保险服务机构以单位的名义，采取上述行为方式，以达到侵占社会保险基金目的，构成犯罪的，则应认定构成合同诈骗罪。因为，社会保险经办机构往往与医疗机构、药品经营机构等社会保险服务机构之间订立了相应的协议，医疗机构、药品经营机构等社会保险服务机构采取欺诈、伪造证明材料等方式骗取社会保险基金支出是发生在相关协议的履行过程中，所以应认定为构成合同诈骗罪。（2）医疗机构、药品经营机构等社会保险服务机构工作人员个人利用职务便利实施的行为，以达到侵占社会保险基金的目的，构成犯罪的，则需要区分医疗服务机构的性质，如果该社会保险服务机构为国有企业或者事业单位，则构成贪污罪；如果该社会保险服务机构为私营的，则应构成职务侵占罪。（3）社会保险经办机构工作人员或医疗机构、药品经营机构等社会保险服务机构工作人员合谋实施犯罪行为，以达到侵占社会保险基金目的的，应该认定构成贪污罪。

三、骗取社会保险待遇的责任构成

（一）骗取社会保险待遇的责任主体

骗取社会保险待遇是指单位或者个人通过隐瞒事实真相、虚构相关条件、伪造变造相关材料等方式领取或者提供相关证件、支付凭证协助他人领取社会保险待遇的行为。因此，从违法行为的实施方式来看，如果是由单位或者个人单独实施的，则其责任主体就应为实施骗保行为的单位或个人，其中单位可能是参保单位也可能是未参保单位，个人则可能包括非参保人、参保人及其遗属等[①]；但如果存在社会保险经办机构工作人员或者医疗机构、药品经营机构等社会保险服务机构工作人员合谋的情形，则社会保险经办机构工作人员或者医疗机构、药品经营机构等社会保险服务机构工作人员也是责任主体。

（二）骗取社会保险待遇的行为方式

《社会保险法》第88条规定骗取社会保险待遇的行为方式为“欺诈、伪造证明材料或者其他手段”，在实践中具体包括如下行为方式：（1）虚构劳动关系或者提供虚假证明材料，获取社会保险参保资格的；（2）伪造、变

① 如在养老保险中，被保险人死亡后，遗属不及时上报相关信息，办理相应手续，而是继续领取养老保险待遇。

造、非法更改个人身份证明及档案材料，获取享受社会保险待遇资格的；（3）虚构享受社会保险待遇条件的；（4）伪造、变造、冒用他人社会保险证件或者支付凭证的；（5）将社会保险证件或者支付凭证交给他人，供其骗取社会保险基金的；（6）虚列、虚报、虚增社会保险服务项目和金额的；（7）出具虚假证明材料或者鉴定意见，为他人骗取社会保险基金提供帮助的；（8）以其他方式骗取社会保险基金的。

（三）骗取社会保险待遇的责任形式

根据《社会保险法》的规定，骗取社会保险待遇的法律责任主要包括：

一是行政责任。社会保险行政部门责令退回骗取的社会保险金，处骗取金额2倍以上5倍以下的罚款。若存在社会保险经办机构的工作人员滥用职权、玩忽职守、徇私舞弊的，也应承担相应的行政责任。此外，有部分地方规定对于骗取社会保险待遇的，社保行政部门可依职权取消其享受社会保险待遇的资格。笔者认为，该规定的适用需要注意以下问题，若是行为人不符合享受社会保险待遇的条件，采取伪造材料等方式骗得相应资格的，社保行政部门取消其享受社保待遇的资格是合理的，但若行为人具有享受社保待遇的资格，而仅仅是采取伪造材料等方式“多领”待遇的，则不能直接取消其资格，而只能责令其退还多领的待遇，再根据具体情况追究其责任，因为，原则上不能因为个人实施了骗取社保待遇的行为，而剥夺其参与并领取社保待遇的权利，免除国家对其所负的生存保障的义务。

二是刑事责任。对于骗取社会保险待遇构成犯罪的，需区分不同情形，认定其所构成的犯罪。（1）如果是由单位或者个人单独实施的，则通常认定构成诈骗罪①；（2）如果涉及与社会保险经办机构合谋的情形，则通常认定

① 2008年8月至12月间，杨某通过宣武区大栅栏社保中心向宣武区医疗保险事务管理中心提交伪造的佑安医院住院单据、佑安医院门诊收费专用单据，申报了三次因酒精性肝硬化在佑安医院住院的费用，和一次在该院急诊留观的费用，先后骗取医疗保险费共计人民币33 734.61元。故伎重演时，被宣武区医疗保险事务管理中心核对报销单据时发现上述收据均为伪造。为了骗取钱财，杨某找不法分子做了假报销单据后，骗取医保报销3万元。2010年7月17日，杨某因保险诈骗罪被原宣武区法院依法判处有期徒刑一年六个月，缓刑两年。参见裴晓兰．低保户骗取医保3.3万获缓刑．新浪网，http://news.sina.com.cn/s/2010-07-18/004520701397.shtml.最后浏览：2010年9月20日。该新闻报道中法院判处杨某构成保险诈骗罪，笔者认为，该罪名的确定可能有误，因为社会保险不同于商业保险，《刑法》保险诈骗罪应该仅适用于骗取商业保险待遇的情形，因此骗取社会保险待遇的应该认定为诈骗罪。

构成贪污罪[①]；（3）如果与医疗机构、药品经营单位等社会保险服务机构的工作人员合谋的，则根据社会保险服务机构性质的区别，可能构成贪污罪，或者职务侵占罪。

四、骗取社会保险基金支出和骗取社会保险待遇责任追究机制的完善

社会保险欺诈是当今世界普遍存在的问题，因此，我国预防骗取社会保险基金支出和骗取社会保险待遇可以借鉴域外的经验。如澳大利亚建立了强有力的监察执法队伍。澳大利亚 Centrelink 机构负责防止欺诈冒领工作的行政执法人员在全国约有 4 000 人，占机构总人数的 16%，而 Medicare 系统负责医疗保健待遇行政执法监督的人员大约有 4 500 多人，占该机构总人数的 83.4%。这些执法人员依据全国统一的执法标准执法，享有充分的信息技术和高度共享的部门资源，最主要的是，执法队伍配置得力，调查手段非常强硬，对于社保欺诈行为有很强的威慑力。该机构在监察执法中，还主要对医疗保险待遇的支付进行进一步的数据挖掘工作，即通过正常的医疗保险收入和支出数据，发现过度使用医疗资源的问题，挖掘医保诈骗的存在。

英国先后颁布了《1998 年公共利益披露法》（Public Interest Disclosure Act 1998）和《2001 年社会保障欺诈法》（Social Security Fraud Act 2001）。其中《2001 年社会保障欺诈法》第 4 章第 2 条规定：如果社会保障受益人存在影响其社会保障福利、津贴的权利资格变更的情况，而他明知这种变更会影响其获得福利、支付或其他补贴的权利资格，他仍然以欺诈手段未及时以法定方式向法定主体通报情况变更，则被认定有罪。与此同时，受领人之外的行为人明知某些变更会影响权利人获得相关社会保障法规定的福利、支付或其他补贴的权利资格，而受领人的欺诈行为导致或允许他人未能以法定方式向法定主体通报情况变更，则被认定有罪。

美国 1986 年通过的《联邦虚假陈述法》规定：通过虚假记载或陈述、有意欺骗和隐瞒事实、串谋诈骗等欺诈手段获得雇员待遇或支付的，处以 5 000～10 000 美元的罚款，并处欺诈金额 3 倍的赔偿。[②]

从上述域外经验可知，预防骗取社会保险基金支出和骗取社会保险待遇

---

① 张志鹏和堂兄张志远相互勾结，利用张志鹏在汉中市社会保险业务经办中心失业保险科担任出纳员的职务之便，在 2004—2007 年四年中，采取私开账户转存社保基金、伪造财务凭证、偷盖财务专用印章、伪造对账单等手段，先后骗取贪污社保基金 140 多万元。2007 年 3 月，法院认为，张志鹏、张志远行为均构成贪污罪。一审判处张志鹏有期徒刑 14 年，判处张志远有期徒刑 3 年。参见汉中社保基金贪污案今宣判 主犯被判刑 14 年. 西部网，http://shaanxi.cnwest.com/content/2007-10/23/content_1056926.htm. 最后浏览：2010 年 9 月 20 日。

② 参见胡继晔. 社会保险反欺诈立法初探. 中国—欧盟社会保障合作项目网站，http://www.eucss.org.cn/fileadmin/research_papers/policy/found_manag/Anti_fraud_law_in_China_Final_cn.pdf. 最后浏览：2010 年 9 月 20 日。

一方面需要强有力的监察执法队伍，另一方面也需要建立严格的行政责任、刑事责任体系。从上述英国和美国的制度规定可知，它们将骗取社会保险待遇的行为视为危险犯，不以实际取得社会保险待遇作为犯罪既遂的标志，只要行为人明知的情形下仍实施虚假记载或陈述、串谋等行为就需承担相应的行政责任，乃至刑事责任，而我国相应刑事责任的认定，原则上都以行为人“实际获得社会保险基金的支出或者社会待遇”为犯罪既遂的标志。因此，我国应完善社会保险的行政监察执法以及责任体系，使相关的责任追究能够真正发挥震慑、预防犯罪的作用。

第十二章　社会保险争议

社会保险争议是因社会保险权益争执而发生的纠纷。社会保险权利兼有私法与公法的属性决定了其与一般的私法权利和公法权利在法律争议和救济上有所不同，若单纯将传统私法和公法权利法律救济的理念、原则、模式和规则等套用于社会保险争议救济，忽视社会保险争议的独立性和特殊性，可能会影响社会保险权利救济的法律效果，进而影响社会保险法的价值和目标的实现。从各国社会保险立法经验看，都非常注重对社会保险争议的规定，以使保险争议得到有效解决。

随着社会经济的发展，贫富差距日渐拉大，社会矛盾也日益凸显，我国社会保险争议也日益增多，而我国社会保险立法相对其他部门立法而言，起步比较晚，立法层次相对低，这导致作为社会保险利益诉求和法律权益维护路径的社会保险争议在立法、执法和司法等层面存在一些突出问题。因此，建立和完善我国的社会保险争议处理机制不仅是我国社会保险事业发展的现实需要，也是我国经济社会发展的迫切需要。近年来，我国社会保险争议呈上升发展趋势，例如，2004 年，四川省发生劳动争议案件 9 868 件，社会保险争议案件 4 766 件，占劳动争议案件的 48.3%[①]；2008 年 1 月至 8 月，北京市海淀区发生的社会保险争议占劳动争议案件的 49.85%。[②] 因此，加强社会保险争议问题研究和完善社会保险争议机制构建是我国当前迫切需要解决的课题。

《社会保险法》在现行制度的基础上，对社会保险争议的处理机制作了原则性规定，但仍有许多问题需要厘清。

第一节　社会保险争议的性质

一、社会保险争议概念的界定

（一）学界关于社会保险争议的概念界定

学界关于社会保险争议概念的界定，见仁见智，主要有四种代表性意

① 李晋蓉．社会保险争议不属于劳动争议仲裁范围．四川劳动保障．2005，3

② 张丽云．社会保险争议持续上升的原因及对策．天津社会保险．2009，4

见。(1)“社会保险争议是指用人单位和与之形成劳动关系的劳动者之间因实现社会保险权利和履行社会保险义务产生分歧而引起的争议。”① (2)“社会保险争议又称社会保险纠纷，是指社会保险关系当事人因社会保险关系成立和社会保险权利义务的实现所产生的争议。”② (3)“社会保险争议，是社会保险当事人之间因建立和实现社会保险权利义务所发生的纠纷。”③ (4)“社会保险争议则是在保障公民社会保险权利过程中，社会保险主体之间因权利义务发生的纠纷。”④

(二)社会保险争议概念的评析

“从逻辑学的意义来说，基本概念的辨析和分析工具的选择，是理论研究的基石。”⑤ 从社会保险争议理论看，对其基本概念分析也是不可或缺的。上述四种意见，与社会保险的发展阶段密切相关。第(1)种界定与劳工保险模式的理念和实践密切相关，强调社会保险是劳动者与用人单位之间的保险，社会保险争议也限于劳动者与用人单位之间的争议，这属于社会保险社会化程度不高阶段的理念。第(2)、第(3)、第(4)种界定则拓展了社会保险的范围，不限于劳动者与用人单位之间，因此，这属于社会保险社会化程度比较高阶段的理念和实践。尽管上述概念的界定均具有一定的科学性，但也有需要商榷之处。

首先，第(1)种意见将社会保险争议纳入劳动争议范畴，从用人单位与劳动者关系的视角上界定社会保险争议。但社会保险是指“国家通过立法确立的、以保险形式实行的，对于因丧失劳动能力或劳动机会而不能劳动或者暂时中断劳动的公民提供一定的物质帮助或者相应补偿，使其得以维持的社会保障制度”⑥。因此，社会保险不仅涉及用人单位和劳动者之间的关系，也涉及国家，此外，随着社会保险覆盖范围的扩张，社保关系的建立逐步摆脱对劳动关系的依附，因此，第(1)种意见有以偏概全之嫌。

其次，第(2)、第(3)种意见有一定相似之处，其不足在于：一是第(2)种意见将社会保险争议界定为“社会保险关系当事人因社会保险关系成立和社会保险权利义务的实现所产生的争议”，这明显与属加种差的定义规

---

① 唐志明. 关于处理社会保险争议的法律思考. 重庆工学院学报. 2000, 2

② 转引自杨辉. 论我国社会保险劳动争议处理机制的完善. 广西政法管理干部学院学报. 2007, 5

③ 程延园. 对社会保险争议处理的立法思考. 中国劳动保障报, 2001-05-08

④ 薛小建. 社会保险争议与解决模式初探. 见：邹海林主编. 社会保险改革与法制发展. 北京：社会科学文献出版社, 2005. 233

⑤ 田宏杰. 中国刑法现代化研究. 北京：中国方正出版社, 2000. 1

⑥ 蒋月. 社会保障法. 厦门：厦门大学出版社, 2004. 106

则有不符之处，且将社会保险争议的主体限于当事人，范围过于狭窄。[①] 二是第（2）、第（3）种意见对争议标的界定涵盖不足。实际社会保险关系主体争议的核心是社会保险权益。《社会保险法》第 1 条规定："维护公民参加社会保险和享受社会保险待遇的合法权益……"由此可见，社会保险权益是社保法律关系的核心，只要发生侵害社会保险权益的行为或对相关社会保险主体提出社会保险权益诉求，社会保险争议也随之发生，而并不限于保险当事人的权利义务争执。

再次，第（4）种意见有需要完善之处。一是将社会保险争议限定在保障公民社会保险权利的过程中，范围明显过于狭窄。如用人单位与社会保险机构因社保费征缴而形成的法律关系，并不直接涉及公民社会保险权利，但因此而发生的争议也应为社保争议。二是将社会保险争议限定于社会保险主体之间因权利义务发生的纠纷也不够周延。因为社会保险争议对象既包括权利，也包括合法利益。《行政复议法》第 6 条明确规定，公民、法人和其他组织认为行政机关的其他具体行政行为侵犯其合法权益的，可以提起行政复议。三是社会保险的政策性决定了引起争议的并不限于实在法规定的权利，而可能由政策规定的利益引起。四是社会保险利益是社会保险争议的理由，而社会保险权利义务是确定争议利益的依据，只有通过法定机构依法确定社会保险主体的权利义务后才能确定社会保险权益处理。因为，在社会保险争议中，只有经过有权机关审查双方权利义务才能确定争议利益受损情况，进而对社会保险权益进行处理。若将社会保险权利义务作为社会保险争议的理由和客体，则本末倒置，而且也会将以社会保险利益争议为由的纠纷拒之门外，使之不能得到法律救济。

综上分析，结合社会保险理论和实践，笔者认为，社会保险争议是指社会保险主体之间因社会保险权益所发生的纠纷。

二、社会保险争议的性质

（一）学界关于社会保险争议性质的争论

事物的性质是对本质的反映，是区别于其他事物的内在规定属性，是决定和影响事物产生与发展的内因。从法律救济层面看，社会保险争议的性质决定其解决路径和方式。关于社会保险争议的性质，目前在学界存在一定的争议。学者有不同见解：（1）认为社会保险争议具有公法性。[②]（2）主张将

---

① 《最高人民法院关于执行〈中华人民共和国行政诉讼法若干问题的解释〉》（法释［2000］8 号）第 12 条规定："与具体行政行为有法律上利害关系的公民、法人或者其他组织对该行为不服的，可以依法提起行政诉讼。"

② 参见李雨晴．我国社会保险争议的特点及其处理机制．江南论坛．2009，3

用人单位与劳动者之间的社会保险争议归入劳动争议，将社会保险经办机构与劳动者及其亲属之间的社会保险争议纳入行政争议。[①]（3）认为社会保险争议是劳动争议的重要组成部分。[②] 这些观点对社会保险性质的认识分歧还是比较大的，但与我国目前的社会保险争议的立法与实践的关系还是比较密切的。[③]

（二）社会保险争议性质评析

笔者认为，对社会保险争议性质定位需要从社会保险发展规律入手，透过社会保险争议现象探求其内在规律。目前学界对社会保险争议性质的争论是有益的，但也尚存一定不足，需要进一步研究。

（1）从"社会保险关系具有从私法向公法转变的迹象"[④]，界定社会保险争议具有公法性质。这只是看到了社会保险法强制性和实践中将社会保险争议区分为劳动争议与社会保险行政争议的表象，忽视了社会保险争议的公法和私法交融的性质。社会保险是以社会整体利益为本位的，属于社会法，而社会法使人们清楚地认识到个人的社会差异性和他们的社会强势与弱势地位，并由此首先通过法律照顾弱势群体，使对社会弱势群体的救济和对社会强势群体的限制成为可能，通过这些方法，它将社会矫正思想置于自由主义的平等思想之上，使分配正义在交换正义那里也发挥作用，并且通过有组织的社会救济，特别是国家救济，取代自我救济。[⑤]

（2）基于现行的立法和司法实践，将社会保险争议分割为劳动争议和社会保险行政争议，虽一定程度上接近了社会保险争议的公法与私法的属性，但是还是没有准确抽象出社会保险争议的性质。社会保险并不是单纯社会保险主体之间互助和共同分担责任，而要求国家承担起支持和推动社会保险发

---

① 参见江君清．未缴纳社会保险争议不应纳入仲裁受案范围．中国劳动．2006，8

② 张丽云．社会保险争议持续上升的原因及对策．天津社会保险．2009，4

③ 我国社会保险争议立法与实践对社会保险法性质界定目前还是具有一定的模糊性。1993 年国务院制定的《企业劳动争议处理条例》第 2 条规定，因执行国家有关工资、保险、福利、培训、劳动保护的规定发生的争议属于劳动争议。1994 年制定的《劳动法》继续将社会保险争议纳入劳动争议，第 73 条规定，劳动者在退休、患病、负伤、因工伤残或者患职业病、生育、失业的情形下享受社会保险待遇。2001 年劳动和社会保障部制定《社会保险行政争议处理办法》第 2 条规定，社会保险经办机构办理社会保险事务过程中与公民、法人和其他组织之间的争议界定为社会保险行政争议。2007 年制定的《劳动争议调解仲裁法》第 2 条第（4）项仍将社会保险争议纳入劳动争议。实践中，用人单位与劳动者之间发生保险争议，通过劳动和解、调解、仲裁和民事诉讼解决，而社会保险主体与社会保险经办机构之间的争议通过行政复议和行政诉讼解决。

④ 杨辉．论我国社会保险劳动争议处理机制的完善．广西政法管理干部学院学报．2007，5

⑤ ［德］拉德布鲁赫．法哲学．王朴译．北京：法律出版社，2005.129

展的职责[①]，包括建立健全社会保险规章制度、管理社会保险事业、财政投入等。有鉴于此，德国古典派（Klassiker）沃尔夫、巴霍夫教授将社会保险归入给付行政中的社会行政，即涵盖社会保险的社会性和行政性。[②]

（3）将社会保险争议看成是劳动争议的组成部分，看到了社会保险存在于劳动待遇的初始状态，但没有考虑社会保险脱离劳动制度而成为独立制度的现实与势态。

（三）社会保险争议性质界定

一方面，社会保险争议性质取决于社会保险的本质。“社会保险是对大的生活风险（疾病、老年等）给予保护的带有强制性质的共同承担责任的联盟。”[③]“在现代化的连续进程中，‘财富—分配’社会的社会问题和冲突开始和‘风险—分配’社会的相应因素结合起来。”[④] 因此，社会保险是基于“大数法则”将风险交由各社会成员共同负担，共同抵御生活风险，旨在维护社会整体利益，从而促进社会和谐稳定发展。此外，社会保险是政府干预市场的产物，是通过社会保险机制进行二次分配而弥补市场机制失灵。所以，社会保险争议不但涉及私人领域，影响私人利益，而且涉及行政干预维护的社会利益，体现了社会法的属性。

另一方面，社会保险争议性质还取决于社会保险基础法律关系的性质。因为社会保险争议的产生与社会保险请求权的实现有关，而社会保险请求权是社会保险法律基础关系内容的核心，也是社会保险请求权的基础。从性质上说，社会保险基础法律关系是兼具民事和行政法律关系某些特性的一种独立的法律关系。[⑤] 换言之，社会保险争议是兼具公法和私法性质的法律争议。

综上所述，笔者认为，社会保险争议不是公法性质纠纷，也不是私法性质纠纷，而是兼具公法和私法性质，即具有社会法性质的法律纠纷。

---

① ［德］霍尔斯特·杰格尔．社会保险入门——论及社会保障法的其他领域．刘翠霄译．北京：中国法制出版社，2000. 8

② 参见［日］大桥洋一．行政法学的结构性变迁．吕艳滨译．北京：中国人民大学出版社，2008. 167

③ 德国皇帝威廉一世根据俾斯麦的建议在1881年发布建立社会保险制度的公告，宣布“最大限度地保障需要帮助的人”是“每个立足于基督教民众生存道义基础上的国家的最高使命”．［德］霍尔斯特·杰格尔．社会保险入门——论及社会保障法的其他领域．刘翠霄译．北京：中国法制出版社，2000. 6～7

④ ［德］乌尔里希·贝克．风险社会．何博闻译．上海：译林出版社，2004. 17

⑤ 种明钊主编．社会保障法律制度研究．北京：法律出版社，2000. 113

第二节　社会保险争议处理模式

一、世界主要国家社会保险争议处理模式

(一) 英美法系国家社会保险争议处理模式①

1. 英国社会保险争议处理模式

英国对社会保险争议是通过设立行政裁判所（Administrative Tribunals）解决社会保险争议问题。行政裁判所是独立于普通法院之外的裁判机构，其所适用的规则和程序也不同于普通法院的规则和程序。英国的社会保险争议程序包括三级。第一级（the first tier），是社会保障官员作出的行政决定或行为。第二级（the second tier）为社会保障上诉裁判所，其负责所有与社会保障有关的给付福利、儿童抚养、社会保险、国民保健附加救济金等方面的初审；其由三人组成，包括上议院大法官任命的裁判所主席和由裁判所主席任命的两名裁判员，采取总裁制（presidential system），主席为法律人士，其他两名成员为非法律人士。第三级（the third tier）是社会保障专员，其由英王根据上议院大法官的推荐予以任命；社会保障专员均为至少10年生涯的出庭律师（barrister）或者事务律师（solicitors）。社会保障专员比较精通社会保障有关法律，具有比较丰富的办案经验，可以独立审案并作出裁决。

1998年英国社会保障法规定了社会保障裁判庭负责上诉服务。如果当事人支付社会保障福利，但是遭到拒绝，他可以上诉至上诉裁判庭。上诉裁判庭是由医生、律师、具有从事残疾人事务经验和具备技术者（例如会计）所组成的合议庭。裁判庭成员之一必须具备法律从业资格，他通常作为裁判庭的庭长。1998年社会保障法制定了若干规则：（1）分别由律师、医生和具备残疾人事务经验的人组成的三人裁判庭可以审理残疾人税额减免、残疾人生活补助和照料补助的上诉案件；（2）律师和医生组成的两人合议庭可以审理丧失工作能力的上诉案件；（3）分别由律师、医生组成的两人或三人裁判庭，可以审理工伤或者严重丧失工作能力的上诉案件，如果包含复杂的财务问题，会计可以替换其中的一名医生。如果社会保障裁判庭错误适用法律，则上诉人可以向社会保障委员会上诉。②

① 参见薛小建. 社会保险争议与解决模式初探. 见：邹海林主编. 社会保险改革与法制发展. 北京：社会科学文献出版社，2005. 233

② 参见［英］丹尼斯·基南. 英国法（14版）. 陈宇，刘坤轮译. 北京：法律出版社，2007. 105

劳动争议由劳工裁判庭处理。劳工裁判庭的管辖范围包括：因雇佣合同或者不公平的解雇、仲裁、平等获取报酬以及因性别、种族和残疾人歧视而引起的纠纷，不包括社会保险争议。①

2. 美国社会保险争议处理模式

美国社会保险争议解决模式比较注重专业性和程序性，力求程序公正，裁判公平。其主要包括以下五个主要环节：（1）初步审查。社会保险争议申请人首先向社会保障署的区域办公室或者分支办公室提交申请，并由所申请的机构进行法律上适格的审查。在审查中，有相关专业审查。（2）再考量程序（reconsideration）。再考量由初审外官员审查，且申请人要提交社会保险争议的新证据。（3）行政法官听证程序。行政法官主要是社会保障署官员，其地位独立，不受所在机关控制，根据行政程序法规定，其可以独立对社会保险争议作出裁决。（4）申诉委员会申诉。申诉委员会是社会保险争议的最后一个程序，主任由社会保障署听证和上诉办公室的一名副主任兼任。申诉委员会成员必须有 7 年以上法律执业经历，并有在政府或者法院中从事案件准备、陈述、听证等经验，原则上服从申诉委员会，但实际审理案件中，可以独立对社会保险争议案件进行事实审和法律审。（5）司法审查。如果申诉人的申请被申诉委员会驳回，申诉人可以向联邦地方法院提起对行政机关的决定进行司法审查。

（二）大陆法系国家社会保险争议处理模式

1. 德国社会保险争议处理模式

德国对社会保险争议采取复议前置办法，社会保险当事人对由社会保险经营机构、劳工部门等机构作出的处理不服的，必须先向这些机构设立的复议委员会申请审查，待复议委员会作出复议决定后再向社会法院提起诉讼。1953 年 9 月颁布了《社会法院法》，对社会法院的特殊审判权和组织机构等作了专门规定。按照法律规定，在德国设立专事社会法司法的社会法院，其任务是专门负责涉及社会保险、社会福利和其他有关社会保障方面的争议案件的管辖②。社会法院是特殊的行政法院，属于公法范畴。社会法院也随着《社会法院法》的颁布施行，从行政法院体系中分离出来而成为一种独立的专门法院体系。

按照法律规定，联邦德国的社会法院分设三级。（1）基层社会法院。全

① 参见［英］丹尼斯·基南. 英国法（14 版）. 陈宇，刘坤轮译. 北京：法律出版社，2007.107

② 参见［德］霍尔斯特·杰格尔. 社会保险入门——论及社会保障法的其他领域. 刘翠霄译. 北京：中国法制出版社，2000.177

德共设基层社会法院86个，它们各自负责本辖区内社会保障方面的争议案件的审理。基层社会法院的各个专业法庭由一名职业法官和两名名誉法官组成。（2）州社会法院。全德共设州社会法院16个，即每个州都设有一个州社会法院。州社会法院负责对不服基层社会法院裁判的上诉案件的审理，因此也称上诉社会法院。州社会法院所属的各个专业法庭由三名职业法官（其中一名为首席法官）和两名名誉法官组成。（3）联邦社会法院。它是德国处理社会保障方面争议案件的最高审判机关。联邦社会法院负责对有关社会保障争议案件的复审，因而又称为复审社会法院。从一定意义上讲，它纯粹是审判监督机关。这种复审，虽是根据当事人的申诉进行，但它是一种法律审，即只对原裁判在适用法律方面是否有误进行复查审理，不负责对事实认定方面的复查，其结果只能是撤销原裁判并将案件发回州社会法院重审。在复审程序中，当事人必须委托诉讼代理人代理诉讼活动。雇员一方，既可以委托律师，也可以委托工会的法律顾问代理诉讼。这与初审、上诉审明显不同。初审、上诉审程序中，当事人既可委托代理人代理诉讼，也可以自己亲自出庭诉讼。实践中，复审案件数大概占上诉案件数的1/10。联邦社会法院所属专业法庭由三名职业法官和两名名誉法官组成。如果遇有特殊案件，可组成大法庭审理。大法庭由联邦社会法院首席法官、6名职业法官、4名名誉法官组成。全德社会法院系统的职业法官约有1 000名。其中，联邦社会法院有职业法官47名、名誉法官110名、下属专业法庭14个，另有工作人员200人。

州社会法院的职业法官由各州的司法部长任命，实行终身任职制。联邦社会法院的职业法官由联邦法官选举委员会选举产生，并同样实行终身制。法官选举委员会由各州的16名司法部长和联邦议会派出的16名成员组成。名誉法官由各州政府或受委托的机构根据提名聘用，聘用期为4年。提名名单是由工会、雇主协会、医疗保险机构医生联合会、医疗保险机构和残疾人协会根据各名誉法官所从事的审判业务领域而确定。

德国社会法院对社会保险争议处理程序采取社会法规定优先适用；如果疾病、护理保险、年金保险、劳动促进和失业保险、事故保险等社会保险不适用社会法典的，则可以比照行政法的一般规定。①

2. 法国社会保险争议处理模式

法国对社会保险争议追求简捷、高效，其处理社会保险争议也独具特色。（1）调解程序。法国对社会保险争议，应先由社会保障组织的行政管理

① 参见［德］霍尔斯特·杰格尔. 社会保险入门——论及社会保障法的其他领域. 刘翠霄译. 北京：中国法制出版社，2000. 170

委员会内设的调解委员会提出调解请求，调解委员会由一半行政管理员和一半其他职业的人员组成。该调解委员会实际上属于复议程序。(2) 社会保障事务法庭。该法庭是1989年根据法律设立的，是行政法院内部专门处理社会保障争议的机构。该环节审理案件尽量采取和解方式结案。(3) 上诉法院社会庭。如果当事人不服社会保障事务庭的判决，可以向上诉法院社会庭提出上诉。上诉法院社会庭根据审理情况作出二审判决。(4) 最高法院的申诉。如果当事人不服二审判决向最高法院提出申诉的，最高法院可以对一、二审判决审查并作出判决。

3. 日本社会保险争议处理模式

日本对社会保险争议采取社会保险审查机构处理、社会保险审查会审查处理和法院司法审查三个层次。日本的裁判所包括最高裁判所、高等裁判所、地方裁判所、家事裁判所和简易裁判所。[①] 由于日本没有专门的行政法院和社会法院，社会保险争议由普通裁判所管辖和审判。日本《行政不服审查法》规定了行政不服审查制度。行政不服审查制度作为一项极具日本特色的制度，其作用主要在于，"关于行政厅的违法或不当的处分及其他行使公权力的行为，通过对国民开设行政厅的不服申诉途径，通过简易而迅速的程序，以谋求国民的权利利益救济，同时确保行政的公正运行"[②]。对社会保险争议，申请人必须先向社会保险审查机构提出请求，经社会保险审查机构审查后作出处理决定；申请人不服社会保险审查机构审查决定的，可以向社会保险审查会提出上诉，非经社会保险机构审查会对审查请求或者再审查请求的裁决不得提起诉讼。

二、域外经验的启示

(一) 坚持处理社会保险争议专业化

无论是英美法系还是大陆法系，都要求负责处理社会保险争议人员具有精湛的专业水平，具有法律、社会保险、会计等与社会保险争议有关的专门知识和经验。

(二) 设置复议前置，坚持处理社会保险争议高效便捷

对发生社会保险争议，要求申请人经过社会保险专门机构处理后才允许进入诉讼程序。一方面是考虑社会保险争议的技术性、专业性和政策性比较强，由社会保险专门机构处理社会保险争议能更好地执行社会保险法律和维

---

① 江建中. 日本的裁判所系统. 中国法院网，http://www.chinacourt.org/public/detail.php?id=131287. 最后浏览：2010年4月19日。

② 鲁净净. 和谐社会建设中的行政裁决研究. http://www.110.com/ziliao/article-157408.html. 最后浏览：2010年4月19日。

护社会保险当事人的合法权益；另一方面是经过社会保险专门机构处理后的社会保险争议案件的证据和事实比较明朗，司法机构的审查范围会缩小，也便于司法机构高效处理争议。

（三）设置专门机构，坚持处理社会保险争议以行政为中心

对社会保险争议，坚持行政管理部门在处理社会保险争议过程中发挥主导作用，充分发挥行政部门管理社会保险争议的专业水平和经验。在行政处理的基础上，借助司法部门权威妥善处理社会保险争议。

（四）注重整体，坚持相关部门合力解决社会保险争议

在处理社会保险争议过程中，既要发挥社会保险机构的专业性，也要发挥劳动部门、工会等相关部门的民意性，坚持专业与民意结合，力求妥善处理社会保险争议。

（五）社会保险争议和劳动争议严格区分

社会保险争议和劳动争议分别按照不同机构和程序处理，从而保证社会保险争议处理的专业性和技术性，切实保护社会保险权利人的权益。

三、我国社会保险争议处理模式存在的问题

我国处理社会保险争议采取劳动争议和社会保险行政争议分类管辖、分别处理。被保险人与用人单位之间的保险权益争议按照劳动争议处理，通过协商、调解、仲裁和诉讼法律途径解决；社会保险主体与社会保险经办机构、征收机构之间发生的争议，通过行政复议、行政诉讼解决。但是该模式存在以下问题：

（一）将社会保险争议纳入劳动争议，混淆社会保险争议与劳动争议，不利于社会保险权利救济

1. 将社会保险权利定位为劳动权利，与现代社会保险法理念不符

社会保险权利属于社会保障权利的分支，也属于生存权的内容。“生存权的目的，在于保障国民能过人那样的生活，旨在实际社会中确保人的尊严，其主要是保护帮助生活贫困者和社会的经济上的弱者，要求国家有所‘作为’的权利。”①

2. 淡化了社会保险强制性，弱化了社会保险中的国家责任

虽然社会保险是从劳动待遇中发展起来的，但是其随着社会保障制度的确立，已经从劳动待遇中独立出来。而将社保争议纳入劳动争议则是突出强调社会保险中用人单位的责任，忽视了国家责任。

3. 混淆了社会保险与劳动权利的区别

社会保险制度具有强制性和独立性，而将社会保险待遇等同于劳动者权

① ［日］大须贺明. 生存权论. 林浩译. 北京：法律出版社，2001. 16

利，只看到了社会保险与劳动权的联系而无视社会保险的本质和独立性，从而使得社会保险权益由法定权益变为可约定权益，可能纵容劳动者与用人单位约定规避社保义务。

（二）通过劳动争议处理程序解决社会保险争议，不利于社会保险费征缴

1. 给予用人单位拖欠社会保险费正当理由

用人单位与劳动者因用人单位欠缴社会保险费而发生争议按照劳动争议处理，实际上软化了社会保险费缴纳义务的刚性，排除了社会保险费征缴机构公权力的介入。而且调解、仲裁和诉讼程序耗时过长，不利于社会保险费及时缴纳，会影响社会保险基金运转。

2. 助长用人单位对劳动者社会保险权益的侵害

欠缴社会保险费用按照劳动争议处理，是按照法定的调解、仲裁、诉讼程序处理的，即使用人单位最终缴纳了社会保险费，但其能合法地逃脱缴纳社会保险费的滞纳金义务，利用法律程序取得了非法收益，鼓励和诱导用人单位欠缴社会保险费。如学者指出，“给一些企业造成错觉，助长他们对劳动者社会保险权益的侵害”①。

3. 影响社会保险费征缴机构职权发挥

一方面，用人单位通过欠缴社会保险费方式走入劳动争议程序，合法逃脱社会保险费追缴机构职权监管，使社会保险征缴机构的监督虚置；另一方面，社会保险费追缴通过劳动争议解决，诱发了社会保险征缴机构的惰性而疏于行使追缴社会保险费职权。

4. 法院对社会保险争议进行审判存在困难

现行的劳动争议由民事审判庭负责，但是由于社会保险争议存在较强的技术性，并且相关的缴费档案、缴费基数、待遇等证据材料都保存在社保经办机构，导致人民法院在证据获取和专业性方面都存在困难，因此，其结果是导致目前多数法院对于社会保险争议不予受理。

（三）将社会保险争议纳入劳动争议处理不利于社会保险法律执行

1. 模糊社会保险与劳动法边界，误导社会保险执法

将社会保险争议作为劳动争议处理，会产生社会保险法就是劳动法的一部分的误导，导致执法中解决社会保险争议以劳动关系成立作为处理前提，致使没有劳动关系基础的社会保险争议得不到有效解决。

2. 增大社会保险执行的风险和难度

将社会保险争议导入劳动争议，诱导了用人单位通过劳动争议解决途径

① 李晋蓉. 社会保险争议不属于劳动争议仲裁范围. 四川劳动保障. 2005，3

逃避缴纳社会保险费义务的动机和行为，增大了社会保险执行的风险和难度。

3. 影响社会保险金发放

将社会保险争议作为劳动争议处理影响了社会保险费及其滞纳金的追缴，会引起社会保险基金的紧缺，从而影响社会保险金发放，影响社会保险经办机构的管理行为。

（四）现行社会保险诉讼模式不利于社会保险权利人权益保障

采取现行劳动争议处理程序处理社会保险争议不利于被保险人的权益保障，一是“一裁两审”处理程序期限较长，使得社会保险权利人无法及时获得救济，此外证据规则不利于权利人维护权利；二是社会保险的强制性，使得社会保险争议不能调解，诉讼效率受到制约；三是用人单位未缴纳社会保险费的劳动争议实际上是社会保险费征缴机构负责查处的行政违法行为，被保险人举证困难，且有违民事审判程序的意旨。

（五）社会保险争议处理与劳动监察多头执法影响社会保险权利保护

劳动监察是劳动部门进行劳动领域管理的重要职责和手段。《劳动保障监察条例》第 11 条规定，劳动保障部门可以对用人单位参加各项社会保险和缴纳社会保险费的情况实施劳动监察。第 27 条规定：“用人单位向社会保险经办机构申报应缴纳的社会保险费数额时，瞒报工资总额或者职工人数的，由劳动保障行政部门责令改正，并处瞒报工资数额 1 倍以上 3 倍以下的罚款。”而《社会保险费征缴暂行条例》规定，社会保险经办机构和社会保险征缴机构也有权对用人单位社会保险的情况进行监督和处理。这种职权交叉，必然导致多头执法的问题。

四、《社会保险法》相关规定的分析及完善

《社会保险法》第十章“社会保险监督”中第 83 条规定了社会保险争议的处理：“用人单位或者个人认为社会保险费征收机构的行为侵害自己合法权益的，可以依法申请行政复议或者提起行政诉讼。用人单位或者个人对社会保险经办机构不依法办理社会保险登记、核定社会保险费、支付社会保险待遇、办理社会保险转移接续手续或者侵害其他社会保险权益的行为，可以依法申请行政复议或者提起行政诉讼。个人与所在用人单位发生社会保险争议的，可以依法申请、调解、仲裁提起诉讼。用人单位侵害个人社会保险权益的，个人也可以要求社会保险行政部门或者社会保险费征收机构依法处理。”

总体而言，《社会保险法》仍然是维持社会保险争议体制和机制现状，力求稳妥处理社会保险争议。但是，也有需要商榷之处。(1) 在立法体系上将社会保险争议纳入“社会保险监督”，将权利人救济权利纳入监督权利，从逻辑和法理上难以成立。救济权利旨在实现权利，属于自身社会保险权利派生的权利。而监督权利旨在督促行为，特别是保险经办机构行为规范运行，因此，两种不同性质的权利难以整合为同一权利，在逻辑上是难以严密的。(2) 将社会保险权利分割处理，套用传统意义上的私权利和公权利的救济模式，本身没有较好地宣告和形成社会保险权利的独立性，有悖社会保险立法目的。

对社会保险争议，有学者认为“须建构相应的社会保险程序法”①，应该说是很有建设性的意见。我们认为，要优化社会保险争议模式，切实有效解决社会保险争议，预防和减少缠诉、缠访等后续负面问题出现，构建和谐社会，可以从几个方面考虑社会保险争议处理模式构建。

(1) 按照社会保险争议的政策性、专业性和技术性特点和规律，构建独立于民事和行政争议的程序。从社会保险争议从属社会保障逻辑起点出发，整合社会保险、社会救助、社会福利等社会权利争议制度，制定社会保障争议法，构建社会保障争议处理制度。

(2) 设立专门组织机构。首先，整合资源，规范职权，在行政部门设立社会保障委员会，负责社会保障的法律政策实施、解释、争议处理监督等，保障解决社会保险争议的专业性和技术性。其次，设立社会法院，对社会保险人对社会保障委员会处理不服的，由社会法院负责审理。鉴于《社会保险法》对社会保险争议的处理，在没有建立社会保障程序法之前，可以考虑整合现有劳动仲裁委员负责社会保险争议处理，并在法院设立社会保险审判庭，保障《社会保险法》稳步实施。

(3) 严格人员准入制度。无论是社会保障委员会还是社会法院的工作人员，必须具备一定年限法律和社会保障的专业知识和工作经验，可以参照英国或美国体例，但不应少于 3 年。同时对人员从事社会保障争议处理工作实行资格从业制度，必须取得社会保障从业资格证书后，才能从事社会保障争议处理工作。

第三节　社会保险争议中的时效

一、时效制度概述

时效是权利保护的必要制度，也是维护社会稳定的措施，最初始于民事法律。在民法上，“它是指一定的事实状态在法定期限内持续存在，从而产生与该事实状态相适应的法律效力的法律制度”②。不难看出，时效实际上是权利在时间维度上的一种状态，是决定权利取得、变更和消灭的形态。换

① 郑尚元. 工伤保险法律制度研究. 北京：北京大学出版社，2004. 186

② 转引自王利明. 民法总则研究. 北京：中国人民大学出版社，2003. 699

言之，在法律制度上，一定的事实状态在法律规定的时间段内产生一定的法律后果。有学者将时效构成概括为，“从法律规范的角度将时效分解为法律事实、期限和后果三个基本的要素结构”①。时效包括取得时效和诉讼时效。取得时效又称占有时效，是针对占有他人的动产、不动产或其他权利经过一定时限后产生一定的财产权利变更的制度。诉讼时效又称消灭时效，是指权利人在一定时限内不行使权利诉求而丧失权利的制度，它包括普通时效、特别时效和延长时效，其中影响时效的事由有中断、中止和延长。对于社会保险争议而言，时效同等重要，其影响到被保险人权利受到侵害时的救济及其实现。

二、社会保险争议中时效制度的现状及问题

（一）我国社会保险争议中时效的有关规定

我国目前对社会保险争议采取的是劳动争议和行政争议分别处理的方式，其中劳动争议的仲裁时效为1年。《劳动争议调解仲裁法》第27条规定：“劳动争议申请仲裁的时效期间为一年。仲裁时效期间从当事人知道或者应当知道其权利被侵害之日起计算。”但是行政争议处理的时效，复议为60日，行政诉讼的时效为3个月。《社会保险行政争议处理办法》第9条规定：“申请人认为经办机构的具体行政行为侵犯其合法权益的，可以自知道该具体行政行为之日起60日内向经办机构申请复查或者向劳动保障行政部门申请行政复议。申请人与经办机构之间发生的属于人民法院受案范围的行政案件，申请人也可以依法直接向人民法院提起行政诉讼。”第10条规定：“经办机构作出具体行政行为时，未告知申请人有权申请行政复议或者行政复议申请期限的；行政复议申请期限从申请人知道行政复议权或者行政复议申请期限之日起计算，但最长不得超过2年。因不可抗力或者其他正当理由耽误法定申请期限的，申请期限自障碍消除之日起继续计算。”《行政诉讼法》第39条规定：“公民、法人或者其他组织直接向人民法院提起诉讼的，应当在知道作出具体行政行为之日起3个月内提出。法律另有规定的除外。”

（二）社会保险争议中时效规定存在的主要问题

1. 缺乏时效中断和延长的规定

时效中断主要是权利人积极主张诉求而产生重新起算诉讼时效的法律后果。时效中止是因不可归责于权利人的法定事由的出现而扣除相应的时间，赋予权利人获得继续计算时效的法律支持。时效延长是针对比较特殊的情况造成权利人长期无法行使权利且经利益考量而给予适当的时效。

目前采取劳动争议处理方式的权利救济可以享有中断、延长时效，而通

① 方世荣，戚建刚．论行政时效制度．中国法学．2002，2

过行政争议的处理方式则未有相关的规定。这不利于社会保险权利人的合法权益保护，原因如下：

（1）社会保险权利是权利人的生存权利，具有较强的人权属性，需要更加严密和有效的时效法律制度保护。对大多数人来说，权利人一旦因时效问题而丧失权利，就失去了生活重要保障，进而影响其生活质量和生活尊严。如缴纳社会保险费问题，如果用人单位一直没有为社会保险权利人缴费，待权利人退休时提出领取社会保险费时，社会保险机构则主张个人没有缴纳社会保险费而不能享受社会保险待遇。如果仅仅以劳动争议仲裁1年时效和社会保险行政复议60天时效考量，则社会保险权利人是难以实现其取得社会保险金的诉求。

（2）社会保险权利与传统民事权利不同，是不可替代权利，是不可能通过交易或继承等而取得的权利。因此，社会保险权利具有稀缺性和不可转让性，其需要法律保护的程度应高于民事权利。

（3）社会保险权利表征和承载的价值是社会公平，权利构建的前提并非传统民法上的理性经济人和自由主义，而是弱势群体和社会连带。基于社会连带理论基础，任何具有社会成员资格的人员都应享有社会保险权利，即“每个社会成员的一种不可剥夺的天赋权利”①，其权利并非通过意思自治和行为竞争取得，而是通过国家和社会积极作为取得。如果因为时效设计而致使权利人丧失了社会保险权利，实际上是剥夺了社会成员重要支撑的生存权利。

（4）社会保险的复杂性决定了社会保险权利时效需要比民事权利时效长。社会保险是运用精算原理、采取“大数法则”和“平均数法则”构建的法律制度，其技术性相当强，其可预见性比民事活动的可预见性模糊，作为“知道或者应当知道其权利被侵害之日”的起算点尤其模糊，仅仅具有中止时效难以对社会保险权利有效保护。

2. 社会保险争议中的时效过短

从我国现行立法对社会保险争议中时效的规定看，时效过短。（1）《劳动争议调解仲裁法》第27条规定，劳动争议申请仲裁的时效期间为1年。期限过短。因为，将社会保险争议作为劳动争议纳入民事争议范畴解决，就应该按照民事权利时效制度处理。《民法通则》第135条规定民事权利一般时效为2年，对社会保险争议也应该是“同等情况同等处理”，即将劳动争议时效规定为2年，但《劳动争议调解仲裁法》只规定为1年，明显过短。（2）社会保险行政争议因缺乏中断和延长时效，实质上短于劳动争议解决的

① 刘诚. 社会保障法比较研究. 北京：中国劳动社会保障出版社，2006. 20

时效，明显不公平。现行法律制度中，有关社会保险争议行政路径解决的规定中，只有《行政复议法》第 10 条规定了中止时效。

3. 时效制度的设置缺乏整体性

由于对社会保险争议采取双重处理模式，而民事诉讼和行政复议级诉讼的理念、原则、规则和程序的区别是不言而喻的。采取混杂的理念、原则、规则和程序处理社会保险争议，既不能较好地接纳社会保险理念、本质和特点，也不能较好处理公法与私法协调。有鉴于此，现行制度对社会保险争议的时效规定是条块分割、各自为政、各行其是，出现同一权利不同时效的冲突，如劳动仲裁——民事诉讼有时效中断、终止规定，而行政复议——行政诉讼则无时效中断的规定。这些问题，归根到底是对社会保险争议缺乏通盘考虑和统一设计。

三、社会保险争议时效制度的完善

“救济是对规范链条断裂的缝合，是维护法律秩序的制度装置。”[①] 从国外立法体例看，比较注重时效制度多层次和根据保护利益的不同而设计时效制度。（1）从强化行政效率角度严格限制追缴社会保险费、滞纳金等的时效，从而有效保障社会保险参与人的权益。如《日本护理保险法》第 200 条规定：“征收保费、滞纳金及法律规定的其他费用或者缴费退还的权利、接受保险给付的权利，两年后时效消灭。”（2）为确保社会保险基金足额缴纳，设置了时效中断制度。《日本护理保险法》第 200 条规定“对保费及法律规定费用的督促，产生时效中断的效力”。（3）延长接受保险给付时效。《日本厚生年金保险法》（第 1990 年修改）第 92 条规定“接受保险给付的权利时效为 5 年”。

比较而言，我国社会保险争议时效制度的完善应注意以下几方面：（1）需要从社会保障视角通盘考虑，从社会权利本质和特点出发，整合不同处理方式的时效制度，力求高效便民而又不遗漏权利保护；（2）制定社会保障争议程序法，统筹社会保险权利公法与私法不同性质，参考行政法、民法各自时效规定，考虑社会保险争议各环节需要时间而规定时效，既保障权利人有效提出诉求，又确保高效便民解决社会保险争议；（3）根据社会保险权利人遇到的各种情况，设立中止、中断和延长时效，尽可能多层次保护权利人的诉求及其权利。其中，中止、中断时效可以将《民法通则》相关规定导入《社会保险法》，延长时效主要是考虑到一些长期离开缴纳社会保险费所在地人员，比如跟随家属出国居住、被派遣到国外工作等人员。

---

① 陈炎光．公民权利救济论．北京：中国社会科学出版社，2008. 21

后　记

本书是教育部人文社会科学重点研究基地重大项目“社会保障立法研究”（项目批准号：05JJD820008）的重要研究成果。

我国的社会保障制度伴随着社会主义市场经济体制的建立而不断地发展完善，相关的社会保障法也越来越受到重视。我对社会保障法的关注已有多年，在研究与教学中深深体会到我国社会保障立法的滞后和不完善。因此，在1998年博士论文选题时，我选择了社会保障法作为研究对象。1998年底，我参与了中共中央举办的《社会保障与法制建设》讲座课题组的工作，其后又多次赴国外访问交流，对社会保障法的理解不断深化。2001年我申请了教育部人文社会科学基金规划项目“社会保障法的概念、价值与实践”，2002年出版了该项目最终成果《社会保障法的理念、实践与创新》。该书对我国法律体系中的新兴部门——社会保障法进行了理论和实践的多方探讨，但我感觉我国的补会保障立法还有很多值得深入细致研究之处，于是在2005年以“社会保障立法研究”为题申请了教育部人文社会科学重点研究基地重大项目并获得批准立项。鉴于社会保险法是社会保障法律体系的核心，我们将社会保险立法作为“社会保障立法研究”项目的研究重点。

在项目的研究期间，恰逢我国《社会保险法》进入立法程序，我们将项目的研究进度与社会保险立法进程结合起来，整个研究工作几乎完全与《社会保险法》（草案）的审议表决同步。我们密切注意征求意见和审议过程中的争议焦点，确定社会保险立法的重点、热点、难点问题，进而确定本书的内容。

本书以专题研究的方式，对我国社会保险立法中重大的、疑难的问题进行专题研究。各专题在注重梳理制度历史发展的基础上，归纳现行规定存在的不足，借鉴国外立法经验，考察我国社会保险立法过程中的争议，分析《社会保险法》的具体规范，最后提出我国社会保险法律制度建构和完善的建议。其中部分专题是《社会保险法》中未规定或仅作原则性规定的，我们认为有必要进行深入细致的专门研究，以求为下一步的立法完善提供必要的理论支持和参考。我们希望本研究成果对我国的社会保险法律制度的建立与完善有所裨益。

本书由我和全国人大常委会法制工作委员会行政法室副主任张世诚共同担任主编。课题参与者及分工如下：

第一章　社会保险法总论：林嘉（中国人民大学法学院教授，博士生导师）、杨飞（中国政法大学民商经济法学院讲师，法学博士）、林海权（最高人民法院民事审判第二庭法官，法学博士）

第二章　养老保险：范围（首都经济贸易大学劳动经济学院讲师，法学博士）

第三章　医疗保险：张敏（中国人民大学法学院博士研究生）

第四章　工伤保险：袁圣韵乐（中国人民大学法学院博士研究生）

第五章　失业保险：范围（首都经济贸易大学劳动经济学院讲师，法学博士）

第六章　生育保险：邓娟（广州市人民检察院民事行政检察处检察官，法学博士）

第七章　社会保险费征缴：黄晶（中华女子学院法律系讲师，中国人民大学法学院博士研究生）

第八章　社会保险基金：吴文芳（天津师范大学法学院讲师，法学博士）

第九章　社会保险经办：袁圣韵乐（中国人民大学法学院博士研究生）

第十章　社会保险监督：李哲（嘉富诚国际资本有限公司投资银行部经济师，法学博士）

第十一章　社会保险法律责任：王立明（青海民族大学法学院教授，法学博士）

第十二章　社会保险争议：黎远松（广西壮族自治区南宁市国家税务局公职律师，中国人民大学法学院博士研究生）

全书由我来拟定大纲并负责统稿，范围、杨飞协助统稿。由于时间和水平所限，本书一定还有很多不足之处，敬请读者不吝赐教，以臻完善。

本书所属项目“社会保障立法研究”是教育部人文社会科学重点研究基地——中国人民大学民商事法律科学研究中心的重大项目，感谢该研究中心对项目和本书的大力支持。感谢责任编辑的大力支持和辛勤劳动，他们的精心工作和默默奉献为本书增色不少。

林　嘉

2011 年 1 月于人大明德法学楼